인재집

이 책은 2022~2023년도 정부(교육부)의 재원으로 한국고전번역원의 지원을 받아
수행된 '권역별거점연구소협동번역사업'의 결과물임.

This work was supported by Institute for the Translation of Korean Classics - Grant funded by the Korean Government.

한국고전번역원 한국문집번역총서 / 경북대학교 영남문화연구원

인재집 3

訒齋集

최현 지음 김승호 송희준 옮김
崔晛

일러두기

1. 이 책의 번역 대본은 한국고전번역원에서 간행한 한국문집총간 제67집에 실린 《인재집(訒齋集)》으로 하였다. 번역 대본의 원문 텍스트와 원문 이미지는 한국고전종합DB(http://db.itkc.or.kr)에서 확인할 수 있다.
2. 내용이 간단한 역주는 간주(間註)로, 긴 역주는 각주(脚註)로 처리하였다.
3. 한자는 필요한 경우 이해를 돕기 위하여 넣었으며, 운문(韻文)은 원문을 병기하였다.
4. 맞춤법과 띄어쓰기는 한글 맞춤법과 표준어 규정을 따랐다.
5. 이 책에서 사용한 부호는 다음과 같다.

( ) : 번역문과 음이 같은 한자를 묶는다.
〔 〕: 번역문과 뜻은 같으나 음이 다른 한자를 묶는다.
" " : 대화 등의 인용문을 묶는다.
' ' : " " 안의 재인용 또는 강조 문구를 묶는다.
「 」: ' ' 안의 재인용을 묶는다.
『 』: 「 」 안의 재인용을 묶는다.
《 》: 책명 및 각주의 전거(典據)를 묶는다.
〈 〉: 책의 편명 및 운문·산문의 제목을 묶는다.
□ : 글자의 자리를 비워 둠을 나타낸다.
▨ : 마멸 또는 삭제된 원문 글자의 자리를 나타낸다.

차례

인재집 제8권

서書

인재집 제9권

서書

문목問目

잡저雜著

인재집 제10권

잡저雜著

서序

기記

인재집

제8권

書서

서 書

우도 순찰사 학봉 선생께 올리는 편지 계사년(1593, 선조26) 정월
上右巡察使鶴峯先生書 癸巳正月

왕정월(王正月)[1]에 추위가 풀리는데, 삼가 순찰사의 생활이 두루 복되리라 생각하니 우러러 사모하는 마음 그지없습니다. 양(陽)이 회복됨은 여러 날 되었으나, 음(陰)이 물러날 기약이 없습니다. 바둑판처럼 정연한 왜적이 아직 흉악한 칼날을 마음대로 휘두르고 있으니, 삼가 생각건대 나라를 근심하는 애통함이 다함이 있겠습니까.

이곳의 덕망(德望)이 높은 집안인 처가는 모두 온전히 잘 지냅니다. 저는 한 몸을 보전하여 아이들을 거느리고 금곡(金谷)으로 들어가 김잠(金潛) 일가와 함께 죽음을 벗어났으니, 실로 넉넉히 보호해 주심을 입었습니다. 다만 한 도(道)에 살아남은 백성들이

1 왕정월(王正月) : 공자가 《춘추(春秋)》를 편찬할 때 주(周)나라 왕실을 높이고 대일통(大一統)의 사상을 표시하기 위해 노(魯)나라 은공(隱公) 원년 조에 '춘왕정월(春王正月)'이라고 쓴 데서 나온 말로, 천하를 통일한 제왕의 봄이라는 뜻인데, 전하여 보통은 새해의 봄을 가리키는 말로 쓰인다.

바야흐로 끓는 솥 가운데 있는 듯합니다. 이렇게 몇 달이 지난다면, 어느 골짜기에서 죽을지 알 수 없습니다. 굶어 죽은 시체가 길에 가득하고 군졸들은 사방으로 흩어지며, 초절(草竊 좀도둑)들이 어지러이 일어나고 골육(骨肉 혈육)을 서로 먹습니다. 동풍이 이미 따뜻해져 왜구들이 다시 뜻을 방자하게 하여 깊은 산도 이미 곤궁해졌으니 다시 어느 곳으로 돌아가겠습니까.

좌도(左道)의 경우는 장수와 병졸이 해체되어 이미 어찌할 수 없습니다. 삼가 생각건대 우도(右道)는 기율(紀律)이 이미 이루어져 게으른 병졸들도 의리에 격동하니, 자신을 버려 수장(首長)을 위해 죽을 그런 사람이 반드시 있을 것입니다. 그러나 아직도 한 고을의 왜적을 베어 내었다는 소식을 듣지 못했으니, 혹 뇌남(雷南)[2]처럼 충성을 협력할 그런 사람을 얻지 못해서입니까. 귀를 기울여 승리의 소식을 기다린 지 이미 오래되었는데 어찌 이렇게도 조용하단 말입니까.

2 뇌남(雷南) : 당(唐)나라 현종(玄宗) 때의 뇌만춘(雷萬春)과 남제운(南霽雲)을 가리킨다. 뇌만춘은 장순(張巡)의 편장(偏將)으로, 안녹산(安祿山)이 영호조(令狐潮)를 시켜 옹구(雍丘)를 포위하게 했을 때, 복노(伏弩)를 쏘아 화살 6개가 얼굴에 맞았는데도 꼼짝하지 않았다. 영호조는 그를 나무로 조각한 사람으로 의심하였다가 염탐하여 실지 뇌만춘임을 알고는 깜짝 놀랐다. 뒤에 성이 함락되어 장순 등과 함께 살해당하였다. 《唐書 雷萬春傳》 남제운은 장순(張巡)의 부하 장수이다. 안녹산이 반란을 일으키자 이를 평정하기 위하여 수양성을 사수하던 중 성이 함락되었는데, 적이 투항하라고 위협하였다. 이때 장순이 남제운에게 "남팔(南八)아, 남아는 죽음이 있을 뿐 의롭지 못하게 굴복해서는 안 된다." 하자, 남제운은 "공께서 저를 알아주셨으니 어찌 감히 죽지 않겠습니까." 하고 장순과 함께 순절(殉節)하였다. 《舊唐書 張巡傳》

예로부터 마음을 함께하여 일을 이루는 사람은 어찌 다만 그 절제(節制)를 받고 그 지휘를 들을 뿐이겠습니까. 마음으로 기뻐하고 정성으로 복종하여 손과 발이 심장과 배를 보호하는 것과 같아 아프고 가려우면 손과 발이 명령을 기다리지 않고 스스로 이르게 됩니다. 무슨 까닭일까요. 믿음이 익숙하고 사랑이 평소 그러했기 때문입니다. 그대께서는 간담상조(肝膽相照)하여 함께 일의 기틀을 구제할 수 있는 사람이 몇 명이나 있습니까?

삼가 듣건대 진주 목사(晉州牧使)[3] 한 사람을 잃어 우리의 장성(長城)이 무너졌다 하니, 어둡고 어두운 하늘의 뜻은 끝내 어떠한 것인가요. 넘어지는 것을 붙들고 위태로운 것을 버티는 바람은 오직 선생의 몸에 달렸으니, 선생이 자임한 바가 무릇 어찌 공연히 그런 것이겠습니까. 왜적이 한 나라를 탄압함에 우리나라 사람들이 의지한 바가 산악이니, 용감하고 사나운 자는 몰래 그 분통함을 삭이고, 겁 많고 나약한 사람은 그 어진 마음을 격발하여 그 공을 이루게 해야 합니다. 백성의 마음과 나라의 형세가 그 덕분에 유지되니, 어찌 성을 항복시키고 군진(軍陣)을 함락하기를 기다린 뒤에 넘어지는 것을 붙드는 공로라고 말하겠습니까. 선생은 비록 스스로를 사랑하지 않더라도 사람들은 선생을 사랑합니다.

3 진주 목사(晉州牧使) : 이때 진주 목사는 김시민(金時敏, 1554~1592)이다. 그의 본관은 안동(安東), 자는 면오(勉吾), 시호는 충무(忠武)이다. 1591년(선조24) 진주 판관이 되어 이듬해 임진왜란이 일어나자 목사의 직을 대리하여 민심을 안정시키고 여러 차례 전투에서 승리하여 진주 목사로 승진하였고, 이어 경상우도 병마절도사에 올랐다. 뒤에 진주성에서 분전하다가 전사하였다. 왜적을 격파한 공로로 선무공신(宣武功臣) 2등에 추록되었다.

선생을 사랑하는 것은 국가를 사랑하는 것입니다. 적을 맞닥트려 삼가고 경계함을 중시하고 출입을 경시하니, 선생이 사랑하는 바는 자신의 몸에 있습니까, 나라에 있습니까?

저는 근골이 나약하여 스스로 군대에서 힘을 쓸 수 없고, 재주가 짧고 식견이 얕아 청영(請纓)[4]의 뜻을 이루지 못했습니다. 일전에 감히 열 가지 남짓 힘써야 할 일을 거듭 좌도 순찰사(左道巡察使 곽재우(郭再祐))의 원문(轅門 군문(軍門))에 아뢰었습니다. 비록 얼굴을 마주하고는 의견을 따랐으나 실제로 사용하지는 않았으니, 이것이 어찌 듣는 사람의 귀가 밝지 않은 것이겠습니까. 다만 말한 사람이 남을 감동시키지 못한 것입니다. 그렇지 않다면 말한 바가 합당한 말이 아닌 것이기 때문입니다. 이미 저의 분수가 시대에 보탬이 없으나 생각은 선생의 곁에서 몸을 다하고자 하니, 비록 막중(幕中)에서 계책을 돕기에는 부끄러우나 실로 하례(下隷 하인)의 반열에서 채찍을 잡고서[5] 대군자(大君子)가 시행

4 청영(請纓) : 끈을 청한다는 뜻으로, 한(漢)나라 때 종군(終軍)이 왕에게 "긴 끈〔長纓〕을 주신다면 제가 반드시 남월왕(南越王)을 묶어다가 대궐 아래까지 데려오겠습니다."라고 자청(自請)한 데서 온 말이다. 《漢書 終軍傳》 일반적으로 군(軍)에 투신하여 나라에 보답하는 것을 뜻하지만, 여기서는 왜적을 격파할 수 있는 훌륭한 계책을 내는 것을 말한다.

5 채찍을 잡고서 : 흠모하여 문단의 말석에라도 끼게 된 것을 영광으로 여긴다는 의미이다. 사마천(司馬遷)이 "안자(晏子)가 지금 살아 있다면 그의 마부가 되어 말채찍을 잡는 일이라도 흔쾌히 할 것이다.〔假令晏子而在, 余雖爲之執鞭, 所忻慕焉.〕"라고 하였다. 《史記 卷62 管晏列傳》 《논어》 〈술이(述而)〉에는 "부귀를 구해서 얻을 수 있다면 비록 말채찍을 잡는 사람이라도 나는 하겠다. 그러나 구해서 될 수 없는 것이라면 내가 좋아하는 것을 따르겠다.〔富而可求也, 雖執鞭之士, 吾亦爲之. 如不可求,

하는 것이 어떠한지를 보고자 합니다. 그러나 적이 오는 길 때문에 막혔고 긴 강 때문에 경계가 생겼기에 개미 같은 걸음으로 종일 가더라도 계단을 넘지 못하여 선생이 있는 쪽을 바라보며 가지 못하니 다만 스스로 슬퍼할 뿐입니다.

그러나 제 몸이 아직 살아 있고 국토 수복에 대한 한 가지 생각이 아직 느슨하지 않았으니, 끝내 마땅히 지팡이를 짚고 강을 건너 평소의 바람을 저버리지 않고자 합니다. 삼가 나라를 위하여 스스로 몸조심하고 생활이 모두 길하기를 바랍니다.

從吾所好.]"라고 한 공자의 말이 있는데, 여기서는 천한 일을 말한다.

병사 박진[6]에게 주어 먼저 풍산의 왜적을 토벌할 것을 요청하는 편지 임진년(1592, 선조25) 8월 의성에 있으면서

與兵使朴晉請先討豐山賊書 壬辰八月在義城

구름과 우레가 둔괘의 상을 이루어[7] 나충(裸蟲)[8]이 독기를 뿜으니, 수양(睢陽)에는 보장(保障)의 태수[9]가 없고, 파촉(巴蜀)에는 몽진(蒙塵)의 근심[10]이 있습니다. 비록 국운(國運)의 불행이라 말

6 박진(朴晉) : 1560~1597. 본관은 밀양(密陽), 자는 여회(汝晦)·명보(明甫)이며, 시호는 의열(毅烈)이다. 임진년 4월에 밀양 부사로 있다가 전공을 세워 경상 좌병사가 되었다. 영천성(永川城) 수복에 공로가 있었고, 특히 비격진천뢰(飛擊震天雷)로써 경주성(慶州城)을 탈환하는 데 큰 공을 세웠다.

7 구름과……이루어 : 세상이 고난 속에 빠져서 형통하지 못하게 되었다는 뜻으로, 임진왜란이 일어나 나라가 위태로워짐을 말한다. 《주역》의 둔괘(屯卦)는 구름과 우레가 합쳐진 괘인데, 그 상사(象辭)에, "구름과 우레가 서로 만나 이루어진 괘가 둔이다. 군자는 이 상을 보고서 경륜하여 고난을 극복한다.〔雲雷屯, 君子以經綸.〕"라고 한 데서 유래하였다.

8 나충(裸蟲) : 몸을 보호하는 깃털이나 털, 비늘이나 껍질이 없는 동물로, 여기서는 왜적을 말한다.

9 수양(睢陽)에는 보장(保障)의 태수 : 안녹산(安祿山)과 사사명(史思明)이 반란을 일으켰을 때 수양성(睢陽城)이 반란군에 포위되었다. 성안에 양식이 고갈되자 사람들은 모두 성을 버리고 도주하자고 하였으나 장순(張巡)과 허원(許遠)은 "수양은 강회(江淮)의 보장(保障)이다. 만약 이 성을 버리고 떠나면 적이 반드시 승세를 타고 깊이 쳐들어올 것이니, 그렇게 되면 강회는 없게 될 것이다."라고 하면서 끝까지 수양을 지키다 전사하였다. 《新唐書 張巡列傳》 수양은 진주성을 의미하며, 보장은 국가의 울타리를 의미한다.

10 파촉(巴蜀)에는 몽진(蒙塵)의 근심 : 안녹산(安祿山)이 반란을 일으켜 장안이

하더라도 실로 자물쇠처럼 굳게 지킬 적임자가 없었으니, 영외(嶺外)의 백성들이 모두 이각(李珏)[11]의 뼈를 저며서 범에게 먹이고자 하였습니다. 오히려 다행스럽게 합하(閤下)께서 가장 먼저 충성과 용기로 떨쳐 일어나 극악한 왜적을 많이 베니, 사람들은 영남에 제대로 된 신하 한 사람이 있음을 알아 모두 비린내 나는 오랑캐의 큰 난리를 깨끗이 쓸어 국가의 치욕을 씻을 사람은 반드시 이 사람〔박진〕이라고 하였습니다. 의로운 명성이 과연 임금의 귀에 들리니, 주상이 주월(周鉞)을 문득 방소(方召)[12]에게 주어 세 등급의 품계를 뛰어넘어 충용(忠勇)의 칭호로 장려하였습니다. 주상의 윤교(綸敎)가 은근하고 의망(倚望)이 깊고 무거웠습니다. 무릇 보고 듣는 사람들도 오히려 눈물을 흘렸거늘, 하물며 합하처럼 자신의 몸을 나라에 바쳐 의리상 생사를 함께하는 사람이야 말할 것이 있겠습니까.

수만의 무리를 통솔하여 요해처(要害處)를 지키니, 왜적을 이겨 회복할 기약이 아침이 아니면 저녁이기를 보고자 하였습니다.

위태로워지자, 당(唐)나라 현종(玄宗)이 파촉(巴蜀)으로 몽진(蒙塵)하였다. 임진왜란으로 선조가 의주로 몽진한 것을 말한다.

11 이각(李珏) : 임진왜란 때 좌병사(左兵使)로 있으면서, 진주성을 버리고 달아난 인물이다.

12 주월(周鉞)을 문득 방소(方召) : 주월은 주나라의 부월(斧鉞)로, 임금의 권위를 상징하는 작은 도끼와 큰 도끼를 아울러 이르는 말이다. 주로 출정하는 장군이나 큰 임무를 띤 장수에게 정벌과 생사여탈권을 인정하는 의미로 주었다. 방소는 주 선왕(周宣王) 때의 현신(賢臣)이었던 방숙(方叔)과 소호(召虎)를 합칭한 말이다. 방숙은 형만(荊蠻)을 평정하였고, 소호는 회이(淮夷)를 평정한 일이 있다. 전하여 나라의 중신을 뜻하는 말로 쓰인다. 여기서는 박진을 병사로 제수한 것을 말한다.

그러나 몇 달 동안 그럭저럭 지내며 나아가고 물러남에 머뭇거리면서 자신이 사졸들보다 먼저 왜적 두어 명의 수급(首級)을 베었다는 소식을 듣지 못했으니, 합하께서는 기다리는 것이 있어 그렇게 하는 것입니까, 아니면 강한 적을 약한 아군이 대적할 수 없어 형세상 도모하기 어려운 바가 있는 것입니까? 비록 원수를 갚는 대의는 말하지 않더라도 왜적을 하루 동안 방종하게 하면 그 폐해를 끼치는 것은 백 가지 단서가 되니, 이것이 어찌 합하의 뜻이며 오늘날의 훌륭한 계책이겠습니까.

의논하는 사람들은 생각하기를, 적의 형세가 매우 성대하여 부딪치는 것은 모두 부서지니, 지금 피폐하고 흩어진 외로운 군대를 거느리고 경솔하게 예기(銳氣)를 타고 있는 흉악한 칼날을 범한다면, 마치 굶주린 범에게 고기를 던져 주는 것과 같아서 다만 군대만 잃고 이로움은 없다고 합니다.

저희들은 생각건대 병사들이 하상(河上)에서 늙어 가는 것은 성인께서 꾸짖었고,[13] 적을 보고만 있다가 수모를 당한 것은 《한사

13 병사들이……꾸짖었고 : 《시경》 〈청인(淸人)〉에 이르기를, "두 자루의 창에 중첩된 창 꾸밈으로, 하수 가에서 장난하며 놀고 있네.〔二矛重英, 河上乎翱翔.〕" 하였는데, 《시경집전》을 보면, 이 일이 《춘추》에 보인다고 하며 다음과 같이 호씨(胡氏)의 말을 인용해 두었다. "인군은 한 나라의 명예와 은총을 독단하여 생살(生殺)과 여탈(予奪)을 자신의 마음대로 제어한다. 만약 고극(高克)이 신하 노릇 하지 않은 죄가 이미 드러났다면 조사하여 죽이는 것이 가할 것이요, 정황이 분명하지 않다면 내쫓아 물리치는 것이 가할 것이요, 그 재주를 애석히 여겨 예로써 어거함도 가하니, 어찌 병권을 빌려주고서 국경 위에 버려두어 군사들이 흩어지는 것을 좌시하고도 걱정하지 않는단 말인가. 《춘추》에 '정나라가 그 군대를 버렸다.'라고 썼으니, 깊이 꾸짖은 것이다." 하였다

(漢史)》에서 꾸짖었습니다.[14] 예로부터 사졸 한 사람을 아껴서 원수를 놓아주고 토벌하지 않았다는 것을 듣지 못했습니다. 적과 오랫동안 버티다가 흉악한 칼날에 뜻밖에 걸린 자가 날마다 백 가지로 계책만 내고 있으니, 어떤 것이 기한을 정해 적에게 가서 병졸 한 명을 버리더라도 열 명을 온전하게 하는 것만 하겠습니까.

의논하는 사람들은 생각하기를, 군대에 군량이 보이지 않고 병장기는 거의 없어졌으니, 지금 굶주리고 곤궁하며 지팡이를 짚고 있는 백성들을 거느리고 철환(鐵丸)과 장검(長劍)의 아래로 몰아간다면, 맨손으로 짐승을 막는 것과 같아 다만 군대만 잃고 이로움은 없다고 합니다.

그러나 저희들은 생각건대, 사방 10리의 땅〔一成〕이 있으면 옛 생업을 이을 수 있으며, 갑순(甲楯 갑옷과 방패)의 삼천 병사라면 끝내 이전의 치욕을 씻을 수 있습니다. 예로부터 적을 대응하는 기회는 절제(節制)에 달린 것이지 병사와 군량의 많고 적음에 달린 것이 아니라고 하였습니다. 더구나 지금 여러 고을의 군량 저장 창고가 이미 원수를 갚기 위해 있는 경우야 말할 것이 있겠습니까. 달아나 숨은 유민은 목숨을 부지하기도 부족한데, 무리를 모으느라 많은 날을 허비하고 군수품을 조달하는 데 방법이 없다면, 아군은 날로 더욱 곤궁해지고 적은 날로 더욱 방자할 것이니, 어떤 것이 날을 정하여 힘써 싸우고 그 남은 곡식을 거두어 우리 군사들의 군자(軍資)로 삼는 것만 하겠습니까.

의논하는 사람들은 생각하기를, 저가(邸駕 동궁(東宮)인 광해군)가

14 적을……꾸짖었습니다 : 출처가 자세하지 않다.

직접 정벌하고 명나라 군대가 원조하러 오니, 일단 예기(銳氣)를 길러 대군(大軍)을 기다려 앞뒤에서 갑자기 공격한다면, 달아나는 적들을 한꺼번에 섬멸할 수 있다고 합니다.

저희들은 생각건대, 적의 힘이 나뉘면 섬멸하기 쉽고 세력이 합해지면 제어하기 어렵습니다. 왜적의 정예병은 모두 삼경(三京 서울·개성·평양)으로 갔고 영외(嶺外)에 남아 주둔하는 자는 거짓으로 의병(疑兵 적을 속여 많은 수로 보이게 거짓 꾸민 군사)을 보이는 것인데도, 이를 놓아둔 채 공격하지 않고 물러나 한쪽 모퉁이만 지키고 있습니다. 설령 성안에 가득한 사람들이 도내(道內)에 모이더라도 저들의 형세가 더욱 커져서 칼날을 감당할 수 없을 것입니다. 지금의 계책은 재빨리 공격하여 기회를 잃지 않는 것만 한 것이 없으니, 그들의 원군을 끊어 본도(本道)의 왜구를 점점 제거하여 왕사(王師 명나라 군사)가 이르기를 기다린다면, 궤멸되어 내려오는 왜적들이 물러남에 의지할 바가 없어질 것이니, 저들이 비록 지혜가 교묘하다 하더라도 계책을 낼 수 없을 것입니다.

의논하는 사람들은 생각하기를, 형세에는 주객(主客)의 차이가 있고 지역에는 구역의 구별이 있습니다. 저들은 이미 현군(懸軍 본대(本隊)를 떠나 적지에 깊이 들어간 군대)이 이미 깊숙이 들어와 오래도록 우리 영토에 머물고 있으니, 또한 즐거운 바가 아닙니다. 일단 마땅히 군대를 온전히 하고 성벽을 견고하게 하여 스스로 물러나기를 기다린 뒤에 그 뒤를 쫓아야 한다고 합니다.

저희들은 생각하기를, 저 오랑캐들이 편의를 엿본 지 이미 오래되어 지금 이미 중외(中外)에 웅거하여 드나들며 살육하고 노략질하여 우리 백성의 먹거리를 빼앗아 먹고 우리 백성의 옷을 빼앗아 입고서 오래 머무를 계획으로 삼았습니다. 만약 문정(門庭)에서 도적을 기르며 물리치기를 재빨리 하지 않는다면, 저들이 장차 땅을 나누어 차지하는 계획을 더욱 견고하게 하여 끝내 물러나 달아날 기약이 없을 것입니다. 또 우리 백성들 가운데 얼고 굶주리며 유랑하는 사람들이 돌아갈 곳이 없고, 무릎을 꿇은 치욕을 수치스럽게 여기는 사람은 모두 장차 곤궁한 골짜기에서 말라 죽을 것입니다. 어리석게 구차히 살아남은 무리들이 서로 모여들어 왜적에게 붙는다면, 저들이 도리어 주병(主兵)이 되고 우리가 반대로 객병(客兵)이 될 것이니, 장차 어떻게 강토를 수복하여 깨끗이 쓸어 없애는 공을 세우겠습니까. 지금의 계책은 사졸을 통합하여 충의로 격발시켜서 저들이 흩어진 때에 이르러 우리가 소멸할 계책을 쓰는 것만 한 것이 없습니다.

무릇 이 몇 가지 조목은 합하께서 일찍이 헤아리신 바임을 알고 있으니, 시세에 어두운 선비가 직위에서 벗어난 논의를 또다시 말씀드릴 필요는 없습니다. 그만두라고 하지 않으신다면, 한 말씀 드릴 것이 있습니다.

영남(嶺南) 일도(一道)는 실로 우리나라의 근본이며, 안동부(安東府)는 또한 영남의 목입니다. 만약 이 왜적이 먼저 이 땅을 웅거하게 한다면, 영천(榮川 영주) 이상은 지킬 수가 없습니다. 영주를 지키지 못하면, 의성(義城) 이하도 우리 것이 아닙니다. 지금 적들이 이 큰 부(府)를 버려두고 물러나 풍산(豐山)에 머무르고 있으니, 이는 바로 우리 군대가 나아가 빼앗을 기회이며 저 오랑캐들이 거의 망할 때입니다. 이제 마땅히 한 도(道)의 무리를 거느리고 먼저 이 왜적을 제거하여 안동을 굳게 지킨 뒤라야 요충지를 차지하여 강토를 수복할 기세가 실로 여기에 달렸습니다.

어떤 이는 생각하기를, 저 왜적들이 먼저 편리한 곳을 차지하여 산을 등지고 물을 마주하여 우리 군사들이 싸울 곳이 없다고 하는데, 이는 매우 그렇지 않습니다. 옛날에 장수가 된 사람은 지세(地勢)의 험하고 평탄함을 헤아리지 않았으니, 오직 변화에 대응하는 것이 어떠한가에 달렸을 뿐입니다. 만약 산을 등지고 물을 마주하여 나아가 싸울 수 없다고 한다면 우리나라에 산을 등지고 물을 마주하는 곳이 오직 풍산뿐만이 아닙니다. 교활한 오랑캐들이 형세가 편리한 곳을 선택하여 차지한 것은 왜적이 있는 곳이 모두 그러하니, 이는 끝내 적을 토벌할 날이 없는 것입니다. 지금 마땅히 물을 사이에 두고 마주 보며 진을 쳐서 교전(交戰)할 형세를 보이고, 곧장 한 장수에게 명하여 정예병을 가려 뽑아 뒤쪽에 매복을 설치하게 한다면, 저들이 다만 물 건너편의 군진이 있음만 알고 복병이 뒤쪽에 있는 것을 헤아리지 못하여 곧장 앞으로 나와 대응하여 성을 비우고 우리를 쫓을 것입니다. 뒤쪽에 있는 복병이 적의 본거지를 불살라 없애고, 물 건너의 군대가 협공하여 나아간다면, 저 적들은 스스로 혼란해지지 않을 수 없을 것입니다. 이것이 바로 한(漢)나라 장수가 조(趙)나라 성벽에 들어가 붉은 깃발을 꽂은 계책[15]이니, 보잘것없는 곤궁한 왜구에 대해

15 한(漢)나라……계책 : 한(漢)나라의 장수 한신(韓信)이 정형구(井陘口)에서 조군(趙軍)을 대파(大破)하고 조왕(趙王) 헐(歇)을 사로잡을 때에 쓴 술책으로, 미리 경기(輕騎) 2천을 가려서 모두 한나라를 나타내는 붉은 기를 지니게 하여 대기시킨 다음 자신이 조군과 싸우다가 거짓 패주하는 것을 조군이 성벽을 비우고 추격하자 그 틈을 타서 경기(輕騎)를 시켜 성벽에 달려가서 조기(趙旗)를 뽑고 한나라의 붉은

무슨 섬멸치 못할 것이 있겠습니까.

저희들이 이 말을 증명해 보겠습니다. 영천(永川)의 왜적은 혹성이 험하기 때문에 공격하기 어려울 것으로 여겼으나, 권응수(權應銖)[16]가 이천여 명을 거느리고 한 번 공격해 모두 섬멸하였으니, 지리가 험하고 평탄함에 달린 것이 아님이 분명합니다. 이제 마땅히 먼저 상도(上道 안동(安東))의 왜적을 제거하고 그 나머지는 차례대로 함락하십시오. 오늘 한 현(縣)의 왜적을 공격하고 내일 한 군(郡)의 왜적을 섬멸한다면, 적의 기세가 절로 고립되어 약해지게 될 것이니, 국토 회복을 거의 도모할 수 있을 것입니다. 만약 형세가 직접 다 토벌할 수 없다면, 의롭고 용감한 병사들에게 나누어 명하여 각각 7~8읍(邑)의 병사를 거느리고 명성과 위세를 서로 의지하고 기각(掎角)[17]하여 함께 나아간다면, 우리 군대는 수미(首尾)의 호응이 있으나 저 적들은 서로 구원할 길이 끊어질 것입니다. 아, 임금과 어버이에 대한 큰 원수는 의리상 하루도 잊을 수 없습니다. 이제 낙동강 동쪽은 합하께서 주관하여

기를 꽂게 하여 크게 승리하였다. 《史記 淮陰侯列傳》

16 권응수(權應銖) : 1546~1608. 본관은 안동(安東), 자는 중평(仲平), 호는 백운재(白雲齋)이며, 시호는 충의(忠毅)이다. 별시 무과에 급제해 출사하여 임진왜란 이후 영남의 의병을 조직해 지휘하는 의병대장으로 활동해 큰 공을 세웠고 정유재란 때도 활약하였다.

17 기각(掎角) : 서로 협력하여 상대방을 견제하고 공격하는 것을 말한다. 《춘추좌씨전(春秋左氏傳)》 양공(襄公) 14년 조에 "그 일을 사슴 잡는 일에 비유한다면, 진나라 사람은 사슴의 뿔을 잡고, 모든 융족은 다리를 잡아끌어, 진나라 사람과 함께 사슴을 거꾸러뜨린 격이라고 할 것이다.〔譬如捕鹿, 晉人角之, 諸戎掎之, 與晉踣之.〕"라고 한 데서 유래하였다.

병사를 거느린 지 몇 달 되었는데도 앞장서 공격하는 용기를 가진 합하께서 한 도(道)의 백성들로 하여금 장차 피 묻은 칼날 아래에서 다 죽게 할 것이라는 소식을 아직 듣지 못했습니다.

저희들은 합하께서 창을 베고 쓸개를 맛보며 설욕하려는 뜻을 일찍이 마음에서 잠시도 잊은 적이 없음을 알고 있는데, 이와 같이 머뭇거리는 것은 무엇 때문입니까. 오늘 토벌하지 않는다면 오늘 죽는 사람이 다만 십백(什百)일 뿐만 아니며, 내일 토벌하지 않는다면 저 왜적들이 짓밟는 것이 날로 더욱 방자해질 것입니다. 지금 만약 한결같이 뒤로 물러나 거짓으로 군대를 출동할 행동을 보이고, 실제로 나아가 벌할 기약이 없다면, 병사들의 기세가 날로 꺾이고 병장기와 식량이 날로 모자라게 될 것입니다. 그래서 신문할 괴수를 잡고 그 무리들을 붙잡는 공(功)이 날로 더욱 멀어지니, 합하께서는 장차 어떻게 위로는 총애하여 의지하는 주상의 정성에 보답하며, 아래로는 숨을 헐떡이는 백성들의 바람을 위로하시렵니까.

삼가 바라건대 합하께서는 진격함만 있고 후퇴함은 없이 옛 장수가 등에 글자를 새긴 정성[18]을 스승으로 삼고, 머뭇거리며 원수를 놓아주어 하상(河上)에서 소요(逍遙)한 실수[19]를 경계하십시

18 옛……정성 : 송(宋)나라의 명장인 악비(岳飛)가 간신 진회(秦檜)의 무고로 체포되어 옥사(獄死)하였는데, 국문을 받을 때 악비의 옷을 찢어 보니, 등에 '진충보국(盡忠報國)' 네 글자가 새겨져 있었다. 《宋史 岳飛列傳》

19 하상(河上)에서 소요(逍遙)한 실수 : 《시경》 〈청인(淸人)〉에 이르기를, "두 자루의 창에 중첩된 창 갈고리를 가지고, 하수 가에서 오락가락하고 있네.〔二矛重喬, 河上乎逍遙.〕" 하였는데, 이 시는 춘추 때 정 문공(鄭文公)이 고극(高克)을 미워하여

오. 그렇게 한다면 한 도(道)의 다행일 뿐만 아니라 실로 국가를 다시 회복하는 경사가 될 것이니, 합하께서는 깊이 생각하시기 바랍니다. 저희들은 나라에 대한 정성과 적에 대한 분함이 격동함을 이기지 못하여 외람됨을 무릅쓰고 아룁니다.

그로 하여금 군사를 거느리고 경상(境上)에서 적(狄)을 막게 하고서 적이 물러간 뒤에도 그를 부르지 않으니 군사들이 날마다 하는 일 없이 하상(河上)에서 소요하다가 끝내는 군사가 다 흩어져 스스로 궤멸된 고사에서 온 것이다.

순찰사 한효순[20]에게 주어 선산에 둔전 설치할 것을 요청하는 편지 갑오년(1594, 선조27) 정월 상지[21]에 있으면서 김석량과 함께 올리다

與韓巡察使孝純請設善山屯田書 甲午正月在上枝 與金錫良同呈

삼가 생각건대 국토를 회복하는 방법은 세 가지가 있으니, 장수와 병졸과 군량입니다. 나라에 장수가 없으면 금성탕지(金城湯池) 같은 지세(地勢)도 그 험준함을 믿을 바가 없으며, 장수에게 병졸이 없으면 한백(韓白)[22] 같은 지략이 있더라도 그 용기를 베풀 바가 없으며, 병졸에게 군량이 없으면 곰이나 범 같은 군대라도 그 힘을 쓸 바가 없습니다. 이 세 가지는 서로 기세가 되니, 조금도 소홀히 할 수 없습니다. 이 세 가지 가운데 하나가 빠지더라도 오히려 잘 하지 못할까 근심하는데, 하물며 오늘처럼 모두 부족한 경우야 말할 것이 있겠습니까. 이것은 서생(書生)이 팔을 걷어붙이고 길게 탄식하며 원문(轅門 군문(軍門))에 급히 호소하지 않을 수 없는 바이기에 스스로 지위에서 벗어난 죄를 깨닫지 못합니다.

20 한효순(韓孝純) : 1543~1621. 본관은 청주(淸州), 자는 면숙(勉叔), 호는 월탄(月灘)이다. 1568년(선조1) 생원이 되고, 1576년 문과에 급제하였다. 1592년 임진왜란이 일어나자 8월 영해에서 왜군을 격파하고 경상좌도 관찰사로 승진, 순찰사를 겸임해 동해안 지역을 방비하며 군량 조달에 공을 세웠다. 벼슬이 좌의정에 이르렀다.

21 상지(上枝) : 경상북도 칠곡군 지천면 상지리로, 일명 웃갓이라 한다.

22 한백(韓白) : 고대 중국의 명장(名將)인 한(漢)나라 한신(韓信)과 진(秦)나라 백기(白起)의 병칭이다.

장수를 뽑아 병졸을 훈련하는 계책은 진실로 이미 앞에서 간략히 진술하였으니, 다시 군량에 대한 일을 한 가지 말씀드리겠습니다. 무릇 깃발을 세우고 대열을 이루며 날을 정하여 바야흐로 싸우면서 흰 칼날이 들판에서 부딪치고 승패가 호흡하는 짧은 시간에 결정될 때는, 군량이 비록 조금 부족하더라도 진실로 훌륭한 장수와 굳센 병졸이 있다면 적을 제압할 수 있습니다. 항적(項籍)이 조(趙)나라를 구원할 때 사흘치 양식을 가지고 황하를 건너고,[23] 단도제(檀道濟)가 회군할 때 모래를 모아 적을 물리친 것[24] 같은 것이 이것입니다. 적과 서로 대치하여 형세가 서로 느슨해지지 않으며, 적들은 힘이 남아 있어 우리가 먼저 피폐해지기를 기다리는 경우에 이르게 되면, 장수가 비록 훌륭하고 병졸들이 비록 많더라도 양식이 진실로 넉넉하지 않으면 또한 계책을 마련하기 어렵습니다. 역생(酈生)이 한고조를 권하여 먼저 오창(敖倉)의 곡

23 항적(項籍)이……건너고 : 항적은 항우(項羽)로, 적은 그의 자(字)이다. 살아 돌아올 기약을 하지 않고 결사의 각오로 싸우겠다는 결의를 비유적으로 이르는 말이다. 진(秦)나라 군사가 조(趙)나라를 포위하니, 항우(項羽)가 진(秦)나라와 싸우러 가면서 하수(河水)를 건넌 뒤 배를 모두 가라앉히고, 솥과 시루를 깨뜨리고, 막사를 불태우고, 사흘치 양식을 지니고서 사졸에게 반드시 죽을 것임을 보여 주었다.〔沈船破釜甑, 燒廬舍, 持三日糧, 以示士卒必死.〕《史記 項羽本紀》

24 단도제(檀道濟)가……것 : 단도제는 남북조 송(宋)나라 사람으로, 위(魏)나라 군대와 30여 번 싸워 승리를 많이 거두었으나 역성(歷城)에 이르러 군량이 바닥나 회군하기로 하였다. 그때 위나라에 항복한 군사가 군량이 이미 떨어졌다고 말하였고 그 말을 들은 위나라 군대가 역성을 포위하였다. 이에 송나라 군사들은 두려워서 의지가 흔들렸다. 그날 밤 단도제가 모래 포대를 곡식 포대처럼 숫자를 세면서 쌓아 놓고 그 위에다 남은 곡식을 뿌려 놓았다. 아침에 위나라 군대가 그것을 보고 군량이 여유가 있는 줄로 알고 다시금 추격하지 않았다.《宋書 檀道濟列傳》

식을 차지하도록 한 것[25]과 제갈량(諸葛亮)이 위(魏)나라를 정벌할 때 가장 먼저 둔전(屯田)의 계책을 강구한 것[26]이 이것입니다.

지금 일의 형세가 급할 때는 병졸이 없어 싸우기 어렵고 느슨할 때는 양식이 없어 지키기 어려워 싸우고 지킴에 모두 그 계책이 없습니다. 신민(臣民)들이 느긋하게 계책을 마련하지 않는 것은 과연 어떤 날을 기다리는 것입니까. 공사(公私)의 식량이 고갈되고 쌓아 둔 것이 부족하여 반숙(半菽)[27]을 먹는데도 명나라 군대에는 공억(供億 부족한 물자를 공급하여 안정시킴)하며 온갖 계책을 낭비하고 있습니다. 그러니 직첩(職牒)으로 모집해도 모을 수 없으며, 사적인 비축을 감독해도 넉넉지 못하여 동고(童羖)[28]를 내

25 역생(酈生)이……것 : 역생은 한나라의 고양(高陽) 사람인 역이기(酈食其)이며, 오창은 하남성(河南省) 성고현(成皐縣) 서북쪽 오산(敖山) 위에 있는 지명(地名)인데, 여기에 큰 창고가 있어 오창이라 하였다. 초(楚)나라와 한(漢)나라가 형양(滎陽)과 성고(成皐) 사이에서 대치하여 한고조(漢高祖)가 여러 차례 패했는데, 역이기가 오창(敖倉)의 곡식을 먼저 차지할 것을 권하였다. 그 후 항우(項羽)는 양식이 다 떨어지고 병사들이 지쳐 드디어 해하(垓下)에서 멸망하게 되었다. 《史記 酈生列傳》

26 제갈량(諸葛亮)이……것 : 촉한(蜀漢)의 승상(丞相) 제갈량(諸葛亮)이 일찍이 대군을 거느리고 섬서성(陝西省) 기산현(岐山縣) 남쪽의 오장원(五丈原)에서 위(魏)나라 사마의(司馬懿)와 대치하였는데, 항상 군량(軍糧)을 대지 못할까 걱정하여 군대를 나누어 한편으로는 둔전(屯田)을 하게 해서 군량을 조달하였다. 《三國志 蜀書 諸葛亮傳》

27 반숙(半菽) : 채소와 콩을 반씩 섞어서 끓인 죽으로, 아주 조악한 음식을 말한다. 《한서(漢書)》 〈항적전(項籍傳)〉에 이르기를, "금년에 농사는 흉년이 들고 백성들은 가난하여 사졸들이 반숙을 먹고 있다.〔今歲飢民貧, 卒食半菽.〕" 하였다.

28 동고(童羖) : 뿔 없는 염소를 말한 것으로, 결코 있을 수 없는 물건을 의미한다. 《시경》 〈빈지초연(賓之初筵)〉에 "취해서 함부로 말하면 동고를 내놓게 하리라.〔由

놓도록 다그칩니다. 공사(公私) 간에 저축된 것이 비로 땅을 쓴 듯이 아무것도 없고, 백성들도 사망하여 거의 다 없어졌으니, 원근의 그 누가 모집에 응할 수 있겠습니까. 옛사람이 말하기를, "하늘의 하늘을 아는 자는 왕도 정치의 일을 이룰 수 있다."[29]라고 하였으니, 하늘의 하늘을 알지 못하는 자는 왕도 정치의 일을 이룰 수 없습니다. 나라는 백성을 하늘로 여기고 백성은 식량을 하늘로 여기는데, 지금 나라가 믿는 바는 어떤 하늘이며, 백성이 의지하는 바는 어떤 하늘입니까. 이 두 가지에서 그 하늘로 여기는 바를 모두 잃었습니다.

어리석은 저는 하늘을 잃고서도 나라를 보존한 것을 보지 못했습니다. 설령 하늘의 뜻이 순조로워서 잠시 봄과 여름에는 버틸 수 있더라도 가을의 수확을 이루지 못해 두 가지 계책이 모두 곤란하게 되면, 속수무책으로 죽기를 기다리는 것임을 앉아서도 헤아릴 수 있습니다. 아, 백성의 근본은 먹을 것이 풍족한 데 달렸고, 먹을 것을 풍족하게 하는 것은 둔전을 설치하는 것보다 나은 것이 없습니다.

저희들은 이미 둔전에 관한 일을 합하께 우러러 아뢰었고, 합하께서도 이에 뜻이 있어 하루가 지나기도 전에 시행하여 이미

醉之言 俾出童羖]" 하였다. 여기에서는 백성들이 도저히 낼 수 없는 조세를 내게 하는 것을 뜻한다.

29 하늘의……있다 : 역이기(酈食其)의 말로, 《사기》 〈역생열전(酈生列傳)〉에 "하늘의 하늘을 아는 자는 왕도 정치의 일을 이룰 수 있으니, 천자는 백성을 하늘로 여기고 백성은 식량을 하늘로 여긴다.〔知天之天者, 王事可成, 王者以民人爲天, 而民人以食爲天.〕"라고 하였다.

식견이 좁은 계책이 아니라는 것을 인정 받았습니다. 문득 저에게 유사(有司)의 책임을 맡기시고 또 이어 말씀하시기를, "이 일이 만약 이루어진다면, 위로는 나라의 비용을 보충할 수 있고 아래로는 남은 백성들을 살릴 수 있겠다. 천 리의 황무지를 이로 말미암아 씨를 뿌리고, 사방에 흩어져 떠돌던 백성들을 이로 인하여 생취(生聚 백성들을 길러 군대를 부강하게 함)할 것이니, 지휘하는 것은 나에게 달렸으나 봉행(奉行)하는 것은 자네에게 달렸네. 각자 심력(心力)을 다하여 큰일을 이루세."라고 하였습니다. 정성스러운 뜻이 간절하고 말이 정성스러웠기에 명을 받은 이후로 오히려 감당하지 못할까 두려워 낮에는 여러 벗들과 강구하고 밤에는 뒤척이며 잠들지 못했습니다. 사람을 만날 때마다 말하면서 상대의 의견을 즐거이 듣지 않은 적이 없었습니다. 본 고을에 머무르면서 농군(農軍)을 모집하려고 하였으나 남북의 경내에 떠돌아다니는 백성들을 열흘 사이에 모으기는 어려웠습니다.

이에 도리어 영해(寧海)로 향해 가서 지난날 뜻을 같이했던 선비인 김석량(金錫良)과 일을 함께하기로 약속하였습니다. 새해가 되고 정월 3일에 곧바로 읍령(泣嶺)[30]을 넘었는데, 길에서 큰 눈을 만나 발이 얼어 나아가기 어려웠습니다. 넘어지고 엎어지며 온갖 고생을 하면서도 하루 종일 한 번 쉬었습니다. 길을 떠난 지 열흘 만에야 비로소 선산(善山)에 도착했습니다. 또 사신 행차가 약목(若木)[31]에서 이르렀다는 소식을 듣고 곧바로 현로(縣路)로

30 읍령(泣嶺) : 경상도 영해부 동쪽에 있었던 서읍령(西泣嶺)이다.

31 약목(若木) : 인동현(仁同縣)의 속현이다. 현 경상북도 칠곡군 약목면 지역이다.

달려가 며칠을 머무르며 기다렸습니다. 다시 눈보라를 만났고, 사신 행차가 중도에 막혀 새벽에 공진(孔津)에 도착했으나 얼음이 얼어 배를 띄우기 어려웠습니다. 저희들은 날아서 건널 수도 없었고, 사신 행차도 끝내 깃발을 돌리고 돌아갔습니다. 마치 조물주가 있어 그 사이에서 장난치는 듯하여 강에 임하여 종일토록 있으면서 탄식하고 배회하였습니다. 사사로이 서로 말하기를, "우리들이 눈보라를 뚫고서 고생스럽게 여기에 도착한 까닭이 어찌 승홉(升合)의 곡식을 구하여 조석(朝夕)의 목숨을 이어 가려는 것이겠는가. 부디 죽지 않고 남아 있는 백성들이 옛 땅에 농사지을 수 있어 나라에는 털끝만 한 도움이 있고 백성들은 일푼(一分)의 은혜라도 받는 것을 본다면, 우리들의 뜻을 거의 조금이라도 펼 수 있어 발에 굳은살이 박히는 고생이야 유감스럽지 않을 것일세. 일은 막히는 것이 많아 끝내 그 기회를 잃고 우리들이 일을 이루지 못한 것이지만, 우리 고을에 외로이 남겨진 백성들이야 영원히 회복하여 소생할 기약이 없겠는가."라고 하고는 손을 잡고 흐느꼈습니다.

장차 발길을 돌리려는데 마침 해가 질 무렵에 얼음이 녹아 배가 다니기에 신을 벗고 바쁘게 달려가니 발가락이 부르텄으며, 진영(陣營)에서 십리 떨어진 곳의 임시 막사에서 숙박하였습니다. 지금 선산(善山)의 둔전(屯田)은 이미 용궁(龍宮)으로 옮겨 확정하였다고 들었으니, 비록 조정에 알현할 수 있다 하더라도 일을 처리하기에는 이미 늦은 때입니다. 이미 불가하다는 명을 들었으니, 마땅히 물러나야 할 뿐입니다. 그러나 스스로 그칠 바를 알지 못하고 머뭇거리며 차마 떠나지 못하는 것은 또한 마음에 매우 차마 하지 못하는 바가 있어 다시 한번 진술하고 물러나고자 해서입니다. 본부(本府 선산부(善山府))가 적들의 소굴이 된 지 일 년 하고도 반이 지났으니, 참담하고 혹독한 재앙이 다른 곳에 비해 배나 심하여 지금 생존하고 있는 바가 백분의 일에도 차지 않습니다. 지금 둔전의 시행을 목 빠지게 기다리지 않는 이가 없다고 들었는데, 만약 몇 달이 지나 또 씨 뿌릴 시기를 놓친다면, 생존하고 있는 바의 백분의 일도 결코 살아갈 이치가 없습니다. 선산의 백성들은 합하의 어린 자식이 아님이 없으니, 어린 자식이 어버이를 부르고 어버이가 어린 자식을 사랑함에 어찌 스스로 그만둔단 말입니까. 지금 하하(荷荷)[32] 하며 입을 벌리고 먹여 주기를 바라는데, 또 어찌 차마 이들에게서 빼앗아 저들에게 주시겠습니까. 그러나 합하의 뜻은 나라를 돕는 데 있을 뿐이며, 백성을 살리는 데 있을 뿐이니, 어찌 참으로 두텁게 하고 야박하게 하는 차이가 있겠습니까. 이는 모두 저희들이 늦어서 기한을 놓친 죄입니다.

선산의 유민(遺民)들은 장차 합하로 말미암아 살 것이며, 또 장차 저희들로 말미암아 죽을 것이니, 저희들이 이런 지경에 이르게 한 것은 그 죄를 피할 곳이 없습니다. 합하께서 이미 저희들이 늦어서 기한을 놓쳤다고 여긴다면 벌주는 것이 옳고, 또한 저희들

32 하하(荷荷) : 의성어(擬聲語)로, 원망하여 내뱉는 소리를 뜻한다. 양 무제 소연(蕭衍)이 역적(逆賊) 후경(侯景)에게 포위를 당하여 음식을 제대로 먹지 못하였다. 양 무제가 죽기 직전에 정거전(淨居殿)에 누워 꿀을 달라고 입이 아프게 말했으나 얻지 못했고 두 차례 "하하(荷荷)" 하는 소리를 내고 죽었다 한다. 《資治通鑑 卷162》

이 임무를 감당할 수 없다고 여긴다면 바꾸는 것이 옳습니다. 지금 만약 저희들의 죄 때문에 본부(本府)의 둔전을 아울러 파기한다면, 합하의 엄중한 형벌이 저희들에게 시행되지 않고 도리어 본부의 백성들에게 미치게 됩니다. 외롭게 살아남은 백성들이 무슨 죄가 있고 무슨 잘못이 있어서 모두 저희들의 죄를 뒤집어쓰고 합하의 은택을 입지 못한단 말입니까.

아, 오늘의 일은 바로 국가 존망의 근본이며 유민(遺民) 생사의 기회입니다. 지난날 기한을 놓친 책임에 대해 저희들은 진실로 변명할 수 없으나, 오늘 또 그 기회를 놓친다면 다만 합하께서 또한 저희들의 책망을 나누어지게 될까 두렵습니다. 어떤 이는 선산은 땅이 비록 넓고 비옥하지만 가뭄이 들지 않으면 홍수가 나니, 둔전으로 합당치 않다고 생각합니다만 이는 그 실상을 상세히 알지 못하는 것입니다. 해평(海平) 평야와 팔계(八溪 칠곡(漆谷)) 평원은 물에 잠기지 않는 비옥한 토지를 고르면 수천 섬을 파종할 수 있고, 가뭄이 들지 않는 좋은 밭을 고르면 수백 섬을 파종할 수 있습니다. 이른바 혹 홍수가 나거나 혹 가뭄이 든다는 것은 평상시에 그 대체적인 상황을 말한 것입니다. 오늘날같이 황폐한 나머지에 어찌 둔전에 부족한 점이 있는 것을 근심하겠습니까.

무릇 본부(本府)는 남관(南關)의 심복(心腹)으로, 적을 방어하는 요충지이며, 군수품을 수송하는 길이고 배로 운송한 물품이 모이는 곳이니, 곡식을 높이 쌓아 비축하는 계책을 급히 하지 않을 수 없습니다. 더구나 금오산성(金烏山城)은 백 길이나 되는 천혜의 험준함이 있으니, 이른바 "한 사내가 관문 지키면 일만 명도 대적하지 못한다."[33]라는 것입니다. 지금 만약 산 아래에 둔전을 마련하여 농사지어 상주(尙州), 개령(開寧), 인동(仁同), 성주(星州)와 함께 일체가 되어 몇 년 안에 쌓은 곡식이 이미 많아지고 백성들이 그 생업을 회복한다면, 하도(下道)에 급한 일이 있을 때 여러 고을의 곡식을 배를 나란히 하여 싣고 내려올 것이니, 혹 버티지 못하더라도 서로 함께 모여 살면서 산성을 굳게 지킨다면, 비록 백만의 병사가 오더라도 오히려 대나무를 꺾어 감당할 수 있을 것입니다.

그 산과 강의 견고함을 말해 보면 검각(劍閣)[34]과 다름이 없고, 그 둔전의 이로움을 논해 보면 위빈(渭濱)[35]보다 못하지 않습니다. 팔거(八莒)와 현풍(玄風) 이하의 경우 토지는 비록 비옥하지만 바로 적들이 침략하는 첫머리가 되니, 전쟁을 할 곳이지 오늘처럼 농사를 급하게 할 바가 아니라고 할 만합니다. 어리석은 저는 생각건대, 대군을 팔거(八莒)에 모아 관문의 방어를 견고하게

33 한……못한다 : 이백(李白)의 〈촉도난(蜀道難)〉에 "검각이 우뚝하게 높이 솟아 있으니, 한 사내가 관문 지키면 일만 명이 공격해도 열지 못하리.〔劍閣崢嶸而崔嵬, 一夫當關, 萬夫莫開.〕"라고 한 것을 원용하였다.

34 검각(劍閣) : 사천성(四川省) 검각현(劍閣縣)에 있는 관문(關門)의 이름이다. 이 관문은 장안(長安)에서 촉(蜀)으로 들어가는 길목에 위치해 있는데, 검각현의 북쪽에 있는 두 산 대검(大劍)과 소검(小劍) 사이에 있는 잔교(棧橋)가 요해처(要害處)로 유명하다.

35 위빈(渭濱) : 섬서성(陝西省)에 있는 '위하(渭河)의 가'라는 말이다. 제갈량(諸葛亮)이 사마의(司馬懿)와 위남(渭南)에서 대치하고 있을 때 군량의 부족을 염려하여 군사를 나누어 오장원(五丈原)에 둔전을 경영하여 장기전에 대비했는데, 군사들이 위빈(渭濱)의 백성 사이에 섞여 살면서도 조금도 침해하는 일이 없어서 백성들이 모두 안도하였다고 한다. 《三國志 蜀書 諸葛亮傳》

하고, 둔전을 선산에 설치하여 군량을 비축한다면, 내외가 서로 원조할 수 있고 완급을 서로 호응할 수 있을 것입니다. 삼가 바라건대 합하께서 말고삐를 잡고 출발하여 순행하면서 토지의 마땅함을 보고서 팔거에 확정한 양식과 소를 선산으로 옮겨 보낸다면, 다만 한 부(府) 유민의 다행일 뿐만 아니라 또한 지금 국토를 회복하는 훌륭한 계책이 될 것입니다.

또 한 순찰사에게 주는 편지 임진년 12월

又與韓巡察使書 壬辰十二月

삼가 생각건대 군사가 많기만 하고 훈련되어 있지 못한 것은 병가(兵家)에서 근심하는 바이고, 죽음을 무릅쓰고 앞장서 공격하는 것은 용감한 사내가 홀로 할 수 있는 바입니다. 진실로 생각건대 병졸들이 모두 목숨을 걸고 싸운다면 겁쟁이들도 스스로 떨쳐 일어날 것이며, 적을 바라보고 기왓장처럼 흩어지면 용감한 사람들도 물러나 달아남을 면치 못할 것입니다.

예로부터 병사를 논의할 때, 급선무는 병사를 정밀하게 훈련하는 데 있었는데, 지금의 상황으로 보면 그것이 옳다는 것을 더욱 징험하겠습니다. 꿈틀거리며 미친 듯한 오랑캐를 지금 섬멸할 수 있는데도 이미 반년이 지나도록 아직도 흉악한 칼날을 마음대로 휘두릅니다. 우리 군대가 겁을 먹고 적을 만나면 곧 달아나니, 그 사이에 어찌 겸인지용(兼人之勇 많은 사람을 당해 낼 만한 용기)을 자부하고 사수(死綏)[36]의 뜻을 품은 사람이 없어서이겠습니까. 실로 병졸들을 범범하게 처우하여 기량에 구별이 없고, 군대를 따라가는 데 피곤하여 재주와 힘을 펴지 못하며, 무리지어 생활하며 홀로 적을 감당하려는 뜻이 없고 적을 맞닥트리면, 무리들과 함께 달아나려는 마음이 있기 때문입니다. 혹 힘써 싸워 적의 목을 벤

36 사수(死綏) : 군대가 퇴각하면 장군이 그 책임을 지고 죽는 것을 말한다. 《사마법(司馬法)》에 "장군사수(將軍死綏)"라는 말이 있다.

사람이 있더라도 공을 논할 때에 장수가 된 자가 취하여 자신의 공으로 삼아 포상이 미치지 못합니다. 앞에는 누린내 나는 풀과 향기 나는 풀이 뒤섞인 부끄러움이 있고, 뒤에는 공과 죄가 뒤집어진 분통함이 있으니, 이것이 장사가 마음이 막히고 기가 꺾이어 죽을힘을 다 바치지 못하는 것입니다. 게다가 지금 주객(主客)은 형세가 바뀌고 강약(强弱)은 형세가 다릅니다. 관군은 그 죽인 적의 수를 거짓으로 일컬으며 우두머리를 위해 죽을 뜻이 없으며, 의병은 다만 비분강개함만 품었을 뿐 적을 꺾을 재주가 없습니다. 적이 만약 돌격해 온다면, 군졸들이 모두 별처럼 흩어질 것이니, 누가 몸을 떨쳐 일어나 팔을 휘두르며 날카로운 칼날을 무릅쓰고 앞으로 나가겠습니까.

어리석은 저는 생각건대, 매 수백 마리는 독수리 한 마리 기르는 것만 못합니다. 지금 마땅히 여러 고을에서 목숨을 바칠 병사들을 널리 모집하되 인원수를 제한하지 말고, 힘쓸 점은 정밀하게 선발하는 데 달렸습니다. 그 굶주림과 추위를 걱정하고 활과 칼을 대어 주며, 대우하기를 넉넉히 하고 장려하기를 두터이 하여 만약에 돌격하여 들어간다면, 물러남이 없게 하십시오. 적의 목을 베는 공을 세운 사람의 경우 특별히 포창하고 장려하여 뭇사람들을 분발하게 할 수 있다면, 더욱 스스로 갈고 다듬어 모두 나라를 위해 죽을 마음을 품어 의리를 무겁게 여기고 그 삶을 가벼이 여길 것입니다. 나아가는 것만 알고 물러날 줄 몰라서 공격함에 그런 마음으로 격파하고 수비함에 그런 마음으로 굳게 지켜 기세가 당당해진다면, 어디에 가든지 이롭지 않음이 없을 것입니다.

어리석은 저는 떠돌아다닌 나머지에 여러 고을을 왕래하면서 시험 삼아 이 뜻으로 많은 사람들 가운데서 돈독하게 깨우치니, 용기와 담력이 조금 있는 사람은 그 말을 즐거이 듣고 출전하여 만 번 죽더라도 군부(君父)의 치욕을 씻고자 하지 않는 사람이 없었습니다. 그런데도 능히 하지 못한 까닭은 그 근심이 바로 앞에서 진술한 바와 같기 때문이니, 이 뜻을 우러러 합하께 아뢰고자 하였으나 이루지 못한 지 오래되었습니다.

지금 들으니, 여러 고을에 첩령(帖令 관청에 보내는 문서)을 보내 관병과 의병을 따질 것 없이 상중하 세 등급으로 나누어 뽑게 한다고 하니, 이 일은 정히 어리석은 계책입니다. 다만 생각건대, 그 가운데 일은 같으나 형세가 다른 경우가 있을 것이니, 지금 각 고을의 수령들이 건장하고 정예한 병사들을 다 뽑아 거느리고 스스로를 지키게 한다면, 적을 토벌하는 병사는 참으로 약하고 겁쟁이이며, 스스로를 지키는 군졸은 모두 정예이고 용감할 것입니다. 이렇게 하면 공사(公私)의 기세가 나뉘어 적을 섬멸할 기약이 없으니, 통탄함을 이길 수 있겠습니까.

지금 만약 범범하게 각 관리들에게 씩씩한 사람과 허약한 사람을 나누어 뽑게 한다면, 도훈도(都訓導 각 군영에 소속된 하급 군인 중 선임병) 병리(兵吏)의 무리들이 모두 수령의 풍지(風旨 넌지시 지시함)를 받들어 구차하게 그 숫자만 채워 우선 책임을 면하니, 참으로 이른바 '장사(壯士)'라는 사람은 관리들의 위엄에 억눌려 형세상 스스로 병졸 모집에 응하기 어렵습니다. 그렇게 되면 비록 병졸을 훈련했다는 명목은 있더라도 아마 앞장서서 용기를 떨칠 실상은 없을 것이니, 사자(士子 벼슬하지 않은 선비) 가운데 나라를 위해 자신의 목숨을 바칠 사람으로 별도로 스스로 장사(將士)를 모집할 자를 정하여 여러 고을을 돌아다니면서 군졸의 실정을 널리 물으며, 적개(敵愾)의 뜻을 분명히 하여 장려하고 대우하는 방법으로 깨우쳐 스스로 병졸 모집에 응하는 것을 받아들이고 아울러 공의(公議)를 채용하게 하는 것만 한 것이 없습니다. 그렇게 하면, 널리 모집하는 가운데 반드시 충성을 다하려는 무리들이 있을 것이니, 스스로를 천거하는 무리 가운데 어찌 영탈(穎脫)[37]한 사람이 없겠습니까. 이와 같은 무리들을 비록 많이 얻지 못하더라도 진실로 정밀하게 선발하여 특별히 훈련을 더하고 장수와 병졸이 서로 익숙하여 적을 만남에 두 마음이 없게 한다면, 적을 꺾어 함락하고 깨끗이 쓸어 내는 공은 반드시 이를 말미암지 않음이 없을 것입니다.

옛날 제갈 무후(諸葛武侯 제갈량(諸葛亮))가 강족(羌族)의 병졸 수천 명을 얻어 돌장무전(突將無前)[38]이라 불렀으니, 적을 만나

37 영탈(穎脫) : 송곳의 자루가 튀어나온다는 말로, 재주가 뛰어남을 의미한다. 전국 시대 평원군(平原君)의 식객(食客)이었던 모수(毛遂)가 "진즉에 나를 주머니 속에 들어가게 하였다면 송곳 날 전체가 삐져나왔을 것인데, 고작 끝이 삐져나오는 정도가 아니었을 것이다.〔使遂早得處囊中, 乃穎脫而出, 非特其末見而已.〕"라고 하였다.《史記 平原君列傳》

38 돌장무전(突將無前) : '앞을 가로 막는 적이 없는 돌격 대장'이란 뜻으로, 제갈량의 〈후출사표(後出師表)〉에 "신이 한중에 온 때부터 한 해가 되었을 뿐입니다. 그러나 조운·양군·마옥·염지·정립·백수·유합·등동 등과 부나 곡에 주둔하는 장수 70여 명과 돌장무전, 빈수·청강·산기·무기 등 1천여 명을 잃었습니다. 이들은 모두 수십 년 동안 여러 지방에서 모아들인 정예병이요, 한 고을에서 얻을 수 있는 병사들이 아니었습니다.〔自臣到漢中, 中間期年耳 ; 然喪趙雲·陽群·馬玉·閻芝·丁立·白壽·劉郃·鄧銅等, 及曲長·屯將七十餘人, 突將無前, 賨叟·靑羌·散騎·武騎一千餘人 : 此皆數十年之內所糾合四方之精銳, 非一州之所有.〕" 하였다.

제압하여 이기는 방법은 정예병에 달린 것이지 병사가 많은 데 달린 것이 아닙니다. 용감한 병사가 어찌 반드시 옛날에만 있었고 지금은 없겠습니까. 아, 수만 명의 무장한 병사들을 이미 범로(范老)의 흉중[39]에 갈무리하고 계시니, 지위에서 벗어난 빈한한 선비의 논의가 과연 합하의 성대한 계책에 부합할는지요. 구구한 저의 충성스러운 분노는 혈기를 가진 사람은 모두 그러할 것입니다. 이 전쟁이 참혹한 날에 비루한 논의라고 혐의하여 합하께서 겸허하게 받아들일 마음에 다 말씀드리지 않을 수 없습니다. 삼가 바라건대 헤아려 살피십시오.

39 범로(范老)의 흉중 : 가슴속에 뛰어난 병략(兵略)이 있음을 말한다. 범로는 북송(北宋) 때 명상(名相) 범중엄(范仲淹)을 말한다. 범중엄이 일찍이 연주(知延) 지사로 자청하여 나가서 장수를 선발하고 군졸을 사열하여 밤낮으로 훈련시키고, 또 여러 장수들에게 군졸들을 정예(精銳)하게 잘 기르도록 엄격히 단속하자, 오랑캐인 하인(夏人)들이 그 소문을 듣고 서로 경계하여 말하기를 "연주는 마음에 두지 말아야 한다. 지금 소범 노자의 가슴속에는 절로 수만의 갑병이 들어 있어, 우리가 속일 수 있는 대범 노자에 비할 바가 아니다.〔毋以延州爲意. 今小范老子, 胸中自有數萬甲兵, 不比大范老子可欺也.〕"라고 하였다. 《類說》

도체찰사 완평부원군 이 상공[40]께 올리는 편지

병신년(1596, 선조29) 정월

上都體察使完平李相公書 丙申正月

아무개는 황공하여 재배하고 도체찰사(都體察使) 태부(台府 의정부) 대야(大爺 지위와 권세 있는 사람을 높여 이르는 말) 집사께 편지 올립니다. 어리석은 제가 들으니, 평범하지 않은 재주가 있은 뒤라야 평범하지 않은 난리를 안정시킬 수 있으며, 세상에 드문 재략이 있은 뒤라야 세상에 드문 공훈을 세울 수 있다고 하였습니다. 이 말을 외우면서 옛사람들이 늘상 하는 말로 여겼는데, 이 세상을 살면서 인재 얻기 어려움이 탄식할 만하다는 것을 더욱 징험합니다. 아, 평범하지 않은 변란이 이 시대보다 극심한 적이 없으니, 세상에 드문 인재가 거의 탄생할 만한데 어찌 하늘은 재앙을 내린 것에 대해 후회하려 하지 않으며, 어찌 마땅히 훌륭한 인재가 나타났다는 좋은 소식을 들어야 하는데도 오래도록 들리지 않는단 말입니까.

예로부터 시대에 부응하여 할 일을 아는 준걸은 반드시 견고한

40 완평부원군 이 상공 : 이원익(李元翼, 1547~1634)으로, 본관은 전주, 자는 공려(公勵), 호는 오리(梧里), 시호는 문충(文忠)이며, 1604년(선조37)에 호성공신(扈聖功臣)에 녹훈되고, 완평부원군(完平府院君)에 봉해졌다. 1595년 우의정 겸 사도 도체찰사(四道都體察使)로 임명되었는데, 영남(嶺南)에 독부(督府)를 개설하고 왜적 토벌에 힘썼다. 인조의 묘정(廟庭)에 배향되었다. 저서로 《오리집》·《오리일기》 등이 있다.

성을 공격하여 정예병을 함락하는 용감한 사내와, 쓰러지는 것을 도와 위태로움을 붙드는 대신(大臣)이 아니고 모두 순수하고 정성스러우며 곧고 내실이 있는 군자였습니다. 그렇다면 지금 구하고 있는 바가 이와 서로 반대되는 것이 아닙니까. 집사께서는 서생으로, 시서(詩書)를 외우고 예의(禮義)를 닦았으니, 본래 군대의 일에 종사하여 말 타고 활 쏘는 재주에 익숙한 사람이 아닙니다. 하루아침에 닦고 있던 바를 버리고 평소 익숙하지 않은 일에 나아가 한쪽 구석에 있는 남관(南關 영남 지역)을 다스리고 반벽(半壁)의 건곤(乾坤)[41]을 지탱하며, 끊어진 해안에 흙이 무너지는 것을 막고 거친 물결에 싹 쓸려 가는 위험을 수습하고 있습니다. 진실로 정성스러운 뜻이 사람을 감복시키고 시행하는 일이 마땅함을 얻은 사람이 아니라면, 이와 같이 할 수 있겠습니까. 앞서 이른바 '평범하지 않은 재주'라는 것이 아마 그 사람일 것입니다. 그러니 세상에 드문 공훈을 다른 사람에게서 또 어찌 바라겠습니까.

군대 깃발이 세류(細柳)[42]에 내려오자마자 용기가 절로 강상(江上)[43]의 배가 되어 봉강(封疆 국경(國境))의 여러 장수들이 비로소 마음

41 반벽(半壁)의 건곤(乾坤) : 반벽강산(半壁江山)과 같은 말로, 일본의 침입으로 인해 국토의 절반 정도를 빼앗기고 반만 남은 것을 가리킨다.

42 세류(細柳) : 한 문제(漢文帝) 때 명장 주아부(周亞夫)의 군영(軍營)인 세류영(細柳營)을 말한 것으로, 전하여 군영을 가리키는데, 당시 주아부의 군영은 군령이 대단히 엄격하였으므로, 문제가 일찍이 여러 군영을 두루 시찰하고 나서, 유독 주아부를 일러 진장군(眞將軍)이라고까지 칭찬했다. 《漢書 周亞夫傳》

43 강상(江上) : 장준(張浚)이 남송(南宋) 고종(高宗) 때에 벼슬하여 송나라를 회복할 뜻을 품고 온 힘을 다해 금(金)나라를 쳤는데, 추밀원사(樞密院事)에 제수되자

을 씻고 생각을 바꾸어서 그 태만하고 방종한 기상을 거두어들이고 군문에서 명을 기다렸습니다. 충성스럽고 뜻이 있는 선비는 다투어 스스로 심신을 깨끗이 닦고 단련하여 훌륭한 일을 할 희망을 생각하여 집사의 하풍(下風)에서 받들기를 바랍니다. 열흘이나 한 달 사이에 사람의 마음이 한번 새롭게 되어 이 변화의 기회를 받들어 명철하신 집사께서 시행하시는 바를 고대하는 것이 평범함을 매우 뛰어넘습니다. 제가 귀를 기울이고 들은 지 이미 몇 달이 되었습니다.

근래에 삼가 보니, 여러 장수들의 나쁜 옛 습관이 다시 방자해지고 뜻있는 선비들의 의로운 기상도 다시 막혀 기강이 진작되는 바가 없고 병방(兵防 병사)도 정돈되는 바가 없습니다. 그런데도 도로에서 보고 들은 바는 버티면서 책사(冊使)[44]를 기다리며 산성을 수리하고 강을 따라 역참(驛站)을 설치하는 몇 가지 일에 불과합니다.

아, 몇 가지 일 또한 오늘 급한 일이어서 조금도 늦출 수 없습니다. 그러나 이는 다만 부지런하고 삼가는 유사(有司)가 할 수 있는 일일 뿐이니, 어찌 집사의 염려를 수고롭게 할 만한 것이겠습니까. 집사께서 마땅히 염려해야 할 바는 오직 국가의 안위에 있으며, 안위의 기틀

명을 받는 즉시 강상(江上)으로 나아가 군사들을 사열하니, 군사들이 모두 고무되어 용기백배하였다. 《宋史 張浚列傳》

44 책사(冊使) : 책봉사(冊封使). 임진왜란이 일어난 뒤, 중국에서 난을 평정하기 위해 일본 풍신수길(豐臣秀吉)을 왕으로 책봉하려 한 일. 선조 28년(1595)에 이종성(李宗城)을 책봉정사(冊封正使), 양방형(楊邦亨)을 부사로 임명하여 일본으로 보냈는데, 이종성이 이듬해 4월에 중도에서 도망치자, 다시 양방형을 정사, 심유경(沈惟敬)을 부사로 임명하였다. 그들은 우리나라 통신사(通信使) 황신(黃愼)과 함께 일본에 갔다가 그해 11월에 돌아왔다.

은 천명의 거취(去就)에 달렸습니다. 거취의 즈음은 인심의 이합(離合)에 달렸으며 이합의 나누어짐은 오늘 한번 전환하는 데 달렸을 뿐입니다. 한 시대가 집사께 기대하는 바가 어떠하며, 집사께서 스스로 기약하는 바는 또 어떠합니까. 지금 안으로 조정이 강구하는 바는 국토를 회복하는 일에 불과하며, 밖으로 집사께서 계획하는 바 또한 국토를 회복하는 일에 불과합니다만, 구구하게 부족한 부분을 채운 것은 스스로 진작할 수 없으며 엉성한 군대의 진용은 어렵고 걱정스러운 일이 눈에 넘칩니다.

다행히 지금 적의 기세가 조금 약해지고 하늘의 뜻도 조금 돌아왔으니, 이때가 바로 상하신민이 떨쳐 일어나 면려하여 마음을 다하고 힘을 다하여 용사(勇士)는 칼을 휘두를 때이며 모신(謀臣)은 계책을 바칠 때입니다. 그런데도 중앙 관리나 외직에 있는 관리들은 타성에 젖어 계책을 세우지 않고, 짐짓 사람들에게 머리를 우러러 화친할지 화친하지 않을지에 대한 명을 따르며 만에 하나라도 구차하게 살아남기를 바라고 원수의 간사한 계책에 빠진 것을 바로잡을 줄 알지 못합니다. 이는 석진(石晉)[45]과 조송(趙宋)[46]이 화(和)라는 한 글자에 빠져

45 석진(石晉) : 오대(五代) 때 후당(後唐)에 이어 석경당(石敬塘)이 세운 후진(後晉)을 가리킨다. 후진은 거란의 도움으로 나라를 세웠으므로 16주(州)를 거란에 떼 주고 칭신(稱臣)하였는데 고조가 죽고 소제(少帝 : 출제(出帝))가 즉위한 뒤로는 경연광(景延廣)의 의논에 따라 칭신하지 않았으므로 거란이 대거 입구하여 개봉(開封 : 변경(汴京))에 들어와 소제를 잡아감으로써 후진은 2대 12년으로 망하였다.

46 조송(趙宋) : 조광윤(趙匡胤)이 세운 송나라를 뜻한다. 마지막 황제인 상흥제(祥興帝 : 이름은 병(昺)) 2년, 원(元)나라 대군에 쫓긴 나머지 송군(宋軍)은 장세걸(張世傑) 등의 지휘하에 바다에 함선을 결집, 연환(連環)하여 해중(海中)의 성채를 만들고 약 두 달에 걸쳐 최후의 저항을 하였다. 그러나 중과부적, 마침내 장군 육수

처음부터 끝까지 스스로 잘못된 것인데, 어찌 당당한 우리 국가가 불행하게도 그들과 비슷하게 될 줄 생각했겠습니까. 이는 국토 회복의 계책을 알아 강구하지 않은 것은 아니지만 회복의 실상은 혹 생각하지 못했던 것입니다. 그 실상이 없으면서도 그 효과가 있는 것을 저는 본 적이 없습니다.

어리석은 저는 감히 진실로 신기하고 경이로운 말을 해서 사람들의 이목을 현란하게 하려는 것이 아니라, 다만 평범하고 현실에 가까운 말로 거리의 아이들이 외우는 바에 지나지 않도록 하려 할 뿐입니다. 진실로 힘써 그 실상을 실천한다면 말이 비록 평범하더라도 채택할 만하겠지만, 만약 혹 그 실상을 다하지 않는다면 말이 비록 신기하더라도 무슨 도움이 되겠습니까. 아, 화악(華嶽 태산(泰山))은 조막돌 때문에 더 높아지지 않으며 창해(滄海)는 작수(勺水 한 국자의 물) 때문에 더 넓어지지 않습니다. 십만의 갑병(甲兵)이 이미 범로(范老)의 흉중에 갈무리되어 있어 수양(修攘)[47]의 큰 계책을 진실로 이미 헤아려 빠진 계책이 없습니다. 일반 백성인 저의 현실과 거리가 먼 말은 모두 이미 추구(芻狗)[48]에 시험해 보고 스스로 집사의 충정(衷情)을 감동시

부(陸秀夫)가 병(昺)을 업고 바다에 투신하였는데 7일간 바다에 떠오른 시체가 10여 만 인이었다. 이로써 송은 18대 320년(남송 152년) 만에 완전히 망했다.

47 수양(修攘) : 내수외양(內修外攘)의 줄인 말로, 안으로는 나라를 잘 다스리고 밖으로는 외적을 물리치는 것을 말한다.

48 추구(芻狗) : 풀을 엮어서 개 모양으로 만든 것인데, 옛날 중국에서 고사를 지낼 때 사용하던 도구의 하나로 제사가 끝나면 내버리므로, 전하여 소용이 있을 때는 이용하고 소용이 없으면 내버리는 물건을 비유한다. 《莊子 天運》 여기서는 백성의 뜻으로 쓰였는데, 《도덕경(道德經)》 제5장에 "천지는 불인하여 만물을 추구로 삼고 성

킬 수 없어 부첩(簿牒 관청의 장부와 문서) 가운데 못 쓰게 된 휴지에 불과할 뿐임을 알았습니다.

그러나 아는 것이 어려운 것이 아니라 행하는 것이 어려우며, 행하는 것이 어려운 것이 아니라 정성스럽게 행하는 것이 어렵습니다. 알면서도 행하지 않는 것은 알지 못하는 것과 같으며, 행하면서도 정성스럽게 하지 않는 것은 행하지 않는 것과 같습니다. 부디 집사께서는 이미 아는 바라고 해서 그 생각을 소홀히 하지 마시고 반드시 행하기를 기약하며, 이미 행한 바라고 해서 그 뜻을 게을리하지 마시고 반드시 정성스럽게 하기를 기약하십시오. 그 말단을 미루어 가되 그 근본을 따져 찾고, 그 처음을 삼가되 그 끝을 구하여 근본과 말단이 아울러 시행되고 처음과 끝이 오직 한결같다면, 현실에 가까운 말이 오늘 보천(補天)[49]의 돌이 될지 어찌 알겠습니까.

진술할 아홉 가지 조목은 그림을 아울러 아래에 배열하고 그 아래에 간략히 서술합니다.

인은 불인하여 백성을 추구로 삼는다.〔天地不仁, 以萬物爲芻狗; 聖人不仁, 以百姓爲芻狗.〕"라고 한 데서 유래하였다.

49 보천(補天) : 찢어진 하늘을 기워서 완전하게 만드는 것으로, 여기서는 어지러운 천하를 바로잡는 것을 뜻한다. 상고(上古) 때 공공씨(共工氏)라는 제후가 축융(祝融)과 싸우다가 이기지 못하자, 노하여 머리로 부주산(不周山)을 들이받아 하늘을 떠받치는 기둥이 부러지고 땅을 묶어 둔 밧줄이 이지러졌는데, 여선(女仙)인 여와씨(女媧氏)가 오색의 돌을 갈아서 하늘을 깁고 자라의 발을 잘라서 사극(四極)을 세우자 땅이 평정되고 하늘이 완전하게 되었다 한다. 《淮南子 覽冥訓》

성(誠)

기강을 진작함 振紀綱

- 뇌물을 엄히 금하여 사문(私門)을 막음
- 절의를 숭상하여 원기(元氣)를 부지함
- 상벌을 분명하게 하여 게으름을 격동케 함

현능을 면려함 勵賢能

- 훌륭한 관리를 뽑아 근본을 두터이 함
- 맡기는 일을 전담하게 하여 성취한 효과에 책임을 지게 함
- 재주가 빼어난 사람을 방문하여 계책을 넓힘

군정을 닦음 修軍政

- 형세를 살펴 요충지를 제어함
- 장수를 잘 뽑아 기세를 씩씩하게 함
- 호령(號令)을 전임하게 하여 군대의 위엄을 중하게 함

실행하는 바는 한 가지[誠]이다

기강을 진작함〔振紀綱〕

나랏일이 오늘에 이르러 어느 하나도 폐단이 아닌 것이 없어 이루 다 진술할 수 없습니다. 그러나 먼저 할 일 가운데 마땅히 힘써야 할 것은 생각하지 않고 일의 말단을 바로잡고자 하는 것은, 마치 섶을 안고 불을 끄는 것이나 끓는 물을 퍼냈다가 다시 부어 끓는 것을 막는 것[50]과 같으니, 이른바 '먼저 할 일'이란 것은 기강을 진작하는 것일 뿐입니다. 한자(韓子)가 말하기를, "천하(天下)는 몸이고, 기강은 맥(脈)이다."[51]라고 하였으니, 사지가 비록 탈이 없더라도 믿을 것이 못 되고 맥이 어떠한가에 달렸을 뿐이며, 사해가 비록 일이 없더라도 자랑할 것이 못 되고 기강이 어떠한가에 달렸을 뿐입니다. 진실로 기강을 세우지 않으면 모든 일이 뒤집어지고 풍속이 어지러워지니, 나누어지고 무너지며 흩어지고 쪼개어져 난리와 멸망이 뒤따르는 것은 마땅합니다.

무릇 주군(州郡)은 향리(鄉里)의 기강이며, 감사(監司)는 주군

50 끓는 물을……것 : 임시방편으로 일을 처리하여 눈앞의 급한 일만 우선 모면하려는 것을 비유하는 말로 쓰인다. 한(漢)나라 매승(枚乘)의 〈상서간오왕(上書諫吳王)〉에 "끓는 물을 식히려 할 경우, 한 사람이 불을 때고 있으면 백 사람이 아무리 퍼냈다가 다시 담는다 하더라도 소용이 없으니, 장작에 붙은 불이 꺼지도록 하는 것만 같지 못하다.〔欲湯之滄, 一人炊之, 百人揚之, 無益也, 不如絶薪止火而已.〕"라고 한 데서 유래하였다.

51 천하(天下)는……맥(脈)이다 : 한유(韓愈)의 〈잡설(雜說)〉 2에 "천하는 사람과 같고, 안위는 삐쩍 마르거나 살찐 것과 같으며, 기강은 맥과 같다. 맥이 병들지 않으면 비록 수척하더라도 해가 되진 않지만, 맥이 병들면 살쪄 건강하더라도 죽게 된다.〔天下者, 人也; 安危者, 肥瘠也; 紀綱者, 脈也. 脈不病, 雖瘠不害; 脈病而肥者, 死矣.〕"라고 하였다.

의 기강이며, 조정은 감사의 기강입니다. 원수(元帥)와 진장(鎭將)의 관계와, 진장과 사졸(士卒)의 관계도 그러합니다. 지금 조정의 호령(號令)이 감사에게 시행되지 않고 감사의 호령이 주군(州郡)에 시행되지 않고 주군의 호령이 향리에 시행되지 않으며, 여러 진(鎭)에 이르러서는 원수의 호령을 받들지 않고 사졸에 이르러서는 진장의 호령을 받들지 않습니다. 내외는 체계가 다르고 상하는 마음이 흩어지니, 호령을 발하여 시행함에 사람들이 비분강개하여 비난하지 않는 이가 없습니다. 이와 같음을 보고서 따라다니며 저지하면, 하루를 넘기는 영(令)이나 한 해를 넘기는 법이 있지 않습니다. 평소에도 오히려 유지하기 어려운데 이렇게 위급한 때를 당하여 어찌 규합하여 거느릴 수 있겠습니까.

아, 사람들은 다만 심장과 배에 병이 나매 손과 발이 구원하지 않는 것만 보고, 손과 발에 잘못을 돌리니, 맥이 한번 병에 걸려서 손과 발이 절로 마비되는 것을 자못 알지 못한 것입니다. 그렇다면 안으로 근본이 상하여 없어지고 밖으로 법령이 해이해지는 것은 모두 기강이 진작되지 않기 때문입니다. 기강을 진작하는 실상은 진실로 조정을 바르게 하고 사방을 바르게 하는 데 달렸으니, 지금 감히 신분을 뛰어넘어 말씀드리지 않더라도 집사께 있어서는 또한 먼저 그 상벌을 분명하게 하는 데 달렸을 뿐입니다.

기강을 진작하는 실상에 세 가지가 있음〔振紀綱之實有三〕

첫째는 상벌을 분명하게 하여 게으름을 격동케 해야 합니다. 아, 상벌에 법도가 없은 지 오래되었으며, 권계(勸戒)가 행해지지 않는 것이 고착화되었습니다. 어리석은 제가 육선공(陸宣公 육지(陸

贊))의 말을 외운 적이 있는데, 바로 오늘날의 고질병에 딱 들어맞습니다. 상벌이 백성을 부리는 것은 마치 저울이 무게를 재는 것이나 먹줄이 곡선이나 직선을 그리는 것과 같습니다. 백성을 부리면서 상벌을 사용하지 않는다면 선악이 서로 뒤섞여 능력의 유무를 구별할 수 없으며, 사용하지만 공과 죄를 합당하게 하지 않는다면 간사한 무리들이 사랑을 받아 영화롭게 되고 충실한 사람들이 배척되어 억눌릴 것입니다.

지금 나라의 전상(典常 변함없는 법)이 이미 장수에게 시행되지 못하고, 장수의 호령이 또 군사들에게 시행되지 못합니다. 공이 있는 한 사람에게 상을 주고자 하지만 공이 없는 자가 함께 나올까 도리어 염려하고, 죄 있는 한 사람에게 벌을 주고자 하지만 악을 함께 저지른 자가 근심을 품을까 다시 염려하니, 죄 지은 자에 대해서는 꾹 참고 드러내지 않으며 공이 있는 사람에 대해서는 혐의하면서 상을 주지 않습니다. 임시방편의 정치가 곧 이에 이르렀기 때문에 죽음을 잊고 절의를 다하려는 사람은 동년배들에게 분함을 품게 하고, 군대가 패하여 국토를 잃은 자는 부끄럽고 두려운 마음을 품지 않게 합니다. 포창하고 징계함이 이미 없어져 시행되지 않고, 비난과 명예가 다시 분분하게 서로 어지럽습니다. 또 공정하고 충성스러운 사람은 자신을 올곧게 하고 남을 탓하지 않기 때문에 도리어 곤액(困厄)에 걸리고, 교묘하게 거짓된 자는 사사로움을 행하여 무리들에게 구차하게 아첨하기 때문에 으레껏 넉넉하고 높은 자리를 차지하니, 이런 점이 의로운 선비가 마음 아파하는 바이며 용감한 사내가 흩어지는 바입니다.

무릇 상벌이란 것은 선왕이 세상을 면려하고 우둔한 사람을 연마하는 바입니다. 삼가 보건대, 지금의 사람 마음은 공이 없는 것을 영광으로 여기고 상을 받는 것을 치욕으로 여기며, 전지(田地)가 있는 것을 즐거워하고 벼슬하는 것을 두려워합니다. 사람의 마음이 이와 같으니, 누구와 함께 훌륭한 일을 하겠습니까. 상벌의 권한을 이미 잃어 기강이 뒤집어졌으며, 권선징악의 도가 밝지 않아 선악이 뒤바뀌었으니, 만약 빨리 그 폐단을 바로잡지 않으면 마음 아파하고 흩어지는 데 그칠 뿐만이 아닐 것입니다.

어리석은 저는 생각건대, 여러 장수 가운데 군정(軍政)을 닦지 않고 속이는 일을 행하는 자와, 수령 가운데 피폐한 백성에게 가혹하게 세금을 거두어 자신을 살찌우는 데 오로지 힘쓰는 자의 경우, 그중 심한 자를 들어 도끼에 기름칠하고 참수하여 무리들에게 보이십시오. 그런 뒤에 그 재능 있는 사람을 포상하고 그 충성스럽고 성실한 사람을 권면하십시오. 봄기운이 만물을 내고 가을 서리가 만물을 죽이며, 양이 열리고 음이 닫히듯이 법률을 엄격히 하여 탐욕스럽고 잔악한 자는 물러나 위축되고, 게으른 자는 격려되고 겁 많은 자는 분발하며, 현명한 사람은 더욱 그 정성을 지극히 하고, 재주 있는 사람은 더욱 그 능력을 편다면, 기강을 진작하여 일의 공을 세울 수 있습니다. 그렇지 않고 이익을 좇아 탐하고 포악한 무리들이 거만하게 그 자리를 보존하고 거짓을 꾸며 상을 탐내는 사람들이 공공연히 그 관직을 받는다면, 저 충성스럽게 분노를 품고 뜻과 기상을 가진 사람 가운데 누가 용렬한 사내나 심부름하는 무리에게 기꺼이 머리를 숙이고 마음을 낮추어 복종하여 그 거취를 스스로 가벼이 하겠으며, 힘을 다하여 부지런한 효과를 펴고자 하는 사람이 또한 어찌 기꺼이 남을 속인 공로에 무리 지어 나아가 뒤섞여 생활하면서 그 비방을 스스로 취하겠습니까. 만약 그렇다면, 상을 받는 자가 반드시 공이 있는 것은 아니고 공이 있는 자가 반드시 상을 받는 것도 아니며, 죄를 받는 자가 반드시 악한 것은 아니고 악한 자가 반드시 죄를 받는 것도 아닙니다. 이〔蝨〕처럼 기생하고 개미〔蟻〕처럼 붙어 있는 자는 진실로 간사하고 아첨하는 무리이며, 머리를 흔들며 멀리 떠나는 사람은 모두 현명하고 지혜로운 선비입니다.

상벌이 그 권위를 한번 잃어 그 폐단이 이런 지극함에 이르렀으니, 애통함을 이길 수 있겠습니까. 어떤 사람은 생각하기를, 전쟁으로 모든 것이 뒤집혀 엎어진 끝에 사람과 사물이 쇠퇴하여 보잘것없게 되었으니, 벼슬과 상으로 이끄는 것이 옳고 형벌로 제어하는 것은 옳지 않다고 합니다. 아, 이는 다만 싹을 사랑하되 가라지 기르는 것만 알고 가라지를 제거하여 싹이 무성해지는 것을 알지 못하는 것입니다. 더구나 치욕을 돌아보지 않고 오직 벼슬과 이익만을 좇는 자를 기르니, 시대에 이로움은 없고 다만 그 뿌리를 좀먹을 뿐입니다.

옛날 제갈 무후(諸葛武侯)가 촉(蜀)을 다스릴 때, 자못 엄준함을 숭상하여 군법에 이르러서는 더욱 용서함이 없었기에, 어떤 사람이 진시황(秦始皇)과 한고조(漢高祖)의 일을 인용하여 간하였습니다. 무후가 말하기를, "진나라는 상군(商君 상앙(商鞅))이 변법(變法)을 시행함으로부터 오로지 가혹한 형벌을 숭상하여 천하를 옥죄어 억제하니, 백성들이 발을 둘 곳이 없어 원망하는 소리가 바야흐로 지극하였다. 고조가 너그러움으로 대신하여 백성의 마음을 얻은 것은 또한 마땅하다. 유장(劉璋)[52]은 어리석고 유약하여 위엄과 권력이 아랫사람에게 옮겨 가 형정(刑政)이 시행되지 못하고 기강이 무너져 끝내 그 나라를 잃었으니, 나는 새롭게 개혁하지 않을 수 없었을 뿐이다."라고 하였습니다. 무릇 무후가 어찌 오로지 형법에 맡겨서 백성들의 목숨을 쇠잔하게 하였겠습니까. 또한 마땅히 그 상벌을 분명히 하고 명실(名實)을 조사하여 나라의 권세는 진작하여 면려하는 바가 있고, 군대의 행정은 잘 다스려져 시행됨이 있게 했을 뿐입니다. 어리석은 저 또한 육선공(陸宣公)과 제갈 무후(諸葛武侯)의 마음으로 집사께 바라기 때문에 이에 자못 말이 많았습니다.

지난날 삼가 듣건대, 여러 장수와 수령들이 말한 바 군공(軍功)이란 것은 대개 사실이 아니니, 몸은 산골짜기로 달아났는데도 머리에는 금옥관자(金玉貫子)[53]를 달고, 눈으로 적을 보지 못하였는데

52 유장(劉璋) : 삼국 시대 때 익주 자사(益州刺史)를 지낸 인물인데, 성격이 나약하여 처음에는 조조(曹操)에게 의지하였다. 유비가 익주 자사로 있던 유장을 내쫓고 파촉(巴蜀) 지방을 차지하였는데, 공명이 유비를 도와 이곳을 다스리면서 법령을 엄격하게 적용하자 원망하는 백성들이 많았다. 이에 법정(法正)이 공명에게 한고조(漢高祖)가 관중(關中)을 차지한 뒤에 법령을 최소화하여 삼장(三章)만을 시행했던 것처럼 형벌과 금령(禁令)을 완화시킬 것을 충고하였는데, 공명은 유장이 어리석고 유약하여 형벌을 엄격히 시행하지 못하다가 지금의 피폐함을 초래하게 된 것임을 말하고, 이어서 "지금 나는 법령으로써 위엄을 보이니, 법령이 행해지면 은혜를 알 것이며, 또 작위로써 제한하니, 작위가 더해지면 영화로움을 알 것이다. 이렇게 하면 영화와 은혜가 서로 이루어 주고 상하가 절도가 있게 되니, 다스리는 요점은 여기에서 드러날 것이다."라고 하였다. 《資治通鑑 卷67 漢紀 孝獻皇帝壬》

53 금옥관자(金玉貫子) : 고관(高官)을 뜻하는 말이다. 1품은 옥관자를 달고 2품은 금관자를 단다.

도 상자에는 상첩(賞帖)이 가득한 지경에까지 이르렀습니다. 위에서부터 법을 어기니 아랫사람에게 명령할 수 없어 속이는 풍조가 이미 관례가 되어 법을 어기는 자는 꺼리지 않고 거짓을 듣는 자는 괴이하게 여기지 않습니다. 비록 사람들마다 벌을 줄 수는 없으나 반드시 그 잘못을 책임지는 자가 있어야 할 것입니다.

공두직첩(空頭職帖)[54]과 왜두홍패(倭頭紅牌)[55]에 이르러서는 다만 관원들이 은혜를 파는 기이한 재화로 되었을 뿐입니다. 그 이른바 '수급을 베어 홍패를 받았다'고 하는 것은, 여러 장수들이 그 친한 사람을 위하여 군졸에게 징수하여 취하니, 군졸들은 그 요구를 이기지 못하여 으레 유민의 머리로 그 요구에 응합니다. 저 공이 없는 자는 앉아서 홍패를 받고, 죄 없는 사람들은 원통하게 죽는 경우가 많습니다. 아, 장수를 뽑아 도적을 기르고, 백성을 죽여 사람에게 관작을 주니, 옛날에도 이런 일이 있었습니까.

이른바 양식을 운송하여 관직을 받는다는 것은, 수령이 이미 피폐한 백성들을 독촉하여 역참이 있는 곳에 운송해 바치고 또한 친한 사람을 위해 벼슬을 주면서도 오히려 뻔뻔한 얼굴로 남들에게 말하기를, "비록 민호(民戶 일반 백성)가 운송해 바쳤으나 민호가 관직을 받을 수는 없으며, 다른 사람이 관직을 받더라도 이미 수송한 백성의 수고에 해로움이 없다."라고 하니, 그 교묘한 말로 간사함을 이루는 것이 모두 이와 같습니다. 다만 이뿐만 아니라

54 공두직첩(空頭職帖) : 임의로 이름을 적어 넣도록 공란(空欄)을 비워 둔 직첩으로, 정권을 농락하거나 부정비리의 수단으로 사용되었다.

55 왜두홍패(倭頭紅牌) : 왜적의 수급(首級)으로 받는 홍패를 말한다.

이른바 곡식을 바치고 말을 바쳐 천민을 면하고 부역을 면한다는 것은, 남에게 전택(田宅)과 재화를 받고서 피차가 한마음으로 거짓을 꾸며 사실로 만드는 것을 다 헤아릴 수 없습니다.

아, 나라의 재정이 고갈하여 이미 군수품을 마련하는 데 부응할 수가 없고, 또 곤궁한 백성이 군량을 운송하는 데 곤란 겪는 것을 차마 할 수 없습니다. 백성들의 힘을 바라는 것 외에 혹 스스로 바라는 것이 있기 때문에 이에 매관매직하여 그만두지 못하는 일을 하면서도 저들은 죽음을 잊고 힘을 다하는 것으로 뜻을 삼지 않고, 나라의 큰 권력을 몰래 농락하고 그것을 바탕으로 일신의 위복(威福)[56]을 삼아 명성과 권세를 과장하고 자신을 도와줄 사람을 넓힙니다. 법으로 단죄한다면 진실로 마땅히 참수하여 군중(軍中)에 조리돌려야 하는데도 나라가 오히려 이들을 믿고 나라를 지키는 병풍으로 삼아 정성을 다하는 적개심을 바라고 있으니 너무 엉성하지 않습니까. 어리석은 저는 바라건대, 굳세고 반듯하여 악을 미워하며 권력에도 흔들리지 않는 사람을 뽑아 여러 진(鎭)을 자세히 살피고 돌아다니면서 그 간사한 정황을 적발하여 법령을 분명히 보여서 그 나머지를 면려한다면, 악을 행하는 자들이 혹 꺼리는 바가 있어 사람들의 마음이 거의 조금이나마 상쾌할 수 있을 것입니다.

56 위복(威福) : 벌(罰)과 상(賞)을 뜻하는 말로, 본디 임금만이 행할 수 있는 상벌의 권한을 가리킨다. 《서경》 〈주서(周書) 홍범(洪範)〉에 "오직 군주만이 복을 짓고, 오직 군주만이 위엄을 짓고, 오직 군주만이 옥식을 할 수 있으니, 신하는 복을 짓고 위엄을 짓고 옥식함이 있어서는 안 된다.〔惟辟作福, 惟辟作威, 惟辟玉食. 臣無有作福、作威、玉食.〕"라고 한 데서 온 말이다.

둘째, 절의를 숭상하여 원기(元氣)[57]를 부지하십시오. 어리석은 제가 들으니, "절의는 천하의 큰 울타리〔大閑〕이며 선인은 국가의 원기이다."라고 하였습니다. 이런 까닭으로 정치를 잘하는 사람은 절의를 숭상하여 큰 울타리를 보존하며, 어진 선비를 잘 길러 원기를 부지합니다. 먼저 기강을 마련하여 윗사람에게 시험하고 뒤에 좋은 풍속을 두어 아랫사람을 진작하여 사람들이 모두 선을 사모할 만한 것으로 여겨 반드시 행하고 악을 부끄러워할 만한 것으로 여겨 반드시 제거할 줄 알게 하십시오. 평소에는 어버이를 섬기고 어른을 공경하는 것이 마땅히 해야 할 것임을 알고, 난리를 만나서는 윗사람을 친하게 여기고 어른을 위해 죽는 것이 숭상할 만한 것임을 알게 하십시오.

절개를 다하여 의리를 위해 죽으면서도 마음에 기쁘게 여기는 바가 있고, 자신이 죽고 친족이 다 죽어도 후회하지 않는 바가 있으니, 이것은 성군이 인재 배양을 존숭하는 뜻을 안 것이지 어찌 이유 없이 그런 것이겠습니까. 진실로 멀리 옛날을 인용할 필요도 없이 다만 눈앞의 일로 말해 보건대, 지난날 고래 같은 왜구가 쳐들어왔을 때 여러 성들이 기왓장처럼 흩어지니, 높은 벼슬아치로 많은 녹봉을 받는 자들은 무릎을 꿇고 구차하게 목숨을 연명하였고, 검을 차고 활을 쏘는 자들은 머리를 감싸고 쥐처럼 숨어서 어느 한 사람도 창을 메고 활을 잡아 사졸들보다 앞장서는 이가 없었습니다. 어찌 의병을 일으켜 원수 갚는 일을 도모할 수 있겠습니까.

57 원기(元氣) : 만물(萬物)이 이루어지는 근본의 힘으로, 선비를 뜻한다.

산림(山林)의 배척된 가운데서 나온 선비들이 나무를 꺾어 장대를 만들고, 종이를 찢어 깃발을 만들어 여러 고을에 격문(檄文)을 보내어 사람의 마음을 감발시켰습니다. 그런 뒤에야 외진 산에 숨어 엎드려 있던 사람들이 다투어 스스로 분발하여 일어나 메아리처럼 호응하였고, 성을 버리고 멀리 달아났던 무리들도 혹 풍도를 듣고 부끄러움을 알아 전날 살기를 도모하여 고망(顧望 형세를 관망하고 거취를 결정하지 아니함)하는 마음을 바꾸어 비로소 매복을 설치하여 적을 토벌할 계책을 내었습니다. 의로운 소리가 한번 떨치자 사람들이 각자 병사가 되어 이미 꺾인 우리의 기세를 크게 펼치고 바야흐로 강성해지는 적의 기세를 막았습니다. 왜적이 힘을 합하여 서울로 향하지 못한 것은 남주(南州)에서 창의(倡義)한 병사들이 돕지 않음이 없었으니, 이는 모두 열성(列聖)이 인재를 배양한 것에 대한 보답이며 선사(先師 김성일(金誠一))께서 백성의 마음을 진작시킨 공입니다. "동강(桐江)의 낚싯줄 하나가 한나라의 구정을 붙들어 매었다.〔桐江一絲, 繫漢九鼎.〕"[58]라는 것은 반드시 까닭이 있는 것입니다. 삼가 생각건대 훗날 사관들이 붓을 잡아 기록할 때 국토 회복에 가장 먼저 부응하여 첫째가는 공을 세운 사람은 여기에 있고 저기에 있지 않습니다. 아, 만약 곽재우

58 동강(桐江)의……매었다 : 이 말은 후한 광무제(後漢光武帝)의 절친한 친구인 엄광(嚴光)을 가리켜 말한 것이다. 엄광은 높은 벼슬을 주려는 광무제의 호의를 거절하고 부춘산(富春山)에 들어가 숨어 살며 동강에서 낚시로 소일하였는데, 이것이 결과적으로 선비들의 기개를 높여 주어 후한의 국운을 유지하게 하였다. 《後漢書 逸民列傳 嚴光》 은거하는 선비 한 명의 절개가 온 나라 선비의 마음을 고무시켜 나라를 편안하게 만든다는 뜻이다.

(郭再祐), 김면(金沔),[59] 곽준(郭䞭)[60] 같은 여러 분이 전란 초기에 창의하지 않았더라면, 인심의 향배가 어떻게 되었을지 알 수 없습니다. 또 초유사(招諭使) 김성일(金誠一)이 중간에 진무하지 않았다면, 의병의 성패 또한 알 수 없습니다.

무릇 뜻이 같은 사람을 불러 모으고 무부(武夫)들에게 솔선수범함으로써 흩어진 민심을 수습하여 국토 회복의 기틀을 다진 것은 몇 군자의 도가 같고 직분으로 깨우쳐 그 의로운 용기를 고무시켰기 때문입니다. 그래서 군신의 의리가 한 시대에 밝게 드러나 듣는 사람들이 눈물을 흘리며 죽을 각오로 달려가지 않음이 없었으니, 김성일의 공이 가장 큽니다. 이 몇 군자는 나라가 무너진 끝에 큰 법칙을 두었고 국세가 사라진 뒤에 원기를 붙들었으니, 비록 뜻과 형세가 어긋나 큰 공을 끝내지 못했으나 각자 또한 마땅히 해야 할 바에 힘썼을 뿐입니다. 어찌 당세에 바라는 것이 있어 그렇게 했겠습니까.

59 김면(金沔) : 1541~1593. 본관은 고령(高靈), 자는 지해(志海), 호는 송암(松庵)이다. 임진왜란이 일어나자 의병을 일으켜 지례(知禮)에서 대승을 거두었다. 이후 합천 군수(陜川郡守)에 제수되었으며, 의병대장(義兵大將)의 교서를 받았다. 이듬해 금산에서 병사하였다. 사후 병조 판서에 추증되었으며, 1607년(선조40) 이조 판서에 가증되었다.

60 곽준(郭䞭) : 1551~1597. 본관은 현풍(玄風), 자는 양정(養靜), 호는 존재(存齋), 시호는 충렬(忠烈)이다. 의병장 김면(金沔)이 의병을 규합하자, 평소에 친히 지내던 교분으로 참가하여 공을 세웠다. 관찰사 김성일이 그의 현명함을 듣고 자여도 찰방(自如道察訪)에 임명하였다. 1597년(선조30) 정유재란 때 안음 현감으로 함양 군수 조종도(趙宗道)와 함께 호남의 길목인 황석산성(黃石山城)을 지키던 중 왜군과 격전을 벌이다가 아들 곽이상(郭履常)・곽이후(郭履厚)와 함께 전사하였다.

그러나 나라에서 덕을 숭상하고 공에 보답하는 은전으로 말하자면, 그 특별히 포상한 바가 도리어 거짓을 행하여 엉터리 수급(首級)을 바친 여러 장수들과 균등하지 않으니, 어찌 사람의 마음을 감복시켜 사방에서 오기를 권장하는 바이겠습니까. 아, 불행하게도 이미 세상을 떠난 양 김(兩金 김면과 김성일)의 경우는 진실로 나라를 위해 몸과 마음을 다한 수고에 보답을 받지 못하여 뜻있는 선비들의 처량한 마음만 더함에 이르렀습니다. 그럼에도 불구하고 저승의 충성스러운 혼을 위로할 수 있는 것은 관직을 더해 주고 나라에서 제사를 지내 주는 허문(虛文) 한 장에 지나지 않을 뿐입니다. 다행히 아직 살아 계시는 곽공(郭公 곽재우)의 경우 그로 하여금 어찌 산림에서 유유자적하게 거닐며 스스로 그 즐기는 바를 온전히 하여 충신 의사의 마음을 막게 할 수 있단 말입니까. 이는 곧 그 사람이 다행으로 여기는 바이지만 나라의 불행입니다. 삼가 생각건대 나라를 위해 계책을 도모하는 사람을 아끼십시오.

임진년 7월에 영천(永川) 전투에서 승리한 것에 이르러서는 그 당시 한 도(道 경상도)에 웅거하던 왜적들이 경주(慶州)에서 안동(安東)에 이른 것이 긴 뱀처럼 줄을 지어 있어 감히 어떻게 할 수 없었습니다. 그러나 영천의 왜적이 이미 전멸하자 군위(軍威)와 의성(義城)에 주둔하던 왜적들이 바람에 쓸리듯 달아났습니다. 세 고을이 이미 평정되고 중간에 길이 이미 끊어지니, 안동과 경주의 왜적은 머리와 꼬리가 호응하기 어려워 형세상 물러나지 않을 수 없었습니다. 다섯 고을이 이미 회복된 뒤에야 한 지역의 남은 백성들이 다시 살아날 수 있었고 우리 군사들의 기세도 조금 떨쳐졌습니다. 매복을 설치하여 적을 토벌하는 것이 많아서 끊이지 않았으니, 이는 모두 영천(永川)에서 먼저 창의했기 때문입니다. 더구나 영천읍(永川邑)에서 의병의 일을 일으킬 때 가장 먼저 창의를 도모한 것은 모두 이 지역의 사자(士子)들이니, 한 고을을 에워싸고 왜적과 싸운 것은 오백 의사(五百義士)가 아님이 없습니다. 그러나 특별한 포상의 은전은 다만 두어 장수들에게만 더해져 공적을 매기는 것이 공론을 따르지 않고 읍(邑)이라는 호칭이 주(州)나 부(府)로 승격하지 못하였으니, 이 때문에 공론이 자못 들끓었습니다. 그 당시 순찰사가 전해 들은 것이 실상과 어긋남이 매우 애석합니다.

삼가 바라건대 집사께서는 주상께 전계(轉啓 다른 사람을 거쳐서 임금에게 아뢺)하여 예(禮)로 그물을 만들어[61] 곽공(郭公 곽재우)을 그물질하여 대장의 직임을 주고 영천(永川)은 호칭을 승격하며, 중화(中和)의 관례[62]에 의거하여 다시 공의를 묻고 의사(義士)를 포록(褒錄 공훈이 있는 사람에게 그 상으로 자급을 올리거나 은전(恩典)을 내림)한다면 인심이 감격하고 공론이 상쾌하게 여길 것이니, 이른바

61 예(禮)로 그물을 만들어 : 당나라 한유(韓愈)가 지은 〈송온조처사서(送溫造處士序)〉에 "대부 오공(烏公)이 하양(河陽)에 부임한 지 3개월 만에 석생(石生)을 인재라 하여 예의로 그물을 만들어〔以禮爲羅〕 그물질하여 막하(幕下)로 데려갔고, 몇 달이 못 되어 온생(溫生)을 인재라 하여 석생을 중매로 삼고 예의로 그물을 만들어 또 그물질하여 막하로 데려갔다." 하였다. 이후에는 군주가 예의를 갖추어 인재를 모으는 것을 비유하는 말로 사용하였다.

62 중화(中和)의 관례 : 《양자법언(揚子法言)》 〈선지(先知)〉에 "정치의 도를 세워 백성을 고무하고 감화시키는 것은 중화(中和)보다 더 좋은 것이 없다.〔立政鼓衆, 動化天下, 莫尙於中和.〕"라고 하였다.

"한 사람에게 상을 주어서 천하 사람을 부지런히 힘쓰게 한다."[63] 라는 것은 아마 여기에서 시작할 것입니다.

셋째, 뇌물을 엄히 금하여 사문(私門)을 막아야 합니다. 《춘추좌씨전》 환공(桓公) 2년 조에 이르기를, "국가의 패망은 관리의 사악에서 유래하고, 관리가 덕을 상실함은 사사로운 총애와 뇌물이 드러나는 데서 유래한다.〔國家之敗, 由官邪也, 官之失德, 寵賂章也.〕"라고 하였고, 《예기》 〈교특생(郊特牲)〉에 이르기를, "서로 만나 볼 적에 재화를 사용하며 서로 이익으로써 뇌물을 주어 천하의 예(禮)가 어지러워졌다.〔相覿以貨, 相賂以利, 而天下之禮亂矣.〕"라고 하였습니다. 진실로 뇌물을 주려는 생각이 사람 마음에 생겨나 재앙의 단서를 열어 풍교를 손상시키고 국가를 어지럽게 하기 때문입니다. 이런 까닭으로 선왕이 법을 만들 때 감림(監臨) 관리[64]가 뇌물을 받은 것이 한 자〔尺〕가 되면 형벌을 받았으며, 대벽(大辟 사형)에 속하는 형벌은 비록 깨끗이 사면을 받더라도 뇌물을 준 죄에 이르러서는 왕왕 사면하지 않았으며, 서리(胥吏) 같은 하급이 뇌물을 조금 받더라도 오히려 법에 저촉되었습니다.

63 한……한다 : 소순(蘇洵)의 〈상인종황제서(上仁宗皇帝書)〉에 나오는 말로, "옛날에는 한 사람에게 상을 주어서 천하를 부지런히 힘쓰게 하였는데, 지금 폐하께서는 봉록을 올리고 관직에 임명한 자가 번번이 천 명에 이릅니다.〔古者賞一人而天下勸, 今陛下增秩拜官, 動以千計.〕"라고 하였다.

64 감림(監臨) 관리 : 친히 가서 염법(鹽法)을 감독하는 책임자로서 순염 어사(巡鹽御史), 포정사(布政司) · 염운사(鹽運司) · 염과사(鹽課司)의 관리들이다.〔監臨官吏, 謂監臨鹽法之官吏, 如布政司鹽運司鹽課司官吏之類.〕《大明律附例箋釋 권8 9장》

하물며 조정의 높은 자리나 사방에서 지방관이 된 사람은 사방의 백성들이 모두 우러러 보는데도 간사한 뇌물을 부끄러워하지 않고 공공연히 뇌물을 주고받는 경우야 말할 것이 있겠습니까.

나라가 살아 있는 백성들의 고혈(膏血)을 다 짜내서 군대의 경비와 공돈(供頓 손님을 대접)의 필요를 돕는 것은 본래 그만둘 수 있는 것이 아니지만, 군졸이 된 사람들은 한 번도 따뜻하게 입고 배불리 먹은 적이 없이 길에 엎어져 죽는데도 진영(鎭營)의 장수나 수령이 된 자는 교묘하게 명분을 꾸며 두회기렴(頭會箕斂)[65]을 합니다. 윗자리에 있는 사람이 권귀(權貴)한 이를 받들어 승진하거나 발탁되기를 구하는 바와, 아랫사람이 처자식을 아름답게 꾸며 남들의 이목에 빛나게 하는 바는 동남(東南)의 수십 고을에 외롭게 남겨진 피폐한 백성들의 고혈과 골수가 아님이 없습니다. 명목상으로 군대에 이바지한다면서 수레로 권세가의 집에 실어 나르고 지대(支待)[66]에 가탁하여 몰래 자신의 집으로 옮기면서도 오히려 넉넉하지 못하다고 여깁니다. 변방에 들어가 방어하는 병졸들을 내보내어 몰래 그들의 양식을 취하며, 함께할 수 없는 원수인 적과 서로 내통하여 물건을 사고팔며 이익을 다툽니다. 저 적들도

65 두회기렴(頭會箕斂) : 집집마다 식구 숫자대로 곡식을 내게 하여 키로 거두어 간다는 뜻으로, 부세(賦稅)가 과중한 것을 표현하는 말이다. 《사기(史記)》 〈장이진여열전(張耳陳餘列傳)〉에 "안과 밖이 소란스러워 백성들이 피폐하였는데도, 두회기렴하여 군비를 조달하였다.〔外內騷動, 百姓罷敝, 頭會箕斂, 以供軍費.〕"라는 말이 나온다.

66 지대(支待) : 지방에 출장 나간 관원(官員)에게 필요한 음식물, 일용품 등을 지방 관아에서 공급하는 일을 말한다.

지각이 있는데, 어찌 사람이 없음을 몰래 비웃지 않겠습니까.

몸은 신하가 되었으나 감히 벽을 뚫고 담을 넘는 도적과 같은 행동을 방자하게 하며, 지위는 매우 부귀한데도 장사치처럼 이익을 다투는 일을 아울러 행합니다. 이처럼 이익을 탐하면서도 부끄러움이 없는 무리에게 절제(節制)하는 관찰사의 권력을 주고 백성을 사랑하고 기르는 지방관의 임무를 맡기니, 지식이 있는 선비들이 어찌 한심하게 여기지 않겠습니까. 그러나 이는 모두 상과 벌이 분명하지 않고 등용하고 물리침이 공평하지 않은 결과입니다.

무릇 주(州)와 군(郡)에서 진영의 장수에게 뇌물을 주고자 하지 않고, 진영의 장수가 조정에 뇌물을 주고자 하지 않는 것은 향민(鄕民)이 주리(州吏)에게 뇌물을 주고자 하지 않는 것과 같습니다. 다만 뇌물을 주면 이로움이 있고, 뇌물을 주지 않으면 근심이 있기 때문에 각자 몸을 편안히 하고 자리를 보전하는 도모와 원한을 풀고 총애를 사는 계책으로 삼아서 뇌물을 주지 않을 수 없습니다. 무릇 어찌 즐거이 뇌물을 주겠습니까. 만약 상과 벌이 진실로 분명하고 등용하고 물리침이 다 공정하다면, 누가 감히 의롭지 못한 죄를 범하여 반드시 이로움이 없는 뇌물을 주고자 하겠습니까.

어리석은 저는 바라건대, 집사께서 상과 벌의 권한을 잡고 등용하고 물리침의 규정을 공정하게 하여 정성을 다해 나라에 보답하는 사람은 비록 원수라도 반드시 천거하고, 거짓을 꾸며 사사로움을 행하는 자는 비록 친한 이라도 반드시 죄를 주십시오. 맑고 깨끗하여 욕심이 없는 기풍을 널리 펴고, 자애롭고 검소하여 탐하지 않는 보배를 지킨다면, 윗사람이 좋아하는 바를 백성들이 다투어 달려가 사모하여 공도(公道)가 점점 열리고 사사로운 청탁이 사라질 것입니다. 또 굳세고 방정하며 청렴하고 삼가며 바름을 지키고 아부하지 않는 사람에게 여러 진영을 몰래 다니면서 부정한 방법으로 재물을 취하거나 뇌물을 주고받은 사람을 적발하여 극형으로 처리하도록 해 그 외의 사람들을 징계하십시오. 이것이 이른바 "한 사람에게 벌을 주어 천하 사람들을 두려워하게 한다.〔罰一人而天下懼〕"[67]라는 것입니다.

현능한 사람을 면려하는 실상에 세 가지가 있음〔勵賢能之實有三〕

첫째, 재주가 빼어난 사람을 방문하여 계책을 넓히는 것입니다. 무릇 큰 집을 짓는 사람은 반드시 많은 재목을 모으고, 큰일을 이루는 바람은 반드시 많은 현명한 사람을 취합니다. 지금 낭묘(廊廟 조정)의 안과 밖으로 원수(元帥)의 막하(幕下)에 기발한 모의를 도울 수 있는 사람이 몇 명이나 있습니까. 어떤 이는 말하기를, "그대의 말이 옳습니다. 그러나 세상에 이런 사람이 없는 것을 어찌하겠습니까. 저 근거 없는 말을 하는 선비는 논의가 어지러워 옳고 그름을 현혹시키니, 승패의 운수에는 유익함이 없습니다. 체찰사는 오직 임금 한 사람보다 아래이며, 지위는 장수와 재상을 겸하였으니, 어찌 스스로 초야의 천한 선비에게 굴복하여 대신의 체모(體貌)를 잃을 수 있겠습니까."라고 하였습니다.

저는 다음과 같이 말합니다.

67 한……한다 : 부융아(傅隆阿)의 말로, 《어람경사강의(御覽經史講義)》 권28에 실려 있다.

그렇지 않습니다. 체찰사의 현명함이 어찌 주공(周公)의 성스러움만 하겠습니까. 주공은 성인(聖人)의 재주를 가지고 성왕(成王)의 숙부(叔父)라는 친함에 의거하였으나 오히려 먹던 밥을 뱉고 감던 머리카락을 움켜잡는 수고[68]를 사양하지 않으면서 초가집의 가난한 선비에게 자신을 낮추어 집지(執贄)하고 만난 사람이 열 명이었으며 환지(還贄)하고 만난 사람이 서른 명이었습니다.[69] 주공이 만난 저 선비가 어찌 다 주공의 덕과 동등하겠습니까. 현인을 구함이 진실로 바야흐로 급하여 오히려 선비 한 사람이라도 혹 숨거나 말 한마디라도 전달하지 못할까 두려웠던 까닭에 절로 자신이 높고 저들이 낮다는 것을 깨닫지 못했습니다.

후대로 내려와 전국 시대(戰國時代)에 이르러 맹상군(孟嘗君),[70]

68 먹던……수고 : 원문은 토포악발(吐哺握髮)로, 현인(賢人)을 맞이하는 데 부지런함을 뜻한다. 주공(周公)이 백금(伯禽)을 경계하는 말에, "머리를 감다가 세 번이나 감던 머리를 감싸고 나가서 현인을 맞았으며, 밥을 먹다가 세 번이나 먹던 밥을 뱉고서 나가 선비를 기다렸지만, 오히려 천하의 현인을 잃을까 염려했다."라고 한 데서 유래하였다. 《史記 魯周公世家》

69 집지(執贄)하고……명이었습니다 : 《순자(荀子)》 〈요문(堯問)〉에 주공(周公)이 말하기를, "집지(執贄)하고 본 사람이 10명이요, 환지(還贄)하고 본 사람이 30명이요, 모집(貌執)한 선비가 1백여 명이었다.〔吾執贄而見者十人, 還贄而相見者三十人, 貌執之士者百有餘人.〕"라고 하였다. 집지라는 것은 먼저 폐백을 가지고 찾아가서 보는 것이요, 환지라는 것은 빙례(聘禮)에 옥(玉)을 돌려보내는 것과 같으니, 선비가 폐백을 가지고 와서 뵈면 주공이 도로 그 집에 폐백을 가지고 가서 인사하는 것이며, 모집이라는 것은 바로 예모(禮貌)를 잘하여 온 천하의 선비를 접대하는 것이다.

70 맹상군(孟嘗君) : 전국 시대 제(齊)나라의 공족(公族)인 전문(田文)의 군호(君號)로, 손님을 좋아하여 식객(食客)이 3천 명이나 되었다고 한다. 《史記 孟嘗君列傳》

평원군(平原君),[71] 신릉군(信陵君)[72]은 말을 겸손히 하고 자신을 굽혀서 불러 모은 호걸이 수천 명에 이르렀으니, 계명구폐(鷄鳴狗吠)[73]한 자도 그 가운데 있었습니다. 만약 계명구폐를 쓸데없는 것이라 하여 문을 닫고 물리쳤다면, 모수(毛遂),[74] 풍환(馮驩),[75] 후영(侯嬴)[76] 같은 무리들도 반드시 신을 고쳐 신고 떠났을 것입

71 평원군(平原君) : 전국 시대 조(趙)나라의 공자(公子) 조승(趙勝)의 봉호이다. 인품이 어질고 빈객을 좋아하여 그를 추종하는 빈객이 수천 명에 이르렀다고 한다. 《史記 平原君列傳》

72 신릉군(信陵君) : 전국 시대 위(魏)나라의 공자(公子) 무기(無忌)의 봉호이다. 인품이 어질고 빈객을 좋아하여 그를 추종하는 빈객이 수천 명에 이르렀다고 한다. 《史記 魏公子列傳》

73 계명구폐(鷄鳴狗吠) : 닭 울음을 흉내 내고 개 흉내를 내며 도둑질한다는 뜻으로, 전국 시대 제(齊)나라 맹상군(孟嘗君)이 진(秦)나라에서 도망쳐 올 때, 식객(食客) 한 사람이 닭 울음소리를 잘 흉내 내어 성문을 열게 한 덕분에 무사히 탈출했다는 고사가 있다. 《史記 孟嘗君列傳》

74 모수(毛遂) : 평원군의 식객이다. 평원군이 모수(毛遂)를 데리고 초왕(楚王)과 교섭하러 갔는데, 초왕에게 합종(合縱)의 이해(利害)를 말하였으나 한나절이 다 되도록 결말이 나지 않았다. 이에 모수가 칼을 빼 들고 단상으로 뛰어올라 가 초왕을 위협해서 드디어 합종에 대한 약속을 받아 냈다. 평원군이 말하기를 "조나라를 구정이나 대려보다도 중하게 만들었다." 하였다. 《史記 平原君列傳》

75 풍환(馮驩) : 맹상군의 식객이다. 맹상군이 처음 설(薛) 땅에 봉해졌을 때, 풍환(馮驩)이 그에게 말하기를 "교활한 토끼는 세 굴이 있기 때문에 겨우 죽음을 면할 수 있습니다.〔狡兎有三窟, 僅得免其死耳.〕"라고 하면서 세 가지 계책을 건의하였는데 맹상군이 그대로 따른 결과, 제나라 재상을 수십 년 동안 지내면서 조금의 화(禍)도 입지 않도록 하였다. 《史記 孟嘗君列傳》

76 후영(侯嬴) : 위나라의 은사(隱士)였는데, 신릉군이 후히 대우하고자 몸소 수레를 몰고 이문으로 가서 매우 공손한 태도로 후영을 맞이해 와서 상객(上客)으로 삼았다. 그 뒤에 조(趙)나라가 진(秦)나라의 공격을 받고 위나라에 구원병을 요청했을

니다. 무릇 진실로 미덥지 못한 바가 있기 때문에 구해도 이르지 않는 것이니, 오늘날 인재를 가르쳐 기른 넉넉함에 어찌 시대의 요구에 부응할 준걸이 없겠습니까. 또한 집사께서 구하는 사람이 다만 바삐 달려가 응낙만 하거나 문서를 받들고 가는 사람에 그친다면, 자신을 낮추고 남을 높여 대신의 체면을 떨어트릴 필요는 없습니다. 만약 남에게 가르침 받는 것을 좋아하여 자신이 미치지 못한 바를 보충하고자 한다면, 저 보배 같은 재능을 품고 자신을 중하게 여기는 사람을 구구한 작은 예에 움직이게 하기 어려워 헛되이 얽어맬 수 없습니다. 그렇다면 한 시대의 현명한 선비를 얻어 등용할 수 없는 것은 이상하지 않습니다.

육지(陸贄)의 말에 "사람은 모두 신령함을 품고 있으니, 오직 잘 인도하여 성취하게 하는 바에 달렸습니다. 마치 옥(玉)이 원석에 있는 것과 같아서 조탁하면 규장(圭璋)[77]이 되지만 내버리면

때, 공자(公子) 무기가 구원병을 조나라에 보내려고 하였으나 마음대로 되지 않았다. 이에 무기가 후영에게 계책을 묻자 후영이 위나라 안리왕(安釐王)의 병부(兵符)를 훔쳐 내어 위나라 장군 진비(晉鄙) 대신 신릉군이 직접 대군을 거느리고 진격하여 조나라를 구원하게 하였다. 후영의 계책에 따라 신릉군이 진비의 군대를 탈취하러 떠나게 되었는데, 그때 후영이 말하기를 "신이 의당 따라가야 하나 늙어서 갈 수 없으니, 공자께서 떠나신 날짜를 헤아려 진비의 군에 당도할 때쯤 되면 북향(北向)하고 자살하는 것으로써 공자를 전송하겠습니다." 하였다. 그 뒤에 과연 신릉군이 진비의 군에 당도할 때쯤에 북향하고 자살해서 은혜를 갚았다. 《史記 魏公子列傳》

77 규장(圭璋) : 옥으로 만든 두 가지의 예기(禮器)이다. 《예기(禮記)》 〈예기(禮器)〉에 "규장특(圭璋特)"이라고 하였는데, 그 주에 "규장은 옥 중에서 귀한 것이고 특(特)은 다른 물건으로 짝하지 않는다는 것이다. 제후가 규를 들고 왕에게 조회하고, 그러고 나서는 장을 든다."라고 하였다.

기와 조각이 되며, 물이 근원에서 솟아나는 것과 같아서 막으면 더럽게 흐르고 틔우면 시내나 못이 됩니다. 도가 쇠퇴한 말세의 시대를 당하여 모두 쓸 만한 사람이 없다고 말하지만, 영웅의 재주를 가진 사람이 천명에 응할 때 현명하고 능력 있는 사람들이 빽빽하게 구름처럼 따르니, 그렇다면 왕도를 일으킨 어진 보좌는 모두 말세에 세상에서 버려진 인재들입니다."[78]라고 한 것은 좋습니다. 지금 초야에서 고상하게 담론하는 선비들은 진실로 세용(世用)에는 도움이 안 되는 듯합니다. 그러나 그들이 명예와 의리를 세우고 승낙하기를 중하게 여기는 사람에게는 반드시 취할 만한 한 가지 장점이 있으며, 삼천 명의 식객 가운데 반드시 주머니를 뚫고 나오는 송곳과 같은 사람[79]이 있을 것이니, 죽은 천리마의 뼈를 산 뒤에는 어찌 천리마가 절로 이르지 않겠습니까.[80]

78 사람은……인재들입니다 : 《역대명신주의(歷代名臣奏議)》 권131에 실려 있다. 저본의 내용은 원문에 비해 생략된 부분이 있다.

79 주머니를……사람 : 자신의 재능을 다 드러내는 것을 뜻한다. 평원군(平原君)이 문객인 모수(毛遂)에게 "어진 선비가 세상에 살아가는 것은 비유하자면 송곳이 주머니 속에 들어 있어서 그 끝을 당장 볼 수 있는 것과 같다. 지금 그대가 나의 문하에 있은 지 3년이나 되었는데, 아무도 그대를 칭송한 일이 없고 나도 들은 바가 없으니, 이는 그대에게 특별한 것이 없어서이다."라고 하자, 모수가 "내가 진작 주머니 속에 들어갈 수만 있었다면 송곳 자루까지 다 나왔을 것이요, 그 끝만 보일 뿐이 아니었을 것입니다.〔使遂蚤得處囊中, 乃穎脫而出, 非特其末見而已.〕"라고 하였다. 그 뒤에 평원군과 함께 초나라에 가서 뛰어난 실력을 발휘하여 크게 인정을 받은 고사가 전한다. 《史記 平原君列傳》

80 죽은……않겠습니까 : 옛날 어느 임금이 1천 금(金)을 상으로 내걸고 천리마를 구하다가, 3년 뒤에야 죽은 말 한 마리의 뼈를 5백 금에 사들였더니, 1년도 채 안 되어 천리마 세 필을 얻게 되었다는 천금시골(千金市骨)의 고사를 전용한 것이다.

삼가 바라건대 집사께서는 원성(元聖)[81]의 토포악발(吐哺握發)의 정성을 본받으시고, 옛사람이 허좌(虛左)[82]한 예를 스승으로 삼아 내버린 좋은 원석을 조탁(彫琢)하고 막은 시내를 틔우며, 많은 사람들의 생각을 모아 충익(忠益 충성으로 나라를 이롭게 함)한 사람을 넓히며 권형(權衡 인물에 대한 평가)을 상세히 하여 재주와 능력 있는 사람에게 맡기십시오. 정성을 다하고 충렬(忠烈)을 바치는 사람이 다투어 군문(軍門)에 이르고, 훌륭한 재능을 가지고 보배로운 능력을 품은 사람이 좌우에 펼쳐지게 하십시오. 좋은 것은 취하고 부족한 것은 보충하며, 모으기를 널리 하고 쓰기를 정밀하게 하여 지혜로운 사람은 계책을 내고 용감한 사람은 힘을 떨쳐 일어난다면, 두 사람의 마음이 같아도 오히려 쇠도 끊을 수 있는데,[83] 삼천 명의 마음이 한결같으면[84] 어떤 공인들 이루지 못하겠습니까.

이는 전국 시대 연 소왕(燕昭王)이 현사(賢士)를 구하려고 할 때, 곽외(郭隗)가 소왕에게 말해 준 설화인데, 훌륭한 인재를 초치하려면 그보다 못한 사람부터 후대해야 한다는 비유로 흔히 쓰인다. 《戰國策 燕策1》

81 원성(元聖) : 대성(大聖)과 같은 말로, 여기서는 주공(周公)을 가리킨다.

82 허좌(虛左) : 왼쪽 자리를 비워 둔다는 말로, 현사(賢士)를 예우함을 말하는데, 전국 시대 위공자(魏公子)가 상석(上席)인 왼쪽 자리를 비워 두고서 은사(隱士) 후영(侯嬴)을 예우했다는 고사가 있다. 《史記 魏公子列傳》

83 두 사람의……있는데 : 《주역》 〈계사 상(繫辭上)〉의 "두 사람이 마음을 함께하면 그 예리함이 무쇠를 끊을 수 있다.〔二人同心, 其利斷金.〕"라고 한 데서 인용한 것으로, 서로 마음이 하나가 되면 역량이 커지는 것을 뜻한다.

84 삼천……한결같으면 : 무왕이 군대를 동원하여 은나라를 정벌할 적에 군사들에게 맹세하면서 "수(受)는 신하 억만(億萬)이 있으나 마음이 억만으로 다르지만 나는 신하 3천 명이 있는데 하나의 마음이다.〔受有臣億萬, 惟億萬心, 予有臣三千, 惟一心.〕"라고 한 데서 인용한 것으로, 한마음으로 노력하는 것을 가리켜 말한 것이다.

둘째는 맡기는 일을 전담하게 하여 성취한 효과에 책임을 지게 하는 것입니다. 무릇 장인이 기물을 만듦에 익숙한 뒤에 정밀해지고 오래 한 뒤에 성공합니다. 선비와 농사꾼에 이르러서도 모두 그렇지 않음이 없습니다. 그러므로 하는 일을 전담하지 않으면 정밀하지 못하고, 다스림을 오래 하지 않으면 성공하지 못하니, 예로부터 관리에게 위임하는 것을 전일하게 하지 않고 그 공을 이루기를 바란 경우는 있지 않습니다. 하물며 하늘이 만물을 낼 때 쓰임이 온전한 것이 드무니, 성품에 잘하는 바가 있으면 반드시 못하는 바도 있으며, 재주에 합당한 바가 있으면 반드시 어긋나는 바도 있음이야 말할 것이 있겠습니까.

곡진하게 이루어 주면 만물이 빠트림이 없으나[85] 다 갖추기를 요구하면 만나는 것마다 모두 버려지니, 이런 까닭으로 솜씨가 뛰어난 목수는 수레와 서까래의 쓰임새에 따르기 때문에 굽은 것이나 곧은 것이 재주를 폐함이 없고, 훌륭한 마부는 길이 험하고 평탄함의 마땅함에 적절히 하기 때문에 노둔한 말이나 천리마가 그 본성을 잃음이 없습니다. 본디 체(體)를 온전히 하고 덕(德)을 겸비한 성인이 아니라면 누가 온갖 일에 대응하여 어긋나지 않을 수 있겠습니까. 한 가지에 뛰어난 능력과 치우치게 품부받은 성품의 경우, 중인(中人) 이상은 개별적으로 잘하는 바가 있습니다.

《書經 周書 泰誓上》 수(受)는 주왕의 이름이다.

85 곡진하게……없으나 : 《주역》 〈계사전 상(繫辭傳上)〉에 "천지의 조화를 범위하여 지나치지 않게 하고, 모든 사물을 곡진히 이루어 주되 빠뜨림이 없다.〔範圍天地之化而不過, 曲成萬物而不遺.〕"라고 한 말이 있다.

만약 득의(得宜 능력의 합당함)를 구별하여 당기(當器 합당한 벼슬)를 부쳐 주어 각각 그 임무를 전임하게 하고 각각 그 능력을 펴게 한다면, 능력을 합하여 공을 이루는 데 이르러서는 재주가 온전한 사람과 다름이 없을 것입니다. 사람의 재주가 성대함이 요순시대보다 성대한 적이 없었으나, 훌륭한 사람 스물두 명을 뽑음에 각각 주관하는 일만 있고 겸비(兼備)하도록 하지 않았으며, 각각 맡은 바만 지키고 다른 자리로 옮겼다는 것은 듣지 못했습니다.

대개 등용함에 제대로 된 사람을 얻었기 때문에 일이 그 이치를 얻었으며, 위임함에 전담할 사람을 얻었기 때문에 사람이 그 재능을 다하였습니다. 지금은 사람을 부림에 재주와 능력이 있는 사람을 뽑지 않고 사람을 취함에 그 명성과 실상을 자세히 살피지 않으니, 말 한마디가 훌륭하면 분수에 넘치는 자리를 부쳐 주어 역량 밖의 일에 대한 책임을 요구하며, 한 가지 일이 잘못되면 책망함이 너무 지나쳐 능하지 못한 바를 용서하지 않습니다. 이런 까닭으로 직분에는 효과를 드러내는 사람이 없고, 사람은 분수에 맞는 직분이 없어 자리를 옮기고 바꾸는 것이 고정되지 않고 사람을 취하고 버리는 것이 일정하지 않습니다.

오늘 현령에 제수되었다가 이튿날 조정에 들어가 낭관(郎官)이 되며, 아침에 호조에 배수되었다고 들었는데 저녁에 이미 이부(吏部)로 옮겼습니다. 전임자가 이미 갔으니, 후임자도 그러할 것입니다. 각 관청은 전사(傳舍 역참(驛站))가 되고 관원은 지나가는 손〔客〕이 되니, 그 밑바탕을 차지하여 주인이 되는 자는 장부를 농락하는 아전들입니다. 지나가는 손과 같은 관원으로서 주인이 되는 아전들을 부려 모든 공적이 이루어지기를 바라는 것은 또한 어렵지 않겠습니까.

무릇 공자 같은 성스러움으로도 오히려 3년이 지나서야 성취함이 있고[86] 7년이 지나서야 전쟁에 나아가게 하였으며,[87] 우(禹)임금 같은 신성(神聖)으로도 오히려 8년을 기다려서야 공적을 이루었으니,[88] 이 어찌 성인의 다스림이 이와 같이 더뎠는데도 후세 사람들이 다스려지기를 바라는 것은 이와 같이 급하단 말입니까.

의논하는 자들은 말하기를, "위임한 지 오래되고 제대로 된 사람을 얻는다면 참으로 좋습니다. 그렇지 않고 반드시 9년, 7년이라는 오랜 시간을 기다려야 한다면, 어찌 일을 그르치고 나라를 병들게 하는 근심이 없겠습니까. 조정에서 관리를 자주 교체하는 법은 대개 또한 마지못한 데서 나온 것입니다."라고 합니다.

저는 이 점에 대해 다음과 같이 말합니다.

옛날에 벼슬을 임명할 때는 각자 지키는 바가 있었기에 현명한 사람은 그 직분을 늙어 죽을 때까지 맡았습니다. 후세에는 이를 칭하여 "고요(皐陶)가 사사(士師)가 되고[89] 후직(后稷)이 씨앗을

86 3년이……있고 : 《논어》 〈자로(子路)〉에 공자(孔子)가 "만일 나를 등용해 주는 자가 있다면, 1년 정도만 한다 하더라도 가할 것이니, 3년이면 성취하는 바가 있을 것이다.〔苟有用我者, 朞月而已可也, 三年有成.〕"라고 하였다.

87 7년이……하였으며 : 《논어》 〈자로(子路)〉에 공자가 "선인(善人)이 7년 동안 백성을 가르치면 전쟁에 나아가게 할 수 있다.〔善人教民七年, 亦可以卽戎矣.〕"라고 하였다.

88 우(禹)임금……이루었으니 : 《맹자》 〈등문공 상(滕文公上)〉에 "우왕이 홍수를 다스린 8년 동안 밖에 있으면서 세 번이나 자기 집 문 앞을 지나면서도 들어가지 못하셨다.〔禹八年於外, 三過其門而不入.〕"라고 하였다.

89 고요(皐陶)가 사사(士師)가 되고 : 《서경》 〈대우모(大禹謨)〉에서 순(舜)임금

뿌리고 심으며,[90] 설(契)은 사도(司徒)가 되고[91] 기(夔)는 전악(典樂)이 되어[92] 끝내 그 관직으로 드러났고 그 밖에 잘한 것이 있다는 말은 듣지 못했습니다. 지금 관직에 있는 자의 경우 재주가 없는 사람은 진실로 이미 체직되었고, 현명하고 능력 있는 사람은 한 관직에 있지 못하고 반평생 동안 조정에 서서 벼슬하면서 온갖 벼슬을 두루 역임하니, 이는 재주가 있는 사람이나 재주가 없는 사람이나 모두 전담하고 또 오래 할 수 없는 까닭입니다. 아,

이 신하 고요(皐陶)를 권면하면서 "이 신하와 백성들 중 아무도 나의 정사를 범하는 자가 없는 것은 네가 사사(士師)가 되어 오형(五刑)을 밝게 시행하여 오품(五品)의 가르침을 도와 나의 다스림이 이루어지기를 기필하였기 때문이다. 형벌을 쓰되 형벌이 없는 경지에 이를 것을 기약하여 백성들이 중도(中道)에 맞게 한 것이 너의 공이니 힘쓰라."라고 하였다.

90 후직(后稷)이……심으며 : 후직은 주(周)나라의 시조인 기(棄)이다. 본래 후직은 농사를 관장하는 벼슬 이름인데, 기가 요(堯)임금 때 후직이 되어 백성들에게 농사짓는 법을 가르쳤기 때문에 이름 대신 후직으로 불린다. 《서경》 〈순전(舜典)〉에서 순임금이 신하 후직을 권면하면서 말하기를, "기(棄)야, 백성들이 곤궁하고 굶주리는데 네가 후직(后稷)이니 이 백곡을 파종하도록 하여라.〔棄, 黎民阻飢, 汝后稷, 播時百穀.〕"라고 하였다.

91 설(契)은 사도(司徒)가 되고 : 《서경》 〈순전(舜典)〉에서 순임금이 신하 설(契)을 권면하여 말하기를, "백성들이 친애하지 않고 오품(五品)이 순조롭게 행해지지 않는다. 네가 사도(司徒)가 되어 오교를 공경히 시행하되 관대하게 하라.〔百姓不親, 五品不遜, 汝作司徒, 敬敷五教在寬.〕"라고 하였다. 사도는 교육을 담당하는 관원이다.

92 기(夔)는 전악(典樂)이 되어 : 《서경》 〈순전(舜典)〉의 순임금이 신하 기를 면려하여 말하기를, "기(夔)야, 너를 전악으로 명하니, 주자(冑子)에게 곧으면서도 온화하고, 너그러우면서도 위엄이 있고, 강하면서도 포학함이 없고, 간략하면서도 오만함이 없는 것을 가르쳐라.〔夔, 命汝典樂, 教冑子, 直而溫, 寬而栗, 剛而無虐, 簡而無傲.〕"라고 하였다.

병을 치료하고자 하면서도 좋은 의원을 얻지 못한다면, 비록 날마다 의원 열 사람을 바꾸더라도 이로움이 없을 것입니다. 다행히 좋은 의원을 얻더라도 그 처방을 시험할 수 없다면, 지금의 병을 치료할 수 있는 날이 없을까 저는 두렵습니다.

삼가 바라건대, 집사께서는 아랫사람에게 성취하기를 요구하고자 하는 것으로 마땅히 먼저 다른 사람을 통해 주상께 아뢰며, 이미 자신의 임무에 전일하게 하고 또 남에게 맡기는 것을 전임하게 하십시오. 관직에 있는 사람은 직분에 전일하여 오로지 자신의 몸을 돌보지 않는 것으로 임무를 삼으며, 임무를 받은 사람은 맡은 일을 오랫동안 하여 자신의 수고를 잊는 것으로 효과를 삼는다면, 옛것만 따르며 그럭저럭 지내는 폐단이 절로 혁파되고, 여러 현명한 이들이 힘써 돕는 교화가 이루어질 수 있을 것입니다.

셋째, 훌륭한 관리를 뽑아 근본을 두터이 하는 것입니다. 이미 임무를 전담케 하는 법을 시행하였다면 수령을 뽑는 것에 삼가지 않을 수 없습니다. 옛사람의 말에 "사람은 나라의 근본이고, 재물은 사람의 마음이다. 그러므로 그 마음이 상하면 그 근본이 상하게 되고, 그 근본이 상하면 가지와 줄기가 시들고 뿌리와 그루터기가 넘어지고 뽑히게 된다.〔人者, 邦之本也; 財者, 人之心也. 其心傷則其本傷, 其本傷則枝幹顚瘁而根株蹶拔矣.〕"[93]라고 하였으며,

93 사람은……된다 : 《자치통감(資治通鑑)》 권228 〈당기(唐紀)〉 덕종(德宗) 건중(建中) 4년 조에, 육지(陸贄)가 덕종에게 양하(兩河) 지역의 문제를 해결하기 위해 올린 상소문에 나오는 말이다. 다만 저본 마지막 부분의 '이근주권발(而根株蹶拔)'이

또 "백성은 나라의 하늘이며, 먹거리는 백성의 하늘이다.〔民者, 國之天也; 食者, 民之天也.〕"라고 하였으니, 아, 누가 나라의 근본을 견고히 해야 함을 알지 못하고 근본을 견고히 하는 중요한 방도를 알지 못하며, 누가 백성의 하늘을 귀하게 여길 줄 알지 못하고 하늘을 귀하게 여기는 중요한 임무를 알지 못하겠습니까. 그렇다면 백성을 사랑하고 먹거리를 풍족하게 하는 요체는 제대로 된 수령을 선발하는 것에 지나지 않을 뿐입니다.

큰 도둑인 왜적이 제멋대로 사납게 하여 백성들을 다 죽이니, 천하의 병사들을 탄환같이 작은 우리나라에 주둔케 하여 백만의 군대가 앉아서 의복과 음식을 공급받습니다. 농부는 농사를 그치고 잠부(蠶婦 누에 치는 부인)는 베 짜기를 그만두고 지난날 남겨 비축해 둔 음식과 의복을 모두 담아서 열 배나 되는 비용에 이바지하면서 힘을 다하고 죽음을 견디면서 평화로운 날을 바랍니다. 이미 반기(半紀 6년)가 지났으나 고치기 어려운 고질병은 더욱 치료할 수 없으니, 깎아 내는 고통은 골수에 깊이 사무쳐 병경뇌치(甁罄罍恥)[94]의 상황은 가난한 사람이나 부유한 사람이나 마찬가지이며, 순망치한(脣亡齒寒)[95]의 상황은 완전한 경우나 피폐한 경

원문에는 없다.

94 병경뇌치(甁罄罍恥) : 서로 이해가 같아 밀접한 관계, 서로 의존하는 관계를 상징한다. 《시경》 〈요아(蓼莪)〉에, "병이 비니, 독이 부끄럽네.〔甁之罄矣, 維罍之恥.〕"라고 한 데서 나왔다.

95 순망치한(脣亡齒寒) : 서로 긴밀히 의지하는 관계를 비유한 말이다. 《춘추좌씨전(春秋左氏傳)》 희공(僖公) 5년 조에 다음과 같은 고사가 전한다. 진(晉)나라가 우(虞)나라에 괵(虢)나라를 치려고 하니 길을 좀 빌려 달라고 요청하자, 우나라의 현

우나 동일합니다. 마음이 상하면 근본이 상한다는 것[96]은 말할 필요도 없으나, 수령이 된 자가 백성의 일에 마음을 두어 온갖 계책으로 백성을 편안히 안정시킬 바를 생각하지 않고 도리어 급정(急征 긴급할 때 매기는 세금)을 횡포하게 거두는 것 외에 다시 거북 등의 털을 긁어모읍니다.[97]

윗사람이 뇌물을 주어 권귀(權貴)의 자리를 구하는 것과 아랫사람이 밭과 집을 늘려·의복과 수레를 사치하게 하는 것은 모두 피폐한 백성들의 피고름에서 나왔습니다. 굶어 죽은 시체가 도랑과 골짜기에 가득하지만 권귀한 집의 종들은 고량진미(膏粱珍味)에 싫증 내며, 농촌 백성들에게는 쌀겨 죽도 없으나 권귀한 집의 개와 말은 콩과 조를 실컷 먹습니다. 저 농부가 되고 사졸이 된 사람들은 손과 발을 고생하고 근력을 다하여 나라의 비용을 받들지만 자급자족할 수 없으니, 어찌 원망하지 않겠습니까. 더구나 변란이 일어난 뒤에 수령을 뽑아서 파견하고 무인을 통솔하여 씀

신(賢臣)인 궁지기(宮之奇)가 우나라와 괵나라는 '수레의 덧방나무와 바퀴가 서로 떨어질 수 없는 관계〔輔車相依〕'와 같고 '입술이 없어지면 치아가 시린 관계〔脣亡齒寒〕'와 같으니 그 요구를 들어주면 안 된다고 임금에게 간했으나, 이를 듣지 않다가 끝내는 괵나라를 멸망시키고 돌아오던 진나라 군대에게 우나라가 멸망당했다.

96 마음이……것 : 마음은 백성의 재물을 말하고, 근본은 백성을 말한다. 앞의 주 93 "사람은……된다" 참고.

97 거북……긁어모읍니다 : 소식(蘇軾)의 시 〈동파팔수(東坡八首)〉에 "거북의 등에서 터럭을 긁어내서, 어느 때에 털방석을 만든단 말인가.〔刮毛龜背上, 何時得成氈?〕"라고 한 데서 나왔다. 일반적으로는 수고만 할 뿐 보람이 없음을 비유하는 말이지만, 여기서는 아무것도 나올 것이 없는 백성들에게 가혹하게 세금을 징수하는 것을 뜻한다.

에 이익을 좋아하며 탐욕스럽고 잔인한 자가 열에 항상 여덟아홉이 되니, 각 고을에 재물이 고갈된 것이 불타 버린 것과 같은 것은 참으로 이 때문입니다. 만약 국경에 가까운 여러 고을에 문관을 치우치게 임용하여 강한 도적을 막을 수 없다고 한다면, 이각(李珏)[98]과 조대곤(曺大坤)[99]이 싸우지도 않고 달아난 경우는 설마 그들이 무인이 아니란 말입니까. 지금 원수 왜적이 아직 이르지도 않았는데 백성들의 마음이 이미 흩어지고, 칼날을 부딪치며 교전하지도 않았는데 재력(財力)이 이미 다하였으니, 그렇다면 이 무리들이 과연 질시(疾視)하는 백성들을 직접 거느리고 죽음으로 성을 지킬 수 있겠습니까. 자애롭고 검소하며 청렴하고 명철한 사람을 뽑아 사랑으로 기르는 수령의 직무를 맡기고, 활 쏘고 말 타며 날래고 건장한 자를 치몰아 변경에서 힘을 다하게 한다면, 무슨 불가함이 있기에 반드시 취사선택함을 뒤집어 배치하는 데 이른단 말입니까. 이는 말로 농사짓고 소에 멍에 씌워 타는 것과 다름이 없으니, 어찌 이치에 맞겠습니까.

지금 조금 위무(慰撫)를 더하여 점점 살아나게 하고자 한다면, 마땅히 탐욕스럽고 잔혹한 관리를 급히 제거하고 청렴하고 삼가

98 이각(李珏) : 1592년(선조25) 임진왜란 당시 경상 우병사(慶尙右兵使)였으나 왜군의 선봉이 부산과 동래성을 공격하자 군사를 버리고 도망쳤다.

99 조대곤(曺大坤) : 임진왜란 당시 경상우도 병마절도사(慶尙右道兵馬節度使)였는데, 적의 침입 소문에 겁을 먹어 도망을 가고, 김해(金海) 일대에서는 어려움에 처한 아군을 원조하지 않아 병사들이 전멸하고 성(城)이 함락되게 만들어 왜군이 서울까지 침범하는 원인을 제공했다는 내용으로 탄핵되어 결국 파직되었다. 뒤에 백의종군하였다.

는 사람에게 오로지 맡겨 문법(文法 문서화된 법령)에 얽매이지 말고 짧은 시간의 효과를 바라지 말게 하십시오. 그 이로움을 흥기시키고 그 해로움을 제거하며, 그 베풂을 두터이 하고 그 세금 거두기를 적게 하여 집집마다 스스로 편안하고 사람들이 스스로 생활할 수 있다면, 거의 백성의 마음인 재물이 다시 모여 나라의 근본인 백성이 흔들리지 않을 것입니다. 그러나 관리는 진실로 뽑지 않을 수 없는데 조정에서 차출하여 제수함에 매양 제대로 된 사람을 얻지 못하여 새로 뽑은 사람이 반드시 옛사람보다 나은 것은 아니어서 다만 자주 바꾸는 폐단만 끼치니, 관리를 뽑는 의도가 어디에 있습니까. 제가 집사를 위하여 일단 알아야 할 바를 들었으나 알아야 할 바는 또한 등용하여 선발하게 하는 것이니, 어떤 사람이 어떤 고을을 맡을 수 있고 어떤 선비가 어떤 직책을 받을 수 있는지를 헤아린 뒤에 조정에 천거하여 곧바로 제수하게 하는 것, 이것이 또한 관리를 선발하는 가장 좋은 계책입니다.

군정을 닦는 실상에 세 가지가 있음〔修軍政之實有三〕

첫째, 호령(號令)을 전임하게 하여 군대의 위엄을 중하게 하십시오. 무릇 장수가 되는 도는 반드시 군법을 엄하게 하는 것이니, 군법을 엄하게 하고자 한다면 반드시 군대의 위엄을 중하게 해야 하고, 군대의 위엄을 중하게 하고자 한다면 반드시 호령(號令)을 전일하게 해야 합니다. 전일하지 않으면 엄하지 않고, 중하지 않으면 위엄이 없습니다. 옛날에 장수를 임명할 때 궐문에서 병권을 나누어 주는 것[100]은 이 장수의 지휘에 간섭하지 않음을 맹세한 것이며, 부월을 주는 것은 전담하여 결단하게 한 것입니다. 그러므로 군대의 형편이 나라의 정치에 간여하지 않고, 나라의 형편이 군대의 지휘에 간여하지 않으니, 장수가 밖에 있어서 임금의 명령을 받지 않는 바가 있었습니다. 진실로 군사 기밀에 관해 멀리 있는 임금의 제어를 받는다면 임기응변을 제대로 할 수 없으며, 군대를 통솔하는 장수가 임금의 명을 받는다면 위엄이 없으니, 주아부(周亞夫)가 세류(細柳)에 주둔하였을 때 장군의 체모를 얻었다고 말할 수 있었던 것입니다.[101] 게다가 지금 왜적과 서로 버티면서 두 진영이 서로 뒤섞여서 일의 기회가 왔을 때 그 사이에 머리털도 용납할 수 없습니다. 미친 오랑캐가 치달려 돌파하는 것이 회오리바람처럼 빠른데도 역참을 두어 계장(啓狀)을 전하는 것이 열흘이나 한 달이 되어서야 비로소 돌아옵니다. 차출하여 제수하는 사이에 등용함과 물리침이 서로 막히며, 벼슬에 나아가고 물러

100 궐문에서……주는 것 : 원문은 '분지어곤(分之於閫)'으로, 곤(閫)은 궐문(闕門)이다. 즉 궐문의 안팎을 나눈다는 뜻으로, 장수를 임명하여 출정시킴을 이른다. 고대에 임금이 출정하는 장수를 보낼 때 꿇어앉아 수레바퀴를 밀며 "궐문 안은 과인이 맡을 터이니, 궐문 밖은 장군이 다스리시오.〔閫以內, 寡人制之; 閫以外, 將軍制之.〕"라고 한 데서 유래하였다. 《漢書 馮唐傳》

101 주아부(周亞夫)가……것입니다 : 주아부는 한(漢)나라 때의 명장으로, 강후(絳侯) 주발(周勃)의 아들이다. 한 문제(漢文帝)가 종정(宗正) 유례(劉禮)와 축자후(祝茲侯) 서려(徐厲)와 하내수(河內守) 주아부(周亞夫)를 장군으로 삼아 각각 패상(霸上)과 극문(棘門)과 세류(細柳)에 군영을 설치하게 하였는데, 패상과 극문의 진영을 순시할 때는 곧장 말을 치달려 군문(軍門) 속으로 들어가서 극진한 환영을 받았다가, 세류에 도착해서는 삼엄한 군기(軍紀)가 펼쳐져 문 앞에서부터 저지를 당하자, "여기야말로 진짜 장군의 군영이다. 조금 전에 다녀온 패상과 극문의 군대는 아이들 장난과 같았다.〔嗟乎! 此眞將軍矣曩者霸上棘門軍, 若兒戲耳.〕"라고 탄식했던 고사가 전한다. 《史記 絳侯周勃列傳》

나는 즈음에 일이 남에게 끌려감이 많으니, 호령을 한결같이 하여 기회의 마땅함을 잃지 않고자 하는 것은 대개 또한 어렵습니다.

삼가 바라건대, 집사께서는 혐의를 피하여 죄를 멀리하는 것을 충성이라 여기지 말고 한결같은 마음으로 나라를 위해 죽는 것을 충이라 하며, 아부하여 명을 따르기만 하는 것을 경(敬)이라 여기지 말고 위태로움을 부지하고 난리를 안정시키는 것을 경이라 여기십시오. 빠르게 하고 느리게 하는 것은 의지에 달렸고, 호령은 한결같은 데서 나오니, 충성을 다하여 나라에 보답하는 자는 명을 기다릴 필요도 없이 부르고, 법을 범하여 게으른 자는 명을 기다릴 필요도 없이 목을 베십시오. 지난날 일시적 편안함만 찾으며 투박하고 사치스러운 잘못을 바로잡고, 오늘날 굳세고 결단력 있으며 분발하여 떨쳐 일어나는 의리를 진작하며, 뜻있는 선비의 기상을 넓히고 교만하고 게으른 장수를 꾸짖어 면려한 뒤라야 순리에 따르는 군대를 거느리고 즐거이 떨쳐 일어나는 병졸을 몰고 진격하여 간사하고 흉악한 적을 물리칠 수 있으며 퇴각하여 남쪽 변방을 제어할 수 있습니다. 만약 이와 같다면, 장수에게 전일하게 하는 것이 사사로움을 위한 것입니까, 공적인 것을 위한 것입니까?

진실로 혹 그렇지 않아 예로부터 그러한 것을 답습하고 지난날을 견보(牽補)[102]하여 첫째도 명령을 따르고 둘째도 명령을 따릅

102 견보(牽補) : 담쟁이덩굴을 끌어다가 새는 지붕을 덮는다는 견라보옥(牽蘿補屋)의 준말로, 당(唐)나라 두보(杜甫, 712~770)의 시 〈가인(佳人)〉에 "시비는 구슬 팔아 양식 사서 돌아오고, 덩굴 끌어와 띠 지붕 깁는다네.〔侍婢賣珠廻, 牽蘿補茅屋.〕"라는 구절에서 나왔다. 근본적인 대책은 세우지 않고 그저 임시방편으로 미봉하는 것을 이른다.

니다. 군대의 실정에 어긋나도 명령을 따르고 일의 마땅함에 어긋나도 명령을 따르니, 그런 사람을 두고 임금의 뜻을 받들어 순종하며 어김이 없다고 말한다면 옳지만, 만약 치욕을 씻고 흉악한 왜적을 제거하는 책임을 스스로 맡았다고 한다면 옳지 않습니다.

무릇 구습을 그대로 따르고 혐의를 피하는 것은 오늘날의 공통된 근심입니다. 구습을 그대로 따르면 기강이 서지 않고, 혐의를 피하면 자신의 뜻을 펴지 못하니, 여러 관리에게 있어서도 오히려 옳지 않거늘 하물며 장수와 재상이야 말할 것이 있겠습니까. 옛날 충성스러운 무후(武侯 제갈량(諸葛亮))가 그 임금에게 아뢰기를, "원컨대 폐하께서는 신에게 적을 토벌하여 한실을 흥복(興復)하는 공적을 맡기시어, 신이 공적을 이루지 못하거든 신의 죄를 다스려 선제의 영령에게 고하십시오."[103]라고 하였으니, 이는 적을 토벌하여 한실을 흥복하는 일은 무후가 스스로 전담한다는 것입니다. 선유(先儒)가 말하기를, "조 충간(趙忠簡)[104] 또한 왕무홍(王茂弘)[105]의 법도가 있었으나, 애석하게도 굳세고 용감하며

103 원컨대……고하십시오 : 제갈량의 〈출사표(出師表)〉에 나온다.

104 조 충간(趙忠簡) : 남송(南宋) 초기의 어진 재상 조정(趙鼎)으로, 충간은 시호이다. 장준(張浚)을 재상에 천거하여 그와 협심, 실지(失地) 회복에 노력했으며, 후에 진회(秦檜)의 화의론(和議論)에 반대하다가 영남(嶺南)으로 좌천되자 절식(絶食)하여 죽었다. 저서에 《충정덕문집(忠正德文集)》이 있다.

105 왕무홍(王茂弘) : 왕도(王導, 276~339)로, 자는 무홍(茂弘), 시호는 문헌(文獻)이며, 낭야(瑯耶) 임기인(臨沂人)이다. 위진 시대 명문대족의 후손으로 일찍부터 문재로 이름났다. 진 원제(晉元帝)를 도와 천도한 동진(東晉)을 안정시켰으므로 조야의 중망을 얻어 중보(仲父)라고 불렸다. 명제(明帝)와 성제(成帝)를 보좌하며 대장군(大將軍), 시중(侍中)을 거쳐 태보(太保), 사도(司徒) 등을 역임하였다. 왕도

스스로 하려는 뜻은 적고, 시들어 쇠약하고 구차하게 아부하는 잘못만 있다."라고 하였으니, 아, 이것이 어찌 오늘날 바라는 바이겠습니까. 삼가 바라건대, 집사께서는 무후(武侯 제갈량)가 몸과 마음을 다 바친 충성을 본받고 무홍(茂弘 왕도(王導))이 시들어 쇠약해진 실수를 징계하여 뜻있는 선비들에게 안타까움을 끼치지 마십시오. 이것이 바로 나라에 충성하고 임금을 공경하는 것이니, 집사가 아니면 제가 누구에게 바라겠습니까.

둘째, 장수를 잘 뽑아 기세를 씩씩하게 하십시오. 어리석은 제가 들으니, 적을 이기는 요체는 제대로 된 장수를 얻는 데 달려 있으며, 장수를 부리는 방법은 조절하여 그 병권을 얻는 데 달려 있습니다. 장수가 제대로 된 사람이 아니면 병사가 비록 많더라도 믿을 것이 못 되며, 조절함에 그 병권을 잃으면 장수가 비록 재주가 있더라도 쓸모가 없습니다.

오늘날 전쟁을 논하는 사람들은 모두 군사의 많고 적음이 대적할 수 없고, 용감함과 겁 많음이 서로 차이가 크다고 생각하여 어찌할 수 없다고 내버려 둡니다. 적이 이르러도 감히 대항하지 못하고 적이 물러나도 감히 쫓아가지 못하니, 병사는 기세를 주된 것으로 삼지만, 이 기세를 주관하는 것이 장수임을 자못 알지 못합니다. 기세가 씩씩하면 이기고 기세가 쇠퇴하면 패하며, 기세가

는 성격이 너무 관대하여 자신이 위임한 조윤(趙胤), 가녕(賈寧) 등의 장수가 법령을 받들지 않아도 용인하였다. 이 때문에 대신들은 염려하였으며, 유량(庾亮)은 병사를 일으켜 왕도를 없애려 하였다. 《晉書 王導列傳》

한결같으면 강하고 기세가 끌려가면 약해집니다. 그러므로 병사를 잘 쓰는 사람은 약한 것을 강하게 하고 적은 병사로 많은 병사를 대적하는 것은 병사와 말을 길러 그 기상을 축적하고 약속된 군령을 분명히 하여 그 기세를 한결같이 하는 데 달렸을 뿐입니다.

사현(謝玄)은 보잘것없는 강좌(江左)의 병력으로 부견(符堅)의 매우 많은 군대를 꺾었으니,[106] 이는 약한 병사로 강한 병사를 이긴 것이 아니겠습니까. 주유(周瑜)는 한 모퉁이의 주사(舟師 수군(水軍))로 조조(曹操)의 승승장구하는 백만 병사를 이겼으니, 이는 적은 병사로 많은 병사를 대적한 것이 아니겠습니까. 그러므로 "적을 이기는 요체는 제대로 된 장수를 얻는 데 달렸다."라고 말한 것입니다. 저 가등청정(加藤淸正)과 소서행장(小西行長)이 비록 전쟁을 잘 안다고 일컬어지지만 결코 부견이나 조조에는 미치지 못할 것이며, 병장기가 비록 정밀하고 강력하다고 일컬어지지만 결코 연(燕)나라와 진(秦)나라의 병사와 말[107]보다는 못할 것입니다. 우리나라가 비록 인재가 없다고 말하더라도 어찌 사현이나 주유에 짝할 사람이 없겠습니까. 그런데도 적의 모습만 바라보

106 사현(謝玄)은……꺾었으니 : 전진(前秦)의 부견이 동진(東晉)을 공격하려 할 때, 그의 부하 석월(石越)이 동진에는 장강(長江)의 험고함이 있어서 함부로 군대를 출동시켜서는 안 된다고 하자, 부견이 말하기를 "이렇게 많은 우리 군대로 장강에 채찍만 던져도 그 흐름을 단절시킬 수 있는데, 무슨 험고함을 믿을 수 있겠는가.〔以吾之衆旅, 投鞭於江, 足斷其流, 何險之足恃.〕"라고 하면서 공격을 감행하였다. 그러나 비수(淝水)의 싸움에서 동진의 사현(謝玄) 등에게 대패하였다. 《晉書 苻堅載記下》

107 연(燕)나라와……말 : 이 두 나라는 전국 시대에 전쟁이 잦았던 나라로, 부국강병에 힘썼기에 병사와 말이 강력하였다.

고도 기왓장처럼 흩어져 감히 적과 싸우지 못하는 것은 무엇 때문입니까. 모두 말하기를, "오랫동안 편안한 나머지 사졸들은 두렵고 겁이 나서 어른을 위해 죽는 의리를 알지 못하고 오직 물러나 도망칠 계책만 품습니다. 비록 한백(韓白)[108]의 지혜로도 시행할 바가 없으니, 삼군(三軍)의 용감함과 겁냄은 장수 한 사람의 임기응변에 달렸음을 자못 알지 못한 것입니다. 장수가 되어서 군졸들을 부릴 수 없고, 이미 패배하여 사졸들에게 죄를 돌리니, 마음이 그 손과 발을 움직이지 못하여 온몸에 병이 있는데도, 손과 발이 구제하지 못한 것에 허물을 돌리는 것과 어찌 다르겠습니까."라고 합니다.

무릇 장수가 병졸을 부릴 때는 어루만지기를 어린아이처럼 하고, 제어하기를 육마(六馬 천자의 수레를 끄는 여섯 마리 말)처럼 하며, 은혜로 감동시키고 믿음으로 결속시키며, 위엄으로 진동시키고 의리로 격발시켜야 합니다. 그리하여 그들로 하여금 살 수 있더라도 달려가지 않는 바가 있으며 죽더라도 피하지 않는 바가 있어 천천히 하고 빨리 하며 전진하고 후퇴함에 오직 내가 명하는 바를 따라 실수하지 않게 해야 합니다. 그런 뒤라야 공격하면 백번 싸워 백번 이기는 기개가 있고, 방어하면 산을 흔들어도 뽑히지 않는 형세가 있을 것입니다. 지금은 장수가 병졸 보기를 풀이나 티끌처럼 천하게 여기고, 병졸이 장수 보기를 원수처럼 하는 것은 평소 생활할 때 맛있는 음식은 잘라 주고 작은 것도 나누어 주는

108 한백(韓白) : 고대 중국의 명장(名將)인 한(漢)나라 한신(韓信)과 진(秦)나라 백기(白起)의 병칭이다.

은혜가 없고, 군사 행동을 할 때는 약속된 군령이 엄격하고 분명한 위엄이 없기 때문입니다. 교전하기도 전에 병졸들은 이미 장수가 반드시 패할 것을 헤아리고, 장수는 이미 병졸들이 반드시 달아날 것을 헤아립니다. 대포 소리와 북소리를 듣고는 다리가 떨리고 얼굴빛이 변하며, 깃발의 색깔을 보고는 마음이 절망하고 기상운을 잃으며, 진을 이루기도 전에 물결처럼 부서지고 새처럼 흩어져 주장(主將)이 향하는 바를 알지 못합니다. 사졸들은 "주장이 먼저 달아났으니 달아나지 않고 어찌하겠는가."라고 하고, 장수가 된 자는 "사졸들이 모두 흩어졌으니 나 홀로 어찌하겠는가."라고 합니다. 장수는 구차하게 죽음을 면하는 것을 다행으로 여기고, 병졸은 잘 달아나는 것을 용기로 여기는 것이 이미 폐습이 되어 끝내 바꿀 수 없습니다. 원수(元帥)가 된 자는 이런 일을 예사로 보고 편안하여 괴이하게 여기지 않으니, 이미 앞에서 거느릴 기강이 없고 또 뒤에서 결단할 군법이 없습니다. 누가 승승장구하는 원수(怨讐)에 대해 초개같이 목숨을 버리며, 물러나 편히 지낼 곳을 버리고 죽음으로 나아가는 칼날을 맞겠습니까. 그러므로 "장수가 제대로 된 사람이 아니면 병사가 비록 많더라도 믿을 것이 못된다."라고 한 것입니다.

어떤 이가 말하기를 "진실로 제대로 된 장수를 뽑는 것이 훌륭한 것임을 알겠습니다. 장수를 부리는 중요한 방법을 묻겠습니다."라고 하기에 다음과 같이 대답하였습니다.

예로부터 빼어난 공적을 이룬 장수가 반드시 모두 언행이 단정하고 세심하며 신중한 것은 아니니, 그 재능이 어떠한지만 보았을 따름입니다. 말을 몰아 어지러움을 다스리게 하는 것은 오직 그를 부리는 바에 달렸으니, 반드시 흠이 없고 온전한 재주가 있는 사람을 얻어서 쓴다면 천하의 어지러움은 오래지 않아 평정할 수 있습니다. 그러므로 충성스럽고 의로운 장수를 두거나 혹 용감하고 사나운 장수를 두어야 합니다. 충성스럽고 의로운 장수의 경우는 마땅히 믿음과 의리로 감동시키고 복심(腹心)처럼 중요한 일로 부탁하여 진퇴와 굴신(屈伸)에 오직 그가 하고자 하는 대로 맡겨 그 팔다리를 쫙 펴서 그 공을 이루게 하십시오. 용감하고 사나운 장수의 경우는 마땅히 작록(爵祿)으로 유도하고 두터운 은혜로 품어 주어 마음속의 책략을 다 쏟아 내어 운용하여 지혜와 책략의 가운데서 분주하게 달리더라도 스스로는 알지 못하게 하십시오. 그래서 노천(老泉)[109]이 말하기를, "현명한 장수를 부리는 것은 쉬우나 재주 있는 장수를 부리는 것은 어렵다. 현명한 장수를 부리는 것은 비유하자면 천리마를 기르는 것과 같고, 재주 있는 장수를 부리는 것은 비유하자면 매를 기르는 것과 같다. 무릇 천리마를 기르는 사람은 꼴과 알곡의 사료를 배불리 먹이고 그 굴레를 깨끗하게 해 주며, 새 마구간에 머물게 하면서 맑은 샘물로 목욕시킨 후에 천 리를 달리도록 요구해야 한다. 저 천리마는 그 뜻이 늘 천 리를 달리는 데 있으니, 어찌 한 번의 배부름 때문에 그 뜻을 버리겠는가. 매를 기르는 데에 이르러서는 그렇지 않

109 노천(老泉) : 북송 때의 문학가 소순(蘇洵, 1009~1066)의 호이다. 당송 팔대가(唐宋八大家)의 한 사람이며, 시인 소식(蘇軾)의 아버지이다. 28세 때 과거에 낙제하자 그때까지 지은 글들을 모두 불태워 버리고 두문불출하며 오로지 독서에 전념했다. 그 결과 육경(六經)에서 제자백가(諸子百家)에 이르기까지 두루 꿰뚫게 되었고, 단시간 내에 수천 언(言)의 글을 지을 수 있는 대문장가가 되었다.

으니, 꿩 한 마리를 잡으면 참새 한 마리를 먹이로 주고, 토끼 한 마리를 잡으면 쥐 한 마리를 먹이로 준다. 저 매는 사냥하는 데 힘을 다하지 않으면, 그 형편상 먹을 수 있는 바가 없다는 것을 알기 때문에 나를 위하여 쓸 수 있는 것이다. 현명한 장수는 천리마와 같은 경우이니, 먼저 상을 주지 않으면, 이것은 천리마를 기르는 자가 굶주리게 하고서 천 리를 달리도록 요구하는 것이니 천 리를 달릴 수가 없다. 재주 있는 장수는 매와 같은 경우이니, 먼저 상을 주면, 이것은 매를 기르는 사람이 매를 배불리 먹인 뒤에 사냥하기를 요구하는 것이니 사냥을 할 수가 없다."[110]라고 하였습니다. 그러므로 "장수를 부리는 방법은 조절하여 그 병권을 얻는 데 달려 있다."라고 말한 것입니다.

지금 현명한 장수를 부림에 믿음으로 하지 않기에 장수가 항상 두려워하고 위축되는 근심이 있고, 재주 있는 장수를 부림에 지혜로 하지 않기에 장수가 교만하고 게으른 기상이 많아집니다. 두려워하고 위축되면 항상 뜻과 기상을 펴지 못할까 근심하니, 어찌 신하로서의 힘을 다하여 충성스럽고 곧은 절의를 바칠 수 있겠습니까. 교만하고 게으르면 항상 스스로를 소중하게 여기는 마음을 품을 것이니, 어찌 감히 천금 같은 목숨을 가벼이 여겨 날카로운 칼날을 막을 수 있겠습니까. 그러므로 "조절함에 그 병권을 잃으면, 장수가 비록 재주가 있더라도 쓸모가 없다."라고 말한 것입니다.

110 현명한……없다 : 소순(蘇洵)의 〈어장(御將)〉에 나오는데, 저본은 원문에 비해 글자의 출입과 내용의 생략이 있다.

삼가 보건대, 지금 병졸을 거느리는 사람은 물망이 본디 가벼워 병략(兵略)과 군율 보기를 어떤 일이라고 여기기에 기꺼이 법도를 따르려 하지 않고 서로 버티면서 기세를 부린단 말입니까. 날마다 조세를 가혹하게 거두는 것을 우선으로 삼고 술과 여색으로 거칠어지며, 뇌물로 결탁하고 매우 교묘하고 비밀스러운 일을 하여 크게 사졸들의 마음을 잃었습니다. 그런데도 오래도록 뜻있는 선비의 팔을 잡아당기니, 조정에서는 이 남쪽 관문 보기를 과연 어떤 곳이라고 여기기에 천 리의 국경을 들어 용렬한 무리들에게 주어 백성들의 목숨줄을 해치며 원근 사람들의 마음을 잃게 하는 것입니까. 만약 한마(汗馬)의 수고[111]에 보답하고 활과 검에 재주 있는 사람을 아끼고자 한다면, 진실로 마땅히 여러 편수(偏帥)를 두어야 하고 병권을 주는 것은 마땅하지 않습니다. 이 같은 장수를 여러 진영(鎭營)에 충당하는 일은 활을 가진 인형 하나에 지나지 않을 뿐이니, 다만 적에게 업신여길 만한 상황을 보여 줄 뿐입니다.

어리석은 저는 바라건대, 집사께서는 빨리 위엄 있는 결단을 보여 장수를 임명함에 마땅함을 얻으십시오. 충성스럽고 의로운 장수를 뽑아 삼군(三軍)의 장수로 두어 그 기상을 기르게 하고, 또 용감하고 사나운 장수를 뽑아 요충지에 나누어 주둔케 하여 그 기세를 넓게 하십시오. 병사들에게 주장(主將)이 있고 장수에게 주병(主兵)이 있어 장수와 병사들이 서로 믿으며, 윗사람과 아

111 한마(汗馬)의 수고 : 말에게 땀을 내며 전장(戰場)을 왕래하는 수고를 하게 하는 것으로, 전쟁에 종사하는 것을 이른다.

랫사람이 마음을 합하게 하십시오. 교만하고 게으르며 시기하여 이기려는 마음이 없고 배를 함께 타고 가면서 풍랑을 만난 형세가 있다면, 군대의 위용이 절로 떨쳐지고 병사의 기세가 절로 씩씩해질 것입니다. 저 적들이 비록 강하더라도 오히려 무슨 제어하기 어려움이 있겠습니까. 더구나 적들이 이미 승리에 익숙하여 장수는 교만하고 병사는 게으르며, 우리는 이미 적을 많이 겪어 점차 대처할 방법을 알게 되었으니, 진실로 훌륭한 장수를 얻어 그에게 맡긴다면, 이것이 바로 반드시 이기는 기틀일 것입니다.

아, 인재는 다른 시대에서 빌려 올 수 없습니다. 영웅을 혹 눈앞에서 잃었더라도 수천 리의 영토에 어찌 이른바 충성스럽고 의로우며 용맹하고 사나운 사람이 없겠습니까. 오직 집사께서 조절하는 것이 요체가 있음에 달렸을 뿐입니다.

셋째, 형세를 살펴 요충지를 제어하십시오. 어떤 이가 어리석은 저에게 말하기를, "지리는 인화만 못하다는 말은 숭상할 만합니다.[112] 우리나라의 성곽이 완전하지 않은 것은 아니지만 버리고 달아나 적들이 승승장구하기를 마치 사람이 없는 지역을 지나는 것과 같게 하였습니다. 또 우리 국토의 산천이 험준하지 않은 것은 아니지만 적들이 험준한 산 넘는 것을 마치 평탄한 길을 걷는 것과 같게 하였습니다. 지금 이미 곤궁한 백성의 힘을 수고롭게

112 지리는……만합니다 : 지리가 인화(人和)만 못하다는 것은 이미 증험한 일이라는 말이다. 이와 관련하여 《맹자》 〈공손추 하(公孫丑下)〉에 "천시(天時)는 지리만 못하고 지리는 인화만 못하다."라는 내용이 보인다.

하여 이로울 것 없는 산성을 축조하니, 이는 바로 앞의 수레가 엎어진 잘못을 따르는 것입니다. 그대는 어찌 그 불가함을 극진히 아뢰지 않습니까."라고 하였습니다.

저는 다음과 같이 반론하였습니다.

적을 막는 것은 인화에 달렸지 지리적 험준함에 달리지 않았다는 것은 참으로 그대의 말과 같습니다. 그러나 병사를 운용하는 방법에는 정도(正道)가 있고 기도(奇道)가 있으며,[113] 상도(常道)가 있고 변도(變道)가 있습니다. 무릇 평탄한 시냇물이나 넓은 습지에 수레와 기병이 구름처럼 많이 모여 당당한 군진과 정돈된 깃발로 흩어지고 모임에 바람처럼 빠르게 치달리고, 전진하고 후퇴함에 승부를 결정짓는 것은 정도입니다. 항적(項籍)이 거록(鉅鹿)에서 싸운 것[114]과 광무(光武)가 곤양(昆陽)에서 크게 이긴 것[115]은 이 때문입니다. 큰 산 깊은 계곡에 활과 쇠뇌를 가지고

113 정도(正道)가……있으며 : 병법(兵法)에서 정면으로 접전을 벌이는 것을 '정(正)'이라 하고 매복(埋伏)이나 기습(奇襲) 등의 방법을 쓰는 것을 '기(奇)'라고 한다.

114 항적(項籍)이……것 : 항적은 항우(項羽)이며, 거록은 초(楚)나라 항우가 진(秦)나라 군대를 대파(大破)한 곳으로, 지금의 하북성(河北省) 평향현(平鄕縣)에 있다. 항우가 진나라를 치기 위하여 거록으로 진격하면서 강을 건넌 뒤 솥을 부수고 타고 온 배를 침몰시키도록 명령하여, 2만여 명의 군사로 30만 명의 진군을 격파하였다. 그러자 진나라의 장감(章邯)은 항우에게 투항하였다. 항우는 투항병의 반란을 우려해 초군으로 하여금 야밤에 진나라의 병사 20여만 명을 살육하도록 지시하여 그들을 몰살하였으며, 이후 승리를 거둔 뒤에는 진나라의 장수와 군사들을 모두 죽였다. 《史記 項羽本紀》

115 광무(光武)가……것 : 광무는 후한(後漢)의 초대 황제인 광무제(光武帝)로 이름은 유수(劉秀)이며, 곤양은 광무제가 왕망(王莽)의 100만 대군을 격파했던 곳이

몰래 매복하여 적이 돌아가는 길에서 맞아 싸우고 그 식량 운송의 길을 끊어 적은 군사로 많은 적을 굴복시키며 약한 병사로 강한 적을 이기는 것은 기도입니다. 손자(孫子)가 방연(龐涓)을 사로잡은 것[116]과 아부(亞夫)가 오초(吳楚)를 곤란하게 한 것은 이 때문입니다. 저 적들이 강하고 포악하면 우리는 인자하고 의로움으로 대적하며, 적들이 교만한 병사로 공격하면 우리는 응대하는 병사로 대응하여 부자(父子)의 병사들이 함께 살아갈 수 없는 원수에게 복수하는 것이 상도입니다. 옛사람 가운데 이 상도를 실천한 사람은 곽자의(郭子儀)[117]와 이성(李晟)[118]입니다. 우리가 비록

다. 왕망의 군대가 곤양을 겹겹이 포위하자 군사들과 장수들이 모두 전의를 상실하였으나, 유수가 직접 나가서 적과 싸워 연이어 승리를 거두었는데, 이를 보고 군사들이 모두 합세하여 대항해 왕망의 군대를 궤멸시켰다. 이때 때맞추어 천둥이 치고 큰 바람이 일어 기와가 모두 날아가고 장대비가 퍼부어 치천(滍川)이 범람하니, 맹수들이 두려워서 벌벌 떨었고 수많은 적군이 빠져 죽었다고 한다. 《後漢書 光武帝紀》

116 손자(孫子)가……것 : 제나라의 군사(軍師) 손빈(孫臏)이 조(趙)나라를 구원하기 위해 위(魏)나라로 쳐들어가면서 마릉(馬陵)에 이르러 나무를 깎아 하얀 면이 드러나게 한 다음 그 나무에 "방연(龐涓)이 이 나무 밑에서 죽을 것이다."라는 글을 써 놓고 좌우에 궁노수(弓弩手)를 매복시켜 두었다. 제나라가 위나라로 쳐들어왔다는 소식을 들은 위나라의 장군 방연은 조나라 공격을 포기하고 급히 위나라로 달려와 저물녘에 마릉에 당도하였는데, 나무에 글이 쓰여 있는 것을 보고 불을 비추어 읽으려 하매 채 읽기도 전에 매복한 궁노수들의 기습을 받아 패사(敗死)하였다. 《史記 孫子吳起列傳》

117 곽자의(郭子儀) : 697~781. 당나라의 무장이다. 안녹산(安祿山)의 난을 토벌하여 도읍 장안(長安)을 탈환하였고, 뒤에 토번(吐蕃)을 쳐서 큰 공을 세워 사도(司徒), 중서령(中書令)에 이어 분양왕(汾陽王)으로 봉해졌다. 누구보다 강한 충직함과 겸손함으로 끝없는 전란과 무능한 군주, 간신의 모함 속에서도 화를 입지 않고 역경을 넘길 수 있었다. 《舊唐書 卷120 郭子儀列傳》

명분이 바르고 말이 순하더라도 형평상 대적하지 못할 바가 있고 역량이 넉넉하지 못한 바가 있어 어쩔 수 없이 지략과 계책으로 승리를 취하는 것은 변도입니다. 옛사람 가운데 이 변도를 실천한 사람은 제갈공명입니다.

지금 상처 입고 굶주린 병졸들로 변도(變道)를 쓰는 강한 적을 감당하니, 그 병력을 말하자면 우리는 떨쳐 일어나지 못하지만 저들은 넉넉함이 있고, 그 재량(財糧)을 말하자면 우리는 아침에 저녁을 기약할 수 없으나 저들은 오랜 시간을 버틸 수 있으며, 그 용기와 겁냄을 말하자면 우리는 눈치를 보는 쥐새끼지만 저들은 날개 달린 호랑이입니다. 전쟁의 승패와 이해를 앉아서 미리 헤아릴 수 있기에 마지못하여 기도(奇道)와 변도(變道)를 내어 만분의 일이라도 살아남기를 도모하니, 이것이 산성을 두는 까닭입니다.

어떤 이가 또 말하기를, "지금의 산성은 과연 병가(兵家)의 기도와 변도에 부합하여 나라의 원대한 계책이 되는 것입니까?"라고 하였습니다. 제가 말하기를, "아닙니다. 산성을 축조하지 않을 수 없으나 또한 많이 축조할 수 없습니다. 대개 힘이 분산되면 기세가 약해지고 성이 크면 굳게 지키기 어려우니, 이것은 병가에서 가장 꺼리는 것이고, 이치와 형세가 반드시 그렇게 되는 것입니다. 지금 한 도(道)의 병사를 다 모아도 겨우 이만 명 정도

118 이성(李晟) : 당 덕종(唐德宗) 때의 장군으로, 자는 양기(良器), 시호는 충무(忠武)이다. 당시에 주자(朱泚)가 요영언(姚令言)의 난군(亂軍)과 합세하여 반란을 일으켜, 국호를 대진(大秦)이라 일컬으면서 수도를 장악하였는데, 서쪽으로 쫓겨 갔던 덕종이 이성을 시켜 정벌하게 하여 수도를 수복하고 사직을 보전하였다. 《舊唐書 李晟列傳》

이며, 정예병은 결코 삼분의 일을 넘지 않습니다. 성 하나를 지키는 데도 넉넉할 겨를이 없는데, 더구나 여섯이나 일곱으로 나눈다면 성 하나에는 겨우 수천 명을 남겨 둘 수 있으니, 이는 힘이 분산되어 형세가 약해지는 것이 아니겠습니까. 한 도(道)의 양식을 다 모아도 겨우 삼만 섬 정도여서 성 하나에 모으더라도 오히려 만여 명이 반년 동안 먹을 양식에 지나지 않습니다. 만약 여섯이나 일곱으로 나눈다면 성 하나에는 겨우 수천 섬을 남겨 둘 수 있으니, 이는 성이 커서 굳게 지키기 어려운 것이 아니겠습니까. 산성에 이 수천 명의 목숨을 모은다면, 바로 나무를 잡고 올라갔는데 호랑이가 그 아래에서 지키는 격이어서, 호랑이가 비록 감히 갑자기 해치지는 않더라도 호랑이가 떠나지 않으면 내려가지 못하는 것과 같습니다. 반드시 적과 서로 끝장내기를 기다려야 하지, 어찌 힘이 분산된 병사를 거느리고 굳게 지키기 어려운 성에 머무르면서 끝내 위태롭지 않기를 보장할 수 있겠습니까."라고 하였습니다.

어떤 이가 또 말하기를, "그렇다면 어째서 산성을 축조하지 않을 수 없다고 말했습니까?"라고 하였습니다. 나는 다음과 같이 반론합니다.

지금 여러 장수들이 국경 지역에서 피폐한 병사들을 모으는 것은 다만 실속은 없으면서 허세로 떠벌리는 것으로, 버들가지 꺾어 채마밭에 울타리를 치는 격[119]입니다. 만약 적이 일단 승승장구하

119 버들가지……격 : 《시경》 〈동방미명(東方未明)〉에 "버들가지로 남새밭 울타리 만든 것을 미친놈도 보고 놀라는데, 새벽인지 밤인지도 몰라서, 너무 이르지 않으면

면 누가 대항할 수 있겠습니까. 한번 패하여 백성들의 시신이 길을 가득 메우는 것보다는 차라리 험하고 견고한 성벽에 의거하여 저 적들은 깊이 들어오는 것을 꺼림이 있고 우리는 죽음으로 지키는 견고함이 있는 것이 낫습니다. 이것이 이른바 편안한 군대로 피로한 적을 기다리고[120] 정으로 동을 제어하는〔以靜制動〕 기술입니다. 적이 만약 최악의 계책을 내어 다시 경상도를 경유한다면, 우리는 완전히 승리할 수 있습니다. 그러나 반드시 그 형세를 먼저 살피고 그 장수와 병사를 제대로 뽑은 뒤라야 계책을 시행할 수 있습니다.

무릇 새재〔鳥嶺〕는 남쪽 관문의 배와 심장처럼 중요한 곳이며 우리나라의 목처럼 핵심적인 곳입니다. 적들이 먼저 편리한 곳을 빼앗는다면 우리는 어찌할 수 있는 형세가 없지만, 우리가 먼저 편리한 곳을 차지한다면, 적들은 어찌할 수 있는 형세가 없을 것입니다. 신립(申砬)이 적의 형세를 자세히 헤아리지 못하여 이 천혜의 요충지를 버리고 탄금대에서 물을 등지고 진을 쳤으니, 이것은 창을 거꾸로 잡고 창자루를 도적에게 준 꼴입니다. 어찌 패하지 않을 리가 있겠습니까.

토잔(兎棧 경북 문경에 속한 지명)의 험준함은 평소 위태로운 길이

너무 늦도다.〔折柳樊圃, 狂夫瞿瞿. 不能晨夜, 不夙則莫.〕"라고 한 데서 온 말로, 허술하게라도 경계를 표시해 두면 그냥 날뛰는 바보도 조심할 줄 안다는 뜻이다.

120 편안한……기다리고 : 《손자(孫子)》 〈군쟁(軍爭)〉에 "가까운 곳에서 온 군대로 멀리서 행군해 오는 적을 기다리고, 편안한 군대로 피로한 적을 기다리며, 배부른 군대로 굶주린 적을 기다리니, 이것이 병력을 다스리는 것이다.〔以近待遠, 以佚待勞, 以飽待饑, 此治力者也.〕"라고 하였다.

라 불리니, 산꼭대기 벼랑에 기울어진 길을 따라가면서 끊어지는 벼랑에 위험한 잔도를 연결하였기에 사내 한 사람이 말 한 마리를 타고서도 오히려 넉넉히 지나가기 어렵습니다. 군대를 행진하여 이곳을 지난다면 어찌 걱정이 없으리라 보장하겠습니까. 남쪽에서 들어오는 경우는 이곳을 버리고 갈 곳이 없습니다. 동쪽으로 들어오는 경우는 또 초항(草項 경북 예천에 속한 지명)이 있는데, 산이 더욱 험준하고 길이 더욱 좁은 것이 토잔의 다음입니다. 서쪽에서 들어오는 경우는 또 은령(銀嶺)이 있는데 그 험준하고 좁은 것이 또한 초항의 다음입니다. 그 가운데 작성(鵲城)과 용추(龍湫) 같은 험준한 곳이 있어 군대를 몰래 주둔시킬 수 있으니, 지키거나 농사를 지음에 의도대로 되지 않음이 없습니다. 진실로 마땅히 원수(元帥)의 대영(大營)을 설치하여 충청도와 본도(本道 경상도) 상류의 병사 만여 명을 모아 주둔시키고 군대를 사열하고 군사를 훈련하십시오. 별도로 휴군으로 함창(咸昌)의 비옥한 토지에 둔전(屯田)을 크게 마련하여 양식을 수송하여 비축하고 대장(大將) 한 사람으로 관리하게 하십시오. 또 도로 두 곳에 병사를 매복하고 대장이 그 요충지를 뽑아서 적을 맞아 계책을 시행하는 장소로 삼으십시오. 또 좌도(左道)와 중도(中道)의 군사 오천 명을 팔공산(八公山)의 험준한 성에 모으고, 휴군 이천 명으로 대구와 의흥(義興 경북 군위의 옛 지명) 등의 지역에서 둔전을 마련하여 농사를 지어 그 성에 가득 채우고 대장 한 사람으로 관리하게 하십시오. 또 우도(右道)와 중도의 군인 오천 명을 가야산(伽倻山)에 모으고 휴군 이천 명으로 가천(伽川) 등의 지역에서 둔전을 마련하여 농사를 지어 그 성에 가득 채우고, 대장 한 사람으로 관리하게 하십시오. 또 별도로 용맹한 장수 가운데 적진에 돌격하여 적의 정예 군대를 함락시킬 수 있는 사람을 뽑아 정예병 삼천 명을 거느리게 하고 유격대로 삼으십시오.

진주(晉州)와 초계(草溪) 등의 지역에 군대를 집결시켜 둔전을 경작하게 하지 말고 넉넉하게 돌보아 정예병으로 길러 임기응변에 대응하십시오. 또 별도로 맹장을 뽑아 정예병 삼천 명을 거느리고 경주(慶州)와 밀양(密陽) 등의 지역에 집결시키기를, 우도(右道)의 예(例)와 같이 하십시오. 계책을 먼저 확정하고 약속된 군령을 또 분명히 하여 만약 적이 변란을 일으킬 조짐이 있으면 미리 강원도(江原道)의 병사를 징집하여 동해의 여러 고을에 성세(聲勢)를 과장되게 드러내십시오. 또 전라도(全羅道) 상도(上道)의 병사를 징집하여 안음(安陰)과 함양(咸陽) 등의 지역에 주둔시켜 좌우에서 호응하고 구원하여 적들이 혹 병사가 많다고 의심하거나 혹 길을 막았다고 생각하게 하십시오. 또 좌우 수로(水路)의 격군(格軍)[121]을 정비하고 수사(水使)에게 배를 수리하여 기다리게 하십시오.

중도 세 성(城)의 병사는 고요하게 사람을 없애고 천 리에 보급품이 될 만한 것을 완전히 없애며, 관문을 닫고 정예병을 길러 적의 빈틈을 엿보아 행동하십시오. 저 적들이 우리가 방비함이 없다는 것에 익숙하니, 토잔(兎棧)을 경유하여 초항(草項)과 은령(銀嶺) 지역에 이를 경우, 좁고 험준한 곳을 차지한 다음 매복을

121 격군(格軍) : '곁군'의 취음(取音)으로, 사공의 일을 돕던 수부(水夫)의 하나이다. 격인(格人)이라고도 한다.

설치하여 갑자기 공격한다면 반드시 격파할 것입니다. 저 왜적이 이미 조령(鳥嶺)을 경유하지 않았을 경우, 반드시 죽령(竹嶺)을 경유할 것이니, 강원도의 병사가 깃발을 흔들며 북을 치기만 하고, 교전하여 적의 칼날에 나아가지 말고 간혹 후미에서 공격하게 한다면, 저 적들이 두려워하며 물러나 결코 조령을 넘을 수 없을 것입니다. 추풍령 지역을 경유할 경우, 전라도의 병사도 깃발을 펼치고 혹 매복을 설치하여 후미에서 공격한다면 저들이 또한 가벼이 진격하지 못할 것입니다.

또 좌우 유격대의 용감한 장수에게 그 정예병을 거느리고 그 좁고 험준한 곳을 차지하여 번갈아 가며 돌격하여 혹 그 양식을 실어 나르는 길을 끊거나 혹 후방 수레의 짐 수송을 끊게 한다면, 저들은 이미 현군(懸軍)[122]이 깊이 들어와 있어 후방의 습격이 있을까 두려워하고 또 군량을 계속 수송할 수 있을까 근심할 것입니다. 진격하지 않고 머뭇거릴 때 경성(京城)의 장수와 병사들은 생각건대 반드시 와서 구원할 것이며 많은 병사들이 사방에서 모여 군대의 위용이 이미 진작된 뒤라야 죽령(竹嶺)의 험준한 지역을 막고 추풍령(秋風嶺)의 길을 막을 것입니다. 관동(關東)의 병사들은 읍령(泣嶺)을 막아 지켜서 적이 해동(海東)을 맘대로 짓밟지 못하게 하고, 호남(湖南)의 병사들은 운봉(雲峯)을 막아 지켜 적이 남쪽 고을에서 방자하게 노략질하지 못하게 하여 우리의 기세가 절로 높아지고 저 적의 기세가 절로 꺾이게 해야 합니다.

122 현군(懸軍) : 응원군(應援軍)의 지원 없이 본대(本隊)를 떠나 홀로 적진 깊숙이 쳐들어가는 군대를 말한다.

들판에 노략질할 것이 없고 후방에 이어 줄 양식이 없어 병사와 말이 굶주리고 곤란하여 길에서 갈팡질팡하게 하며, 전진할 때는 우리 군에게 배와 등 양쪽에서 공격을 받는 근심이 있고, 후퇴할 때는 선두와 후미가 구원하기 어려운 근심이 있게 하십시오. 그러면 적들이 패해서 달아날 기약은 날짜를 헤아릴 수 있을 것입니다. 이에 대군은 승기를 타고 북을 치며 행진하여 진격하고 세 성의 장수와 병사들은 일제히 힘을 모아 협공하며, 유격대의 용맹한 장수는 주둔하고 있던 적이 돌아가는 길에서 맞아 싸우고 좌우의 수군은 또 바다를 건너는 남은 잔당들을 전멸하십시오. 이것이 이른바 적이 피폐함을 틈타 적병을 굴복시키며 패전을 바꾸어 승리로 만드는 방법입니다.

옛날 이좌거(李左車)가 정형(井陘)의 계책을 올려 거의 한신(韓信)을 사로잡을 뻔했으나 진여(陳餘)가 그 계책을 쓰지 않아 패배하였으며,[123] 제갈량(諸葛亮)은 이런 계책을 많이 사용하여 조조(曹操)의 위(魏)나라 백만 군대를 촉한(蜀漢) 수만의 병사에

123 이좌거(李左車)가……패배하였으며 : 회음후(淮陰侯) 한신(韓信)이 장이(張耳)와 함께 수만 명의 병력을 이끌고 정형(井陘)을 거쳐 조(趙)나라를 공격하려 하였는데, 이때 조왕(趙王)과 성안군(成安君) 진여(陳餘)가 정형의 어귀에다 군대를 집결시켰다. 광무군(廣武君) 이좌거(李左車)는 3만 명의 유격대로 정형으로 가는 길을 기습하여 군량의 수송을 끊고, 나머지는 성벽을 견고히 쌓고 수비를 하면 한신의 군대를 물리칠 수 있다고 간언했다. 그러나 조왕이 듣지 않고 정면으로 싸워, 배수진(背水陣)을 친 한신의 계략에 걸려 성안군은 죽고 조왕은 포로가 되었다. 한신은 1천금의 현상금을 내걸어 광무군을 산 채로 잡아, 그를 스승으로 모시고 병법에 대해 많은 조언을 받아 연(燕)나라를 손쉽게 정복하였다. 《史記 卷92 淮陰侯列傳》《史略 卷2 西漢》

게 꺾이게 하지 않은 적이 없습니다. 비록 고금에 마땅함이 다르고 강약이 형세가 다르지만 주군(主軍)과 객군(客軍)의 형세와 피로하고 편안함의 형편은 그 조짐을 알 수 있습니다. 따르면 이기고 거역하면 패배하니 삼가지 않을 수 있겠습니까.

삼가 바라건대 집사께서는 주군(主軍)이 되고 객군(客軍)이 되지 말아 천시(天時)를 따르고 고요히 기다리고 행동하지 않아서 적들이 피폐하기를 기다리며, 임기응변으로 대응하여 진실로 적이 미리 생각하기 어렵게 하고 신묘한 계책을 먼저 확정하여 귀신도 달아나기 어렵게 하십시오. 이런 계책은 오직 명철하고 지혜로운 군자가 운용을 잘하는 데 달렸을 뿐입니다.

군졸을 훈련하고 군량미 비축을 확충하며 병장기를 예리하게 하고 척후병을 엄격하게 하는 일의 경우, 군정(軍政)에서 가장 급한 것이 진실로 한두 가지가 아니지만 집사께서는 생각건대 이미 차례대로 거행할 것이니, 진실로 어리석은 저의 많은 말을 기다릴 필요가 없을 것입니다. 더욱이 장수를 이미 뽑았고 형세를 이미 얻었으니, 그렇다면 몇 가지 일은 기약하지 않아도 절로 시행될 것입니다.

어리석은 제가 이른바 '아홉 조목의 세 가지 강목'이란 것에 대해 이미 그 대체적인 내용을 말씀드렸는데, 그것을 실천하는 바는 한 가지이니, 그 한 가지는 곧 성(誠)입니다. 정성이 지극하면 천지를 움직일 수 있고 귀신을 감동시킬 수 있으며, 마음을 감복시킬 수 있습니다. 더구나 떳떳한 도리를 잡아 지키는 것이 동일한 본성이라는 것으로 인하여 이 적을 토벌하여 원수를 갚는 일을 행함에 백성들이 어찌 따르지 않으며 일이 어찌 이루어지지 않음이 있겠습니까. 그러므로 정성이 지극한데도 감동시키지 못한 것은 아직까지 있지 않았다고 말하는 것입니다.

삼가 생각건대, 집사께서는 이 성(誠)이라는 한 글자를 가지고 주상전하를 면려하고 또한 스스로를 면려한다면, 국토를 회복하는 도가 이미 10분의 7, 8은 이루어질 것입니다. 기강이 어찌 진작되지 않으며, 현명하고 능력 있는 사람이 어찌 면려되지 않으며, 군정이 또 어찌 닦이지 않겠습니까. 진실로 혹 지난날 임시방편의 전철을 따르고 근래 투박하고 사치한 습속을 지켜 관원만 채워 책임을 면하고 끝마침을 잘하는 데 힘쓰지 않는다면, 평범한 문구(文具 실상이 없이 법문(法文)만이 갖추어져 있는 것)는 한갓 종이에 가득한 헛된 말만 허비하고, 분분한 법령은 다만 거리 백성들의 소란만 더할 것입니다. 그래서 진작하고자 하지만 기강은 더욱 문란해지고, 면려하고자 하지만 현명하고 능력 있는 사람은 더욱 멀어지며, 닦고자 하지만 군정은 더욱 해이해지니, 이것이 바로 이른바 "장강(長江)과 황하(黃河)를 말로만 하여 목마름을 해소하려 하고, 천리마를 그림으로 그려 놓고 천 리에 이르기를 구한다."라는 것입니다. 그러므로 불성무물(不誠無物)[124]이라 말하는 것입니다.

어리석은 제가 앞에서 이른바 "아는 것이 어려운 것이 아니라

124 불성무물(不誠無物) : 《중용장구(中庸章句)》 제25장에 "성실함은 사물의 시작과 끝을 이루는 것이니 성실하지 못하면 사물이 존재할 수 없다. 그러므로 군자는 성실함을 귀중하게 여기는 것이다.〔誠者物之始終, 不誠無物. 是故君子誠之爲貴.〕"라고 하였다.

실천하는 것이 어려우며, 실천하는 것이 어려운 것이 아니라 성실하게 하는 것이 어렵다."라고 한 것이 바로 이것을 말하는 것입니다. 아, 물에 빠진 사람을 구할 때는 여유롭게 해서는 안 되며, 불타는 사람을 구할 때는 겸손하게 예를 갖추기를 기다려서는 안 됩니다. 지금 왜적과 진영(陣營)을 마주하여 호흡하는 짧은 시간에 만 가지로 변하니, 간우(干羽)의 춤[125]으로는 평성(平城)의 포위를 풀 수 없음[126]을 진실로 알았기에 감히 늙은 선비의 현실과 동떨어진 말로 군문(軍門)에 말씀을 올립니다만 듣는 사람은 진실로 마땅히 싫어하고 귀찮게 여길 것이며, 전해 듣는 사람 또한 놀라 비웃고 또 이상하게 여길 것입니다. 그러나 오늘날의 일은 알지 못하는 것을 근심할 것이 아니라 실천하지 못하는 것을 근심하며, 시작하지 못하는 것을 근심할 것이 아니라 끝맺음을 잘하지 못하는 것을 근심해야 합니다.

아랫사람은 윗사람을 업신여기고 윗사람은 공무를 폐기하여 기꺼이 주관하려는 사람이 없으니, 비유하자면 풍랑에 부서진 배를 띄우고 물길에서 노를 잃어 아득히 멀리까지 가는 데로 맡겨 두

125 간우(干羽)의 춤 : 간우는 방패를 쥐고 추는 간무(干舞)와 새 깃을 쥐고 추는 우무(羽舞)를 함께 칭하는 말로, 성군의 덕화(德化)를 비유한다. 《서경》 〈대우모(大禹謨)〉에 "순임금이 문덕을 크게 펴면서, 방패와 새 깃을 들고 두 섬돌 사이에서 춤을 추니, 그로부터 70일 만에 유묘족이 귀순하였다.〔帝乃誕敷文德, 舞干羽于兩階七旬有苗格.〕"라고 한 데서 나온 말이다.

126 평성(平城)의……없음 : 덕화(德化)로 사람을 복종시킬 수 없음을 뜻한다. 《사기(史記)》 〈한신열전(韓信列傳)〉에 한고조(漢高祖) 유방(劉邦)이 직접 군대를 인솔하고 흉노의 묵특(冒頓) 선우(單于)를 치기 위해 출정했다가 평성 부근의 백등산(白登山)에서 7일 동안 흉노의 대군에게 포위를 당한 고사에서 유래하였다.

어 물에 빠질 근심이 다만 눈앞에 닥쳤는데도 배 안의 사람들은 도리어 스스로 눈을 부릅뜨고 주시하면서 어지러이 다투는 것과 같습니다. 이와 같은데도 그만두지 않는다면, 비록 장량(張良)과 진평(陳平)[127]에게 지혜를 빌리고 관우(關羽)와 장비(張飛)에게 용기를 빌리더라도 정히 국토를 회복할 기약이 없을 것입니다. 어리석은 제가 현실과 동떨어진 말이라는 꾸짖음을 피하지 않는 것은 '성(誠)'이라는 한 글자를 대본(大本)으로 삼고 기강을 진작시키는 것을 급선무로 삼아야 하는 까닭입니다. 집사가 만약 하지 않는다면 끝내 또한 하지 못할 따름이며, 오늘날 만약 말하지 않으면 끝내 또한 말하지 못할 따름입니다. 제 말을 취하고 취하지 않는 것과 일을 시행하고 시행하지 않는 것은 집사의 책임이니, 어리석은 제가 감히 알 바가 아닙니다. 어리석은 저는 호미 한 자루가 있으니 산간의 전답에서 남은 생을 마칠 수 있고, 또한 책 몇 권이 있으니 저를 알아주는 벗에게 제 마음을 펼 수 있습니다. 장차 집사께서 이날 시행하여 조치하는 바를 보고서 저의 진퇴를 결정하신다면 만족합니다. 집사의 엄중한 위엄을 범하였기에 땅에 엎드려 죄를 기다립니다.

127 장량(張良)과 진평(陳平) : 한나라 고조 때의 명신(名臣)이다. 장량은 자가 자방(子房)으로, 유방(劉邦)을 도와 천하를 통일하였으며, 뒤에 유후(留侯)에 봉해졌으나 은거 생활을 하였다. 진평은 처음에는 초나라의 항우(項羽)를 섬겼으나 뒤에 한고조를 섬겨 도위(都尉)가 되어 여태후(呂太后)가 죽은 뒤 주발(周勃)과 힘을 합하여 여씨(呂氏) 일족의 반란을 평정하였다.

다시 도체찰사에게 올리는 편지 병신년(1596, 선조29)

再上都體察使書 丙申

삼가 생각건대, 저는 궁벽한 시골의 보잘것없는 선비로, 몸이 난리를 만나 다행히 적의 칼날을 벗어났으나 지혜는 도검(韜鈐)[128]에 우매하여 이미 막중(幕中)에 빼어난 계책을 바치지도 못하였고, 용기는 초거(超距 높이 뜀)가 부족하여 또 병졸들 사이에서 창을 휘두르지도 못하였습니다. 그러나 스스로 한 세상에 경중을 따지기에 부족함이 없다는 것을 알기에 노(魯)나라 여인이 아욱을 애석히 여기는 근심[129]이 마음을 어지럽지 않게 할 수 없어 삼가 스스로 주먹을 불끈 쥐고 탄식할 뿐입니다.

다행히 합하께서 사도(四道)를 전제(專制)하는 임무를 받아 보천욕일(補天浴日)[130]의 정성이 천하의 형세를 일변(一變)시키는

128 도검(韜鈐) : 고대의 병서(兵書)인 《육도(六韜)》와 《옥검편(玉鈐篇)》의 병칭으로, 일반적으로 병서를 이른다. 《北夢瑣言 卷5》

129 노(魯)나라 ……근심 : 분수에 맞지 않는 근심을 말한다. 《열녀전(列女傳)》에 노(魯)나라 칠실(漆室)의 여자가 기둥에 기대어 울고 있어 이웃 사람이 연유를 물으니, 여자가 "사람을 너무 모른다. 임금은 늙고 태자는 어리니 그것이 걱정되어 운다."라고 하였다. 그 사람이 웃으면서 말하기를 "그것은 대부(大夫)들이나 할 걱정이다."라고 하니, 여자가 "그렇지 않다. 지난날 객(客)의 말이 고삐가 풀려 우리 아욱 밭을 밟아 1년 내내 내가 아욱을 먹지 못하였다. 노나라에 환란이 생기면 군신(君臣) 부자(父子)가 다 그 해를 입게 되는데 부녀자가 홀로 피할 수 있겠는가?"라고 한 데서 유래하였다.

130 보천욕일(補天浴日) : 여와씨(女媧氏)가 터진 하늘을 꿰매어 비가 새지 않도

때를 만났으니, 이는 그 기회라고 생각하여 벼슬 없이 초야에 있는 신분으로 속마음을 펴서 드러낼 방법이 있었습니다. 이에 지난날 스스로의 재주를 헤아리지 못하고 문득 두루 자문하는 것을 뛰어넘어 매우 외람되이 참람된 말씀을 드린 것은 명철하게 살피시어 집행하시기를 바랐을 뿐, 감히 스스로 옳다고 여겨 계책을 반드시 따르게 하고자 한 것은 아닙니다. 또한 감히 이러한 말을 예물로 삼아 한번 돌아보는 은혜를 받고자 한 것도 아닙니다. 어찌 큰 도량으로 포용하여 추요(芻蕘)[131]의 말을 버리지 않고 즐거이 취하는 정성을 보여 인재를 불러들이는 길을 넓힐 줄 생각이나 했겠습니까. 특별히 저의 의견을 수긍해 주시어 외람되게 수자(手字 직접 쓴 글)를 내려 주시니, 스스로 생각건대 비루하고 용렬한 소생이 어떻게 이 성대한 뜻을 감당하겠습니까. 감격이 지극하여 마음이 부끄러우니 몸둘 바가 없는 듯합니다. 마땅히 할 바는 명을 들은 그날 분개하여 길을 나서서 비록 별도로 훌륭한 계책을 생각하여 만분의 일에 보탬이 될 수 없더라도 거의 원문(轅門)에 나아가 공경히 가부를 듣기를 바랐습니다.

그러나 지난번 객로(客路)에서 눈보라를 겪었고 일찍이 산질(疝疾 허리 또는 아랫배가 아픈 병)을 앓았는데, 뜻하지 않게 갑자기

록 했고, 희화(羲和)가 감연(甘淵)에서 해를 목욕시켜 가뭄을 막았다는 전설에서 유래한 말로, 위급한 상황을 타개하고 만회하여 위대한 공적을 세우는 것을 뜻한다. 《列子 湯問》

131 추요(芻蕘) : 나무꾼이란 뜻으로, 《시경》 〈판(板)〉에 "선현(先賢)들이 말하기를 나무꾼에게도 물으라 하셨다.〔先民有言, 詢于芻蕘.〕"라고 하였다. 아무리 미천한 사람의 의견이라도 겸허히 듣는다는 뜻이다.

출발함에 고생스럽게 병을 무릅쓰고 처가에 와서 의탁하였습니다만 병세가 더하기만 하고 차도가 없어 움직일 수가 없습니다. 지금 엄준한 명을 받듦에 비록 옷깃을 떨치고 한번 가고자 하나 형편이 억지로 할 수 없습니다. 위로는 방문하여 자문하신 정성을 저버리고, 아래로는 저의 품은 생각을 다하려는 뜻이 어긋났으나, 군영을 바라봄에 마음과 혼은 아득히 그곳까지 날아갑니다. 위대한 명성이 있는 합하께 오래도록 감복함에 우레가 귀를 진동하는 것처럼 풍도와 명성이 미치는 바에는 사람들이 즐거이 스스로 분발하니, 누군들 합하의 광휘(光輝)를 가까이 하여 쌓은 경륜을 다 펼치기를 바라지 않겠습니까. 더구나 외람되이 불러 주신 성대한 예를 받들어 마땅히 바쁘게 달려가기에 겨를이 없는 마음을 품어야 하니, 어찌 중도에서 머뭇거리며 자신을 아끼는 듯함이 있어서야 되겠습니까.

삼가 몸의 병이 조금 회복되기를 기다린 뒤에 곧바로 하정(下庭)에 나아가 태만한 죄를 받겠습니다. 다만 생각건대 지금 일의 형세가 위급하여 호흡하는 짧은 시간에 만 가지로 변하지만, 이전에 편지에서 언급했던 김공(金公 김성일(金誠一))과 곽공(郭公 곽재우(郭再祐)) 두 분이 현재 거주하는 곳이 멀지 않으니, 행영사의(行營事宜)[132]는 함께 아침저녁으로 모의하여 완급의 기회를 잃지 않을 것이라 생각합니다. 미진한 저의 회포는 지금 감히 다시 말씀드리지 못합니다.

132 행영사의(行營事宜) : 행영(行營)은 출전 시의 군영으로 총수가 머물러 일을 처리하는 곳이고, 사의(事宜)는 사정이다.

조여익[133] 우인 에게 답하는 편지
答曺汝益 友仁 書

현은 아룁니다. 쇠퇴한 가문이 불행하여 종질 진보(眞寶)[134]가 지난달에 뜻밖에 세상을 떠나니, 비통한 마음을 하소연할 데가 없습니다. 요즘 가을이 서늘한데 생활은 어떠신지요. 궁금하기 그지없습니다.

난리 때의 사적(事蹟)을 찬술하는 것은 반드시 널리 알고 높은 식견이 있는 사람을 기다려야 하니, 우리 존형(尊兄) 같은 분이라야 완성할 수 있습니다. 저는 학문을 그만둔 지 이미 오래되었고 견문이 아득하고 어두운데, 다만 비분강개한 뜻만 품고 갑작스럽게 임무를 감당하게 되었으니, 망녕된 자가 아니면 이와 같이 하겠습니까. 여러 곳에서 기록한 바는 이미 모아서 3권으로 완성하였으나 그사이 혹 누락되거나 과장된 것이 있어 진실을 그대로 전할 수 없습니다. 저는 천천히 많은 시간을 두고 다시 공의를 모

133 조여익(曺汝益) : 조우인(曺友仁, 1561~1625)으로, 본관은 창녕(昌寧), 자는 여익(汝益), 호는 매호(梅湖)·이재(頤齋)이다. 1621년에 제술관(製述官)으로 있으면서 광해군의 잘못을 풍자했다가 그 글로 말미암아 3년간 옥에 갇혔다. 인조가 등극한 후 풀려나 상주(尙州)의 매호(梅湖)에서 은거하며 여생을 마쳤다. 시·서예·음악에 뛰어나 삼절(三絶)이라는 평을 받았다. 저술로는 문집 《이재집(頤齋集)》과 가사집 《이재영언(頤齋詠言)》이 있다.

134 종질 진보(眞寶) : 최현의 종질로, 진보 현감(眞寶縣監)을 지낸 최산립(崔山立, 1550~1615)을 말한다. 본관은 전주(全州), 자는 입지(立之), 호는 우암(愚庵)으로 1590년에 생원에 합격하였고 1591년에 문과에 급제하였다.

은 뒤에 뜻이 같은 서너 사람과 함께 모여서 깊이 상의하고 확정하며 바로잡아 고쳐 책을 완성하고자 합니다. 그래서 선악의 실상이 그 공정하고 바름을 얻고, 민몰되어 전하지 않는 데 이르게 하지 않기를 바랍니다.

마침 전 방백(前方伯)이 떠나는 날짜가 매우 촉박하여 자못 빨리 하고자 하는 마음이 있었고, 저도 복(服)을 당하여 일을 마칠 겨를이 없었습니다. 방백이 다만 이전 기록을 참조하여 책을 완성해 가지고 돌아갔습니다. 그 가운데 한 질은 군영에 남겨 두고 증명하여 바로잡기를 기다리고 있어서 이에 저에게 다시 수정(修整)을 끝마치게 하였습니다. 새로 부임한 방백(方伯)은 일찍이 만나서 안면이 있는 것도 아니고 또 이곳의 사정을 자세히 알지 못하며, 군영의 장부를 작성하는 것은 서생이 사사로이 청하여 질정할 바가 아니고 저 또한 미쳐 베껴 두지 않아 집에 원본 자료가 없으니 어찌하고 어찌해야겠습니까.

지난번 안음(安陰) 정휘원(鄭輝遠)[135]의 글을 보았는데, 완평

135 정휘원(鄭輝遠) : 정온(鄭蘊, 1569~1641)으로, 본관은 초계(草溪), 자는 휘원(輝遠), 호는 동계(桐溪)이다. 1606년(선조39)에 진사가 되고, 1610년(광해군2) 문과에 급제하였다. 임해군 옥사에 대해 전은설(全恩說)을 주장했고, 영창대군이 강화 부사 정항(鄭沆)에게 피살되자 격렬한 상소를 올려 정항의 처벌과 당시 일어나고 있던 폐모론의 부당함을 주장하였다. 이에 광해군이 격분하여 1614년 7월 제주도에 10년 동안 위리안치시켰다. 1636년(인조14) 병자호란 때에 이조 참판으로 명나라와의 의리를 내세워 최명길(崔鳴吉) 등의 화의 주장에 적극 반대하였다. 강화도가 함락되고 항복이 결정되자 오랑캐에게 항복하는 수치를 참을 수 없다고 하며 칼로 자결하였으나 목숨은 끊어지지 않았다. 그 뒤 관직을 단념하고 고향인 거창 덕유산의 모리(某里)에 들어가 조를 심어 자급하다가 죽었다. 숙종 때 절의를 높이 평가하여

상공(完平相公 이원익(李元翼))이 남쪽에서 조정으로 돌아올 때 난중의 사적 두 권을 간략히 기록하여 주상께 올리니, 주상께서 더욱 상세하게 하라고 하교하셨기에 도로 본도(本道)로 보냈다고 하였습니다. 이 상공(李相公)도 제가 지금 이 기록을 모으고 있다는 소식을 듣고 범범하게 기록하지 말고 지극히 상세하고 지극히 공정하게 하도록 권하였다고 휘원에게 말했다 합니다. 그렇다면 이 기록은 우리 임금과 우리 상공이 명한 바로, 훗날 사관이 취사선택하는 데 관계가 되니, 어찌 쉽게 만들 수 있겠습니까.

삼가 생각건대, 존형께서는 총명하고 자질이 빼어난 데다 견문까지 박식하니, 비분강개의 남은 회포를 반드시 부칠 곳이 있을 것입니다. 부디 제가 보잘것없기 때문에 일을 함께할 수 없다고 하지 마시고 직접 보고 들은 바를 상세히 기록하여 책으로 만들고 직접 만나 토론하기를 기다리는 것이 어떻겠습니까. 만약 길이 막히고 일이 쓸데없이 많아 모임을 쉽게 기약할 수 없다면, 혹 제 자식이 왕래하는 편을 통하여 불러 말씀하시고 부쳐 보내 주시는 것도 괜찮습니다. 형께서 지은 '한 방백(韓方伯)께 올리는 편지'에 대해서는 들은 지 이미 오래되었으나 아직 보지 못하였습니다. 부디 세속의 선비들이 남에게 자신을 숨기는 것을 본받아서 속마음을 서로 터놓는 처지에 장애물을 두지 말고 보여 주신다면, 매우 다행이겠습니다.

영의정에 추증되었으며 시호는 문간(文簡)이다.

노홍중[136]에게 답하는 편지
答盧弘仲書

고아하게 사시는 것은 그윽하고 고요하며 풀과 나무는 녹음이 짙은데, 왼쪽에 거문고를 두고 오른쪽에 책을 두어 생활하심이 편안하고 한가하다는 것을 삼가 백족(白足)[137]을 통해 알았습니다. 그대의 맑고 아름다운 문사(文辭)와 아름답게 읊조린 시는 저녁 잠을 깨워 일으키니, 감격함이 지극할 뿐만 아니라 대개 다행함이 또한 지극합니다.

저는 본래 일찍이 이런 생활에 대한 기약이 있고 또한 배워서 할 수 있다는 것을 알았습니다만 해이하고 게을러 억지로 하기 어려울 뿐만 아니라 또한 덜렁거리고 침착하지 못한 문제점이 있습니다. 지금 세상의 잘잘못을 마음에서 경험하지 않은 적이 없고, 천고의 흥망을 마음에서 느끼지 않은 적이 없습니다. 붓을 잡

136 노홍중(盧弘仲) : 노경임(盧景任, 1569~1620)으로, 본관은 안강(安康), 자는 홍중(弘仲), 호는 경암(敬菴)이다. 장현광(張顯光)과 유성룡(柳成龍)의 문하에서 수학하였다. 1591년(선조24) 문과에 급제하였다, 1592년 임진왜란이 일어나자 고향에 돌아와서 의병을 모집하여 왜군에 대항하였다. 정인홍(鄭仁弘)에게 무고한 탄핵을 받고 성주 목사에서 파직되었다. 그 뒤 낙동강변에 은거하며 여생을 보내다가 선산(善山)에서 별세하였다. 저서로 《경암집》이 있다.

137 백족(白足) : 후진(後秦) 시대 고승(高僧) 구마라습(鳩摩羅什)의 제자인 담시(曇始)는 발이 얼굴보다 더 흰 데다 아무리 진흙탕 물을 건너도 발이 더러워지지 않았으므로, 당시 사람들이 그를 백족 화상(白足和尙)이라고 칭했던 데서 온 말로, 전하여 고승(高僧)을 가리킨다. 《高僧傳 卷10 釋曇始》

고 먹물을 희롱하는 것이 자잘한 일임을 알면서도 망녕되이 왕패(王霸)의 계책에 뜻을 두었습니다. 더구나 난리를 만나 더욱 비분강개한 뜻이 격발한 것이야 말할 것이 있겠습니까. 이것이 비록 남자의 분수에 해당하는 일이지만, 나의 재주로 감당할 바가 아님을 알지 못하여 역량을 헤아리지 않고 나아가니, 중도에 넘어지게 되었습니다. 지금에서야 두려워하며 스스로 반성하니, 반평생 동안 경영한 일이 이미 그림의 떡이 되었습니다.

근래에 지난날의 잘못을 자못 깨달아 처음 벼슬한 때로 돌아가고자 하지만, 오히려 마음이 천 리 밖으로 치달려 명산대천을 두루 관람하고자 하니, 동해에서부터 곤륜산까지 가고, 황하(黃河)와 회수(淮水)와 한수(漢水)를 횡단하며, 동정호(洞庭湖)에 배 띄워서 다리 힘이 부족하지 않을 때에 내 마음을 씻어 내고자 합니다. 그런 뒤에 여유롭고 한가하며 치우치고 고요한 곳으로 돌아와 거문고를 연구하고 시를 읊조리며 남은 생을 마치고자 합니다. 아, 이것이 미치고 또 망녕된 것이 아니겠습니까. 애석하게 현명한 그대 같은 경우도 이미 비웃고 안타깝게 여겼을 것입니다. 이 같은 마음이 혹 한 달 만에 생기기도 하고, 혹 하루 만에 생기기도 하여 저의 마음을 흔들고 저의 뜻을 유혹합니다. 비록 물리쳐도 다시 일어나니, 바로 미친 바람과 성난 파도가 일어난 뒤에 비록 혹 조금 누그러졌더라도 남은 물결이 세차게 흔들려서 그 고요하게 될 수 없는 것과 같습니다. 항상 현명한 그대가 일찌감치 공부를 시작할 곳을 얻어 가야 할 길을 알고 빠르게 치달리며, 달려가기를 그만두지 않아 끝내 반드시 도달할 바가 있을 것에 대해 부러워하였습니다. 고금의 호걸에 대해 다른 것은 두려워할 만한 것이 없으나, 오직 강하고 굳세면서도 책을 읽은 사람은 두려워할 만하니, 현명한 형이 오늘의 현명한 형 수준에만 그치지 않을 것임을 알기 때문입니다. 스스로 힘써 공부한 나머지에 또 저를 면려하여 부들처럼 약한 자질이라 일으킬 수 없다고 여기지 않으시고 성인의 도로 말씀하시어 인도하여 진보케 하셨습니다.

저는 이미 다행히 현명한 형에게 인정을 받았으나, 또 형의 정성스런 가르침에 부응하지 못한 것이 부끄럽습니다. 그러나 때때로 저를 일깨워 스스로 경계하고 반성함이 있게 하였으니, 오직 바라건대 이 뜻을 그만두지 말고 시종일관 깨우쳐 주신다면 더욱 다행이겠습니다. 맑은 시내에 지팡이 짚고 거닐며 마음에 넉넉히 온축한 바를 고요히 듣고 싶어 마음으로 그리워합니다. 전에 벗인 채정응(蔡靜應)[138]과 약속을 하였으니, 그가 오면 마땅히 함께 찾아뵙겠습니다. 마침 손을 맞았기에 이만 줄입니다.

138 채정응(蔡靜應) : 채몽연(蔡夢硯, 1561~1638)으로, 본관은 인천(仁川), 자는 정응(靜應), 호는 투암(投巖)이며 대구에 거주하였다. 정구(鄭逑)의 문인으로 임진왜란 때 의병을 일으켰다. 효행으로 천거되어 이조 참의에 증직되고 인동(仁同)의 소암서원(嘯巖書院)에 제향되었다.

정인홍[139]에게 답하는 편지 정미년(1607, 선조40) 주하[140]에 있을 때
答鄭仁弘書 丁未在柱下時

어떤 사람이 전해 준 것으로 "비루한 제가 남명(南冥 조식(曺植))이 저술한 문자를 평가하여 분명히〔分明〕 장자와 노자에서 유래한 것이라 하였는데, 대감(台監)께서 비록 변명하여 가리고자〔掩蓋〕 하더라도 할 수 있겠는가."라고 한 것은 과연 그런 일이 있습니다. 일찍이 오익승(吳翼承),[141] 정휘원(鄭輝遠 정온(鄭蘊)) 등 여러 사람들과 의견을 서로 질정하다가 마침내 이 문제에 이르렀습니

139 정인홍(鄭仁弘) : 1536~1623. 본관은 서산(瑞山), 자는 덕원(德遠), 호는 내암(來庵)으로 조식의 문인이다. 1592년 임진왜란이 일어나자 합천에서 성주에 침입한 왜군을 격퇴하고, 10월 영남의병장의 호를 받아 많은 전공을 세웠다. 이듬해 의병 3,000명을 모아 성주·합천·고령·함안 등지를 방어했다. 광해군을 도와 왕위에 오르게 한 뒤 대북파의 영수가 되어 영의정에 올랐으나 인조반정으로 참형되었다. 저서로 《내암집》이 있다.

140 주하(柱下) : 주대(周代)에 궁중의 장서(藏書)를 담당하였던 관명(官名)으로, 최현은 1607년 3월, 천거로 예문관 검열(藝文館檢閱)에 제수되었다.

141 오익승(吳翼承) : 오장(吳長, 1565~1617)으로 본관은 함양(咸陽), 자는 익승(翼承), 호는 사호(思湖)이며 아버지는 오건(吳健)이다. 1610년(광해군2) 문과에 급제하였다. 1613년 영창대군(永昌大君)의 옥사와 폐모론을 둘러싸고 대북 세력과 각축을 벌이다가 삭직당한 뒤 고향인 영남으로 퇴거하였다. 1614년 영창대군의 처형을 공격하던 정온(鄭蘊)이 제주로 유배당하자, 영남의 유생들을 이끌고 반대 상소를 올렸다. 이로 인해 정인홍(鄭仁弘)의 미움을 사, 토산(兎山)으로 유배당하였으며 그곳에서 죽었다.

다만 '분명(分明)'과 '엄개(掩蓋)' 같은 글자는 전하는 과정에서의 잘못입니다.

비루한 저는 젊은 시절, 퇴계(退溪)와 남명(南冥) 두 선생이 유학의 도를 밝힌 위대한 현인이라는 것을 듣고, 어린아이가 하늘을 보는 것처럼 그 광대함을 보면서도 광대한 까닭을 알지 못하였으며, 또 두 현인이 나아간 학문적 경지가 어떠하기에 퇴계가 되고 어떠하기에 남명이 되었는지를 알지 못했습니다. 또 한훤(寒暄 김굉필(金宏弼)), 일두(一蠹 정여창(鄭汝昌)), 정암(靜菴 조광조(趙光祖)), 회재(晦齋 이언적(李彦迪)) 그리고 퇴계를 아울러 오현(五賢)이라고 일컫는다는 것을 듣고 선비들이 매양 문묘(文廟)에 종사(從祀)하자는 청이 있을 때마다 관례에 따라 나아가고 물러나며 우러러 사람들의 입만 볼 뿐이었습니다. 그럼에도 불구하고 어떤 현인에게 스승으로 삼을 만한 어떤 덕이 있고 어떤 현인에게 의논할 만한 어떤 일이 있으며, 학문은 누가 순정(醇正)하고 행실은 누가 고상한지를 알지 못했습니다. 생각해 보아도 알 수 없었고 또 어디에 가서 의심을 물을 곳이 없었습니다. 비록 혹 질문을 해봐도 사람들의 견해는 또한 이에 지나지 않았습니다. 삼가 스스로 탄식하며 말하기를, "이미 눈과 귀가 있고 또 이 마음이 있는데도 오히려 우리 동방의 선사(先師)를 알지 못하니, 비록 전현들의 경지를 헤아릴 수 없더라도 유독 그 덕을 듣고 그 글을 배우지 못하면서 거슬러 올라가 그 사람을 논할 수 있겠습니까."라고 하였습니다.

일찍이 김학봉(金鶴峯 김성일(金誠一))에게 묻기를, "우리 동방에 유학이 전해짐에 누가 그 종지(宗旨)를 얻었으며, 근세에 이른바 오현은 모두 말할 만한 천심(淺深)과 순자(醇疵)의 차이가 없습니까?"라고 하니, 학봉이 말하기를, "쉽게 말할 수 없다. 선정(先正 퇴계 이황)이 논한 바로 말해 보면, 포은(圃隱 정몽주(鄭夢周))이 그 진전을 얻었고 오현은 그 흐름을 계승하였다. 퇴계 선생의 학문이 가장 고명하니 우리 유학의 도에 큰 공이 있다."라고 하였습니다. "남명이 오현 가운데 들지 않는 것은 무슨 까닭입니까?"라고 물으니, 대답하기를, "《국조유선록(國朝儒先錄)》[142]에 이미 네 현인의 이름을 드러내었으며, 근래에 또 퇴계를 아울러 다섯이 되었는데, 후인들이 취사선택한 이유는 알 수 없다. 남명의 고상한 풍도와 높은 절의는 우뚝하여 남들이 미치기 어려우나 저술하여 가르침을 드리운 것에 이르러서는 조금 미진한 점이 있다. 선생께서 일찍이 이런 말씀을 하셨으나, 어찌 쉽게 말할 수 있겠는가."라고 하였습니다. "회재는 어떠합니까?"라고 물으니, 대답하기를, "전현의 우열은 선배들도 가벼이 의논하기 어려워하였는데, 후학이 어찌 감히 망녕되이 논하겠는가. 퇴계 선생이 이미 차례를 정하고 행장을 지었으니,[143] 그 글을 외우고 그 행실을

142 국조유선록(國朝儒先錄) : 1570년(선조3)에 왕명으로 홍문관 부제학이던 유희춘이 편찬한 책으로, 김굉필(金宏弼)·정여창(鄭汝昌)·조광조(趙光祖)·이언적(李彦迪)의 행적을 담았으며, 5권 4책으로 이루어져 있다. 내용은 군왕의 도리·지치(至治)·도학 정치에 관한 상소나 글들이 많다.

143 퇴계……지었으니 : 《회재집》 초간본은 아들 이전인(李全仁)이 집에 보관하던 초고를 바탕으로 관련 자료를 더 모아서 원집(原集)과 습유(拾遺)로 나눈 다음 1565년(명종20) 퇴계 이황이 수교(讎校)한 후 행장(行狀)을 지어 붙이고, 1574년(선조7) 손자 이준(李浚)이 다시 유희춘(柳希春)의 교정을 받고, 경주 부윤 이제민(李齊閔)과 경상 감사 노진(盧禛)의 도움을 얻어 경주에서 목판본으로 간행한 것이다.

스승으로 삼는다면 학식이 이른 경지를 절로 볼 수 있을 것이다." 라고 하였습니다.

학봉은 퇴계를 존숭하여 스승으로 삼은 분인데 논한 바가 이와 같으며, 비루한 저는 학봉을 존숭하여 스승으로 삼으니 다만 들은 바를 지킬 뿐 반복하여 꼬치꼬치 물을 수가 없었습니다. 그 뒤 세속의 벼슬살이에 머리를 묻고 사느라 몽매하게 아는 바가 없습니다. 그사이에 두 선생이 남긴 글의 서론(緖論)을 얻어 때때로 펼쳐 보면서 비로소 기쁘게 마음으로 사모할 줄 알아서 오히려 그 분들의 기상을 상상해 보았습니다. 퇴계의 기상은 화평(和平)하고 온수(溫粹)하며 실천함이 독실하였기 때문에 말과 글에 드러난 것이 화락하고 조용하며 분명하고 확실하였으며, 정수를 뽑아 치밀하면서도 깊은 맛이 있었습니다. 근원을 미루고 근본을 지극히 하여 정자와 주자의 온축한 뜻을 드러낸 것은 참으로 이른바 '숙속포백(菽粟布帛)'[144]이니, 일상생활에 절실하여 후학의 사표가 될 수 있습니다. 남명의 기상은 엄격하고 과감하며〔嚴毅〕 호탕〔豪邁〕하여 용맹하게 떨쳐 일어나기 때문에 드러내어 문장을 지음에 청신(淸新)하고 기고(奇古)하며 강개(慷慨)하고 격렬(激烈)하여 풍장진마(風檣陣馬)[145]나 날카로운 검과 긴 창 같으니, 참으로 천지

144 숙속포백(菽粟布帛) : 콩, 조, 베, 비단으로, 의식(衣食)의 주요 물품을 말한다. 이것은 사람마다 필요로 하는 것이므로, 전하여 극히 평범하면서도 대단히 유익한 사물을 비유한다.

145 풍장진마(風檣陣馬) : 배가 돛에 순풍을 받아 쏜살같이 가며 무사가 준마를 타고 늠름히 진두(陳頭)에 선다는 뜻으로, 문장이 웅건하거나 필력에 힘이 있음을 비유한 말이다. 당(唐)나라 두목(杜牧)의 〈이하가시집서(李賀歌詩集序)〉에, "바람 타

를 진동하고 귀신을 울게 할 수 있습니다. 비유하건대, 퇴계는 봄의 온화함이요, 남명은 가을의 쌀쌀한 기운이니, 마치 안자(顔子)와 맹자(孟子)의 다른 점[146]과 같습니다.

그러나 비루한 저의 억지 생각은 장님이 접시를 만지면서 해라고 하는 것에 불과하니, 어찌 만분의 일이라도 비슷하겠습니까. 다만 남명이라고 호를 한 것은 마음에 품은 생각을 천지 밖에 부친 것인 듯합니다. 그리고 〈신명사명(神明舍銘)〉,[147] 〈좌우명(座右

고 나아가는 범선과 진중의 군마도 그의 시의 용맹스러움을 표현하기 부족하고, 도자로 만든 관과 전서를 새긴 솥도 그의 시의 고아함을 표현하기 부족하다.〔風檣陣馬, 不足爲其勇也; 瓦棺篆鼎, 不足爲其古也.〕"라고 한 데서 온 말이다. 《唐文粹 卷93 唐太常寺奉禮郎李賀歌詩集序》

146 안자(顔子)와……점 : 정호(程顥)가 "공자는 원기이고, 안연은 봄의 생기이며, 맹자는 가을의 숙살(肅殺) 기운까지 모두 드러난다. 공자는 포괄하지 않은 것이 없고, 안연은 말씀을 어기지 않아 어리석은 사람과 같은 공부를 보여 주었으니 자연스러운 온화함이 있어 말하지 않고 화한 분이다. 맹자는 재기를 드러내었으니, 또한 그때가 된 연후에 한 번 일어난 것이다.〔仲尼元氣也, 顔子春生也, 孟子幷秋殺盡見. 仲尼無所不包, 顔子示不違如愚之學於後世, 有自然之和氣, 不言而化者也. 孟子則露其才, 蓋亦時然一作焉.〕"라고 하였다. 《二程遺書 卷5》 이 말을 두고 주자의 제자가 "정자께서 '안연은 봄의 생기요, 맹자는 가을의 숙살 기운까지 모두 드러났다.'라고 하신 것은 무슨 말입니까?"라고 묻자 주자가 다음과 같이 대답하였다. "공자는 포괄하지 않은 바가 없다. 안연은 바야흐로 봄의 생기와 같은 뜻이 드러난다. 잘하는 것을 자랑함이 없는 것과 자기의 공로를 뽐냄이 없는 것〔無伐善 無施勞〕이 이것이다. 이러한 것조차도 드러나지 않는 분은 공자이다. 맹자는 가을의 쌀쌀함과 같아 재주를 모두 드러내 보였다. 이른바 영기(英氣)이니, 이는 발휘하는 곳마다 모두 나타난다." 《朱子語類 卷96 程子之書》

147 신명사명(神明舍銘) : 남명(南冥) 조식(曺植, 1501~1572)이 사람의 마음을 신명사(神明舍)라 하고 이를 지키는 것을 경(敬)과 의(義)로 규정한 도본을 만들고

銘)〉[148] 같은 작품은 의론(議論)이 너무 높고 지의(指意)가 너무 은미하여 후진 몽학인 제가 비록 깊이 생각하고 자세히 완미해도 그 단서를 알 수 없었습니다. 또 그 문자 사이에 말을 의탁하여 풍자함이 많이 있어 마치 《장자(莊子)》와 이소(離騷)처럼 세상에 대해 울분을 토하는 기상 가운데서 나온 듯하니, 퇴계가 이 점을 가리켜 노장의 기미를 띠고 있다고 한 것이 아니겠습니까.

옛날 자하(子夏)의 말에 "죽고 사는 것은 천명에 달려 있고, 부와 귀는 하늘에 달려 있다.〔死生有命, 富貴在天.〕"[149]라고 하였는데, 선유가 논하기를 그 사기(辭氣)의 사이에 억양(抑揚)이 너무 지나쳐 장주(莊周 장자(莊子))가 남에게 오만하고 세상을 경시하는 학문으로 흘러들었다[150]고 하였습니다. 그러나 자하가 어찌 성인인 공자 문하의 고제(高弟)가 아니며, '천명에 달려 있고, 하늘에 달려 있다〔有命在天〕'는 말이 또 어찌 장주를 배운 것이며, 선유가 이런 말을 했다고 해서 어찌 자하를 가벼이 배척한 것이겠습니까. 그 유폐(流弊)의 근원을 지적하여 후학들에게 경계를 드리

명(銘)을 지었는데, 《남명집(南冥集)》 권1에 실려 있다. 태일(太一)의 작용을 진군(眞君)이 명당(明堂)에서 정치하는 것에 비유하여 적은 내용이다.

148 좌우명(座右銘) : 《남명집(南冥集)》 권1에 실려 있으며, "언행을 신의 있게 하고 삼가며 사악함을 막고 정성을 보존하라. 산처럼 우뚝하고 못처럼 깊으면 움 돋는 봄처럼 빛나고 빛나리라.〔庸信庸謹, 閑邪存誠. 岳立淵沖, 燁燁春榮.〕"라고 하였다.

149 죽고……있다 : 《논어》 〈안연(顔淵)〉에 나온다.

150 그……흘러들었다 : 《장자(莊子)》 외편(外篇)에 〈전자방(田子方)〉이라는 편이 있기 때문에, 자하(子夏)의 문인인 전자방이 장주(莊周)의 학도가 되었다고 말한다. 장주의 학문에 흘러들었다는 비판은 《통감절요(通鑑節要)》 권1 주기(周紀) 위열왕(威烈王) 23년 조에서 여조겸(呂祖謙)이 언급한 것이다.

운 것입니다.

지금 퇴계가 남명에 대하여 그 인정함을 지극히 하였으니, 그 이른바 "절박기미(節拍氣味)의 소종래에 대해서는 조금 알지 못할 곳이 있다."[151]라는 것은 남명이 노장의 학문을 했다고 직접적으로 배척한 것은 아닙니다. 그 진선(盡善) 가운데도 오히려 찌꺼기가 다 순화되지 않음이 있어 언사로 발현되는 것이 혹 자하가 말한 바와 같이 억양이 너무 지나친 곳이 있음을 말하였습니다. 이는 후학들이 잘못 알아 다만 고상함만 숭상하고 중용의 도에 공부하는 것이 적을까 두려워하였기 때문에 배우는 사람들에게 제시하여 말류(末流)의 폐단을 막은 것입니다. 군자의 말이 어찌 평정하고 진실하지 않을 수 있겠습니까. 만약 남명 선생이 그 당시에 이 말을 들을 수 있었다면, 또한 마땅히 마음을 비우고 즐거이 들어 두려워하며 용감하게 고쳐서 오래지 않아 변하였을 것입니다.

지금 모쪼록 깊이 배척하고 가혹하게 분변하여 잘잘못을 따지고 헤아려 후인들의 의혹을 키우지 마십시오. 일단 대감이 기치를 세워 자기의 주장을 강력히 내세운 뒤에는 사림의 의논이 나누어지고 문호가 각각 세워지며, 문인제자들이 그에 따라 본받아 서로 헐뜯게 될 것이니, 저들이 기세를 타고 공격하는 것은 말할 것도 없고, 특별히 개인적인 생각이 없는 사람도 의아하게 여기거나 현혹됨을 면치 못할 것입니다. 그러면 이쪽에는 이로움이 없고 저쪽

151 절박기미(節拍氣味)의……있다 : 《퇴계집》 권43 〈서조남명유두류록후(書曺南冥遊頭流錄後)〉에 나오는 말이다. 절박(節拍)은 박자감, 흐름새라는 말로, 일정한 규칙에 따라 진행되는 글쓰기의 방식을 비유한다.

에는 해로움이 있을 것입니다. 비루한 제가 이른바 말로 분변하여 밝힐 수 없다는 것은 이 때문입니다. 말로 분변하여 밝히면, 분변하면 할수록 더욱 미혹되어 아마 분변하지 않는 것만 못할 것입니다. 그러나 이 또한 제가 마음에 의심이 있어 벗들에게 물어본 것이니, 후생말학이 어찌 감히 그 사이에 참여하여 논의할 수 있겠습니까. 오직 훗날의 군자 가운데 성현의 경지에 올라간 사람이 분변해 주기를 기다릴 뿐입니다.

이정(李楨)의 음부(淫婦)[152]에 대한 변론에 이르러서는 어찌 반드시 성내고 불평하는 말을 하여 그들의 잘못을 지적하는 것이 마치 송사하는 사람이 대척(對隻 원고와 피고가 한자리에 모여 대질(對質)하여 변명(辨明)함)하여 서로 욕하는 것과 같이 하겠습니까. 이는 반드시 대감이 이 한 가지 일을 위해 들추어낸 것일 뿐만 아니라

152 이정(李楨)의 음부(淫婦) : 이른바 '진주 음부 옥사(晉州淫婦獄事)'를 말하는데, 그 대략은 다음과 같다. 조식의 질녀(형의 딸)가 진사 하종악(河宗岳)에게 시집갔다가 일찍 죽었고, 하종악은 함안 이씨(咸安李氏)에게 다시 장가를 든 뒤, 오래지 않아 죽었다. 그 뒤 하종악의 후처에게 음란한 행실이 있다는 소문이 돌았다. 하종악의 서출 여동생은 이정(李楨)의 첩이었다. 그때 마침 조식의 친구 이희안(李希顔)의 후처에게도 좋지 못한 행실이 있어 이정이 경상 감사에게 이 일을 조사해 보라고 종용하였다. 감사는 정인홍(鄭仁弘)의 장인인 김해 부사 양희(梁喜)에게 조사를 맡겼고, 양희는 사위 정인홍을 시켜 알아보게 하였다. 정인홍은 스승 조식의 벗에 관한 문제이므로 조식에게 문의하였는데, 조식은 이정이 자기 집과 관계있는 하종악의 집안일을 은폐하기 위해 이희안의 집안일을 들추어내게 한 것으로 판단해, 하종악 후처의 일을 자세하게 말해 주었다. 그러자 조식의 제자들이 하종악 후처의 집을 헐어버렸다. 이 일이 조정에 보고되어 기대승 등이 조식 및 제자들을 처벌해야 한다고 주장하였다. 이 사건으로 인해 조식과 이정은 절교하고 말았다.(국역 《남명집》, 경상대학교 남명학연구소)

반드시 출처와 언행 사이에 잘못된 바가 있다고 여겨 이로 인하여 격발(激發)한 것입니다. 옛사람의 출처의 자취는 비록 혹 의심할 만한 것이 있는 듯하더라도 그 당시의 일은 다 알기 어려움이 있습니다. 성인의 행동거지에 대해서는 많은 사람들이 오히려 혹 의심하지만, 어찌 감히 역사서에 기록되지 않은 일로써 선현의 행실에 대해 의심하여 의논하는 바가 있을 수 있겠습니까. 이 밖의 사소한 유언비어는 더욱 다 믿을 수 없습니다. 오직 감히 말하지 못할 뿐만 아니라, 대개 들을 필요도 없습니다.

또 사람의 기질에는 각각 강유(剛柔)와 예둔(銳鈍)이 동일하지 않음이 있으니, 처음에는 노둔하였으나 총명한 데로 나아가는 사람이 있고, 처음에는 유약하였으나 강건한 데로 나아가는 사람이 있습니다. 그러므로 옛 현인들이 처음부터 끝까지 하는 바가 마치 두 사람인 것처럼 다른 경우가 있습니다. 처음에 비록 조금 진보하는 데 어긋남이 있더라도, 말년의 절의에 용감하게 물러나 만년의 학문적 조예가 고명(高明)한 경지에 이르게 되면, 군자가 사람을 논함에 마땅히 그 큰 덕을 논할 뿐입니다. 어찌 반드시 허물이 없는 처지에서 억지로 허물을 찾아서 뒷날 사람들이 현인을 업신여기는 습속을 열겠습니까. 또 한 가지 말씀이 있으니, 숭악(崇岳)에 올라가서 바라보는 사람은 태산(泰山)과 화산(華山)이 높다는 것을 알지 못하고 태산과 화산에 올라가서 바라보는 사람은 숭악이 높다는 것을 알지 못합니다. 숭악과 태산의 높고 낮은 차이는 비록 심장(尋丈 심(尋)은 8척, 장(丈)은 10척)의 다름만 있을 뿐이나, 대개 또한 보는 바가 같지 않을 뿐입니다. 산을 유람하는 사람은 각자 그 산의 아취를 이해할 뿐이니, 어찌 반드시 산이 한

자〔尺〕나 한 촌〔寸〕이 높고 낮음을 비교하겠습니까.

퇴도(退陶 퇴계)의 문인들이 퇴계를 존숭하는 것은 바로 대감이 남명을 존숭하는 것과 같으니, 좋아하는 바에 아부하는 것이 아니라 본 것이 익숙하고 믿는 것이 독실하기 때문입니다. 후학은 다만 마땅히 두 현인을 존숭하여 스승으로 삼아 그 비루하고 천박한 사람을 독실하게 하고 모질고 나약한 사람을 떨쳐 일어나게 하면, 학문의 힘과 실천의 실상이 모두 도에 들어갈 수 있을 것입니다. 어찌 증자(曾子)의 수약(守約)[153]으로 맹자(孟子)의 호변(好辯)[154]을 혐의할 수 있으며, 백이의 매우 좁은 도량으로 유하혜의 공손하지 못함[155]을 혐의할 수 있겠습니까. 저의 견해가 이와 같으나 오히려 감히 반드시 스스로 고집하지 못하는 것은 제 자신의 견해가 지극하지 못하고 공론이 확정되는 것이 절로 그날

153 증자(曾子)의 수약(守約) : 수약은 여러 가지 도(道) 가운데 핵심을 얻는 것이다. 《맹자》 〈공손추 상(公孫丑上)〉에 "맹시사의 지킴은 기이니 또 증자의 지킴이 요약됨만 못하다.〔孟施舍之守氣, 又不如曾子之守約也.〕"라고 하였다. 주희(朱熹)는 집주(集註)에서 "약은 요이다.〔約, 要也.〕"라고 하였다.

154 맹자(孟子)의 호변(好辯) : 《맹자》 〈등문공 하(滕文公下)〉에 공도자(公都子)가 "외인(外人)들이 다 선생님이 호변이라 하니 무슨 까닭입니까?" 하니, 맹자가 "내가 어찌 변론을 좋아하겠는가. 내가 부득이해서 그러는 것이다.〔予豈好辯哉? 予不得已也.〕"라고 하였다.

155 백이의……못함 : 《맹자》 〈공손추 상(公孫丑上)〉에서 자신의 깨끗함을 지키기 위해 지나칠 정도로 타협하지 않은 백이(伯夷)와, 더러운 세태에 아랑곳 않고 그 속에서 자신을 지켜 간 유하혜(柳下惠)를 예로 들면서 "백이는 도량이 좁고 유하혜는 공손하지 못하다. 도량이 좁고 공손하지 못하면 군자가 따르지 않는다.〔伯夷隘, 柳下惠不恭, 隘與不恭, 君子不由也.〕"라고 하였다.

이 있을 것이기 때문입니다.

대감께서 이른바 "선배를 논함에 쉽게 우열을 가릴 수 없다."라고 하신 것은 저로 하여금 두려워 놀라 땀이 나게 합니다. 부질없는 세상의 야박한 풍속을 근심하는 것은 바로 선배를 논하는 것을 쉽게 하기 때문이니, 참으로 탄식할 만합니다. 이미 세상의 도가 이와 같음을 탄식하면서도 제 자신이 이런 잘못을 범함을 면치 못하였습니다. 아, 그 또한 제 역량을 헤아리지 않은 것이니, 대감께서 꾸짖는 것은 마땅합니다. 세상의 젊은 후진들은 보고 아는 바가 없어 대감을 향해 큰 소리로 망녕되이 비난하니 참으로 미워할 만합니다. 대감의 견해에 혹 두 현인의 지위에 대해 차이가 있다면, 또한 마땅히 스스로 반성하는 것이 어떻겠습니까. 아, 이로 인하여 또 근심할 바가 생길 것입니다.

자공이 사람을 비교하는 것을 공자도 오히려 잘못이라고 하였거늘[156] 하물며 후현(後賢)의 문하에서 각각 자신의 견해로 서로 비교하는 것이야 말할 것이 있겠습니까. 지금 대감이 선배를 논하면서 오히려 혹 자신의 견해가 있고, 문하의 사람들은 자신을 헤아리지 않고 망녕되이 선배를 비난함에 조금도 거리낌이 없으니, 이른바 "아버지가 원수를 갚기 위해서 사람을 죽이려고 하면,

156 자공이……하였거늘 : 《논어》 〈헌문(憲問)〉에 "자공이 사람을 비교하니, 공자께서 말씀하시기를 '사는 어진가 보다. 나는 그럴 겨를이 없노라.' 하였다.〔子貢方人, 子曰 賜也, 賢乎哉! 夫我卽不暇.〕"라는 내용이 있는데, 이 부분에 대한 주희의 주석에 "사람을 비교하여 그 장단을 따지는 것이 또한 궁리의 일이지만, 전적으로 여기에만 힘쓰면 마음이 밖으로 치달려서 자신을 다스리는 것에 소홀해진다.〔比方人物而較其短長, 雖亦窮理之事, 然專務爲此, 則心馳於外, 而所以自治者疏矣.〕"라고 하였다.

그 아들이 아버지를 도와 사람을 윽박지른다.〔其父殺人報仇, 其子必且行劫.〕"[157]라는 것으로 불행하게도 같은 유입니다. 사림이 서로 공격할 단서를 일으켜 대감에게 누가 되게 하려는 것이 아니겠습니까. 공자가 말하기를, "내가 처음에는 남에 대하여 그의 말을 듣고 그의 행실을 믿었으나, 이제 나는 남에 대하여 그의 말을 듣고 다시 그의 행실을 살펴보게 되었다."[158]라고 하였습니다. 그러므로 군자가 사람을 취할 때는 자세히 살피지 않을 수 없습니다. 한때 언론의 시원함 때문에 그 사람을 가벼이 믿는다면, 사람들이 반드시 대감의 인품이 깊고 얕은지를 의논할 것입니다. -정인홍 문하의 하혼(河渾),[159] 권양(權瀁),[160] 문경호(文景虎)[161] 등 여러 사람들이 퇴계와 회재 두 현인을 평하며 비난하여 큰소리치면서 거리낌이 없었고, 이충(李冲),[162] 이명(李溟),[163] 홍봉선(洪奉先), 박건(朴楗),[164] 박재(朴梓),[165] 백대형(白

157 아버지가……윽박지른다 : 소식(蘇軾)이 〈순경론(荀卿論)〉에서 순경이 이사(李斯)에게 준 영향에 대해 한 말이다.

158 내가……되었다 : 공자가 제자인 재여(宰予)의 낮잠 자는 모습을 보고 말한 내용으로 《논어》 〈공야장(公冶長)〉에 보인다.

159 하혼(河渾) : 1548~1620. 본관은 진양(晉陽), 자는 성원(性源), 호는 모헌(暮軒)이며, 야로(冶爐)에 거주하였다. 저서로 《모헌집》이 있으며, 신천서원(新川書院)에 배향되었다. 저본에는 '하혼(河混)'으로 되어 있으나 오류인 듯하여 바로잡았다.

160 권양(權瀁) : 1555~1618. 본관은 안동, 자는 경지(景止), 호는 화음(花陰)이며, 삼가(三嘉)에 거주하였다. 회산서원(檜山書院)에 배향되었다.

161 문경호(文景虎) : 1556~1619. 본관은 남평(南平), 자는 군변(君變), 호는 역양(嶧陽)이다. 저서로 《역양집》이 있다.

162 이충(李冲) : 1568~1619. 조선 중기의 문신으로, 본관은 완산(完山), 자는 거용(巨容), 호는 칠택(七澤)이다.

163 이명(李溟) : 1570~1648. 본관은 전주(全州), 자는 자연(子淵), 호는 구촌(龜

大珩)[166] 등 여러 사람들이 훌륭한 인물을 공격하는 것으로 정인홍에게 믿음을 받았기에 편지 끝부분에 언급하였습니다.-

村)이다. 인조 때 전라도·경기도·함경도 관찰사 등을 지냈으며, 병자호란 뒤에는 다시 호조·형조의 판서를 역임하였다. 저서로는 《구촌유고(龜村遺稿)》가 있다.

164 박건(朴楗) : 본관은 고령(高靈), 자는 자한(子閑)이다. 1596년(선조29) 문과에 급제하였다.

165 박재(朴梓) : 1564~1622. 본관은 고령(高靈), 자는 자정(子貞)이다.

166 백대형(白大珩) : 1575~1623. 본관은 수원, 자는 이헌(而獻)으로, 황해도 관찰사, 동부승지, 강원도 관찰사 등을 역임하였다. 이이첨(李爾瞻)의 심복으로 폐모론의 주동이 되었고, 인조반정 때 참수당하였다.

정인홍에게 답하는 편지

答仁弘書

뜻하지 않게 요즘 두 번이나 편지를 받으니, 감사함과 두려움이 교대로 이르러 비유할 바를 모르겠습니다. 다만 비루한 제가 갑자기 대감의 편지를 받고도 제 견해를 감히 바꾸지 않은 것은 감히 제 견해를 고집하는 것이 아닙니다. 뭇사람과 현인은 분별하는 것이 다르기 때문입니다. 대감은 이미 눈으로 직접 본 상세함이 있고 또 홀로 터득한 깊은 식견이 있으니, 그렇다면 비록 혹 평론하는 것이 일반 사람들의 의론과 다르더라도 남들이 감히 알 수 있는 바가 아닙니다. 학문이 어두운 후생인 저의 식견은 일반 사람들과 다름이 없고 또 눈으로 직접 본 상세함이 없으니, 어찌 감히 지난날 스승과 벗들에게서 들은 바를 다 버리고 유독 훗날 들은 바만 믿고서 선현을 평가하고 의논하여 망녕되이 옳고 그름을 덧붙여 눈먼 개가 미친 듯이 짖는 것을 본받겠습니까. 노나라 남자가 이른바 "유하혜라면 참으로 가하지만 나는 참으로 불가하다. 나는 나의 불가함으로 유하혜의 가함을 배우고자 한다."[167]라고 하

167 유하혜라면……한다 : 노나라 남자 이야기는 《공자가어》 권2 〈호생(好生)〉에 나온다. 노나라에 홀로 사는 사람이 있었는데, 이웃 과부도 홀로 살고 있었다. 밤에 폭풍우로 과부의 집이 무너져, 과부가 이 남자의 집에 와서 의탁하고자 하니, 남자가 들여보내 주지 않았다. 과부가 말하기를 "그대는 왜 유하혜(柳下惠)가 했던 것처럼 아니 합니까? 유하혜는 미처 성문에 들어가지 못한 여자를 품어 주었는데도 사람들이 문란하다고 하지 않았습니다."라고 하니, 남자가 말하기를 "유하혜는 할 수 있는

였으니, 제가 감히 대감의 말씀을 받아들이지 않는 것은 또한 이 의리입니다.

일이었지만 나는 할 수가 없습니다. 나는 나의 불가함으로써 유하혜의 가함을 배우고자 합니다."라고 하였다. 유하혜는 한겨울 밤에 곽문(郭門)에서 잘 때에 함께 묵던 여자가 추위에 얼어 죽을까 봐 품에 안고 옷으로 덮어 주었는데 아침이 될 때까지 문란한 일이 없었다고 한다.

윤 문학 이영 에게 주어 묘제[168]를 논하는 편지

與尹文學 貽永 論廟制書

풍모를 흠모하여 만나 뵙기를 바란 지 지금까지 거의 십 년이 되었습니다. 춘방(春坊)에서 한 번 뵌 뒤로 직책으로 맡고 있는 것에 얽매임이 있어 비록 여유롭게 흉금을 터놓을 수 없었으나, 개인적으로 바라던 바에 흡족한 것을 다행으로 여겨 지금까지 계속 만나 뵐 수 있었습니다. 다만 생각건대 맑은 물결 같은 그대와 더러운 도랑 같은 저는 이택(麗澤)[169]의 유익함을 의지할 수 없으니, 고명께서는 저와 교제하는 것을 부끄럽게 여기지 않으시는지요. 이 때문에 항상 부끄럽고 두려운 마음을 품고 감히 문득 먼저 여쭙지 못하였습니다.

묘제(廟制)에 대한 일은 주상께서 이로 인하여 다시 새롭게 하여 이전의 오류를 한번 바로잡고자 하였으나, 많은 의심거리를 해결하지 못하고 끝내 옛사람들의 견해로 돌아가 실로 분명하지 못

168 묘제(廟制) : 인조의 생부인 정원군(定遠君)을 추숭하여 종묘에 배향하는 것에 대한 논의를 말한다. 선조의 다섯째 아들인 정원군의 장남인 인조가 반정(反正)을 일으켜 왕위에 오르자, 정원군을 어떻게 대우할 것이냐 하는 문제가 대두되었는데, 여러 차례 논의를 거친 뒤에 신하들의 반대를 무릅쓰고 인조의 뜻에 따라 1632년(인조10)에 드디어 정원군을 원종(元宗)으로 추존하고, 능호(陵號)를 장릉(章陵)으로 고쳤다. 1635년에 원종 내외의 신주를 종묘에 봉안하였다.

169 이택(麗澤) : 벗끼리 서로 도와 학문을 닦고 힘쓰는 것이다. 《주역》 〈태괘(兌卦) 상(象)〉에, "두 개의 택(澤)이 나란히 있는 것이 태괘이니, 군자가 이를 본받아 붕우 간에 학문을 강습한다.〔麗澤兌, 君子以, 朋友講習.〕"라고 한 말에서 유래하였다.

하였습니다. 그런데도 처리하기 어려운 일이 있으면 끝내 다시 옛 성왕(聖王)의 제도를 회복하지 못한다고 말하니, 참으로 한스럽습니다. 이른바 '처리하기 어렵다'는 것은 생각함이 자세하지 못하고 분변함이 분명하지 못한 데 지나지 않습니다. 의리(義理)는 존재하지 않는 곳이 없으니, 유독 이 큰 예(禮)에 있어서만 어찌 마땅한 제도가 없어 이에 "고금의 변화에 따라 마땅함이 다르다. 일에 처리하기 어려움이 있다면, 차라리 이전의 잘못을 답습할지언정 감히 예를 따르지 않는다."라고 하겠습니까. 이미 지난날을 잘못으로 여기고 다시 미래를 잘못으로 여긴다면, 어찌 천년의 부끄럽고 한스러운 일이 되지 않겠습니까.

이런 조치는 옛날 군자들이 돌아보고 마음을 쓰며 특히 당시 군주가 따르지 않음을 근심하지 않은 적이 없었습니다. 지금 성상(聖上)께서 이미 한번 정례(正禮)를 따르는 뜻이 있으니, 이 당시 조정에 있거나 재야에 있는 선비들 가운데 또한 어찌 옛것을 고찰하여 지금을 바로잡을 수 있는 예를 아는 군자가 반복하여 익숙히 토론하여 도리에 흡족한 것을 힘써 얻음이 없겠습니까. 주상께서 질문에 답을 요구하는 것을 어찌 반드시 옥당(玉堂 홍문관(弘文館))에만 그치게 했겠으며, 조정의 논의를 어찌 반드시 이품관(二品官)에만 한정했겠습니까. 대신 두어 명과 유신 대여섯 명은 말에서 이해되지 않는데도 마음에서 구하지 않고, 마음에서 터득하지 않았는데도 또 재야에 있으면서 예를 알거나 벼슬하지 않고 한가하게 생활하는 노성(老成)한 사람에게 청하여 묻지 않았습니다. 자신의 견해를 지키는 무리는 진실로 훗날의 책임에 대해 핑계 댈 수 없을 것입니다. 정공(鄭公)은 이미 예를 알면서도 감히 군주에게 아뢰지 않았으니, 또한 그 책망을 나누어 받을까 두렵습니다.

제가 무슨 근거로 이렇게 말하겠습니까. 군자가 학문하여 벼슬하는 것은 장차 나라에 그 예를 실천하려는 것입니다. 이 점을 알지 못한다면 그만이지만, 만약 안다면 반드시 군주에게 아뢰고자 할 것입니다. 감히 자신의 말을 따르지 않을 것으로 생각하여 먼저 그 임금을 기필해서는 안 됩니다. 만약 혹 예가 아닌 것을 보고 느긋하게 웃으며 말하기를, "세상에 그런 사람이 많으니, 내가 어찌 말할 필요가 있겠는가."라고 한다면, 그 의롭지 못함이 알지 못하는 것보다 심합니다.

저 또한 묘제(廟制)가 옛 제도가 아님에 대해 비분강개한 적이 있었기에 지난날 옥당에 내리신 교지에 두려워하였고, 유신이 차자(箚子)를 올림에 시원해하며 천고토록 잘못된 일이 하루아침에 변할 수 있다고 생각하였습니다. 지금에 이르러 조정의 의론이 서로 달라 멍하니 정신을 잃은 듯하였는데, 고명의 논의를 들음에 이르러 황홀하게 잠자는 사람을 불러 깨우는 듯하였습니다. 또한 기쁘게 저의 좁은 견해가 고견(高見)과 부합함을 스스로 다행으로 여겼습니다. 삼가 생각건대 정공은 몸이 강원(講院)에 있으니, 옥당에서 말하지 못한 것을 말할 수 있을 것입니다. 소식이 있기를 우두커니 기다리고 있으나 오래도록 소식이 들리지 않으니, 아, 끝내 말하지 않은 것입니까, 아니면 말할 것이 없는 것입니까?

종묘(宗廟)는 예(禮)의 중대한 것인데 여기에서 잘못됨이 있다면, 다른 작은 예는 어찌 논할 수 있겠습니까. 삼년상의 예를 강구하지 않고 시마(緦麻), 소공(小功)을 따지는 것이 가능하겠습니까. 천자가 이미 구묘(九廟)[170]를 세웠고 이 이하는 사당의 수를 둘씩 줄였으니, 털끝만큼도 참람되거나 어긋난다고 여길 수 없습니다. 신이 흠향하지 않는 것은 의리에 편안하지 않기 때문이니, 십실(十室)[171]이 제도를 뛰어넘는다면 어찌 의리에 편안하겠습니까. 조종(祖宗) 가운데 공덕이 있어 조천(祧遷)하는 것이 합당하지 않은 경우는 별도로 소목(昭穆)의 동쪽과 서쪽에 세실(世室)을 세우는 것이 바로 성주(成周)의 예입니다. 그런데 지금 세실을 온당하지 않다고 여겨 먼저 오묘(五廟)에 소목(昭穆)을 정하고 또 그 동쪽에 별묘(別廟)를 세워 공덕이 있어 조천(祧遷)하는 것이 합당하지 않은 조종을 받듭니다. 비록 세실(世室)[172]의 제도를 혐의하여 세실이라는 명칭을 사용하지 않지만, 조종을 존숭하여 받듦에 차마 갑자기 조천하여 별묘를 세우지 않는 것에 지나지 않으니, 십실이 제도를 뛰어넘는 것에 비교할 바가 아닙니다. 정과 예에 있어서도 둘 모두 온전하지 않겠습니까. 설사 명나라 조

170 구묘(九廟) : 천자의 종묘(宗廟)를 말하는 것으로, 태조와 이종(二宗)과 삼소(三昭)와 삼목(三穆)을 합하여 '구묘'라고 한다.

171 십실(十室) : 천자의 사당은 구묘인데, 인조반정 후 인조가 자신의 친부인 부(琈)를 대원군(大院君)으로 추존하였다가, 다시 1627년(인조5) 원종(元宗)으로 추존하였고, 자신의 친모를 인헌왕후(仁獻王后)로 추존하였다. 그렇게 되면 계통을 이은 선조와 친부인 원종의 소목 관계가 복잡해지는 것을 말하는 듯한데, 자세하지 않다.

172 세실(世室) : 영구히 신주를 모시는 종묘의 신실(神室)을 가리킨다. 5세가 된 신주는 종묘에서 영녕전(永寧殿)으로 옮기는 것이 예(禮)인데, 큰 공덕(功德)이 있는 군왕은 그 신주를 옮기지 않고 따로 신실을 만들어 봉안하고 영원히 제사를 올린다.

정에서 알더라도 반드시 참람되다고 말하지는 않을 것입니다.

정공(鄭公)이 이른바 "해외 번방(海外藩邦)은 기내 제후(畿內諸侯)와 다름이 있다."라고 말한 데 대해서도 할 말이 있습니다. 천자와 제후의 예로 말하면 참으로 기내와 해외의 다름이 없으나, 만약 대국과 소국의 정세로 말하면 다르지 않을 수 없습니다. 옛날 방내(邦內)의 제후는 영토가 오백 리에 지나지 않았고 시호(諡號)도 공(公)이라 일컫는 데 지나지 않았으며, 해마다 천자의 나라에 한 번 조회하였습니다. 그러나 우리 조선은 영토가 수천 리를 넘고 시호도 조(祖)나 종(宗)이라 일컬으며, 다만 조공(朝貢)만 바칠 뿐 조회하지는 않으니, 방내 제후 같은 경우 이와 같이 할 수 있겠습니까. 조선이 별도로 독립된 나라로 명나라에 신하로 복종하기 때문에 예수(禮數)와 명위(名位)가 또한 방내 제후와 조금의 차이가 있습니다. 그러나 이 명칭 때문에 그 바름을 얻어 의리에 해가 없다고 말하는 것은 아닙니다. 큰 예가 이미 바르게 되면, 작은 절목은 형세로 인하여 조금 달라질 것이 없지 않습니다. 오묘는 큰 예이며 별묘는 작은 절목이니, 큰 예에서 잘못하는 것보다는 차라리 작은 절목에서 잘못하는 것이 낫지 않겠습니까.

정공이 이른바 "형제에 대해 각각 그 사당을 세운다."라고 한 것은 아마 혹 그렇지 않은 듯합니다. 형제는 함께 동일한 세대[一世]가 되는 것을 주자(朱子)는 비록 혹 비판한 듯하지만 감히 과감하게 시행하지 못한 것은 세대(世代)가 차지 않았는데 갑자기 천조하는 것을 온당하지 않게 여겼기 때문입니다. 이미 일세(一世)가 되지 않을 수 없다면, 또 별도로 두 사당을 세우는 것은 합당하지 않으며, 같은 당(堂)에 실(室)을 달리하는 것은 이미 정해진 제도가 있으니 아마 고칠 수 없을 듯합니다. 부디 고명께서는 더욱 정밀하게 생각하십시오.

자신의 직분에 맞는 생각이 아니라는 것으로 혐의하지 말고 임금을 섬김에 예를 다하는 것으로 마음을 삼아 자신의 견해를 다 진술하여 주상께 아뢰십시오. 비록 지금 바로 시행되는 것을 보지 못하더라도 또한 장래에 취하여 본받을 수 있을 것이니, 훗날 의논하는 사람들이 "당시에는 바른 말 하는 사람이 하나도 없었다."라고 말하지 않게 하신다면, 다행이겠습니다. 교제한 날이 비록 얕으나 마음으로는 이미 먼저 믿었기에 지리멸렬하다는 혐의를 피하지 않고 감히 비루한 저의 마음을 진술하니, 부디 고명께서는 헤아리십시오.

장 감사에게 답하는 편지

答張監司書

병기(兵器) 사용하는 기술을 아울러 가르치는 것은 억측으로 지혜를 만들어 낸 것에서 나온 것이 아니라, 바로 척 장군(戚將軍)의 병법이니 《기효신서(紀效新書)》 〈수족편(手足篇)〉[173] 안에 상세하게 보입니다. 지금 초록(抄錄)한 《병학지남(兵學指南)》[174]의

173 척 장군(戚將軍)의……수족편(手足篇) : 척 장군(戚將軍)은 명(明)나라의 장군 척계광(戚繼光, 1528~1588)으로, 자는 원경(元敬), 호는 남당(南塘)·맹제(孟諸), 시호(諡號)는 무의(武毅)이다. 《기효신서》는 척계광이 지은 병서(兵書)로, 왜구가 명나라의 연해를 침범하자 척계광이 새로운 전술로 많은 성과를 올렸는데, 이때의 경험을 토대로 이 책을 지었다. 조선에서도 왜란 후에 군제(軍制)를 개편하여 훈련도감(訓鍊都監)을 신설하고, 명군(明軍)과 왜군(倭軍)의 무기·무술을 모방하여 훈련할 때도 이 책에 의거해서 총병(銃兵)인 포수(砲手), 궁병(弓兵)인 사수(射手), 창검병(槍劍兵)인 살수(殺手) 등 세 부문으로 나누어 실시하였으며, 지방에도 초관(哨官) 또는 속오군(束伍軍)을 두어 훈련시켰다. 《기효신서》의 판본 가운데 가장 널리 유통되는 것은 18권으로 된 것으로, 혹문(或問)·속오(束伍)·조령(操令)·진령(陣令)·유병(諭兵)·금법(禁法)·비교(比較)·행영(行營)·조련(操鍊)·출정(出征)·장병(長兵)·패선(牌筅)·단병(短兵)·사법(射法)·권경(拳經)·제기(諸器)·정기(旌旗)·수초(守哨)·수병(水兵) 등 19편으로 되어 있는데 〈수족편〉이란 편명은 없다. 최현이 언급한 〈수족편〉이 있는 판본은 '이승훈본(李承勛本)'으로, 내용은 권1 속오편(束伍篇), 권2 이목편(耳目篇), 권3 수족편(手足篇), 권4 수족편(手足篇), 권5 수족편(手足篇), 권6 비교편(比較篇), 권7 영진편(營陣篇), 권8 행영편(行營篇), 권9 야영편(野營篇), 권10 실전편(實戰篇), 권11 담기편(膽氣篇), 권12 주사편(舟師篇), 권13 수초편(守哨篇), 권14 연장편(練將篇)으로 되어 있다.

174 병학지남(兵學指南) : 《기효신서(紀效新書)》 중에서 조련법(操鍊法)을 간추

제2권 제5조가 이것입니다. 그 방법은 "병사 한 사람마다 반드시 원기(遠器 먼 거리에 사용하는 병기)를 주어 백 보 밖의 적을 막게 하니, 원기는 바로 조총(鳥銃)과 궁시(弓矢)이다. 반드시 근기(近器 가까운 거리에 사용하는 병기)를 주어 손과 발이 닿는 거리에서 싸우게 하니, 근기(近器)는 바로 방패, 선(筅),[175] 긴 창〔鎗〕, 봉(棒)이다."라고 하였습니다. 또 말하기를, "원기가 많고 근기가 적은 사람이 칼날을 부딪쳐 싸우면 패배하게 되고, 근기가 많고 원기가 적은 사람은 부딪치기도 전에 기상을 빼앗긴다."라고 하였으니, 이는 원기와 근기를 한 가지만 주어서는 안 됨을 말한 것입니다. 또 말하기를, "원기와 근기를 모두 주지 않으면 비록 병사가 많더라도 또한 적은 것과 같으니, 지금 병사 백 명이 있는데 오십 명에게는 원기를 주고 오십 명에게는 근기를 준다면, 이는 다만 오십 명이 멀리서 방어하거나 가까이서 싸우는 힘을 얻는 것이다. 만약 백 명에게 원기와 근기를 모두 주되, 적이 멀리 있으면 근기를 땅 위에 두고 원기를 사용하여 적을 막으며, 적이 가까이 있으면 원기를 허리에 차고 근기를 사용하여 맞아 싸운다. 이렇게 하면 백 명이지만 이백 명의 힘을 얻는 것이니, 이것이 적은 병사를 많은 병사로 변화시키는 방법이 아니겠는가."라고 하였으니, 이것은 실로 남방의 보병에게 사용하는 방법입니다. 만약 북방의 거병

려 편찬한 책이다. 원래 선조(宣祖) 때에 간행되어 임진왜란 이후 우리나라 군사 훈련 교범으로 사용되어 왔는데, 정조(正祖) 때 왕명에 의해 이상정(李象鼎)이 수정하고 주석을 첨부하여 《병학지남연의(兵學指南演義)》를 만들었다.

175 선(筅) : 낭선(狼筅)으로, 길이가 한 장 대여섯 자 되는 대모죽(大毛竹) 끝에 한 자 정도의 칼날을 달고 중간중간에 꼬챙이를 붙여서 만든 병기이다.

(車兵)에게 사용할 제도로 삼는다면 또한 잘못이 아니겠습니까.

무릇 병사를 훈련하는 방법은 다만 그 정법(正法)을 가르칠 수는 있으나 변칙적인 것을 가르칠 수 없습니다. 옛사람들이 정법을 가르치고 변칙적인 것을 가르치지 않은 것은 바로 이 때문입니다. 만약 변칙적인 계책을 내어 들에서 싸운다면 혹 근기를 사용하기도 하고 혹 원기를 사용하기도 하여 사람들이 각자 싸우는 것 또한 불가한 바가 없습니다. 만약 위풍당당하게 통제되는 진(陣)의 경우는 한 사람이라도 앞서거나 뒤처져서는 안 되고, 한 걸음이라도 저쪽으로 옮겨서는 안 되며, 총을 쏘는 자는 총을 잡고, 활을 쏘는 자는 활을 잡아 줄을 바르게 하여 기다립니다. 이것이 이른바 '기세가 험함이 쇠뇌를 힘껏 당기는 것같이 한다.〔勢險如彍弩〕'[176]는 것입니다. 적이 백 걸음 안에 있으면 원기를 사용하여 일제히 공격하고, 적이 오십 걸음보다 가까우면 근기를 사용하여 죽이면서 싸우니, 이것이 이른바 '기회 포착이 민첩하여 방아쇠를 당기는 것같이 한다.〔節短如發機〕'는 것입니다.

옛사람이 말하기를, "열을 배워서 다섯을 사용할 수 있다면, 천하에 대적할 사람이 없을 것이다. 쓸 때를 만나서 비록 한결같이 그 법도와 같을 수는 없더라도 가르치는 방법은 이와 같이 하지 않을 수 없다."라고 하였습니다. 우리나라의 진법(陣法)에는 또한

176 기세가……한다 : 《손자병법(孫子兵法)》 〈병세편(兵勢篇)〉에 "전투를 잘하는 자는 그 기세가 험하고 그 절도가 짧으니, 기세는 쇠뇌를 가득히 당긴 것과 같이 하고, 절도는 방아쇠를 당기는 것과 같이 하여야 한다.〔善戰者, 其勢險, 其節短. 勢如彍弩, 節如發機.〕"라고 한 말을 원용한 것이다.

다섯 가지 무기를 사용하여 다섯 겹으로 둘러싸는 제도가 있으니, 첫째는 팽배(彭排)로 둥근 방패이며, 둘째는 총통(銃筒)으로 조총이며, 셋째는 활〔射〕, 넷째는 창(創 창(槍)), 다섯째는 검(劍)인데 모두 재주를 겸함이 있습니다. 이 또한 원기와 근기를 함께 지급하는 방법이 아니겠습니까. 다만 문제점으로 생각되는 것은 우리나라에서 인재를 취할 때, 활 잘 쏘는 것에 치중하여 적을 죽이는 기술을 사용하지 않기 때문에 익히는 바가 또한 활과 화살에 치우쳐 짧은 무기를 사용하지 않는다는 것입니다.

임진년의 패배는 화살이 날카롭지 않았기 때문이 아닙니다. 왜적들은 짧은 무기를 가지고 접근하는데 우리는 대응할 수 없었으니, 그 형세가 패하지 않고 어떻게 되겠습니까. 오늘날 옛 잘못을 뉘우치고 새것을 도모하여 반드시 척 장군(戚將軍)의 병법을 사용해야 하는 까닭은 긴 무기와 짧은 무기가 서로 돕고 원기와 근기를 함께 주는 것이 유리하기 때문입니다. 지금 중외에서 군대를 조열(操閱)하여 이미 겹겹의 진영(陣營)을 사용하여 다시 칼날을 부딪치며 적을 죽이는 방법을 내고자 한다면, 이것을 버리고 어떻게 하겠습니까. 민절(閩浙)[177]의 병사들은 이미 모두 조총이 있고 화살이 있었으나 지난날 동쪽을 정벌하는 일에 반드시 방패, 선(筅), 긴 창〔鎗〕, 봉(棒) 등의 무기를 어깨에 매고 등에 지고서 수만 리를 힘들게 건너왔으니, 어찌 기꺼이 맞서 싸우고자 했겠습니까. 병법에 이르기를, "병기를 섞어 쓰지 않으면 이롭지 못하

177 민절(閩浙) : 중국 복건성(福建省)과 절강성(浙江省)으로, 중국의 남부 지방을 말한다.

다.〔兵不雜則不利〕"[178]라고 하였으니, 이른바 '잡(雜)'이란 것은 원기와 근기, 긴 무기와 짧은 무기를 섞어서 사용한다는 것입니다. 지금 만약 사수(射手)로 한 번 보초 서게 하고 총수(銃手)로 한 번 보초 서게 하고 살수(殺手)로 한 번 보초 서게 한다면, 섞어서 사용한다고 말할 수 있겠습니까. 지금 이에 치우치게 매(每) 일대(一隊) 열한 사람 가운데 네 사람을 패선수(牌筅手)로 삼고 일곱 사람을 창궁수(鎗弓手)로 삼고 있으니, 만약 겸하여 가르치는 방법을 사용하지 않는다면, 장차 창을 버리겠습니까, 활을 버리겠습니까? 만약 창을 버리고 활을 사용한다면, 칼날을 부딪치며 서로 접근할 때 다만 살수(殺手) 네 사람만 적을 향해 날듯이 뛰어가고 사수(射手) 일곱 사람은 원지(原地 제자리)에 서 있습니까? 비록 짧은 병기가 없더라도 장차 맨손으로 적을 향해 날듯이 뛰어가야겠습니까? 이것이 여러 무기를 아우르지 않을 수 없는 큰 단서입니다. 부디 형께서는 자세히 생각해 보십시오.

영남(嶺南)의 일은 저에게 있어서는 전제(筌蹄)[179]가 되고 형 또한 이미 자리에서 떠났으니, 구구한 저의 논의를 장차 그만두어

178 병기를……못하다 : 《사마법(司馬法)》 〈천자지의(天子之義)〉에 "병기를 섞어 쓰지 않으면 이롭지 못하니, 긴 병기로써 호위하고 짧은 병기로써 지킨다.〔兵不雜則不利, 長兵以衛, 短兵以守.〕"라고 하였다.

179 전제(筌蹄) : 전(筌)은 물고기를 잡는 통발이고 제(蹄)는 토끼를 잡는 올가미이다. 《장자》 〈외물(外物)〉의 "통발은 고기를 잡는 것인데 고기를 잡고 나면 통발은 잊어버리고, 올가미는 토끼를 잡는 것인데 토끼를 잡고 나면 올가미는 잊어버린다.〔筌者所以在魚, 得魚而忘筌, 蹄者所以在兎, 得兎而忘蹄.〕"라는 구절에 나오는 말이다. 올가미나 통발은 곧 어떤 목적을 달성하기 위한 도구나 방편의 뜻으로, 목적을 달성한 다음에 버려야 할 것을 의미한다.

야 할 듯하지만 오히려 감히 그만둘 수 없는 것은 나라가 형을 믿는 것이 장성(長城)과 같기 때문입니다. 병정(兵政)같이 대단히 중요한 법규를 형이 몰라서는 안 되기에 감히 저의 속마음을 펴니, 부디 용서하십시오.

함경도 관찰사 이양구[180] 시발 에게 주는 편지
與北伯李養久 時發 書

삭방(朔方)은 일찍이 추워지는데, 삼가 생각건대 나라를 위하여 수고하느라 편안히 쉴 겨를이 없을 듯하니, 우러러 궁금한 마음 느슨한 때가 없습니다. 영공(令公)께서 몇 해 동안 영남의 관찰사로 지내고 조정으로 들어와 추밀원(樞密院)을 맡았으니, 진실로 나라에 위급한 일이 있을 때 공에 의지하여 정사를 함을 알았습니다.

오늘 과연 먼 지방 사람들의 논의에 부합하여 북문(北門 함경도)에 들어가 관찰사가 되니, 제대로 된 사람을 얻었다고 말할 수 있습니다. 다만 생각건대 북쪽 오랑캐가 바야흐로 강성해지는 기세는 더욱 근심할 만함이 있는데, 오늘날의 형세가 큰 파도에 부서진 배가 머물러 정박할 곳이 없는 것과 같습니다. 비록 지혜가 있는 사람이라도 또한 어찌할 수 없습니다. 그러나 이미 그 일을 맡았으니, 한갓 그 형세에 맡겨 두기만 해서는 안 됩니다.

생각건대 반드시 마음을 태우며 애쓰고 생각을 다하여 일의 순조로움과 순조롭지 못함을 헤아리지 않고 훼손된 것에 따라 깁고

180 이양구(李養久) : 이시발(李時發, 1569~1626)로, 본관은 경주(慶州), 자는 양구(養久), 호는 벽오(碧梧) 또는 후영어은(後穎漁隱), 시호는 충익(忠翼)이다. 1589년(선조22) 문과에 급제하였다. 1605년 6월 26일부터 1607년 6월 1일까지 함경도 관찰사로 재임하면서 포루(砲樓)와 성곽을 수축하였다. 후에 예조와 병조의 참판을 역임하였다. 영의정에 추증되었다.

꿰매며 기회를 살펴서 동정을 결정하니, 어찌 기필할 수 없는 하늘의 뜻 때문에 먼저 그 마땅히 극진히 해야 할 직무를 태만히 하겠습니까. 영공께서는 자신을 사랑할 겨를은 없어도 자신을 알아주는 사람을 사랑합니다. 영공의 몸을 사랑하는 것이 어찌 영공의 명성을 사랑하는 것만 하겠습니까. 그 몸을 온전히 하여 그 명성을 훼손하는 것은 영공에게 근심할 바가 아니지만 호흡하는 잠깐 사이 이해가 나뉘어지는 즈음에는 혹 살피지 못하는 것이 있으니, 부디 영공께서는 살펴 처리하십시오. 가까운 곳의 이익 때문에 원대한 책략을 해치지 말고 작은 계획 때문에 중대한 기회를 그르치지 말며, 한쪽의 말만 듣고 많은 사람들의 마음을 이끌지 말고 구차하게 기뻐하여 남들의 비방을 그치게 하지 마십시오. 기쁨과 분노를 삼가고 호령을 살펴서 군사들의 마음을 굳게 결속하는 것을 우선으로 삼는 데 힘쓰십시오. 북방에서 무의미하게 사는 백성들은 영공의 부모와 자식이고, 먼 변방에 가서 수자리 서는 군사들은 영공의 형제이니, 백성들이 굶주리면 그들과 함께 굶주리고, 군사들이 추위에 떨면 그들과 함께 떨며, 이로움을 만나면 남에게 먼저 하게 하고 근심을 당하여 피하지 않는다면, 끓는 물에 달려가고 불길을 밟더라도 공을 버리고 어디로 가겠습니까.

이와 같이 하고서도 일을 함에 알 수 없는 것이 있으니, 그렇다면 목숨을 큰기러기 털처럼 버리고 의리를 태산처럼 세우는 것이 또한 사나이가 평소에 하고자 하는 바입니다. 그렇게 하면 나라의 빛이 되고 친후(親厚)에게 명예가 될 수 있을 것입니다. 정사를 펼치는 절목(節目)에 이르러서도 절로 법도가 있어 공이 잘하는 일이니, 또 어찌 다시 말하겠습니까.

저는 한평생을 떠돌아다녔기에 스스로 생각건대 이 시대에 유익함이 없습니다. 다행히 영공이 알아주셨으나 보답할 곳을 얻지 못했습니다. 애오라지 저의 정성스러운 말을 우러러 백벽(白璧)같이 귀한 보답을 대체하고자 하니, 부디 제 말이 현실과 동떨어진 것이라고 여겨 버리지 마십시오. 지금 영공께 나아간 박준무(朴俊武)와 박영(朴瑛) 등은 영해 역리(寧海驛吏)입니다. 고향으로 돌아가기를 아뢰면서 청탁하는 편지를 요청하기에 그에 의지하여 문안 편지를 부칩니다. 남방의 무사들은 전 관찰사를 추억하며 마음에서 잊지 못하니, 영공께서 군사들을 사랑한 효과를 볼 수 있습니다. 삼가 바라건대 이전보다 더욱 사랑하는 마음을 두터이 하여 그 힘을 다하십시오. 많은 글로도 제 마음을 다 펼 수 없으니, 다만 병 조심하고 몸 건강하시기를 바랍니다.

인재집

제9권

書서

問目문목

雜著잡저

서 書

정휘원[1]에게 주는 편지 병진년(1616, 광해군8) 4월

鄭輝遠書 丙辰四月

외딴 섬에 한 번 유배 가신 후 추위와 더위를 두 번 겪어 2년이 지났는데, 수토(水土)와 풍기(風氣)가 육지와는 다를 것이니 어떻게 견디고 계십니까. 생각건대 우리 형께서는 확연하게 마음을 스스로 믿어서 곤궁에 처해도 마음이 형통한 고인(古人)의 도를 생각하여, 배운 것을 더욱 면려하며 정신을 더욱 기를 것입니다. 이는 마치 검푸른 소나무와 오래된 회나무가 서리와 눈보라를 겪어

1 정휘원(鄭輝遠) : 정온(鄭蘊, 1569~1641)을 말한다. 본관은 초계(草溪), 자는 휘원(輝遠), 호는 동계(桐溪)이다. 1601년(선조39)에 진사가 되고, 1610년(광해군2) 문과에 급제하였다. 임해군 옥사에 대해 전은설(全恩說)을 주장했고, 영창대군이 강화 부사 정항(鄭沆)에 의해서 피살되자 격렬한 상소를 올려 정항의 처벌과 당시 일어나고 있던 폐모론의 부당함을 주장하였다. 이에 광해군이 격분하여 1614년 7월에 제주도에 10년 동안 위리안치시켰다. 1636년(인조14) 병자호란 때에 이조 참판으로 명나라와의 의리를 내세워 최명길(崔鳴吉) 등의 화의 주장에 적극 반대하였다. 강화도가 함락되고 항복이 결정되자 오랑캐에게 항복하는 수치를 참을 수 없다고 하며 칼로 자결을 시도하였으나 목숨은 끊어지지 않았다. 그 뒤 관직을 단념하고 고향인 거창 덕유산의 모리(某里)에 들어가 조를 심어 생계를 자급하다가 죽었다. 숙종 때 절의를 높이 평가하여 영의정에 추증되었으며 시호는 문간(文簡)이다.

도 더욱 굳세지는 격이니, 어찌 밖으로부터 엄습하는 더위와 장기를 고달파하겠습니까. 또 벗을 통하여 그대의 어머니의 건강이 양호하다는 것을 누차 들었으니, 우리 형을 위하여 우러러 위로드림을 그만두지 않습니다.

저는 세속의 일에 골몰하며 변변찮게 겨우 살아가니 그대에게 말할 만한 공부의 내용이 없습니다. 작년 봄부터 서울에 있는 가족들을 데리고 무장(茂長)[2]의 바닷가 후미진 곳에 깃들어 살면서 소금을 굽고 물고기를 낚시하면서 구렁텅이에 굴러떨어져 죽는 것을 겨우 면해 가고 있습니다. 변산(邊山)의 푸른 바다를 아침저녁으로 대하고 있으니, 또한 굶주림을 참고 늙어감을 잊을 수 있으니, 대장부의 삶이 또한 만족할 만하다 할 것입니다. 한스러운 것은 50세가 되어서 명성이 나지 않는 것입니다.[3] 매양 우리 휘원이 가졌던 마음과 입으로 했던 말을 생각함에 한편 위로되고 한편 감탄하게 됩니다. 누차 매화를 꺾으나 그쪽으로 가는 사신[4]을

2 무장(茂長) : 전북 고창군 무장면 심원(尋源)이다.

3 50세가……것입니다 : 《논어》 〈자한(子罕)〉에 "후생을 두렵게 여겨야 할 것이니, 앞으로 후생들이 지금의 나보다 못하리라고 어떻게 장담할 수 있겠는가. 그러나 40세나 50세가 되도록 명성이 나지 않은 사람이라면, 또한 두려워할 것이 없다고 하겠다.〔後生可畏, 焉知來者之不如今也? 四十五十而無聞焉, 斯亦不足畏也已.〕"라는 공자의 말이 나온다.

4 매화를……사신 : 그리운 사람에게 매화를 꺾어 사신을 통해 보낸다는 말이다. 매화 꺾는 고사는 남조(南朝)의 송(宋)나라 육개(陸凱)가 범엽(范曄)과 친하게 지냈는데, 강남(江南)에서 매화 한 가지를 꺾어서 장안(長安)의 범엽에게 부치면서 〈화시(花詩)〉도 함께 주니, 그 시에 "매화를 꺾다가 역사를 만나, 농두의 사람에게 부치네. 강남엔 아무것도 없어, 한 가지의 봄을 줄 뿐일세.〔折梅逢驛使, 寄與隴頭人.

만나기 어렵고, 외로운 기러기는 날개가 부러져 파도치는 광활한 바다를 날아갈 수 없으니,[5] 천 리 멀리서 가슴에 얽힌 회포를 전달할 방법이 없습니다. 어느 때에 다시 그대의 맑은 모습을 대하며 저의 마음속을 이야기할는지요. 익승(翼承)은 토산(兎山)에 있으면서 병고 없이 지내고 있을 따름입니다.[6] 마침 말을 싣고 오려는 배가 제주도로 들어가기에 그 편에 감히 안부를 여쭈니 또한 편지가 잘 전달될지 모르겠습니다. 뱃사공은 바로 농장 곁에 사는 사람이니, 그가 돌아올 때 답신을 해 주시기를 바랍니다. 나머지 하고 싶은 말을 다하지 못하고 이만 줄입니다. 다만 그대께서는 만나는 상황에 따라 순리대로 적응하시기를 바랍니다. 우러러 생각건대 마음으로 헤아려 주십시오.

江南無所有, 聊贈一枝春.]라고 하였다.《太平御覽 卷97》 사신은 원문 '정역(鄭驛)'을 해석한 것이니, 정역은 정당시(鄭當時)의 역이라는 말이다. 전한(前漢)의 정당시(鄭當時)는 양(梁)과 초(楚) 사이에서 임협(任俠)으로 이름을 날렸으며, 사람들을 사귀기 좋아하여 장안(長安)의 사방 교외에다 역마(驛馬)를 비치하고는 귀천을 막론하고 손님들을 맞아들여 극진하게 대접을 하였는데, 그와 교제하는 사람들 모두가 천하의 명사(名士)였다는 고사가 전한다.《史記 卷120 鄭當時列傳》

5 외로운……없으니 : 기러기 발에 편지를 묶어 상대방에게 전한다는 것으로 소무(蘇武)의 고사이다.

6 익승(翼承)은……따름입니다 : 익승은 오장(吳長, 1565~1617)의 자이다. 본관은 함양(咸陽), 호는 사호(思湖)이며 아버지는 오건(吳健)이다. 1610년(광해군2) 문과에 급제하였다. 1613년 영창대군(永昌大君)의 옥사와 폐모론을 둘러싸고 대북 세력과 각축을 벌이다가 삭직당한 뒤 고향인 영남으로 퇴거하였다. 1614년 영창대군의 처형을 공격하던 정온(鄭蘊)이 제주로 유배당하자, 영남의 유생들을 이끌고 반대 상소를 올렸다. 이로 인해 정인홍(鄭仁弘)의 미움을 사, 토산(兎山)으로 유배당하였으며 그곳에서 죽었다.

박대암[7] 덕응 성 에게 주는 편지

與朴大庵德凝 惺 書

해가 가고 계절이 바뀌었는데 도장(道丈)께서는 처하는 곳마다 절로 넉넉하리라 삼가 생각합니다. 지난 달 일 때문에 바닷가로 가다가 진성(眞城 청송군 진보면)에 머물면서 저의 편지를 거기에 남겨 놓았습니다. 황 예천(黃醴泉)[8]에게 왕래하는 사람을 통하여 좌하에게 편지를 전해 주기를 바랐는데, 은생(殷生)의 편지가 되지 않았는지 모르겠습니다.[9] 어제 집에 돌아오니 책상에 편지 한

7 박대암(朴大庵) : 박성(朴惺, 1549~1606)이다. 본관은 밀양(密陽), 자는 덕응(德凝), 호는 대암(大庵)으로 배신(裵紳)에게 수학하고, 정구(鄭逑)를 사사하였다. 임진왜란 때 의병을 일으켰으나, 끝난 뒤 청송(青松)의 주왕산 아래 은거하였다. 처음 정인홍(鄭仁弘)과 사이가 좋았으나 나중에 절교하였다. 최영경(崔永慶)·김우옹(金宇顒)·장현광(張顯光)·권호문(權好文) 등과 교유하며 학문을 연마하였다. 저서로는 《대암집(大庵集)》이 있다.

8 황 예천(黃醴泉) : 황여일(黃汝一, 1556~1622)을 말한다. 본관은 평해(平海), 자는 회원(會元), 호는 해월헌(海月軒)·매월헌(梅月軒)이다. 1576년 진사에 합격하고 1584년 문과에 급제하였다. 1598년에 진주사(陳奏使) 서장관으로 북경에 다녀왔으며, 1601년 예천 군수가 되었다. 1607년 선무 원종공신(宣武原從功臣)에 녹훈되었으며, 창원 부사(昌原府使), 공조 참의 등을 역임하였다. 평해 명계서원(明溪書院)에 제향되었다. 저서로 《조천록(朝天錄)》과 《해월집》이 있다.

9 은생(殷生)의……모르겠습니다 : 편지가 잘 전달되었는지 모르겠다는 말이다. 은생은 은선(殷羨)으로 자가 홍교(洪喬)이다. 은홍교(殷洪喬)가 예장군 태수(豫章郡太守)가 되어 임지로 떠나니, 도하(都下)의 사람들이 1백여 통의 편지를 그에게 부탁하였다. 은홍교가 석두(石頭)라는 곳에 이르렀을 때에 그 편지를 죄다 물 가운

통이 놓여 있었으니 바로 도장(道丈)의 편지였습니다. 놀라고 기쁜 마음으로 위로가 되었으니, 오랜 목마름 뒤에 물을 마실 수 있을 뿐만 아니었습니다.

저는 나약하고 졸렬한 것이 습성이 되어 이 시대에 중요한 인물이 되지 못함을 스스로 압니다. 영해(嶺海 영남) 사이에서 떠돌아 다니면서 반년의 세월을 보내 버렸으니 그칠 데〔至善〕를 알아 뜻이 정향(定向)함[10]이 있음을 다시 어찌 기약하겠습니까. 오직 현자를 사모하는 일념은 실로 충심에 말미암은 것입니다. 매양 옛 사람의 치의(緇衣)[11]와 백구(白駒)[12] 시를 보고서 일찍이 반복하여

데 던지고 말하기를 "잠기는 것은 잠기고 뜨는 것은 뜰지어다.〔沈者自沈, 浮者自浮.〕 은홍교는 편지 전하는 우체부가 되지 않겠다." 하였다. 《世說·任誕》 은홍교(殷洪喬)는 이와 같았기 때문에 편지가 제대로 전해지지 못한 것을 말할 때 이 사람을 일컫는다.

10 그칠……정향(定向)함 : 《대학장구》 경1장에 "그칠 데를 안 뒤에 정향함이 있고 정향한 이후에 능히 고요하고, 고요한 뒤에 능히 편안하고, 편안한 뒤에 능히 생각하고, 생각한 뒤에 능히 터득한다.〔知止而后有定, 定而后能靜, 靜而后能安, 安而后能慮, 慮而后能得.〕"라고 하였다.

11 치의(緇衣) : 《시경》 〈치의(緇衣)〉 편을 말하니, 어진 이를 좋아하는 것을 비기는 시이다. 춘추시대 정나라 환공(桓公)과 무공(武公)이 서로 이어서 주나라의 사도(司徒)가 되어 그 직분을 잘 수행하므로 주나라 사람들이 이 시를 지어서 좋아하는 뜻을 보였다. 치의(緇衣)는 천자의 경대부가 사조(私朝)에서 입는 복장인데, 그 시에 "치의가 큼이여, 닳거든 내가 또 다시 지으리라. 그대의 관사에 가서, 돌아와 내가 그대에게 밥을 주리라.〔緇衣之蓆兮, 敝予又改作兮. 適子之館兮, 還予授子之粲兮.〕"라고 하였다.

12 백구(白駒) : 《시경》 〈백구(白駒)〉 편은 현자의 행차를 만류하여 놀려는 뜻을 읊은 것이다. 백구(白駒), 즉 흰 망아지를 붙들어 매어 가지 못하게 함을 노래한 것이 있는데, 그 시의 제4장에 "희디 흰 백구가, 저 빈 골짜기에 있도다.〔皎皎白駒, 在

읊조리며 외우지 않은 적이 없었습니다. 5, 6년 전에 다행히 많은 사람들 가운데서 저를 한 번 돌아보시고 말씀하신 약석과 경계의 말씀이 제 귀에 들어옴을 좋게 여겼습니다. 문득 그 말씀이 저에게 간절한 내용임을 느끼고 존장께서 계시는 곳 가까이에 살면서 가르침과 지도를 받기를 생각하였으나 각자 남과 북으로 갈라져 멀어지면서 친히 뵐 수가 없었습니다.

게다가 저는 세속의 걱정거리에 한결같이 얽매여 있으니, 향하며 사모하는 저의 정성이 존장의 맑은 모습을 가까이 할 길이 없습니다. 다만 어르신께서 저를 범범하게 지나치며 보셨기에 제가 어디에 거주하는 누구인지를 알지 못하실까 염려되니, 이는 평생 부끄럽고 한스러운 일로 죽어도 없어지지 않을 것입니다. 근래 선비들이 심지(心地)를 논의함이 날로 왜곡된 길로 달려가서 같은 목소리를 내는 자들은 그릇되게 따르고 구차하게 합하며, 취향을 달리하는 자들은 얼굴을 맞대고 칼을 들이댑니다. 치우치고 사적인 견해로 선인(善人)의 하자를 지적해 냄에 이르러서는 거짓과 비방이 일어나 시비를 어지럽게 하여 이치와 분리되고 어긋나서 맞지도 않으며 공변되지도 않습니다. 이 때문에 말하고 행동하는 사이에 문득 타인에게 지목받으니, 이런 때에는 교제의 도가 참으로 또한 어렵습니다.

매양 생각하니 도장께서는 세속을 피하여 만첩의 산중에 거처하고 최근에는 또 사천(沙川)의 언덕에 집을 짓고 살고 계시나, 세상 일의 경중(輕重)과 취사(取捨)를 이미 마음에 판단하고 있

彼空谷.〕"라는 구절이 있다.

을 것입니다. 그러므로 시끄러운 논쟁이 귀에 들어와 마음을 흔들지 않을 것이며, 도처의 산수에 즐겁지 않음이 없을 것이니, 어찌 속된 사람이 물결치는 파도 속에 살면서 걸핏하면 근심하고 의심하며 평지에서도 자라 발로 걷는 위태로운 사람과 비교하겠습니까. 존장께서는 견해가 분명하여 유속에 동요되지 않아 경지가 매우 높은 분임을 비로소 알았습니다.

옥산 장씨(玉山張氏) 어른 또한 세차게 흐르는 물결 가운데 지주(砥柱)이니,[13] 이미 비방과 칭예, 기쁨과 슬픔을 생각의 밖에 던져 두었습니다. 제가 오랫동안 함께 거처하면서 자못 학문에 진척되고 유익함이 있음을 깨달았습니다. 다만 살 곳을 고른 지 여러 해가 되었음에도 적당한 곳을 찾지 못하여 지금 인동(仁同)에 계시지만, 또한 여기에 오래 머무를 계획이 아닌 듯합니다. 혹시 존장과 함께 가까운 지역에 살면서 때때로 상종한다면 그 즐거움이 어떠하겠습니까.

말씀하신 조일(鳥逸)은 바로 신곡촌(新谷村)[14]으로 불립니다.

13 옥산 장씨(玉山張氏)……지주(砥柱)이니 : 옥산 장씨는 여헌(旅軒) 장현광(張顯光, 1554~1637)을 말하니, 그의 자는 덕회(德晦)이며, 본관은 인동(仁同)이다. 선조 때 천거로 부임한 보은 현감을 끝으로 은퇴하여 학문에 전념하였다. 이괄(李适)의 난 후에 정치에 대한 건의문을 올렸고, 병자호란 때는 근왕(勤王)의 군사를 일으켰다. 성리학과 의학에 두루 밝았고 영의정에 추증되었다. 동락서원(東洛書院)에 봉향되었으며, 저서로는 《여헌집》이 있다. 시호는 문강(文康)이다. 지주(砥柱)는 중국의 황하(黃河) 가운데 우뚝이 서서 거센 물살을 견디는 바위로 이루어진 산인데, 세속에 휩쓸리지 않고 꿋꿋하게 자신의 절조를 지키는 군자를 비유하는 말로 쓰인다.

14 조일(鳥逸)은 바로 신곡촌(新谷村) : 새로운 마을이라는 발음으로 새월 또는 새

산천의 경치와 토지의 비옥함이 실제로 명승지로 참으로 거처할 만한 곳입니다. 김 선생(金先生)[15]이 생존했던 때는 지금부터 수백년 전이니 그 유풍의 단절 여부와 마을의 풍속이 인후한지는 생각하시는 것과 부합한다는 보장이 없습니다. 풍속이 근래에 크게 거칠어졌고 오직 농상(農桑)을 일삼으면서 이익을 중시하고 의리를 경시하여 야인(野人)들이 평상한 일을 추구하는 곳이 되었습니다. 그러나 군자인 존장께서 거처하시면 무슨 비루한 습속이 있겠습니까. 혹시 이를 계기로 하여 풍속이 좋게 변화한다면 비록 존장께는 유익하지 않더라도 저들에게 크게 유익할 것이니, 이것은 또한 인자한 사람이 하고자 하는 일입니다.

낙동강 상하에 넓고 넉넉한 지역이 많으니, 지금 만약에 이곳에 왕림하시어 며칠 동안 여가를 내어 여유있게 살펴보시면 존장의 뜻에 따라 취사선택할 곳이 있을 것입니다. 다만 염려되는 것은 변방의 전쟁〔임진왜란과 정유재란 등〕이 종식되지 않고 풍파가 남아 강가의 지역에 살 곳을 잡기는 어려울 듯한 점입니다. 제가 고향을 찾아온 것은 또한 고식적인 계책이고, 경상도 좌북

올로 불리던 것이 한자로 조일(鳥逸)이라 하게 되었는데, 그 뒤에 신곡촌이라는 지명으로 정착되었다. 지금 경북 구미시 도개면 월림리(月林里) 월암서원(月巖書院)이 있는 곳이다.

15 김 선생(金先生) : 김주(金澍, ?~?)를 말한다. 본관은 일선(一善), 호는 농암(籠巖), 시호는 충정(忠貞)이다. 고려 공양왕 때 예의 판서(禮儀判書)를 지냈다. 명나라에 하절사(賀節使)로 임무를 마치고 귀국 중 압록강에 이르러 조선의 건국 소식을 듣고 중국으로 되돌아가 형초(荊楚)에 은거하여 충절을 지키고 여생을 마쳤다. 선산의 월암서원(月巖書院), 안동의 고죽서원(孤竹書院), 고창의 운곡서원(雲谷書院), 양주의 송산서원(松山書院) 등에 제향되었다.

(左北) 지역을 귀의의 장소로 삼으려고 합니다. 존장(尊丈)께서도 청송(青松)을 근거지로 삼으면서 낙동강 물가에서 유람한다면 거의 좋은 일이 될 것입니다. 고명께서는 어떻게 생각하시는지요. 누님의 장례 기일이 가까이 있기에 마음이 조급하여 제가 직접 찾아뵙고 의논드리지 못하고 다만 스스로 그쪽을 쳐다보며 애를 태웁니다.

세마 김활원[16]에게 주는 편지의 별지

與金洗馬活源別紙

학봉(鶴峯) 김 선생〔金誠一〕의 비문(碑文)에 몇 구절을 대략 삭제하였습니다. 다른 말들은 유무에 매우 긴절하게 관련되는 것은 아니지만, 관백(關白 풍신수길(豐臣秀吉))을 만났다는 한 구절은 매우 중요한 일인 것 같음에도 불구하고 비문에 전혀 싣지 않았으니, 저의 뜻에는 또한 흠이라고 여깁니다. 지금 우복(愚伏)의 별지(別紙)를 보면, "기둥 밖에서 절하는 것을 일본의 옛 관례로 삼았는데 공이 끝내 뜰에서 절하는 것을 면한 것은 공이 힘써 간쟁함 때문이 아니겠는가. 다만 그 나라의 옛날 관례를 따랐을 따름이다."라 하니, 이 점은 그러합니다. 다만 이때에 풍신수길이 일본의 여러 섬들을 병탄(倂呑)하여 우리나라를 위협하였고, 외교문서에 '토산물을 가지고 와서 조회하라'는 글자가 있는 데 이르렀습니다. 또 그 나라에 조선의 사신들을 잡아 가두겠다는 등의 말을 하여 장황하게 떠벌리며 큰소리와 위세로 제국(諸國 일본의 여러 나라)에게 과시하고자 하였습니다. 그러니 그가 기둥 밖에서 절하는 것을 허락하는 것은 기필할 수가 없는 일입니다. 우리나라가 일본

16 김활원(金活源) : 김집(金潗, 1558~1631)을 말한다. 본관은 의성(義城), 자는 활원, 호는 애경당(愛景堂)이다. 김성일(金誠一)의 맏아들로 이황의 문인이다. 1597년(선조30) 익위사 세마(翊衛司洗馬)에 제수되었으나 사퇴하였다. 1627년 정묘호란이 일어나자 의병을 일으키려 했으나, 노쇠한 몸으로 뜻을 이루지 못하였다. 저서로 《애경당집》이 있다.

에 사신을 보내는 것은 또한 일본이 우리나라에 사신을 보낸 때로부터 수백 년 뒤의 일입니다. 상사(上使 정사(正使))와 서장관(書狀官)이 모두 뜰에서 절하는 것이 공손하다는 견해를 고집하면서 관백(關白)을 국왕이라 일컬어 우리 국왕과 대등한 체격(體格)으로 만들고자 하였습니다.[17] 만약 저들의 의견을 따라 뜰에서 절하는 예를 강정(講定)하여 현소(玄蘇 일본 사신 이름)의 매개로 인하여 풍신수길과 인사를 통하게 하였다면, 저들의 오만하고 장황하게 떠벌리는 기세 때문에 어찌 끝내 우리나라 사신이 강정한 예를 물리치고 반드시 그들의 풍속을 그대로 따라하여 기둥 밖에서 절하는 것을 허락받았겠습니까. 또한 선생의 견고한 고집이 아니었다면 상사와 서장관이 두려워하는 마음으로 어찌 예를 가지고 변쟁(辨爭)하여 기둥 밖에서 절하는 것을 결정했겠습니까. 허공(許公 허성(許筬))의 식견이 여기에 이르러 더욱 크게 어긋남에 선생께서 예를 가지고 꺾어서 그 그릇됨을 바로잡았으니, 이것이 어찌 매우 중요한 일이 아니겠습니까.

그 뒤 오윤겸(吳允謙)[18]이 사신을 가서 허공의 소견대로 하였습

17 학봉(鶴峯)……하였습니다 : 김성일(金誠一)은 1590년에 부사의 자격으로 정사(正使) 황윤길(黃允吉)과 서장관(書狀官) 허성(許筬)과 함께 일본에 통신사로 갔다. 관백 풍신수길(豐臣秀吉)에게 예의를 표함에 일본에서는 궁전의 아래 뜰에서 절하라고 함에 황윤길과 허성을 그렇게 하자고 하였다. 그러나 김성일은 일본에는 천황(天皇)이 따로 있으니, 그가 왕이고 관백은 그의 신하이다. 따라서 우리나라 사신이 국왕이 아닌 관백에게 전각 기둥 밖에서 절을 해야 한다고 주장하였다. 이런 내용은 정구(鄭逑)의 《한강집(寒岡集)》 속집 권6의 김성일에 대한 행장과, 정경세(鄭經世)의 《우복집》 권17의 김성일에 대한 신도비명에 실려 있다. 그런데 인재가 우복의 별지에 있다고 한 것은 무슨 말인지 알 수가 없다.

니다. 그가 외교문서에 답하는 것도 그 나라의 옛 관례를 위배하고 반드시 일본 국왕으로 고치기를 청하였다고 합니다. 오윤겸은 또한 사람에게 존망을 받는 인물임에도 식견에 또한 잘못 헤아리는 것을 면하지 못하였으니, 한강(寒岡)도 일찍 탄식한 적이 있습니다. '절하고 뵙는다'는 하나의 구절이 또한 후일에 잘못된 견해를 일으켜 뜰아래에서 절하는 것이 공손하다는 것을 따르게 될 줄 어떻게 알았겠습니까. 저의 의견이 이와 같으니, 효중(孝仲)[19]의 견해로는 또한 저의 생각에 흠이 없다고 생각하는지요.

권씨(權氏)와 오씨(吳氏) 두 형이 '강개(剛介)함에 치우쳐 주장한다.'는 한 구절에 있어서 의심을 내는 것에 대하여 저는 그렇지 않다고 생각합니다. 옛날 군자는 기상이 동일하지 않으니, 온화관홍(溫和寬弘)한 사람이 있고 또한 정직강의(正直剛毅)한 사람이 있습니다. 선생은 본래 강직(剛直)한 기상을 가지고 관홍

18 오윤겸(吳允謙) : 1559~1636. 본관은 해주(海州), 자는 여익(汝益), 호는 추탄(楸灘) 또는 토당(土塘)이다. 1582년(선조15) 사마시에 합격하고 1597년 문과에 급제하였다. 1617년 첨지중추부사가 되어 회답 겸 쇄환사(回答兼刷還使)의 정사로서 사행 400여 명을 이끌고 일본에 가서 임진왜란 때 잡혀갔던 포로 150여 명을 쇄환했으며, 이때부터 일본과의 수교가 다시 정상화되었다. 벼슬이 영의정에 이르렀으며 시호가 충간(忠簡)이다. 광주(廣州)의 구암서원(龜巖書院)에 배향되고, 평강의 산앙재영당(山仰齋影堂)에 제향되었다. 저서로 《추탄집》, 《동사일록(東槎日錄)》, 《해사조천일록(海槎朝天日錄)》 등이 전하고 있다.

19 효중(孝仲) : 김영조(金榮祖, 1577~1648)의 자이다. 본관은 풍산(豊山), 호는 망와(忘窩)로 김성일(金誠一)의 사위이다. 1601년 생원에 합격하고 1612년 문과에 급제하여 벼슬이 참판에 이르렀다. 영주의 구강서원(龜江書院)에 제향되었으며, 저서로는 《망와집》, 《기행록(記行錄)》, 《서정일록(西征日錄)》, 《남정일록(南征日錄)》 등이 전한다.

(寬弘)한 것을 공부하였으며 또 퇴도(退陶)를 스승으로 삼았기 때문에 집에 거처하며 사람을 응접함에 이러한 기상이 많았습니다. 그러다가 일을 만나 시비를 논하게 되면 규각(圭角)이 자연스럽게 발로됩니다. 사람들이 선생의 온축한 덕을 다 알지는 못하는 것은 또한 본령에 발현되는 것을 따라 그 대략만을 보고 논할 따름이기 때문입니다. 또 어찌 선생의 마음의 찌꺼기가 다 혼화(渾化)하지 않아서 그렇겠습니까. 우복(愚伏)의 견해도 이와 같습니다. 우복은 평생 서애(西厓)를 존중하여 섬기었는데, 두 선생의 기상의 강(剛)과 화(和)가 같지 않지만 모두 동일하게 대현(大賢)에 귀결된다는 것을 더욱 인식하고 있었습니다. 그의 글에 '축적한 덕이 더욱 깊고 두터우며 발현한 것이 더욱 광명(光明)함'이 있다는 등의 말을 보면 또한 선생의 용력처(用力處)를 투철하게 본 것입니다.

'고요히 책을 대하여 넉넉하게 자득함이 있다'는 등의 말에 대하여는 처음에는 기록하였다가 뒤에는 삭제하였으니, 선생의 뜻이 여기에 있었으나 미칠 겨를이 없었으니, 억지로 한 글자를 첨가하여 구차하게 만드는 것은 옳지 않다고 여겼습니다. 우복의 이 글은 비록 모든 것에 흡족함에는 미진하지만 명세(名世)의 문장이 될 수 있습니다. 그 명(銘)은 200여 글자로 이루어져 있는데, 기력(氣力)이 청건(淸健)하고 묘사가 매우 극진합니다. 우복의 사람됨과 우복의 말은 모든 사람들이 미칠 바가 아니니, 마땅히 한강(寒岡)의 행장과 나란히 후세에 전해질 것이 의심이 없습니다. 원하건대 수지(守之),[20] 경허(景虛),[21] 효중(孝仲) 등의 벗들과 함께 저의 견해를 참고하여 보고 의논하는 것이 어떻겠습니까. '관백

(關白)을 본다.'는 한 구절에 대하여 또한 저의 견해를 써서 다시 우복에게 의논하여 미진한 뜻이 없게 하고자 합니다. 또한 어떻게 생각하시는지요.

20 수지(守之) : 권태일(權泰一, 1569~1631)의 자이다. 본관은 안동(安東), 호는 장곡(藏谷)이다. 김성일(金誠一)의 사위이며 구봉령(具鳳齡)의 문인이다. 1599년 문과에 급제하여 벼슬이 관찰사에 이르렀다. 접반사(接伴使)로 가도(椵島)에 갔다가 돌아오던 중 죽었다. 저서로 《장곡집》이 있다.

21 경허(景虛) : 권담(權曇, 1558~1631)의 자이다. 본관은 안동(安東), 호는 함계(咸溪)로 김성일(金誠一)의 문인이다. 임진왜란 때 의병을 창의하여 활동하였으며 문행이 있었다. 좌승지에 추증되었다.

장 참판에게 주는 편지 무진년(1628, 인조6) 4월

與張參判書 戊辰四月

반년 동안 죄의 법망에 갇혔기에 한 통의 편지도 올릴 여가가 없었습니다. 그러나 항상 생각함이 그대에게 있지 않은 적이 없었습니다. 봄이 다 지나고 날씨가 더워지는데, 삼가 생각건대 상기(喪期) 중에 기체후가 편안하실 것입니다. 저는 실오라기 같은 모진 목숨을 넉넉한 성은(聖恩)의 보호를 받아 여기 북쪽 변방에 왔으나,[22] 천신만고의 고생을 어찌 감히 말하겠습니까. 다만 저의 여생을 생각해 보니 성은에 보답할 길이 없으니, 이 점이 족히 비통하고 상심됩니다.

제 아이가 갑자기 예측할 수 없는 변란을 만나 임금에게 감히 변고를 알리지 않을 수 없었는데, 이것으로 인하여 공신에 녹훈되니 갑자기 분수 밖의 은명을 받은 것[23]에 더욱 근심되고 두렵습니

22 반년……왔으나 : 1627년 9월에 이인거(李仁居)가 횡성(橫城)에서 정사 공신(靖社功臣)이 나라를 그르친다는 명분으로 도당을 규합하여 난을 일으켰다. 스스로 창의중흥대장(倡義中興大將)으로 칭하고 서울로 침입하려다가 원주 목사 홍보에게 잡혀 서울에서 처형되었다. 홍보가 이인거를 체포하여 조정에 바치고서 비로소 이 사실을 강원도 관찰사 최현에게 보고하니, 최현은 이를 듣고 즉시 조정에 보고하였으나, 간관들이 최현의 기찰(譏察)과 체포가 늦었다는 이유로 처벌하게 하니 왕이 어쩔 수 없이 회령(會寧)으로 유배 보냈다. 그러나 얼마 후 풀려났다.

23 제……것 : 최현의 맏아들 최산휘(崔山輝, 1585~1637)가 1628년(인조6) 유효립(柳孝立)의 역모 사건을 조정에 알리어 완해군(完海君)에 책봉된 것을 말한다. 그의 자는 백옥(伯玉), 호는 낙남(洛南), 시호는 효헌(孝憲)이다.

다. 제가 바라는 것은 그대께서 두 배로 건강을 잘 돌보시어 멀리서의 저의 바람에 위로해 주는 것입니다. 저를 압송한 아전이 서울로 돌아간다고 고하기에 저의 마음을 전달하니, 과연 편지가 전달될 수 있을는지요.

김사계[24]에게 답하는 편지

答金沙溪書

나라에 죄를 지은 제가 고향으로 돌아올 수 있었으니 또한 매우 다행한 일입니다. 하물며 인자하신 그대께서 돌보아 주시는 지극한 은혜로 저를 측은히 여기는 편지를 천 리 먼 곳에서 보내 주시니, 감격스럽고 다행함을 더욱 한두 마디 말로 표현하기 어렵습니다.

서리 내리는 9월에 도학(道學)을 공부하며 편안히 지내시리라 생각됩니다. 저는 누적된 병으로 몸이 피곤하여 근근이 목숨을 부지하고 있으니 그런 형편을 어찌하겠습니까. 어리석음〔癡〕 한 글자가 평생 숙명으로 받은 병통이니, 지금 실제로 이것으로 스스로 천 길의 구덩이에 빠져듭니다. 다행히 성상(聖上)의 도움을 받아 어리석음으로 죄를 받고 어리석음으로 풀려났으며 선생께서도 어리석음으로 허여하였습니다. 이것은 죽음을 어리석음으로써 하고 삶도 어리석은 것이니, 저를 죄 주는 자도 어리석은 것이고 저를

24 김사계(金沙溪) : 김장생(金長生, 1548~1631)을 말한다. 본관은 광산(光山), 자는 희원(希元), 호는 사계(沙溪)이다. 이이(李珥)와 송익필(宋翼弼)의 문인으로 1578년 학행으로 천거된 이후 내외의 여러 관직을 역임하였다. 예학(禮學)과 성리학(性理學)에 조예가 깊었으며, 아들 신독재(愼獨齋) 집(集)에게 학통을 계승시켜 예학파의 주류를 이루었다. 문하에 송시열(宋時烈), 송준길(宋浚吉) 등의 학자를 배출하여 서인(西人)을 중심으로 한 기호학파를 형성하여 조선 유학계에 영남학파와 대립하였다.

알아주는 자도 어리석은 것입니다. 정히 한퇴지(韓退之)의 궁귀(窮鬼)가 서로 따르고 버리지 않으며 보내도 떠나지 않아 결국에는 편안한 마음으로 숙명으로 받아들이는 것과 같으니,[25] 스스로 호를 치헌(癡軒)이라 하고 어리석음과 시종일관 같이 생활해야 할 것 같습니다.

여름에 외진 청송(靑松)에 있으면서 병상에서 신음하였고 게다가 인편이 없어서 답장을 하지 못하였습니다. 지금 또 재차 안부를 묻는 편지를 받음에 답장이 늦음이 이런 지경에 이르렀으니 성의가 얕은 것이 아니라 저의 어설프고 게으른 문제점 때문입니다. 오직 군자께서는 해량해 주십시오. 쇠약함과 질병이 번갈아 찾아오며, 호남과 영남이 길이 막혀 저의 정성을 한번 펼 길이 없으니, 편지에 임하여 망연(惘然)합니다.

25 한퇴지(韓退之)의……같으니 : 한유(韓愈)가 지은 〈송궁문(送窮文)〉에서 지궁(智窮), 학궁(學窮), 문궁(文窮), 명궁(命窮), 교궁(交窮)의 궁귀(窮鬼)들이 자기를 곤궁하게 만든다고 말하고 그들을 쫓아버리려고 하였다. 그러나 이 궁귀(窮鬼)들이 한유에게 비웃으며 "사람은 세상과 괴리되어야 하늘과 통하는 것이다."라고 하면서 곤궁이 앞으로 한유를 백세토록 이름나게 하려는 것이라고 하였다. 결국 한유는 궁귀들을 버릴 수 없음을 알고 모셔 들이고 그대로 전날처럼 궁하기는 하지만 뜻있는 삶을 추구하겠다고 하였다.

혹인에게 답하는 편지 신미년(1631, 인조9)

答或人書 辛未

경계의 가르침을 특별히 받으니 기쁘고 다행함을 어찌 헤아릴 수 있겠습니까. 저는 병든 몸으로 촌락에 은거하며 전혀 견문이 없습니다. 조정의 조짐과 시의(時議)의 성쇠에 대하여 비록 감히 알지 못하나 제 자신이 본래 떠나기 어려운 연고가 있어서 바야흐로 임금의 명령을 따르지 않고 태만히 하는 것을 근심으로 여겼는데, 지금 그대의 가르침을 받으니 의심이 갑자기 풀렸습니다. 그러나 선비가 벼슬함에 비록 시대에 보탬이 될 수는 없다고 하더라도 어찌 왜곡의 길로 구차히 영합하여 자신의 몸을 더러운 곳에 빠지게 하겠습니까. 서인이든 남인이든 모두가 사적인 것을 먼저 하고 공적인 것을 뒤로 하여, 머리털과 종기가 한때의 좋아하고 싫어함에서 생겨납니다.[26] 선비가 이 세상에 태어나 만약 조금이라도 염치의 마음을 가지고 있으면 진실로 발을 붙일 곳이 없습니다. 어떤 사람이 당론의 밖에 빼어나서 여러 해 동안 앓던 악창을 치료하는데 화평(和平)한 좋은 약제를 투약할 수 있을는지요. 덕이 없는 제가 집에 있으면서 병장(病狀)을 올리고 스스로를 소중

26 머리털과……생겨납니다 : 좋아하고 싫어함이 일정하지 않음을 말한다. 백거이(白居易)의 시 〈태항로(太行路)〉에, "임의 마음의 좋아하고 싫어함은 몹시도 일정치 않아, 좋아할 땐 터럭을 나게 하고 싫어할 땐 종기를 나게 하네.〔君心好惡苦不常, 好生毛髮惡生瘡.〕"라고 한 데서 온 말이다.

히 여긴다는 말을 듣는 것을 혐의하기에[27] 대궐에 나아가 한 번 저의 회포를 진술하고 물러나고자 하니 그것이 또한 과연 도리에 합치되는지의 여부는 알지 못하겠습니다.

27 스스로를……혐의하기에 : 자신의 몸과 이름을 아껴 벼슬하기를 꺼린다는 말을 듣기 싫어했다는 뜻이다.

정우복[28]에게 주는 편지

與鄭愚伏書

당나귀를 타고 세 번 왕복해 주셨으니, 이 봄이 지나기 전에 반드시 며칠 밤을 연이은 즐거운 자리를 만들 수 있으리라 생각했습니다. 그러나 일이 많아 방해를 받아 지금까지도 방문을 지체하고 있으니 다만 스스로 크게 한탄합니다. 삼가 생각건대 꽃과 버들이 피어 향기가 나는 시절에 도학 공부의 재미로 한적(閑適)하게 지낼 것이니, 그대 쪽을 쳐다보며 저의 마음이 위로됨이 어찌 한량이 있겠습니까. 항상 창석(蒼石)[29]은 우리들 중에 복을 받음이 최고로 많은 사람이라고 생각했습니다. 그러나 백발로 연로할 때 연달아 두 아들을 잃었으니, 탄식하며 애달픈 마음이 그분의 몸을

28 정우복(鄭愚伏) : 정경세(鄭經世, 1563~1633)를 말한다. 본관은 진양(晉陽), 자는 경임(景任), 호는 우복이다. 서애(西厓) 유성룡(柳成龍)의 문인으로 1586년 문과에 급제한 후 승문원 부정자, 경상도 관찰사, 대사헌, 대제학에 이르렀다. 특히 예론(禮論)에 밝아 사계(沙溪) 김장생(金長生)과 함께 예학파로 불렸으며 시문과 글씨에도 뛰어났다. 시호는 문장(文莊)이다. 상주의 도남서원(道南書院), 대구의 연경서원(研經書院) 등에 제향되었다. 저서에 《우복집》이 있다.

29 창석(蒼石) : 이준(李埈, 1560~1635)의 호이다. 본관은 흥양(興陽), 자는 숙평(叔平)으로 유성룡(柳成龍)의 문인이다. 1591년 문과에 급제하여 경상도 도사(慶尙道都事), 첨지중추부사, 부제학 등의 직책을 역임하였다. 임진왜란과 정묘호란에는 창의(倡義)한 사적이 있고 정유재란에는 소모관(召募官)이 되었다. 옥성서원(玉成書院)에 제향되었으며 시호는 문간(文簡)이다. 저서로 《창석집》과 《형제급난지도(兄弟急難之圖)》가 있다.

감싸고 있는 듯합니다. 근래에 벼슬을 버리고 영원히 귀향했다고 들었으니, 정리상 마땅히 소식을 듣고 곧바로 달려가 위로해 드리며 인하여 그대의 집에도 방문해야 하겠지만, 제가 자못 마음을 놀라게 하는 일 때문에 아직도 두근거리며 안정되지 않아 우선 10~20일을 기다리고 있습니다. 병을 무릅쓰고 쓸데없는 일을 무시하며 달려갈 것이고 다른 일을 염두에 두지 않아야 합니다. 삼가 이에 앞서 한 명의 심부름꾼을 보내 안부를 여쭙습니다.

여름에 사람을 통하여 한 통의 편지를 전하였는데, 좌하의 집에 도착하였는지요. 요즘 무더운 날씨에 태체(台體)의 기거가 화안(和安)하신지요. 시생(侍生)은 망극한 천은(天恩)을 입어 위태로운 죽음에서 목숨을 보전할 수 있었습니다. 여생을 임금 곁에서 떠나지 않는 것이 처음의 계획이었습니다. 그러나 마침 분분한 때를 만나 기구한 운명을 가진 저는 서울에서 머뭇거리기가 더욱 어려웠습니다. 드디어 영남의 길로 내려오는데, 집안의 젊은이를 데리고 반은 말을 타고 반은 걸어서 상남(商南 상주(尙州) 남쪽)을 쳐다보며 단번에 이를 수 있었습니다. 옥동서원(玉洞書院)[30]에 며

30 옥동서원(玉洞書院) : 경북 상주시 모동면(牟東面) 수봉리(壽峰里)에 있는 서원이다. 1518년(중종13) 황희(黃喜), 황맹헌(黃孟獻), 황효헌(黃孝獻)의 학문과 덕을 기리기 위하여 창건하였다. 1580년(선조13) 백화서원으로 이름 짓고 영당(影堂)을 지어 봄, 가을에 향사를 지내다가 1714년(숙종40) 추가로 전식(全湜)을 배향하고 지금의 위치에 옮겨 지었다. 1783년(정조7) 황뉴(黃紐)가 배향되었으며 1789년 '옥동'이라는 사액을 받아 옥동서원으로 개칭되었다. 1868년(고종5) 흥선대원군의 서원 철폐 조치에도 훼철되지 않고 존속하였다.

칠 머물며 유생들과 대면하며 답답한 마음을 토론하니 좋지 않음이 없었습니다. 한편으로는 일행을 나누어 양쪽으로 가기가 어려웠고 한편으로는 친붕(親朋)을 방문하는 것을 혐의스러워 했기에 바로 죄를 피해 숨는 사람과 같이 얼굴을 감싸고 속으로 참으며 집으로 왔으니, 이러한 사정을 어찌 감히 다른 사람에게 말하겠습니까. 집에 돌아와 쓰러지듯 한번 누워 버리니 오랫동안 앓던 병이 찾아왔기에 인사(人事)도 그만두어 버렸으며 한 장의 편지도 감히 사람을 보내어 부칠 수가 없었는데, 하물며 문밖을 출입할 수 있었겠습니까.

얼마 후 서보(西報 정묘호란)가 급하게 전해졌기에 임금에게 나아가려고 허겁지겁 행장을 꾸렸습니다. 비록 도로에서 넘어지더라도 저의 몸을 헤아릴 겨를이 없었지만, 곧바로 전쟁의 상황이 조금 완화되었다는 소식을 듣고 출발을 정지하였습니다. 또 들으니, 태형(台兄)께서도 더위를 무릅쓰고 출발하였다가 중도에서 그쳤다고 하니, 틀림없이 이수(二豎)[31]의 우환 때문일 것입니다. 태형께서 치사(致仕)할 나이가 다가옴에 평소 병이 많았던 분이 고향에서 병을 요양하기를 생각함을 마치 달이 항상 보름달처럼 되고

31 이수(二豎) : 병마(病魔)를 뜻한다. 춘추 시대 진 경공(晉景公)이 병이 들어 진(秦)나라의 이름난 의원을 불렀는데, 그사이에 경공이 꿈을 꾸었다. 꿈속에서 병이 두 아이〔二豎〕로 변하더니 서로 얘기를 하는데, 이번에 오는 용한 의원에게 다칠지 모르니, 황(肓)의 위와 고(膏)의 아래에 숨어 있자고 하였다. 꿈에서 깨어난 경공이 막 도착한 의원에게 진찰을 받았는데, 병이 이미 고황에 들어 있어 치료할 수 없다는 말을 들었다. 과연 경공은 얼마 지나지 않아 죽고 말았다는 고사에서 유래하였다. 《春秋左氏傳 成公 10年》

자 하였을 것으로 상상됩니다. 그러나 물과 물고기의 친밀한 사귐은[32] 평상의 사람과는 비교할 수 없으니, 시국이 위태로운데 나라를 버리는 의리는 없을 것입니다. 나라의 일이 어려움에도 불구하고 구차하게 편안히 지내면서 우리 형의 소원을 이룰 수 있겠습니까. 때때로 이 점을 우러러 염려하지 않음이 없습니다.

아뢸 말씀은 경은(耕隱) 이 선생(李先生)[33]은 우리 형과 저에게 같이 외선조가 됩니다. 향현(鄕賢)들의 사적에 대하여는 모두 칭술함이 있거늘 유독 선생에 대하여는 후세에 전할 만한 한 줄의 글이 없습니다. 오봉(五峯)[34]이 선생의 행적(行蹟)을 찬술해 줄

32 물과……사귐은 : 임금과 신하가 서로 감응하여 의기투합하는 것을 말하니, 정경세와 인조와의 친밀한 군신 관계를 말한다. 유비(劉備)가 제갈량(諸葛亮)을 얻고 나서 "물고기가 물을 만난 것처럼 기쁘다.〔猶魚之有水也〕"라고 말한 고사에서 유래한 것이다. 《三國志 卷35 蜀書 諸葛亮傳》

33 경은(耕隱) 이 선생(李先生) : 이맹전(李孟專, 1392~1480)을 말한다. 본관은 벽진(碧珍), 자는 백순(伯純), 호는 경은으로 선산 출신이다. 1427년(세종9) 문과에 급제하였으며, 김숙자(金叔滋)·김종직(金宗直) 부자와 평생토록 가까이 지냈다. 1453년(단종1) 수양대군이 계유정란을 일으키자 이듬해 벼슬을 버리고 고향인 선산으로 돌아가서 귀머거리·소경이라 핑계하고는 은둔하여 친한 친구마저 사절하고 30여 년이나 문밖에 나가지 않았다. 이조 판서에 추증되었으며, 함안의 서산서원(西山書院)에 원호(元昊)·김시습(金時習)·조려(趙旅)·남효온(南孝溫)·성담수(成聃壽)와 함께 생육신으로 제향되었다. 또 선산의 월암서원(月巖書院)에는 김주(金澍)·하위지(河緯地)와 함께 제향되었다. 시호는 정간(靖簡)이다.

34 오봉(五峯) : 이호민(李好閔, 1553~1634)의 호이다. 본관은 연안(延安), 자는 효언(孝彦), 호는 오봉·남곽(南郭)·수와(睡窩)이다. 1579년(선조12)에 진사가 되었으며 1584년(선조17)에 문과에 급제했다. 벼슬이 대광보국숭록대부(大匡輔國崇祿大夫)에 올랐으며 부원군(府院君)에 봉해졌다. 저서로 《오봉집》이 있다. 죽은 뒤에 청백리에 올랐으며 지례(知禮)의 도동향사(道東鄕祠)에 제향되었다. 시호는 문

것을 허락하였지만, 지체하면서 이루지 못하였습니다. 저는 지금 이미 나이가 많아 희망이 전혀 없습니다. 선생 내외의 남은 후손들과 짧은 글의 비석을 세워서 묘도(墓道)를 표시하는 것을 도모하니, 태형(台兄)의 노련한 솜씨가 아니라면 어찌 숨어 있는 덕을 천양하여 후세 사람들에게 믿을 수 있게 하겠습니까. 태형께서는 또한 이미 일찍부터 선생의 행적을 들어서 알고 있기에 한두 자손들이 전하는 것을 가볍게 믿는 수준과는 같지 않을 것으로 생각됩니다. 바라건대 헛되이 사양하지 마시고 속히 글을 지어 보내주신다면 선열을 빛나게 함이 어떠하고 어떠하겠습니까.

저는 비록 선생의 자손이지만 한 글자라도 실상에 지나치게 서술하여 선정(先正)에 미안함을 끼칠까 염려합니다. 그래서 감히 사료를 모아서 함부로 전술하여 먼 선조에게 아름다움을 귀결시키는 것을 하지 못하고 있습니다. 하물며 논의를 주장하고 사건을 짐작하는 것이 모두 글을 짓는 작자에게 달렸으니, 어찌 기송(杞宋)처럼 증거도 없는 곳[35]에 억지로 글을 짓는 것을 기필하겠습니까. 다만 징험할 수 없는 가운데 고인(古人)의 말밖의 뜻을 보아 다소나마 생애를 밝혀 드러낼 따름입니다. 이생(李生)이 돌아가기를 고함에 감히 제가 기록한 것을 편지와 함께 올리게 합니다. 차후에 서로 만나는 것을 어찌 기약하겠습니까. 갈팡질팡 마음이 슬프고 슬픕니다.

희(文僖)이다.

35 기송(杞宋)처럼……곳 : 선대(先代)의 일을 상고할 만한 문헌(文獻)이 없는 것을 뜻한다. 기(杞)나라는 하(夏)나라를 계승했고, 송(宋)나라는 은(殷)나라를 계승했으나, 기와 송에는 하나라와 은나라의 일을 상고할 만한 문헌이 전혀 없다고 공자(孔子)가 탄식한 적이 있다.《論語 八佾》

김도원[36]이 일본에 사신을 감에 주는 편지

與金道源奉使日本書

장맛비가 그치지 않고 가을이 되어 더욱 심하니, 사람들이 찌는 듯한 더위를 견딜 수가 없습니다. 도로는 극도로 험난하고 풍랑이 치는 만 리 길 행차에 처음부터 산을 넘고 물을 건너는 고생이 있을 것이니 제가 크게 탄식이 됩니다. 사신 길에 오른 이후에 건강이 어떠하신지요. 병든 저는 몸이 쇠약함이 더욱 심하여 만사를 폐기하고 다만 쓰러져 누워 신음하고 있을 따름입니다. 지난번에 그대가 서울에 있으면서 보내 준 정다운 편지를 접하니 마치 풍채와 의표를 만나는 것 같아서 저의 회포가 기쁘고 위로됨이 한량이 없었습니다. 다만 저는 그때 눈병과 서학(暑瘧)[37]으로 고생하였는데, 마침 곁에 편지를 대필할 자제가 없었으며 집은 외진 마을에 있고 또 풍편이 없어서 아직까지 답장을 하지 못하고 있으니, 무심한 자와 같습니다. 병든 가운데 사람의 일이 이러한 지경에 이르렀으니 더욱 탄식할 만합니다.

36 김도원(金道源) : 김용(金涌, 1557~1620)을 말한다. 본관은 의성(義城), 자는 도원(道源), 호는 운천(雲川)으로 김성일(金誠一)의 조카이다. 1590년(선조23) 문과에 급제하였고 임진왜란 때 의병을 일으켜 안동 수성장(安東守城將)에 추대되었다. 벼슬이 통정대부와 병조 참의에 올랐다. 1619년 7월에 사은부사(謝恩副使)가 되었으나 나아가지 않았다. 안동 임호서원(臨湖書院)과 묵계서원(默溪書院) 등에 제향되었다. 저서로는 《운천집》과 《운천호종일기(雲川扈從日記)》 등이 있다.

37 서학(暑瘧) : 열만 나고 오한이 들지 않는 것을 말한다.

보내 주신 편지에서의 가르침은 감히 마음에서 조금도 해이하게 생각하지 않습니다만 저의 병이 심각한 지경에 이르게 되어 시력이 글자를 분별할 수가 없습니다. 전후로 기록한 것을 모아 집에 있는 아이에게 부쳐 스스로 수정하게 하였으니, 늙고 병든 저의 마음을 알 수 있을 것입니다. 그대는 기운이 약하고 병이 많으니, 축원하는 바는 신명(神明)이 도와서 무사히 큰 파도를 넘어가고 장무(瘴霧)를 헤치고 가는 것입니다. 춘풍 시절에 맞추어 일을 마치고 좋이 영화롭게 귀국할 때 늙은 제가 죽지 않고 있으면 다시 만나 악수할 것이 이날에 있을 것입니다. 천만 가지의 생각을 어찌 편지에 다 말하겠습니까.

권개보[38] 별 에게 답하는 편지

答權介甫 鼈 書

멀리서 보내 준 편지를 누차 받으니 감격스러운 마음이 어찌 끝이 있겠습니까. 다만 돌아가는 인편을 구하기가 쉽지 않아 즉시 답장을 못한 것이 한스러울 뿐입니다. 지금 청화한 계절에 시학(侍學)[39]으로 편안하게 잘 지내는지요. 선대부(先大夫) 초간 선생(草澗先生)[40] 유고는 아직 편수(編修)하지 않았습니까. 제가 멀리 있기에 그 곁에 가서 여러 벗들과 함께 유고를 교정할 수가 없으니, 다만 애처로운 마음으로 탄식할 뿐입니다. 용문(龍門) 선왕고(先王考)[41]의 묘갈(墓碣)에 대하여는 이미 보계(譜系)를 알려주는

38 권개보(權介甫) : 권별(權鼈, 1589~1671). 본관은 예천(醴泉), 자는 개보 또는 수보(壽甫), 호는 죽소(竹所)이다. 권문해(權文海)의 아들로 예천 용문(龍門)에 거주하였다. 병자호란에 창의하였고, 수직(壽職)으로 용양위 부호군(龍驤衛副護軍)을 제수받았다. 부친의 학통을 계승하여 성리학을 연구하면서 단군조선부터 고려 말까지의 왕실 사적과 광해군 이전까지의 인물 1,074명에 대한 열전(列傳)을 집대성한 《해동잡록(海東雜錄)》 14권을 편찬하였다.

39 시학(侍學) : 부모를 봉양하고 학문에 힘을 쏟는 상대의 근황을 뜻하는 말이다.

40 초간 선생(草澗先生) : 권문해(權文海, 1534~1591)를 말한다. 본관은 예천(醴泉), 자는 호원(灝元), 호는 초간으로 이황(李滉)의 문인이다. 1560년 문과에 급제하여 벼슬이 대제학(大提學)에 이르렀다. 봉산서원(鳳山書院)에 제향되었다. 저서로 《초간집》과 《대동운부군옥(大東韻府群玉)》 20권이 있다.

41 용문(龍門) 선왕고(先王考) : 권지(權祉, 1504~1577)로 자는 자장(子將)이다. 참봉을 지냈으며 형조 참의(刑曹參議)에 추증되었다.

가르침을 받았으나, 제가 쇠약하고 병듦이 이와 같아 하루도 편안하고 고요할 때가 없습니다. 그래서 제가 마치 물에서 부침하는 부서진 배 속에 있는 것 같아 생각을 얽어 글을 지을 겨를이 없습니다. 만약 제 몸이 고향으로 돌아가지 않으면 아마도 감히 지을 수가 없을 것 같으니, 타인으로 바꾸어 글을 구하는 것이 어떻겠습니까. 김익지(金翼之)[42]는 지금 어디에 있습니까. 답장을 하고자 하나 총총 바빠서 거기에 미치지 못하니, 또한 그에게 간절히 그리워하는 뜻을 펼칩니다.

42 김익지(金翼之) : 김연(金演, 1608~1693)을 말한다. 본관은 광산(光山), 자는 익지, 호는 송담(松潭)으로 안동에 거주하였다. 문장과 덕행으로 사림의 추중을 받았으며 음보로 부호군(副護軍)이 되었다. 저서로 《송담집》이 있다.

친척 문비연에게 답하는 편지
答文戚棐然書

병환이 매우 위중하였다는 것을 오래전부터 들었으니 염려함을 조금이라도 그만둘 수 없었습니다. 지금 편지를 받고 병환에 차도가 있음을 알았으니, 위안이 되고 위안이 됩니다. 보여 주신 그대의 아들 복상(服喪)의 일은 이미 근거할 만한 예문(禮文)이 없으나, 저는 그대의 아들이 형수를 받들어 섬기는 뜻을 잘 알고 있고 또 그 말을 상세하게 들었습니다. 형수가 구고(舅姑) 이상 3대(三代)의 제사를 의탁할 데가 없는 것으로 슬픔을 여겨서 강보에 싸여 있는 그대의 아이를 거두어 길러서 자기가 낳은 자식과 같이 여기고는 뒤의 일〔제사〕을 부탁하고 전답과 인력을 모두 주었습니다. 형수는 부인 중에 대의(大義)에 통한 사람입니다. 그러므로 문서가 이루어질 때 저도 서명을 하고 피하지 않았으며, 재물의 주인〔형수〕이 의탁한 정의(情義)는 보통의 것에 비길 수가 없습니다. 또 들으니, 국법(國法)에 세 살 이전에 거두어 기른〔收養〕 아이는 곧 자기 자식과 같다고 합니다. 이것으로 유추해 보면 삼년상은 그만둘 수 없을 것 같으니 어떻게 생각하고 어떻게 생각합니까.

국초(國初)에 정승 심회(沈澮)[43]가 아이 때에 집안에 재앙을 입

43 심회(沈澮) : 1418~1493. 본관은 청송(青松), 자는 청보(淸甫)로 영의정 심온(沈溫)의 아들이며 세종의 비 소헌왕후(昭憲王后)의 동생이다. 벼슬이 영의정에 이

어 여종이 업고 달아나다가 선산부(善山府) 강거민(康居敏)[44]의 집에 와서 의탁하자 강거민이 수양(收養)하여 자기 자식으로 삼았으며 재산을 모두 그에게 주었습니다. 강거민의 상에 심회가 삼년복을 입었으며 조정에 돌아온 후 강거민의 처가 죽자 정승의 신분으로 민가에 와서 여묘살이와 복상(服喪)을 강거민의 상과 같이 하였습니다. 그러나 심회의 행위를 두고 그르다고 하는 자를 들어보지 못하였고 오히려 아름다운 이야기로 여겼습니다. 제가 이미 그 사실을 《일선지(一善誌)》에 드러내었으니, 박절한 정에 잃기보다는 차라리 후덕한 정에 잃는 것이 낫습니다. 저의 뜻이 이와 같으니 어떠한지요. 모름지기 헤아려 처리하기 바랍니다.

르렀고 청송부원군(青松府院君)에 봉해졌다. 성종의 신임을 받아 국가의 대소 정사에 참여했고, 1491년(성종22) 궤장(几杖)이 하사되었다. 1504년(연산군10) 갑자사화 때 연산군의 모친인 윤비(尹妃)의 폐출 사건에 동조했다는 죄로 관직이 추탈되고 부관참시(剖棺斬屍)를 당했으나, 뒤에 신원되었다. 시호는 공숙(恭肅)이다.

44 강거민(康居敏) : 본관은 신천(信川)으로 선산 사람이다. 태종 때 반역죄로 죽임을 당한 영의정 심온의 아들 심회를 양자로 키웠다. 심회의 유모가 심회를 데리고 선산 땅에 도착하였을 때, 마을에 살던 강거민과 부인 전씨가 앞들 삼밭에서 용이 하늘로 올라가는 꿈을 같이 꾸고서 마을에 와 있던 심회를 거두어 양자로 들였다. 심회를 집으로 데리고 와서 친자식과 같이 공부도 가르치며 애지중지 키웠다. 1433년(세종15) 심온의 무고함이 천하에 밝혀지게 되었고, 조정에서는 전국 각지에 수소문하여 심회를 찾아 한양으로 불러들였다. 심회는 그 뒤 영의정이 되었는데, 1472년(성종3) 강거민 내외의 부고를 차례로 받고서 슬픔을 금치 못하고 모든 관직을 버리고 선산으로 내려와 강거민 내외의 묘소에서 6년간 시묘하였다.

문목 問目

한강 선생[45]에게 올리는 문목
上寒岡先生問目

문 〈잡기(雜記)〉에 말하기를, "기년복의 상에는 11개월이 지나서 연제(練祭)를 지내고, 13개월이 지나서 상제(祥祭)를 지내고, 15개월이 지나서 담제(禫祭)를 지낸다."라고 하였습니다. 정현(鄭玄)이 말하기를 "이것은 아버지가 살아 계시는데 어머니를 위해 상복을 입을 경우를 두고 이른 말이다."라고 하였으니, 고인(古人)이 기년복의 상에는 15개월에 그쳤던 것입니다. 그런데 《가례(家禮)》 성복(成服) 조에 어찌 이런 큰 절목의 내용에 대한 언급

45 한강(寒岡) 선생 : 정구(鄭逑, 1543~1620)를 말한다. 본관은 청주(淸州), 자는 도가(道可), 호는 한강으로 이황과 조식의 문인이다. 1580년 창녕 현감(昌寧縣監)을 시작으로 강원도 관찰사, 형조 참판, 대사헌 등을 역임하였다. 1613년 계축옥사(癸丑獄事) 때 영창대군(永昌大君)을 구하려 했으며, 1617년 폐모론(廢母論) 때에도 인목대비(仁穆大妃)를 서인(庶人)으로 쫓아내지 말 것을 주장하였다. 시호는 문목(文穆)이다. 성주 회연서원(檜淵書院)·천곡서원(川谷書院), 칠곡의 사양서원(泗陽書院), 창녕의 관산서원(冠山書院), 충주의 운곡서원(雲谷書院), 현풍의 도동서원(道東書院) 등에 제향되었다.

이 없습니까. 대상(大祥) 장(章)의 주에 주자(朱子)가 혹인의 질문에 답하여 말하기를 "오늘날의 예법에는 궤연은 반드시 3년이 지난 뒤에 철거하니, 소상과 대상의 제사는 모두 남편이 주재한다. 다만 소상 이후에 남편은 상복을 벗으니 대상의 제사는 남편이 또한 평상복 차림으로 제사를 지내야 할 듯하다."[46]라 하였으니, 주자가 〈잡기(雜記)〉에서 논의한 내용을 취하지 않은 것이 아니지만, 어찌하여 드러내어 정례(定禮)로 삼지 않았으며 혹인에 답하는 말이 이와 같습니까.

답 아버지가 살아 계시는데 어머니를 위해 상복을 입을 경우는 송(宋)나라 복제(服制)의 법령에는 자최(齊衰) 3년이고 명(明)나라에서는 참최(斬衰) 3년이다. 사마온공(司馬溫公)이 《서의(書儀)》를 지으면서 감히 당시의 제도를 어기지 않았고, 주자(朱子)가 《가례(家禮)》를 편찬하면서 그것을 그대로 따랐다. 그래서 13개월이 지나서 상제(祥祭)를 지내고, 15개월이 지나서 담제(禫祭)를 지내는 제도는 부득이하기 때문이다. 이 선생(李先生 이황(李滉))도 또한 이 점에 대하여 말하기 어려워했다. 그러나 아버지가 살아 계시는데 어머니 상을 당하면 높은 분〔아버지〕에게 눌려 감히 3년 뒤에까지 상제와 담제를 끌고 가지 못하는 것이라고 선현이 밝혀 놓은 정론이 있다. 예법을 따르기 좋아하는 사람은 스스로 마땅히 참작하여 준행(遵行)해야 할 것이고 감히 다시는 설명

46 주자(朱子)가……듯하다 : 《주자대전(朱子大全)》 권59 〈답보문경(答竇文卿)〉에 나온다.

하고 분별하지 않는 것이 어떠하겠는가.

문 일반적으로 가묘(家廟)의 제도는 제사를 지내는 일이 4대에서 그치고, 대수(代數)가 다 되면 체천(遞遷)하여 지손(支孫) 중에 가장 나이가 많은 자의 집으로 옮겨 제사를 받들며, 지손의 대수까지 다 되면 묘소에 묻는 것으로 되어 있습니다. 지금 고조를 잇는 종가에서 만일 병란으로 인해 그 신주를 보존하지 못했다면 난리가 안정된 뒤에는 마땅히 다시 만들어야 할 것인데, 이때 비록 대수가 다 된 신주라 하더라도 다시 만들어 제사를 행하고 사유를 고한 다음에 다른 자손의 집으로 옮기거나 혹은 묻거나 해야 할 것 같습니다.

그런데 가령 평상시에 4대가 이미 다 되었는데도 그럭저럭 미루다 옮기지 못했거나 혹은 미처 묻지 못하고 있던 중에 난리를 만나 그 신주를 보존하지 못한 경우에도 마땅히 다시 만들어야 합니까? 종가에서 신주를 다시 만들 때 당연히 제사 지낼 신주만을 만들고 5대조의 신주는 대수가 다 되었다 하여 다시 만들지 않았는데, 그 종손이 이미 죽었다면 종손의 아들이 소급하여 다시 만들어야 합니까? 아니면 지손 중에 대수가 다 되지 않은 자가 또한 스스로 다시 만들어 그가 죽는 날까지 제사를 받들어야 합니까?

《가례》에 "사당의 신주를 대수가 다 된 뒤에는 지손에게 옮긴다."라고 한 말은 신주가 아직 보존되어 있고 지손 중에 아직 대수가 다 되지 않은 자가 있기 때문에 차마 땅에다 묻을 수 없어 그렇게 한 것 같습니다. 그러나 지금 이미 신주가 없고 다시 만드는 절차도 이미 챙기지 않았으며 게다가 종손도 이미 죽은 상황에서 종손의 아들이 자기 아버지가 행하지 못한 예를 소급하여 행한다는 것은 온당치 못할 듯합니다. 그렇다고 지손이 스스로 선대의 신주를 만든다는 것도 온당치 못할 듯하니, 어떻게 조처하는 것이 좋겠습니까? 다시 만들 수 없다면 대수가 다 되지 않은 지손이 또한 지방(紙榜)으로 고조의 기제(忌祭)와 시제(時祭)를 받들어 행하는 것도 의리에 문제가 되지는 않습니까?

답 선대의 신주를 병란으로 인해 보존하지 못한 것은 실로 가슴 아픈 일이기는 하나 대수가 다 된 뒤에 소급하여 만든다는 것은 사리에 합당하지 못할 듯하고, 지손 중에 대수가 다 되지 않은 자가 비록 그 신주를 임시로 받든다 하더라도 대수가 다 된 신주를 소급해 만든다는 것 또한 온당치 못할 듯하다. 나는 예전부터 이와 같은 문제에 관해 어떻게 하는 것이 도리에 합당한지 모르고 있으며 지금도 감히 억지로 말할 수 없다.

문 반부(班祔)[47]한 신주가 혹시 정위(正位)보다 높을 경우에 자손이 제향을 행한다면 제물과 제주(祭酒)를 어느 신위부터 먼저 올려야 합니까? 고조부나 증조부의 방친(旁親)으로서 죽은 뒤에 후사가 없는 사람도 마땅히 사당에 들어갈 수 있습니까? 만일 시제(時祭)를 행할 때 반부할 신주가 조부모의 자리가 없으면 제사를 지낼 때 어느 신주에게 반부해야 합니까? 그리고 축문은 반부

47 반부(班祔) : 조상의 사당에 항열(行列)에 따라 끼어서 합사(合祀)하는 것이다.

하는 신위를 언급하지 않는 것입니까?

답 정자(程子)께서 말씀하기를 "성인으로서 후사가 없는 자는 그를 위한 제사가 형제의 손자 대에서 끝난다." 하였으니, 고조부나 증조부의 방친으로서 후사가 없는 자는 사당에 들어갈 수 없을 것 같다. 부식(祔食)할 신주가 조부의 자리에 들어가 제향을 받을 수 없다면 아버지의 자리에 임시로 반부하지 않을 수 없다. 축문은 본디 반부하는 자리에는 쓰지 않는 것이지만 만일 조고에게 반부한다면 아무개 신위를 부식한다는 내용을 쓰라고 《가례》에 분명한 글이 있다. 다만 아버지의 신위에 임시로 반부할 경우 그 축문을 어떻게 할 것인지 모르므로 감히 억지로 뭐라고 말할 수 없다.

문 고모, 누나, 누이가 시집가서 살다가 죽었는데 아들과 손자가 다 죽어 후사가 없고 게다가 남편 집안에 마땅히 반부할 만한 친족이 없다면 본가의 친족이 자기 가묘(家廟)에 반부할 수 있습니까? 누나와 누이의 남편을 가묘에 반부하는 것은 옳지 않은데 그렇다고 하여 고모, 누나, 누이만 반부하고 그 남편은 제사를 지내지 않는다는 것도 미안한 일이니, 어떻게 하는 것이 좋겠습니까? 세속에서는 간혹 고모, 누나, 누이로서 후사가 없는 자에 대해 남편과 아내의 신주를 각자의 친족으로 나누어 보내는 경우도 있는데, 이 점은 어떻습니까?

답 고모, 누나, 누이로서 이미 시집간 뒤에 후사가 없는 자를 본가의 가묘에 반부한다는 것은 사리에 합당하지 않고, 남편과 아내의 신주를 양가의 친족에 각기 나누어 보내는 것은 더더욱 이치에 맞지 않네.

문 일반적으로 사람들이 후사가 없어 반부한다고 말하는 것은 아들과 딸이 다 없어야만 방친의 사당에 붙여 들인다는 것입니다. 만일 아들이 없고 딸이 있을 경우에는 사위와 외손이 그 신주를 자기 집에 받들어 모시게 되어 있는데, 이것도 미안한 일입니다. 지금 비록 딸과 외손이 있다 하더라도, 후사가 없는 사람을 반부하는 사례에 따라, 본가의 가묘에 들여와 반부하도록 청하는 것이 어떠하겠습니까?

답 이미 후사를 들여 세우지 못했다면 외손의 집에 임시로 안치한다는 것도 이미 미안한 일이고, 본가의 가묘에 반부한다는 것도 매우 온당치 못하다. 이와 같은 문제는 정말 무어라고 말하기가 어렵다. 만일 굳이 말을 한다면 망인의 살아생전의 조처를 따르지 않을 수 없다고 본다.

문 형제자매로서 성인이 되기 전에 죽은 자는 이미 무슨 칭호나 봉씨(封氏)가 없는데, 신주를 무엇이라고 써야 합니까? 혹시 '상형(殤兄)'이나 '상자(殤姊)'라고 쓰는 것은 어떠하겠습니까? '모봉모씨(某封某氏)'라는 칭호를 상친(殤親)에게 쓸 수도 있습니까?

답 신주에 '상(殤)' 자를 쓰는 것은 옛글에서 보지 못했으며 성인이 되기 전에 죽으면 봉호(封號)가 있을 수 없다. 남자는 마땅히 '수재모군모공신주(秀才某郡某公神主)'라고 쓰고 여자는 마땅히 '모군모씨(某郡某氏)'라고 써야 하지 않겠는가. 하지만 감히 확실히 안다고 말하지는 못하겠다.

문 신주를 쓸 때는 '현고(顯考)'나 '현조고(顯祖考)'라고 쓰는데 《제의(祭儀)》의 축사(祝辭)에는 '현(顯)' 자를 쓰지 않았으니, 이는 무슨 이유입니까?

답 신주에 이미 '현' 자를 썼는데 축문에는 쓰지 않은 것은 무슨 이유인지 모르겠다. 이미 가례도(家禮圖)에 '현' 자가 있기 때문에 세속에서 그대로 따라 적용한 것이며, 《가례》 본문의 축사는 주자께서 당시에 쓰지 않은 것으로 인해 쓰지 말도록 한 것이 아닌가 한다. 그러나 이 또한 나의 추측이며 확실한 근거가 있는 것은 아니다.

문 옛날 예법의 사당 제도는 모두 소(昭)와 목(穆)으로 순서를 정해 손자는 마땅히 조부에게 붙이게 되어 있으므로 부제(祔祭)와 반부(班祔)를 다 조부의 사당에서 하였습니다. 그러나 지금은 4대가 나란히 줄지어 앉아, 아들이 아버지 뒤를 잇게 되어 있습니다. 그런데도 아버지의 신위에 고하지 않고 까닭 없이 부식(祔食)한다는 것은 미안하지 않겠습니까? 《가례》에 또 4대를 한 축판에 쓴다는 내용이 있는데, 만일 그렇다면 범연하게 아무 친족을 부식한다는 내용을 그 축사의 끝부분에 쓰고 아무 조고에게 부식한다는 말은 군이 쓰지 않아도 되지 않겠습니까? 하지만 지금 형제에게 부식한다는 뜻을 고비(考妣)의 축문 밑에 쓰는 것이 어떠하겠습니까?

답 까닭 없이 부식한다는 것은 진정 미안한 일이기는 하나 그렇게 하지 않을 수 없는 것이다. 다만 4대를 한 축판에 쓴다는 것은 구경산(丘瓊山)[48]의 예법이고 《가례》에서 허용한 것은 아니다. 축문에 부식한다는 내용을 쓴다는 것은 미안하다는 뜻을 이미 앞에서 다 설명하였다.

문 고비(考妣)의 신주는 하나의 독(櫝)에 함께 들어 있는 것이 예법입니다. 그런데 만일 아버지가 세 명의 아내를 두었을 경우는 어떻게 해야 합니까? 네 신주의 독을 각기 따로 만든다면 감실(龕室)이 비좁아 수용하기 어렵고 그렇다고 한 독에 합하면 마땅히 독의 폭을 넓혀야 하지 않겠습니까? 그러나 사당에서 제물을 올릴 때 신주를 내놓는 의식이 없으니 만일 신주를 한 독에 합해 두고 그 네 신위에 제물을 진설하면 신주와의 거리가 너무 멀어 미안한 일입니다. 어쩌면 네 신주를 절반으로 나누어 두 개의 독으로 만들되 고위(考位)와 첫 아내를 한 독으로 하고 둘째와 셋째 아내를 한 독으로 할 수도 있겠습니다만, 이 또한 미안할 듯합니다.

48 구경산(丘瓊山) : 명나라 구준(丘濬)으로 호가 경산이다. 그는 《가례의절(家禮儀節)》을 지었다.

독의 제도만 그와 같은 문제가 있는 것이 아닙니다. 사당 감실의 제도도 마땅히 크게 넓혀 네 명 앞에 올리는 제물이 수용될 수 있도록 해야 하니 그렇다면 선대 4대의 감실도 모두 이에 따라 넓혀야 할지, 아니면 그 신주 수효가 많고 적은 것에 따라 좁히거나 넓혀야 할지 모르겠습니다.

또 감실 제도만 그런 문제가 있는 것이 아닙니다. 일반적으로 사람들이 제사를 행할 때 고비를 한 탁자에 앉히는데, 지금 네 명의 신위를 모두 한 탁자에 앉힌다면 그 형편이 곤란합니다. 그렇다고 나누어 네 개의 탁자로 하면 각 내외분이 한 탁자에 앉는 예법과 다르므로 미안할 듯합니다. 혹시 비위(妣位)의 선후로 순서를 정해 첫 아내는 고위와 함께 앉히고 둘째와 셋째 아내는 한 탁자에 함께 앉힐 수도 있는데, 어떻게 해야 합니까?

답 이른바 독(櫝)이란 곧 《가례》의 좌식(坐式) 제도를 말하는 것인가. 고비를 하나의 좌식에 합하는 그 자체가 이미 미안한 일인데, 만일 네 명의 신위를 한 좌식에다 합한다면 더욱 미안할 듯하다. 정월 초하루와 동지의 제사, 그리고 매월 초하루와 보름의 참배에는 신주를 내오지 않고 각 감실마다 큰 그릇 하나를 탁자 위에 진설한다. 명절에 전헌(奠獻)할 때도 그 철에 나온 음식을 큰 그릇에 담아 올리는데 그때마다 감실 하나에 탁자 하나씩을 사용하는 것이니, 이렇게 하면 네 신위에 각기 따로 진설하는 어려움이 없을 것이다. 고위와 첫 아내가 한 독(櫝)에 들어가고 같은 탁자를 쓰는 것은 혹시 그럴 수 있으나 둘째, 셋째 아내를 한 독에 합치고 한 탁자를 쓰게 한다면 매우 미안할 듯하네. 네 신위에 각기 탁자를 따로 놓을 수 없다면 차라리 네 신위가 한 탁자를 같이 쓰게 하고 잔반(盞盤), 반갱(飯羹), 적간(炙肝) 등의 제물을 따로따로 진설하는 것이 부득이한 임시 조치에 무방할 것 같다.

문 옛날의 소목(昭穆) 제도가 매우 분명한데도 정자(程子)가 서쪽을 윗자리로 삼고 4대를 한 줄로 앉게 한 뜻은 무엇 때문입니까? 오늘날 사대부가 사당을 세우면 소목의 제도를 따를 수는 없는 것입니까? 중자(衆子)는 시조의 제사를 받들 수 없다면 사당에 들어간 조상 가운데 가장 높은 신위가 시조의 자리에 앉는 것입니까? 천자부터 그 이하는 소목의 수효를 줄여 다섯을 셋으로 만들었는데 정자가 반드시 4대로 정한 것은 무슨 뜻입니까? 제후의 사당에서 태조는 정동향(正東向) 자리에 앉으니 그렇다면 소(昭)는 북쪽에, 목(穆)은 남쪽에 위치한다고 봅니다. 제사를 행할 때도 이에 따라 신위를 설치합니까, 아니면 태조가 북쪽에 자리잡고 소는 동쪽에, 목은 서쪽에 자리를 잡는 것입니까? 사대부 가묘에 만일 소목의 제도를 본뜬다면 그 경우에도 시조는 동향을 하고 소는 북쪽, 목은 남쪽에 자리를 잡아야 합니까?

답 서쪽을 윗자리로 삼고 서쪽에서 동쪽으로 이어지는 제도는 정자에게서 처음 나온 것은 아니고 한(漢)나라 때부터 그러하였다. 중자(衆子)는 시조를 받들어 제사를 행할 수 없는 것이니 사당 안에서 가장 높은 신위라 하더라도 그 자리에 앉힐 수 없는 것이다. 예법을 좋아하는 집안에서는 간혹 소목의 제도를 대강 모방하여 남북으로 서로 마주 보게 안치하는 경우가 있기도 한데, 그렇게 하는 것도 안 될 것은 없을 듯하다. 정자가, 고조는 복이 있어 제사를 행하지 않을 수 없다는 생각에서 4대까지 제사를 지내게 한 것이며, 두 단계씩 줄이는 의미에서 취한 것은 아니다.

문 아내는 남편의 벼슬을 따르는 것이 예법이니, 오늘날 사족(士族) 가운데 관직이 없는 자의 아내에 대해 명정(銘旌)과 신주에 '유인(孺人)'이라고 쓰는 것은 예가 아닙니다. 무엇이라고 쓰는 것이 옳습니까? 일찍이 관직을 지니고 있다가 그것이 삭탈된 자의 아내에 대한 명정과 신주는 또한 어떻게 써야 합니까?

답 남편이 관직이 없으면 그 아내는 '유인'의 호칭을 빌려 쓰는 것이다. 관직이 삭탈된 자의 아내도 마땅히 관직이 없는 자의 규례를 따라야 할 듯하다.

문 《가례》 입상주(立喪主) 조의 주석에 "아버지가 생존해 있으면 아버지가 주인이 된다." 하였는데, 이는 손님과 예를 행할 때, 높은 자가 그 일을 주관하고 궤전(饋奠)은 상주가 주관하는 것을 말한 것입니다. 그런데 지금은 아내의 상사에 남편이 제사를 주관하고 축문도 남편의 이름을 씁니다. 이미 손님과 예를 행한다고 하였는데 아들이 궤전을 받든다면 이른바 궤전은 제사가 아니란 말입니까? 제주(題主) 조의 주석에 "남편이 살아 있을 경우 아내의 신주에 누가 봉사한다고 써야 합니까."라고 한 것은 곧 방제(旁題)를 가리키는 말로, 비록 장자가 있더라도 반드시 남편 이름을 써야 한다고 말한 것은 아닐 듯합니다. 그런데 지금 사람들은 아내의 상사에 비록 장자가 있더라도 반드시 남편의 이름으로 그 신주를 쓰고 축문도 그렇게 하고 있습니다. 만일 이것이 옳다면 예문에 어찌 '아버지가 생존해 있으면 아버지가 마땅히 제사를 주관한다.' 하지 않고 그저 '손님과 예를 행한다.'라고만 하였으며, 축문은 또 어찌 '남편 아무개는 아내 아무씨에게 고한다.〔夫某告于妻某氏〕' 하지 않았습니까?

답 '아버지가 생존해 있으면 아버지가 주인이 된다.'라는 말은 《예기》 〈분상(奔喪)〉의 '낮은 자는 높은 자의 수하에 있다.'라는 뜻을 취해 말한 것일 뿐, 궤전 등 여러 일을 모두 그의 아들에게 넘겨 버리고 아버지 혼자서만 손님과 예를 행한다는 것은 아니다. 남편이 아내의 상사를 주관한다면 축문에 마땅히 남편의 이름을 써야 하고, 남편에게 만일 아버지가 있다면 손님과 예를 행하는 일은 그 아버지가 주관해야 할 것이다. 신주의 방제(旁題)는 비록 장자가 있다 하더라도 반드시 남편이 주관하여 쓰는 것이니, 지금 사람들이 남편의 이름으로 신주를 쓰고 축문도 그와 같이 하는 것은 옳은 일이다. 《가례》의 내용은 간단하게 그 원칙만 말하고 그에 따른 변례(變禮)는 말하지 않았다.

문 분상(奔喪) 조 '역복(易服)'의 주석에 "베를 찢어서 사각건[49]

49 사각건 : 부모의 상을 당한 상주(喪主)가 소렴(小斂) 때부터 성복(成服) 때까지 머리에 쓰는 두건으로, 베로 만들며 네 가닥의 끈이 있어 머리의 앞쪽과 뒤쪽에

을 만든다.〔裂布爲四脚〕" 하였는데, 그 제도는 어떤 것입니까? 두수(頭繻)[50]의 제도는 또 어떤 것입니까?

답 사각건을 만드는 제도는, 직각의 베 한 폭을 쓰는데 반대쪽 두 변의 중앙을 찢어 내어 네 가닥을 만든 다음, 먼저 뒤쪽의 두 가닥은 이마 위에 잡아매고 그다음 앞쪽의 두 가닥은 머리 뒤쪽에 잡아매는 것이다. 두수는 곧 오늘날 사용하는 수파(繻帕)[51]와 같다.

문 자최이하(齊衰以下) 조 '분상(奔喪)'의 주석에 "화려한 옷을 벗는다." 하였으니, 지금 어떤 관복(冠服)과 대구(帶屨)를 착용해야 합니까? 의관과 대구는 비록 백색이 아니더라도 화려한 복색이 아니면 착용할 수 있지 않겠습니까? 아내의 상사는 기년복 중에서도 중한 복이니, 분상(奔喪)할 때 초립(草笠), 백건영(白巾纓), 백모대(白帽帶)를 착용하고 망건을 벗고 가는 것이 어떻겠습니까? 예문(禮文)에 "집에 도착하여 성복한다." 하였는데, 4일 동안 기다리지 않고 곧바로 성복하는 이유가 혹시 이미 초상이 지나가 버려 대렴과 소렴을 할 때의 의식처럼 여러 번 변복(變服)

서 두건을 매어 고정시킨다. 직사각의 베 한 폭을 가지고 만드는데, 두 변의 안쪽을 도려내어 중앙의 부분이 정사각형이 되게 함과 동시에 끈 네 가닥이 형성되게 하는 것이다.

50 두수(頭繻) : 부인의 머리를 묶는 데 사용하는 끈을 말한다.

51 수파(繻帕) : 여자의 수식(首飾)으로 쓰는 헝겊 오리이다.

하는 일이 없어서 그런 것은 아닙니까? 만일 상복이 만들어지지 않아 집에 도착한 그날 성복하지 못한다면 착용하는 관대를 오는 도중에 입었던 그대로 유지해야 합니까? 만일 그렇다면 자최 기년복은 상복 중에서도 중한 복인데, 이미 영좌(靈座) 앞에 이르러서도 흑립(黑笠)과 흑모(黑帽)를 쓰고 있고 조석전(朝夕奠)에 상식(上食)할 때도 그 차림으로 제사에 참여한다는 것이 또한 미안하지 않습니까?

답 자최 이하로서 분상하는 자는 그야 물론 화려한 복색을 벗는 것이 당연하고, 백색의 의복을 착용하지 않는 것도 미안할 듯하다. 아내의 상에 분상할 때 입는 복색은 그대의 말이 맞을 것 같다. 예문에 의하면, 대공(大功) 이상은 3일 만에 성복한다는 글이 있고 소공 이하는 3일까지 기다리지 않는다고 하였다. 상복이 만들어지기 전에는 마땅히 초상 때의 예법을 따라야 하니, 어찌 오는 도중에 입었던 복색을 입겠는가.

문 대상(大祥) 조 아래 주석에 "자식이 어머니를 위해 지내는 대상과 담제에는 남편은 이미 복이 없다." 하고, 또 이르기를 "지금의 예에 궤연은 반드시 3년 만에 거두는데 소상과 대상의 제사는 모두 남편이 주관한다. 다만 소상 뒤에는 남편이 곧 복을 벗지만 대상의 제사에도 남편이 소복을 입어 조복처럼 하는 것이 옳을 것이다. 다만 그 축사를 고쳐 굳이 자식을 위해 대신 제사를 행한다고 말할 것은 없다." 하였습니다. 그렇다면 자식이 어머니를 위해 입는 복을 1년 만에 벗더라도 궤연은 남겨 두어 대상과 담제를 의식대로 행해야 할 것인데도 지금 사람들은 아버지가 살아 있고 어머니의 상을 당한 경우에 11개월 만에는 연제(練祭)를 행하고 13개월 만에 상제(祥祭)를 행하고 15개월 만에 담제를 행하고 있는데, 이는 어디에 근거를 둔 것입니까? '굳이 자식을 위해 대신 제사를 행한다고 말할 것은 없다.' 한 것은 무슨 말입니까?

답 《가례》에서 '아버지가 살아 있을 때 어머니의 상을 당한 경우에는 자최 삼년복을 입는다.' 한 것은 당대 군주의 제도이고, 11개월 만에 연제를 행하고 13개월 만에 상제를 행하는 것은 선왕(先王)의 기본적인 예법이다. '굳이 자식을 위해 대신 제사를 행한다고 말할 것은 없다.' 한 것은 남편이 스스로 제사를 행하고 그 사실을 고하는 것을 말한다.

문 소상(小祥) 조의 '아침과 저녁의 곡을 그친다.〔止朝夕哭〕' 한 곳의 주석에 "초하루와 보름에만 아직 복을 벗지 못한 사람은 모여서 곡을 한다." 하였습니다. 기년이 지난 뒤에는 효자(孝子 부모의 상중에 있는 사람) 외에는 모두 이미 복을 벗은 상태이고 효자만 더 오랫동안 상차(喪次)에 있는 것인데, 이른바 '모여서 곡을 한다'는 말은 무엇을 말합니까?

답 이른바 복을 벗지 못한 사람이란 반드시 기년복과 대공복을 입을 사람으로서 초상 소식을 뒤늦게 들어서 소상 때 복을 미처 벗지 못한 자를 말한다.

문 복제(服制)에 있어서 9개월부터 3개월까지는 날짜 수로 계산하는 것입니까, 아니면 달수만을 말하는 것입니까? 이를테면 시마(緦麻) 3개월의 초상이 만일 그믐경에 났는데 석 달째 되는 달의 초하룻날 복을 벗는다면 날수가 너무 적으니, 마땅히 마지막 달을 다 지내고 그 다음달 초하룻날에 가서 복을 벗어야 하지 않겠습니까?

답 대공 이하는 마땅히 달수로 헤아려야 한다. 초상이 만일 그믐경에 나고 새달 초에 성복했다면 마땅히 성복한 시점으로 달수를 계산하여 마지막 달수를 다 지내고 그다음 달 초하룻날 복을 벗어야 한다.

문 상주가 앉는 위차(位次)는 초상에는 동서로 서로 마주 향하되 모두 남쪽을 윗자리로 삼고 우제(虞祭) 때에 가서는 북쪽을 향하되 서쪽을 윗자리로 하는 것이 통례로서 그 위차를 변경하는 문제를 논한 글은 없습니다. 지금 조문을 받을 때 주인이 서쪽을 향하고 앉는다면 초상 때처럼 남쪽을 윗자리로 삼아야 합니까? 대체로 지세(地勢)가 북쪽이 높고 남쪽은 낮으니, 제 생각에는 초상 때는 시신이 들어간 널이 남쪽으로 머리를 두고 있으므로 남쪽을 윗자리로 삼는다 하더라도 장례를 치른 뒤에도 초상 때처럼 남쪽을 윗자리로 삼는다는 것은 의미가 없을 듯합니다. 이 점을 어떻게 생각하십니까? 만일 장례를 치른 뒤부터는 북쪽을 윗자리로 삼는다면 좋을 듯합니다만, 이에 관한 항목이 예문에 나타나 있지 않으니, 이는 무슨 이유입니까?

답　그대의 말이 맞을 듯하다. 대체로 《가례》에서는 위차에 관해 자세히 언급하지 않았을 뿐이다.

문　상복 제도에 이르기를 "동자는 상장을 짚지 않는 것이니 병이 나지 않기 때문이다." 하고, 또 이르기를 "가사를 도맡아 보는 자는 문(免)을 하고 상장을 짚는다고 한 것은 적통을 이은 동자의 경우를 가리킨 말이다." 하였습니다. 그리고 동자가 아직 관을 쓰지 않은 처지라면 상복 가운데 관을 어떻게 해야겠습니까? 간혹 상을 당하여 관을 쓰는 일도 있는데, 이는 동자가 상주가 되어 마땅히 참최복을 입어야 할 경우입니까? 기년복을 입는 자도 다 상을 당하여 관을 쓰는 것입니까? 지금 왕세자께서 아직 어려 관을 쓰지 않았는데, 국상을 만나 처음에 관과 상장을 갖추었다가 얼마 안 되어 유신(儒臣)이 예법이 아니라고 하여 그만 벗었습니다. 관과 상장을 갖추어 쓰는 것과 벗는 것 중에 어느 것이 예법에 맞습니까? 지금 세자는 이미 세자로 분명히 책봉되었는데도 서동자(庶童子)의 상장을 짚지 않는 예법에 따라 관과 상장을 벗었으니, 과연 사리에 어떨지 모르겠습니다. 성상께서 유신과 예조의 관원에게 예법을 널리 상고하여 아뢰라고 분부하셨으나 아직 분명한 주장이 나오지 않고 있습니다. 저는 동궁 관료의 한 사람으로서 마음이 편치 못하여 감히 이 문제를 우러러 여쭙니다.

답　이계선(李繼善)[52]이 상을 당해 입은 상복이 세속을 따름으로

52　이계선(李繼善) : 이효술(李孝述)이니 자가 계선이며 남강(南康) 건창(建昌)

써 구차하고 간략하니 옛 예법에 따라 고쳐 입고 싶다고 하자, 주자께서 말씀하기를 "복이 이미 이루어졌는데 도중에 바꾼다는 것도 미안할 듯하니 우선 예전대로 입는 것만 못하다." 하였다. 이른바 '예전대로 입는다.'는 것은 세속에서 입는 복을 그대로 따라 입는다는 것일 뿐이다. 만일 마땅히 입어서는 안 될 복을 입었다면 그 미안스러움이 아마도 세속 제도와 옛 예법이 다소 다른 그와 같은 정도가 아닐 것이니, 주자가 반드시 달리 대답하셨을 것이다. 어떻게 생각하는가. 그리고 소식을 들으니, 왕세자께서 지난번 임금의 반교(頒敎)를 받든 그때 이미 관과 상장을 벗었다고 하였는데, 그 뒤로 이미 반달이 지났다. 지금 만일 또 도로 입는다면 이는 이미 성복하고서 중간에 바꾸고 이미 바꾼 것을 도로 입게 되는 것이니, 더욱 미안한 일이 되지 않겠는가. 이곳에 서책이 없어 달리 상고할 만한 데가 없다. 성상의 분부대로 예조와 옥당(玉堂)에 통지하여 물어보고 여러 문헌을 널리 상고하여 적출해 갖추어서 아뢰도록 하게. 그리하여 예를 좋아하고 묻기를 좋아하시는 성상의 거룩하신 뜻에 부응해 드리는 것이 어떻겠는가.

문 개장(改葬)하는 의식에 재우(再虞)와 삼우(三虞)가 없는 것은 무슨 이유입니까? 세상 사람들 중에 혹은 개장하는 그날 시마복(緦麻服)을 벗고 길복(吉服)으로 갈아입고 혹은 시마복으로 3개월을 마치는 경우가 있는데, 어느 쪽을 따르는 것이 옳습니까? 만일 3개월까지 간다면 이미 영좌(靈座)가 없는데 어디에서 시마

사람이다. 주자(朱子)의 제자이며 이번(李燔)의 종자(從子)이다.

복을 입고 있으며 어디에서 또 시마복을 벗습니까? 그동안 제사를 행하는 절차는 없습니까?

답 초상 때 이미 세 번의 우제를 행했으므로 개장할 때는 한 번의 우제로 고하는 의식만 있다. 집으로 돌아와 사당에 고하는 일 외에 다른 제사를 행하는 절차는 따로 없다.

문 모든 상사가 초상 때부터 장례를 치를 때까지 다 영좌(靈座)에 제물을 진설하고 있습니다. 지금 개장으로 인해 관을 바꾸고 아직 하관하기 이전의 경우에도 마땅히 제물을 진설해야 하며, 끼니때도 상식(上食)을 해야 합니까? 제물을 진설하기로 한다면 영좌가 없는데 어디에다 진설해야 합니까?

답 관을 바꾸고 아직 하관하기 전에 제물을 진설하고 상식하는 일은 한결같이 초상 때처럼 하되 영좌는 필요 없고 빈자리만 만들어 그곳에서 한다.

문 옛날에는 각 대(代)마다 사당이 있으므로 방친(傍親)으로서 후사가 없는 자는 그 신주를 조묘(祖廟)에 반부(班祔)하였습니다만, 지금은 각 대의 사당이 없어 부제(祔祭) 때는 조부에게 붙였다가 제사를 마치면 신주를 예묘(禰廟) 곁에 받들어 동벽(東壁)에 안치하고 있습니다. 반부할 신위가 매우 많을 경우에도 동쪽과 서쪽으로 나누어 안치해야 합니까? 만일 그렇다면 소목(昭穆)이 어지럽게 될 것이니 어떻게 해야 합니까?

답 동쪽과 서쪽으로 나누어 안치해야 할 듯하다.

문 가장(家長)이 밖에 나가 돌아오지 못한 상황에서 상을 당하여 성복(成服)할 날짜를 넘기게 되었다면 집안에 있는 자는 제때에 성복하고 가장이 돌아오기를 기다려야 합니까? 아니면 마땅히 가장에게 부음을 알리고 분상(奔喪)할 때까지 기다렸다가 동시에 성복해야 합니까?

답 가장이 밖에서 돌아오지 못한다면 집안에 있는 자는 그야 당연히 예법에 따라 성복하여야 한다. 만일 가장이 돌아올 때까지 기다린다면 온당치 못할 듯하다. 혹시 가장이 중국에 사신으로 나가 만리타국에 있다면 그래도 그가 돌아오기를 기다렸다가 동시에 성복할 생각을 할 수 있겠는가.

문 개장(改葬) 때 시마복(緦麻服)을 입는다고 한 것은 달수로 말한 것입니까, 복제(服制)로 말한 것입니까? 개장을 진행할 때 언제 처음 복을 입고 언제 탈복을 해야 합니까?

답 개장 때 성복하는 것은 복제로 말한 것이나 달수도 그 속에 포함된 것이다. 마땅히 옛 무덤을 발굴할 당시에 복을 입고 우제(虞祭)를 지내고 개장을 마친 뒤에 탈복해야 하며, 그 상복을 그대로 보관하고 있다가 3개월이 되어서야 없애는 것이다.

문 조례(弔禮)에 "상주(喪主)가 서쪽을 향하고 재배(再拜)하면 빈객은 동쪽을 향하고 답배하며 위로의 말을 한 뒤에 주인은 또 재배하고 빈객이 또 답배한다."라고 하였는데, 주(註)에는 빈객이 답배하지 않는 것을 예라고 하였습니다. 어느 설을 따라야 합니까?

답 빈객이 답배하지 않는 것은 옛 예법이다.

문 중복(重服)을 입고 있으면 경복(輕服)을 입을 수 없습니다만, 복제는 가벼우면서도 정의(情義)가 중한 경우도 있습니다. 예를 들면 개장할 때 시마복을 입는 것은 어버이를 위한 복이므로 이를 경복으로 볼 수 없습니다. 만일 자최(齊衰) 기년상(朞年喪)을 만나 미처 장례를 치르기 전에 부모를 개장한다면 기년복을 벗고 시마복을 입어야 하지 않겠습니까? 이럴 경우 개장한 뒤에 시마복을 입고 3개월을 마쳐야 합니까, 아니면 개장할 때 잠시 입었다가 개장을 마친 뒤에 시마복을 벗고 기년복으로 돌아가야 합니까?

답 개장할 때는 마땅히 시마복을 입고 장례를 마치면 그 즉시 기년복으로 돌아가야 한다.

문 의리는 한이 없고 시비는 단정 짓기 어려운 법인데, 지금 임해군(臨海君)의 옥사[53]가 임금의 혈육 사이에서 일어났습니다. 어

53 임해군(臨海君)의 옥사 : 임해군(1572~1609)은 선조(宣祖)의 서자인 왕자로,

떤 사람은 맹자(孟子)의 말을 인용하여 말하기를 "천자의 아버지가 살인을 했더라도 유사(有司)는 법대로 집행할 따름인데[54] 더구나 형제간으로서 역모를 꾀한 자를 국법으로 바로잡지 않을 수 있는가." 하고, 어떤 사람은 한 문제(漢文帝)의 사건을 인용하여 말하기를 "회남왕(淮南王) 장(長)을 서민으로 폐하여 자연사하게 하는 정도에 그쳤는데도 임금이 형제간에 베 한 자와 곡식 한 말을 주기를 아꼈다는 노래가 나돌았는데[55] 더구나 곧장 법대로 처벌할 것을 청하여 임금께 누를 끼쳐서야 되겠는가." 합니다. 이들 두 주장이 다 나름대로 논거가 있으므로 많은 사람들의 의심이

본관은 전주(全州), 이름은 이진(李珒), 자(字)는 진국(鎭國)이다. 어머니는 사도시 첨정 김희철(金希哲)의 딸이다. 서자이지만 서열이 첫째이므로 당연히 세자가 되어야 하나 성질이 난폭하여 아우인 광해군에게 세자 자리를 빼앗겼다. 1608년 선조가 죽자 세자 봉작에 대한 서열 문제가 명나라에서 다시 거론되어 현장 실사를 위하여 사신이 파견되기에 이르렀다. 광해군을 지지하는 일부 대신들의 주청에 의하여 진도에 유배되었다가 다시 강화의 교동으로 이배되었고, 이듬해 죽음을 당하였다.

54 맹자(孟子)의……따름인데 : 순(舜)의 아버지 고수(瞽瞍)가 만약 살인죄를 지었다면 법관인 고요(皐陶)는 법대로 집행했을 것이다. 그러면 순은 천자의 자리를 헌신짝처럼 던져 버리고 그의 아버지를 업고 남모르게 도망쳐 숨어 살았을 것이라는 말이 《맹자(孟子)》 〈진심 상(盡心上)〉에 보인다. 그러나 이것은 가설이지 실제로 있었던 일은 아니다.

55 회남왕(淮南王)……나돌았는데 : 회남왕(淮南王) 장(長)은 고조(高祖)의 작은 아들로 문제(文帝)와 형제간인데, 그가 역모 죄를 짓자 문제가 촉(蜀)으로 유배시키자 음식을 먹지 않고 굶어 죽었다. 그때 민간에, "한 자의 베도 옷을 지어 나누어 입을 수 있고 한 말의 곡식도 찧어서 밥을 지어 함께 먹을 수 있거늘 하물며 넓은 천하를 소유했으면서 형제 두 사람이 서로 용납하지 못한단 말인가."라는 노래가 유행하였다. 《漢書 卷44 淮南王傳》

팽배해 있습니다. 선유(先儒)들은 이와 같은 경우에 대해 반드시 정론이 있었을 것이므로 그에 관한 내용을 듣고 싶습니다.

답 개인의 은정과 나라의 법을 진정 다 유감이 없도록 조처해야 할 것이니, 순임금이 그의 아우 상(象)에 관해 대처한 도가 완전하다 할 것이다.[56] 맹자가 하신 말씀은 천하의 공법(公法)이고 고요(皐陶)가 법대로 집행하는 것은 곧 유사의 직분이며, 그 사이에 나름대로 사정을 참작하는 도리가 있는 법이다. 그리고 한 문제의 일은 주자(朱子)께서 사실 정론(定論)을 내린 것이 있다. 이와 같은 일들은 반드시 득실을 중도에 맞게 잘 헤아려 조금도 오차가 없도록 해야만 인정(人情)과 천리(天理)가 그 사이에 함께 유통이 되어 성상의 덕에 오점이 없고 후세에 길이 좋은 이름을 남길 것이다. 나는 지금 죄에 대한 처벌을 기다리기에 급급한 입장에 있는 몸인데[57] 어찌 감히 잠깐 생각한 의견으로 함부로 논의할 수 있겠는가. 부디 옛 성인이 그에 대처했던 도리를 생각해 보는 것이 어떠하겠는가.

56 순임금……것이다 : 순임금의 이복동생 상(象)은 오만하여 날마다 순임금을 죽일 것을 일삼았으나, 순임금은 너그럽게 대해 주었고 나중에 유비(有庳)에 봉(封)해 주어 조금씩 조금씩 진척시켜 선으로 다스려 간악한 데 이르게 하지 않았다. 그 결과 상이 개과천선하여 형제간에 우애가 있게 되었다.

57 나는……몸인데 : 1610년(광해군2)에 성주 사람 박이립(朴而立)이 정구와 문도들을 일망타진하기 위하여 망칙한 말을 만들어 모함하였다. 박이립은 본래 흉악하고 패역한 자로서 사류(士類)들에게 버림받는 것에 분개하여 마침내 정인홍(鄭仁弘)에 가서 의탁하고 있었다. 이에 정구는 경상감영에 나아가 죄를 기다린 것이 80여 일이었는데, 그 뒤 무죄가 인정되어 풀려났다.

문 선생께서 《관동지(關東志)》를 편찬하고 계시는데, 지금은 적이 온 나라에 가득하여 나라 형편이 어렵고 아군이 서로 호응하여 적을 물리치는 군사적인 일도 제대로 수행할 경황이 없습니다. 그런데 이런 때 지리지(地理志)를 편찬한다는 것이 옳은지 모르겠습니다.

답 나라의 사정이 다급한 것은 사실 여느 때와는 다르다. 하지만 마땅히 해야 할 일을 사정이 다급하여 경황이 없다는 이유로 지나쳐 버릴 수는 없는 것이다. 더구나 지금 서적들이 깡그리 없어진 판에 만일 보고 들은 것들을 수습해 두지 않으면 장차 후세에 보여 줄 것이 없을 것이다. 군정(軍政)에 응대하는 여가에 문관(文官)과 선비들로 하여금 각자 각 고을의 풍토와 인물에 관한 자료를 채집하게 하여 장래 문헌의 참고에 대비토록 하는 것에 무슨 안 될 일이 있겠는가.

문 사람을 안다는 것은 사실 어려운데, 그의 학행과 지조를 살펴보면 그 사람됨을 가려낼 수 있는 것입니까?

답 그렇다. 행실은 독실히 하는 것이 귀하고 뜻은 용감하게 전진하는 것이 귀하고 학문은 순수하고 올바른 것이 귀한 것인데, 마땅히 충성스럽고 진실하며 독실한 것을 으뜸으로 삼아야 한다.

문 사람들 가운데는 간혹 총명하고 영민한 자질, 효성스럽고 남다른 행실, 강인하고 깨끗하며 고집스러운 지조, 높고 심오하며 막힘 없이 드넓은 학문을 지니고서, 정신이 용맹하고 말이 통쾌하여 스스로 기대하는 목표가 매우 높고 온 세상 사람들이 어질다고 칭찬하는 자가 있습니다. 이런 자를 볼 때 시험해 보기 전에는 그 누가 일등 가는 인물이라고 말하지 않겠습니까. 그러나 결국에는 그 본성이 소인과 부합되어 한 나라의 시비를 그르치고 마니, 이로써 보면 학행과 지조도 완전히 믿기가 어렵습니다. 죽어서 관뚜껑을 덮기 전에는 인물의 사악함과 정직함을 진정 쉽게 논할 수 없다고 봅니다.

답 그와 같은 사람은 아비와 임금을 시해하는 일도 감행할 것이다.

잡저 雜著

임진왜란 후 사적을 찬집할 때 도내에 보낸 통문
亂後事蹟撰集時通道內文

사적을 찬록(纂錄)하는 것은 전란을 겪은 10년 이후에 경상도 내 모든 사적들이 민멸되어 전해지지 않아 선을 권장하고 악을 징계할 것이 없어져 후세 사람들이 고증할 자료가 없게 되기 때문이니, 이것을 식자(識者)들이 최고로 한스럽게 여기는 점입니다. 제가 우졸(愚拙)함을 헤아리지 않고 일찍이 보고 들은 바를 대략 편찬하려고 하였으나, 백에 하나를 기록하는 정도에 그치고 또 보고 듣는 것이 광범위하지 않아 뜻이 있으나 실행하지 못하고 있었습니다. 지금 순찰사〔관찰사〕께서 사적을 찬집하려는 뜻을 두어서 공론(公論)을 널리 채집하여 한 권의 책으로 만들고자 합니다. 저를 보잘것없는 사람으로 여기지 않고 참고하고 고증하여 찬록하는 일을 맡기니 제가 사양하였으나 되지 않았습니다. 이에 감히 전날에 두었던 뜻을 가지고 동지들에게 고하노니, 각기 자신이 보고 들은 것을 기록하여 모든 기록이 포괄되어 뒷날 상고하고 열람하는 데 자료가 될 수 있기를 힘써 주십시오. 바라건대 각 고을의 여러분들은 제가 천한 사람이라고 해서 경시하지 말고

자기의 임무처럼 보아서 듣고 아는 바에 따라 수록하여 빠뜨려 누락시킴도 없게 하고, 그렇다고 하여 과장되게 하여 세상 사람을 속이는 일도 없게 하십시오. 내용을 절충하는 일은 각자의 마음으로 재단하되 지극히 공변되기를 기약할 것이며, 초록하여 완성한 것을 본교(本校 선산 향교)나 저의 집에 보내 주시면 매우 다행이겠습니다.

선산 고을에 보내는 통문 갑진년(1604, 선조37)

通一鄕文 甲辰

신곡(新谷)의 김 선생(金先生)[58]께서는 이미 우뚝한 절의가 있음에도 불구하고 어진 이를 받드는〔象賢〕[59] 사당에 나란히 제향하지 못한 것은 우리 고을에서 현자를 존숭하는 정성이 지극하지 않음이 있는 것이 아니라 대개 어찌할 수 없는 일의 형편에서 말미암은 것입니다. 응교(應敎) 김신재(金新齋)[60]께서 평소 자리를 봐두

58 신곡(新谷)의 김 선생(金先生) : 신곡촌(新谷村)에 거주하였던 김주(金澍, ?~?)를 말한다. 본관은 일선(一善), 호는 농암(籠巖), 시호는 충정(忠貞)이다. 고려 공양왕 때 예의 판서(禮儀判書)를 지냈다. 명나라에 하절사(賀節使)로 임무를 마치고 귀국 중 압록강에 이르러 조선의 건국 소식을 듣고 발길을 돌려 중국 형초(荊楚)에 은거하여 충절을 지키고 여생을 마쳤다. 선산의 월암서원(月巖書院), 안동의 고죽서원(孤竹書院), 고창의 운곡서원(雲谷書院), 양주의 송산서원(松山書院) 등에 제향되었다.

59 어진 이를 받드는 : 원문 '상현(象賢)'은 선조들의 어진 덕을 잘 받드는 것을 말한다. 《서경》 〈미자지명(微子之命)〉에 이르기를 "은왕의 원자야, 옛날을 상고하여 덕이 있는 이를 높이고, 어짊을 닮은 자에게 제사를 받들게 하여 선왕을 계승하게 하라.〔殷王元子, 惟稽古, 崇德, 象賢, 統承先王.〕" 하였다.

60 김신재(金新齋) : 김진종(金振宗, 1496~1557)을 가리킨다. 본관은 일선(一善), 자는 효선(孝先), 호는 신재이다. 박영(朴英)의 문인으로 1518년(중종13) 현량과(賢良科)에 천거되었으며, 1528년(중종23)에 문과에 급제하여, 홍문관 응교를 지냈다. 1545년(명종1) 을사사화 때 파직되어 선산으로 돌아왔다가 다시 태인(泰仁)으로 귀양 갔으며, 1547년(명종3) 순창(淳昌)으로 귀양 가서 거기에서 죽었다. 선산의 송산서원(松山書院)에 제향되었다.

었던 월암(月巖)의 남쪽[61]은 산수의 경치가 뛰어날 뿐만 아니라, 선생이 거주하시던 고향[62]과 그리고 소나무와 가래나무가 심어져 있는 묘소가 모두 바라다보이는 곳에 있습니다. 신재도 선생의 자손으로 당시의 명신(名臣)이었습니다. 이곳에 터전을 마련하여 조그만 사우(祠宇)와 작은 서당(書堂)을 세워서 신재가 마무리하지 못했던 뜻을 종결하여 선생에게 제향을 드리려고 합니다. 진실로 일의 형편에 방해되는 것이 없었으므로 여러 해 동안 구상하였으나 힘이 부쳐서 겨를이 없었습니다.

그러던 어느 날 선산 부사[63]께서 선생의 묘소에 친히 제사를 드리고 개연히 고인〔김 선생〕을 추념하는 뜻을 두면서 사당을 건

61 월암(月巖)의 남쪽 : 지금의 경북 구미시 도개면 월림리(月林里)로 월암서원이 이 곳에 있다. 김주가 살던 당시에 이곳은 새로 개척한 고을이라는 뜻을 따서 신곡촌(新谷村)이라 하였다.

62 고향 : 원문 '상재(桑梓)'는 뽕나무와 가래나무가 심어진 고향을 뜻한다. 《시경》 〈소반(小弁)〉에 "어버이가 심어 놓으신 뽕나무와 가래나무도, 반드시 공경해야 하는 법이다. 그런데 하물며 우러러 뵐 분으로는 아버지 말고 다른 사람이 없으며, 의지할 분으로는 어머니 말고 다른 사람이 없는 데야 더 말해 무엇 하겠는가.〔維桑與梓, 必恭敬止. 靡瞻匪父, 靡依匪母.〕"라는 말이 나온다.

63 선산 부사 : 원문 '이천성주(二天城主)'를 옮긴 말이다. 후한 순제(順帝) 때 소장(蘇章)이 기주 자사(冀州刺史)가 되어 관할을 순행하다가 청하(淸河)에 이르렀는데, 마침 옛 친구인 청하 태수(淸河太守)가 부정을 많이 저질렀다. 소장은 그 부정에 대한 조사를 다 마치고서 곧 태수를 청하여 술을 마시며 말하기를 "오늘 내가 그대와 더불어서 술을 마시는 것은 사은(私恩)이고, 내일 기주 자사로서 일을 처리하는 것은 공법(公法)인 것이다." 하자, 그 태수가 매우 기뻐하며 말하기를 "남들은 모두 하늘이 하나〔一天〕뿐이지만 나는 하늘이 둘〔二天〕이다."라고 한 고사에서 나온 말이다. 《後漢書 卷31 蘇章列傳》

립하라는 언급이 있었습니다. 그리고 이런 거사에 대하여 즐거운 마음으로 듣고 한 가지 일이라도 도움을 주어야겠다고 더욱 애를 쓰며 감탄한 것이 한두 번이 아니었습니다. 저희들이 비록 용렬하지만, 어찌 태만한 마음을 떨쳐 일으키지 않을 수 있겠습니까. 이에 이번 달 15일 사이에 앞서 했던 약속을 함께 실천하기 위하여 월암(月巖)에서 기공식을 가집니다. 다만 일의 시작은 비록 선생의 자손의 구상에서 나왔지만, 성대한 거사는 실제로 공론으로 처리된 것이니, 이것은 선생의 몇 사람의 자손들이 사사로이 할 수 있는 것이 아닙니다. 이에 감히 선산 고을의 여러 존위들께 일일이 고합니다. 삼가 바라건대 앞에 제시한 날짜에 여러분께서 월암에 왕림하시어 함께 의논하여 지도 편달해 주시면 매우 다행이겠습니다.

개령의 의병을 일으키는 것에 대한 통문
通開寧義兵文

애통하구나. 천지에 나쁜 기운이 극도에 달하는 시절을 만났고 일월이 어둡고 막히는 즈음을 만났으며 음양이 거꾸로 시행되는 운수를 만났으니, 매우 급박한 재앙은 실로 고금과 화이(華夷)에 있지 않았던 것입니다. 문물이 뛰어난 우리 동방의 나라가 갑자기 오랑캐의 침략에 함락되어 멀리서부터 드리웠던 열성조(列聖朝)의 통서가 갑자기 비린내 나는 왜놈들에게 욕을 당하였습니다. 우리 성상께서는 인자하고도 명철하시나 서쪽 변방〔의주〕의 진흙과 이슬[64] 속에서 곤궁을 당하시고, 우리 백성들은 아무런 죄 없이 죽어 간과 뇌가 흩어져 초야를 덮었습니다. 말이 끝나기도 전에 분노의 기운이 가슴에 가득 차고 피가 통문에 뿌려집니다. 동지들에게 경건하게 고하노니, 상상컨대 저와 같은 마음으로 분노를 느끼며 번개와 메아리처럼 호응하리라 생각됩니다.

오호라. 지금 섬 오랑캐의 변란은 어찌 우리들이 불러들인 것이겠습니까. 상천(上天)에서 재앙이 내려왔으나 어찌 우리들이 불

64 진흙과 이슬 : 타향에서 고생하는 것을 말한다. 《시경》 〈식미(式微)〉에 "임금 때문이 아니라면, 어찌 이슬 가운데 있으리오.〔微君之故, 胡爲乎中露?〕"라고 하고, 또 "임금의 몸 때문이 아니라면, 어찌 진흙 속에 있으리오.〔微君之躬, 胡爲乎泥中?〕"라고 한 데서 이슬과 진흙을 따왔다. 본래는 군주가 남의 나라에 얹혀 지내는 처지를 안타깝게 여겨서 읊은 시인데, 여기서는 임진왜란으로 나라가 적의 수중에 들어가고 임금이 의주로 몽진한 상황을 표현한 말이다.

선한 일을 했겠습니까. 천도(天道)가 이런 지경에 이르니 또한 어찌할 수 없을 따름입니다. 백 년이 지나도록 편안함에 익숙하였으며, 가르치지 않은 백성들을 원망하고 질시하는 우두머리〔관리〕에게 맡겨 두었으니, 이것은 백성들이 와해될 형편이었던 것이지 겁이 난 것이 아니며, 저들이 승승장구함은 마땅한 것이지 용맹하기 때문이 아닙니다. 순찰사는 절제사(節制使)의 명을 받았으나 새처럼 산림에 숨어 버렸으며, 변장(邊將)은 퇴곡(推轂)[65]의 은혜를 맡았음에도 불구하고 쥐처럼 바위 구멍에 숨어 버렸습니다. 하물며 모든 군수와 현령들 그리고 여러 진영의 편장과 비장들이야 말할 것이 있겠습니까. 하북(河北)의 24군(郡)이 바람에 쓰러지듯 함락되었으나 오히려 한 명의 안진경(顔眞卿)이 있었으니,[66] 가령 우리나라 삼백 고을에 훌륭한 사람이 있었다면 창의의 거사가 어찌 지금까지 적막하게 일어나지 않습니까. 생각이 여기에 미치자 마음이 배로 애통해집니다.

오호라. 임금과 어버이의 원수는 모든 사람들이 함께 갚아야

65 퇴곡(推轂) : 수레의 바퀴를 민다는 뜻으로, 장수(將帥)에 대한 임금의 극진한 예우를 뜻한다. 옛날에 출정하는 장수를 전송할 때 임금이 수레바퀴를 손수 밀어 주면서 말하기를 "곤내(閫內)는 과인이 처리할 테니 곤외(閫外)는 장군이 알아서 하라." 한 데에서 유래한 것이다. 《史記 卷102 張釋之馮唐列傳》

66 하북(河北)의……있었으니 : 중국 당(唐)나라 안녹산(安祿山)의 난 때 황하 북쪽 24군이 모두 항복하였으나 안진경(顔眞卿)은 평원 태수(平原太守)로 있으면서 그 지역을 온전히 지켰고, 의병을 모집하여 토벌하면서 하삭(河朔) 제군(諸郡)의 맹주(盟主)로 추대되었다. 뒤에 이희열(李希烈)이 반란을 일으키자 초유(招諭)하러 갔는데, 그의 회유를 듣지 않고 역적이라고 꾸짖다가 목 졸려 죽었다. 뒤에 노군공(魯郡公)에 봉(封)해졌다. 《舊唐書 卷128 顔眞卿列傳》

할 일이니, 어찌 주상의 명령을 기다릴 것이 있겠습니까. 재야에 있는 사람이 훌륭한 일을 할 수 있는 것이 이런 일이니, 어찌 반드시 관직에 있는 사람만이 할 수 있겠습니까. 지금 대소(大小)의 백성들이 의논하지도 않고 이구동성으로 말하기를 "죽고 말 것이니, 나라를 위하여 죽는 것은 옳은 일이다. 차라리 적중에 달려가서 죽을지언정 적에게 아부하며 살기를 원하지 않는다."라고 하였으니, 아! 떳떳한 도리를 잡는 천리가 민심에 남아 없어지지 않았으며, 나라의 중흥을 생각하는[67] 마음이 전란의 즈음에 더욱 간절하게 되었음을 볼 수 있습니다. 우부우부(愚夫愚婦)도 이런 마음을 가지고 있고 또 이런 말을 하니, 시서(詩書)를 배우고 인의(仁義)를 사모하며 태평시대 교육을 받은 우리 유자들이 이 이야기를 듣고서 유독 마음에 부끄러워하지 않겠습니까. 어려워하는 자들이 이 마음이 없는 것이 아니나, 다만 때와 형세에 핑계를 대고 있으니, 이것은 그렇지 않습니다. 때에는 가(可)함과 불가함이 있으니 군자는 때에 따라 변화에 대응하고, 형세에는 쉬움과 어려움이 있으니 지혜로운 자는 형세를 보고 잘 처신합니다. 대응하고 처신하는 것이 자신에게 달려 있을 따름이니, 어찌 이것으로 내가 마땅히 해야 할 일을 폐할 수 있겠습니까.

지금의 일로 말하면 대오를 나누고 배열하여 북을 울려 진격하

67 나라의 중흥을 생각하는 : 원문의 사한(思漢)은 전한(前漢)이 왕망(王莽)에 의하여 멸망한 뒤에도 한나라 유민들이 여전히 한나라의 치세를 생각하였기 때문에 광무제(光武帝) 유수(劉秀)가 후한(後漢)을 건국하게 된 것을 말한다. 여기서는 왜적에 의하여 종묘사직이 위태롭게 되었으나 백성들이 조선 왕조의 중흥을 생각한다는 뜻이다.

고 징을 울려 퇴각하며 견고한 곳을 공격하고 예리한 곳을 함락시켜 한 지역을 깨끗이 해야 합니다. 때가 혹 불가하고 형세가 혹 어려우나, 의병을 모집하여 집단으로 모여 있으며 매복하여 형세를 엿보아 혹 그 후미를 공격하기도 하고 혹 돌아가는 군대를 맞아 싸우기도 합니다. 그렇게 하면 때가 불가함이 없고 형세도 쉽게 됩니다. 하물며 외로운 적군이 깊이 들어와서 바로 병법의 금기를 범함이 있음에야 말할 것이 있겠습니까. 이른바 적군의 정예부대는 모두 서울로 향하고 여기에 남아 있는 자들은 허장성세를 하여 군사가 많은 것같이 보이려고 하는 데 불과하니, 본읍(本邑)의 씩씩하고 건장한 사졸로 산골짜기에 있는 자가 또한 수십 명이며, 또 눈으로 보이지 않은 병사 숫자도 여기에 그치지 않습니다.

선산(善山)과 인동(仁同) 사람은 모두 이 산에 모여 활을 맨 자가 골짜기마다 가득 찼고 창을 가진 자가 활을 맨 자보다 배로 많습니다. 의리로 격동함에 일제히 분발하지 않음이 없고 같은 배를 타고 바람을 맞으니 누가 감히 힘쓰지 않겠습니까. 금오산(金烏山) 방면은 천혜의 요새지로 웅거할 만하니, 의병의 깃발을 한 번 휘두르면 사람들이 각각 죽음을 바칠 것이니, 그렇게 되면 한 사람이 열 명을 당해 내고 백 사람이 천 사람을 당해 낼 것이니, 강약의 형세가 어찌 변동됨이 없겠습니까. 강한 쇠뇌도 노호(魯縞)를 뚫지 못하고[68] 불기운이 식은 재도 오히려 다시 불을 태울

68 강한……못하고 : 노호(魯縞)는 옛날 노(魯)나라 곡부(曲阜)에서 생산된 흰색의 비단으로, 촘촘하고 얇은 것으로 유명했다는데, 《사기(史記)》 권108 〈한장유열전(韓

수 있습니다.

지금 들으니, 의령(宜寧)에는 곽재우(郭再祐)[69]가 임진왜란 초기에 병사를 일으켰고 성주(星州)의 송원기(宋遠器)[70] 등도 의병을 모아서 이미 관군에 소속시켰다고 합니다. 또 일전에 하도(下道)에서 창의한 여러 진(陣)들이 낙동강을 왕래하는 왜놈의 선박을 모두 섬멸시켰다고 합니다. 이것은 또한 천심(天心)이 이미 후회하여 여기에 회복의 조짐이 나타나는 것을 징험할 수 있는 것이니, 그 장군들은 어찌 모두 병법을 아는 사람들이겠으며 그 사

長孺列傳)〉에 "강한 활로 발사한 화살도 사정거리의 끝부분에 가서는 노호를 뚫지도 못하고, 맹렬하게 부는 바람도 그 힘이 다하는 끝부분에 가서는 기러기 털도 날리지 못한다.〔强弩之極, 矢不能穿魯縞, 衝風之末, 力不能漂鴻毛.〕"라는 말이 나온다.

69 곽재우(郭再祐) : 1552~1617. 본관은 현풍(玄風), 자는 계수(季綏), 호는 망우당(忘憂堂)으로 의령 출신이다. 1592년 4월 14일에 임진왜란이 일어나자 4월 22일에 의병을 일으켜 관군을 대신해 싸웠다. 의병 활동 초기에는 의령의 정암진(鼎巖津)과 세간리(世干里)에 지휘 본부를 설치하고 의령을 고수하는 한편, 이웃 고을인 현풍·창녕·영산·진주까지를 작전 지역으로 삼고 유사시에 대처했다. 정유재란 때는 홍의장군으로 창녕 화왕산성을 중심으로 의병 활동을 하였다. 죽은 뒤에 사우(祠宇)에 '예연서원(禮淵書院)'이라는 사액이 내려졌고, 1709년(숙종35) 병조 판서 겸 지의금부사(兵曹判書兼知義禁府事)에 추증되었다. 저서로 《망우당집》이 있다. 시호는 충익(忠翼)이다.

70 송원기(宋遠器) : 1548~1615. 본관은 야로(冶爐), 자는 학무(學懋), 호는 아헌(啞軒)이다. 1603년(선조36) 진사에 합격하였고, 1610년(광해군2) 문과에 급제하였다. 임진왜란 때 명나라 병사가 팔거〔현재의 칠곡〕에 머물러 진(鎭)을 침에 송경헌(宋敬軒)과 함께 사재(私財)와 모곡(募穀)으로 군량미 7백 석을 얻어 수송하고 군무십책(軍務十策)을 진술하였다. 임금에게 육강소(六綱疏)를 상소하였으나 임금이 불윤(不允)하자, 병을 핑계로 낙향(落鄕)하여 호를 벙어리라는 뜻의 아헌(啞軒)이라 하였다. 저서로 《아헌집》이 있다.

졸들은 어찌 모두 백부(百夫)의 용맹이 있는 사람들이겠습니까. 의리를 용기로 삼은 것에 불과합니다. 충신과 효자가 임금과 부모의 원수를 갚기 위해 자신의 몸을 죽이는 데 이르러도 후회하지 않아야 하는데, 하물며 우리의 이 거사가 반드시 패하는 도가 아님에랴. 만약 우리가 약하고 저들이 강하며 병기는 흉한 것이고 전쟁은 위태로운 일이라고 말하여 재야에서 목숨을 아끼고 구차하게 살면서 복수하는 일을 급하게 여기지 않는다면 평소에 임금과 부모가 있는 줄을 알지 못하는 자입니다. 그렇지 않으면 그 양심을 잃어버린 자이고, 그렇지 않으면 적에게 마음을 두고 있는 자입니다.

우리 고을은 예의(禮義)의 고장이니, 어찌 이와 같은 사람이 있겠습니까. 하물며 적이 망할 날을 알 수 없고, 민생이 더욱 곤궁하여 가을 서리가 한번 내려 초목의 잎이 다 떨어지면 늙은이를 부축하고 어린아이를 데리고 장차 어디에 의탁하리오. 흉도의 칼날에 원귀(寃鬼)가 되지 않으면 반드시 빈 골짜기에서 굶어 죽을 것입니다. 이런 극한 상황에 이르면 후회해도 어쩔 수 없게 됩니다. 저희들이 감히 군자들〔관리들〕의 반열에 끼여 있다고는 하나 신분이 낮고 말이 천박한 것 때문에 충고를 할 수 없다고 스스로 혐의하지 않고 감히 동지자들을 위하여 선창합니다. 한 마리 물고기가 꼬리를 흔들면 뭇 용이 이어서 일어남을 제가 누구에게 바라겠습니까. 제가 누구에게 바라겠습니까. 삼가 원하건대 유사들은 부로(父老)와 이민(吏民)에게 곡진히 유시하고 부녀자와 아이들에게 두루 언급하여, 한편에서는 병기를 모으고 한편에서는 고을 사람들을 인솔하여 이달 모일에 대증사(大甑寺)[71]에서 함께 모여 규약을 정하는 일을 합시다. 애통함이 제 마음에 있으니, 말을 다 할 수가 없습니다.

71 대증사(大甑寺) : 당시 개령현에 있었던 사찰인 듯하나 미상이다.

선산의 향병으로 좌순찰사에게 군기를 빌려줄 것을 올리는 글 임진년(1592, 선조25)

善山鄕兵呈左巡察乞軍器書 壬辰

하늘이 큰 재앙을 내려 섬오랑캐들이 우리나라에 쳐들어와 서울이 함락되고 임금은 의주로 피난을 갔습니다. 한 하늘을 머리에 이고 왕의 토지에서 먹고 사는 백성들은 누군들 가슴을 치고 피눈물 흘리며[72] 목숨을 던져 다급한 전란에 달려갈 것을 생각하지 않겠습니까.

다만 선산 고을은 적군이 다니는 요충지로 임진왜란 처음부터 지금까지 왜적의 무리들이 웅거하고 있습니다. 서쪽으로는 상주(尙州), 개령(開寧)이 적의 소굴이 되었고, 동쪽으로는 인동(仁同), 군위(軍威)가 번갈아가며 노략질당하여 사면에서 적에게 공격을 받아 백성들이 다 죽어 거의 없습니다. 지난 6월에 전 부안현감(扶安縣監) 고한운(高翰雲)[73]과 사인(士人) 허국신(許國臣)[74]

72 피눈물 흘리며 : 원문 '말혈(沫血)'은 피눈물을 흘리며 죽음을 무릅쓰고 적과 싸우려는 마음이다. 전한(前漢) 때 이릉(李陵)이 흉노(匈奴)에게 포위되어 많은 군대가 죽고 화살도 다 떨어지자 피눈물을 흘리며 적진으로 들어가 사투한 고사를 인용한 것이다. 《漢書 卷6 武帝紀》

73 고한운(高翰雲) : 1552~1592. 본관은 안동(安東), 자는 자룡(子龍), 선산 출신으로 두곡(杜谷) 고응척(高應陟)의 아들이다. 1573년(선조6)에 진사가 되었고, 1585년(선조18) 문과에 장원으로 급제하여 부안 현감이 되었다. 부안 현감으로 있을 당시 왜병이 침략했다는 소식을 듣고 금오산에 진을 치고 선산·금릉·인동 등지의 선비와 흩어진 병사들을 모아 항전하였다.

등이 흩어진 병졸들을 불러 모아 함께 의병을 일으켜 선산부 남쪽 금오산(金烏山)에 모여 진을 쳤습니다. 분탕(焚蕩)질하는 적의 기마병을 여러 번 퇴각시키고 적의 십여 기마병을 죽였으며 소와 말을 빼앗은 것이 십여 마리였습니다. 교활한 적들이 곁으로 엿보고 밤을 틈타 엄습하였으며 복병이 생각지도 못한 데서 나왔습니다. 우리 군대들이 모두 맨주먹으로 맞서며 혹자는 숲속으로 흩어져 달아나고 혹자는 죽을 각오로 때리며 공격하니, 왜적들이 오히려 통쾌하게 승리하지 못한 채 돌아갔습니다.

7월에 선산부에 머물러 있던 왜적들이 개령(開寧)과 인동(仁同)에 머물러 있는 왜적들과 함께 약속하여 금오산에 불을 질렀습니다. 금오산은 바로 세 고을과 접한 경계로 멀어도 20리를 벗어나지 않습니다. 날이 밝기 전에 삼면으로 나누어 진격하며 포위하니, 포위망이 마치 철통(鐵桶)과 같아서 한 사람도 빠져나가지 못하였습니다. 피곤한 우리 병사들은 힘이 고갈되어 버마재비가 앞발로 수레바퀴를 가로막는 꼴이었습니다.[75] 대장(大將) 강순세(康舜世)와 유사(有司) 허국신(許國臣)이 힘써 싸우다가 왜적들

74 허국신(許國臣) : 본관은 태인(泰仁)으로 옥과(玉果) 출신이다. 고한운을 따라 금오산에 진을 쳤다. 금오산이 적에게 포위당하여 형세가 위급해지자 대장 강순세(康舜世), 유사 허국신(許國臣)이 퇴로를 개척하기 위해 적을 매도하다 쓰러져 죽었고 그 뒤에 성은 완전히 초토화되었다.

75 버마재비가……꼴이었습니다 : 원문 '당비거철(螳臂拒轍)'은 당랑거철(螳螂拒轍)과 같은 말로 자신의 힘을 요량하지 않고 무모하게 덤벼드는 행동을 비유하는 말이다. 《장자(莊子)》 〈인간세(人間世)〉에 나오는 이야기로 제(齊)나라 장공(莊公)이 사냥을 나가는데 버마재비가 앞발을 들고 수레바퀴를 멈추게 하려 했다는 고사(故事)이다.

에게 잡혀서 왜적들을 꾸짖으며 죽었습니다. 한 고을의 백성들이 흉악한 칼날에 모조리 죽었는데, 그 뒤 왜적들은 날마다 도륙하여 한 포기 풀과 한 그루의 나무도 거의 남지 않았습니다. 포로로 잡혀간 남정(男丁)이 60여 명이었는데, 나뭇가지에 산 채로 걸어서 선산 남문 밖에 나열해 버려두었습니다. 눈알을 빼고 심장을 도려내어 그 흉악하고 참혹함이 지극하였으니, 전일에 아군이 여러 번 퇴각시킨 분전에 보복하여 위세를 떨쳐서 우매한 백성들을 위협한 것입니다.

의지할 데 없는 백성들은 왜적의 흉악한 위협에 겁을 먹고 적에게 아부하여 명패를 받아 조금의 목숨이라도 구차하게 연명하려 하였습니다. 그중에 이윤종(李胤宗), 김치대(金致大), 김릉(金陵)과 같은 무리들은 혹자는 충의위(忠義衛) 벼슬의 명칭을 가지고 있으면서도 삭발하고 투항하여 그들의 사환이 되었고, 혹자는 학교 생도로 집에 있으면서 적을 맞이하여 상전(上典)으로 불렀고, 혹자는 아전(衙前 향리(鄕吏))으로 처를 데리고 왜적에 들어가 살면서 어리석은 백성들을 속이고 협박하여 적에게 항복하게 만들었으니, 이들은 모두 천지 사이에 용납할 수 없는 커다란 악인이어서 고을 사람들이 더욱 이를 갈며 그들의 살갗을 저미고자 합니다. 비록 그러하나 하늘의 그물이 두루 펼쳐지면 죄를 지은 몸이 도망할 데가 없으니, 뒷날 전란이 평정되면 반드시 큰 솥에 삶겨 죽는 오욕을 받을 것입니다. 다만 통탄스러운 것은 백 년이 지나도록 충현(忠賢)한 이가 출현한 고을과 열 세대 동안 조상 부모들이 산 지역이 추악한 무리들에 의하여 더럽혀져 끝내 씻을 수 없다는 점입니다. 이 고을의 의병의 칼날이 반드시 먼저 이들

적을 죽이고 왜적은 그 다음이 될 것입니다.

8월에 고한운(高翰雲)이 흩어진 병사를 다시 소집하였으나, 일이 완수되기 전에 죽고 말았으니, 이로부터 민심이 흩어져서 창의가 더욱 어렵게 되었습니다. 완악한 백성이 왜적에게 투항하는 것 외에 모두 타향으로 떠돌아다니며 바가지를 쥐고 주머니를 차고서 타인의 대문 앞에서 사람을 불러 음식을 구걸하니 목숨을 구하는 데도 넉넉하지 않는데, 그 나머지를 긍휼히 여길 여가가 있겠습니까.

그러나 떳떳한 윤리를 잡는 의리는 곤궁하다고 하여 스스로 막히지 않습니다. 저희들은 몰래 틈을 엿보아 적이 다니는 길에 출몰하며 유망(流亡)한 백성들을 불러 모았습니다. 지난번에 적에 투항하였던 자들이 돌아와 다시 향응(響應)하니, 애달프고 구차하게 죽음을 면하는 것을 비는 것이 그 본심이 아니며 궁하면 근본으로 돌아가 나라를 다시 세우려는 생각이 더욱 간절하다는 것을 알 수 있었습니다.

아! 오늘의 변란은 앞 시대에 비견할 수 없고 우리 고을의 일은 더욱 참혹할 만하여 차마 말로 표현할 수가 없습니다. 저희들은 이번 거사로 진실로 크게 훌륭한 일을 할 수 없다는 것을 알지만, 군사를 매복시켜 형세를 엿보아 만에 하나라도 적을 포획하고자 합니다. 그러나 연합한 병사가 반은 서생(書生)이고 흩어져 숨던 사람들로 짤막한 칼조차 가지고 있지 않으니, 비록 목숨을 바치고 적개(敵愾)의 마음이 있더라도 맨손으로 호랑이를 잡는 것 같음에 어찌하겠습니까.

삼가 생각건대 순찰사 합하께서는 관할 지역을 절제(節制)하고 적을 토벌하는 임무를 받아 천지를 돌려놓아 국세를 일신하는〔旋

乾轉坤][76] 임무를 지니고 있습니다. 만약에 의리에 향하고 분발을 생각하는 병사가 있다면 진실로 이 지경과 저 경계의 차별을 두지 않아야 하니, 마땅히 충의(忠義)로 면려하고 병기와 식량의 도움을 주어 지사(志士)의 기상을 넓혀 주고 나라를 수복하는 계책을 함께 도모하는 것이 합하께서 마땅히 급급히 해야 할 일입니다. 따라서 경상 좌도와 우도로 나누어 각각 소속되는 지역이 따로 있어 월(越)나라 사람이 진(秦)나라 사람의 야윈 것을 보는 것같이 해서는 안 됩니다. 하물며 큰 왜적들이 구름처럼 모여 있으니, 아군이 낙동강을 중간에 두고 끊어 버리면 왜적들에게 호령이 전달되지 않아 귀의할 곳이 없게 됩니다. 좌·우도가 모두 의병이며 동일하게 토적군(討賊軍)입니다. 향병의 진퇴와 사생을 오직 합하께서 절제하고 있으니, 또한 무슨 불가한 일이 있겠습니까.

삼가 바라건대 합하께서는 원수를 갚겠다는 저희들의 뜻을 가련히 여기시고 의병에 달려가려는 저희들의 정성을 살피십시오. 그리하여 활과 화살을 만드는 재료로 뿔〔角〕, 소 힘줄, 아교, 실, 금촉(金鏃), 대나무, 깃 등을 마련하여 도와주시어, 모기와 등에가 산을 지고 있는 나약한 힘을 구제해 주어 그대와 한 짝이 되리라[77]는 뜻을 이루어 준다면 저들의 다행이 아니고 합하의 아름

76 천지를……일신하는 : 원문의 '선건전곤(旋乾轉坤)'은 대대적인 개혁을 단행하여 국세를 일신함을 이르는 말이다. 한유(韓愈)의 〈조주자사사상표(潮州刺史謝上表)〉에 "폐하께서 즉위한 이래 몸소 정사를 처리하여 천지를 돌려놓으셨습니다.〔陛下卽位以來, 躬親聽斷, 旋乾轉坤.〕"라고 하였다.

77 그대와……되리라 : 《시경》 〈무의(無衣)〉에 "어찌 자네가 옷이 없다고 해서, 자네와 솜옷을 함께 입으랴. 왕명으로 군대를 일으키거든, 우리 창과 방패를 수선하여,

다움입니다. 저희들이 유리(流離)하고 판탕(板蕩)[78]한 나머지에서 창도하여 일어나니 참으로 대사는 구제하기 어려움을 알고 있습니다. 그러나 창을 머리에 베고 잠들며[79] 쓸개를 맛보는[80] 뜻만 있을 뿐이고 힘을 헤아려 보고 진퇴하지 않습니다. 동해를 밟기[81] 전은 모두 저희들이 목숨을 바칠 날이며, 서방이 안정되지 않은[82] 날에 적들과 함께 살 수 없음을 맹세합니다.

자네와 한 짝이 되리라.〔豈曰無衣, 與子同袍? 王于興師, 修我戈矛, 與子同仇.〕"고 한 데서 온 말이다.

78 판탕(板蕩) : 나라가 어지러움을 말하는 것으로 《시경》 〈판〉과 〈탕〉의 병칭이다. 〈판〉은 범백(凡伯)이 주나라 여왕(厲王)의 무도함을 풍자한 시이고, 〈탕〉은 소목공(召穆公)이 주나라 왕실이 무너진 것을 서글퍼한 시이다.

79 창을……잠들며 : 기필코 적을 섬멸하려는 굳은 의지를 비유하는 말이다. 동진(東晉)의 유곤(劉琨)이 친구인 조적(祖逖)과 함께 북벌(北伐)하여 중원을 회복할 뜻을 지니고 있었는데, 조적이 먼저 기용되었다는 말을 듣자 "내가 창을 머리에 베고 아침을 기다리면서 항상 오랑캐 섬멸할 날만을 기다려 왔는데, 늘 마음에 걸린 것은 나의 벗 조적이 나보다 먼저 채찍을 잡고 중원으로 치달리지 않을까 하는 점이었다.〔吾枕戈待旦, 志梟逆虜, 常恐祖生先吾著鞭耳.〕"라고 말한 고사가 전한다. 《世說新語 賞譽》

80 쓸개를 맛보는 : 복수심에 불타는 월왕(越王) 구천(句踐)의 고사이다.

81 동해를 밟기 : 조선이 일본에게 망한다면 동해를 밟아 죽겠다는 것으로, 노중련(魯仲連)의 고사를 원용한 것이다. 전국 시대 제(齊)나라의 고사(高士) 노중련이 "저 진(秦)나라가 방자하게 황제를 자칭하고 죄악으로써 천하에 정치를 행한다면, 나는 차라리 동해에 빠져 죽을지언정, 내가 차마 그 백성은 될 수가 없다.〔彼卽肆然而爲帝, 過而爲政於天下, 則連有蹈東海而死耳, 吾不忍爲之民也.〕"라고 말했던 데서 온 것이다. 《史記 卷83 魯仲連列傳》

82 서방이 안정되지 않은 : 전쟁으로 나라가 안정되지 않음을 말한다. 송나라 신종(神宗)이 즉위한 뒤 서하(西夏)와의 강화를 깨고 군사를 내어 횡산(橫山) 일부를 수복하였는데, 이후 서하가 계속 국경을 침략하여 자주 접전을 벌였다. 서하는 중국의 서북쪽에 위치하였으므로 '서방(西方)'이라고 말한 것이다.

선산 향병의 규약

善山鄕兵約束

선산(善山)의 향병장(鄕兵將) 노경임(盧景任)[83] 등은 고을의 부로(父老)와 사림, 이민(吏民) 등을 불러 모아 대중들에게 맹서를 고합니다. 나라의 적을 토벌하고 임금의 원수를 갚는 것은 대의(大義)가 분명하니, 누군들 이 마음이 없겠습니까. 경임(景任) 등은 자신을 헤아리지 않고 감히 동지들을 규합하여 큰 난리를 평정하고 깊은 원수를 설욕하기를 기약합니다. 오호라. 성패는 미리 알기가 어려우니, 자기 직분을 진실로 마땅히 극진히 해야 할 것입니다. 아, 우리 동지들은 부디 마음과 힘을 하나로 합쳐 목숨을 바치며 의심을 두지 않아야 합니다. 만약 그렇게 하지 않는 자가 있다면 군율에 따라 다스릴 것입니다.

83 노경임(盧景任) : 1569~1620. 본관은 안강(安康), 자는 홍중(弘仲), 호는 경암(敬菴)으로 장현광(張顯光)과 유성룡(柳成龍)의 문하에서 수학하였다. 1591년(선조 24) 문과에 급제하였다, 1592년 임진왜란이 일어나자 고향에 돌아와서 의병을 모집하여 왜군에 대항하였다. 정인홍(鄭仁弘)에게 무고한 탄핵을 받고 성주 목사에서 파직되었다. 그 뒤 낙동강 가에 은거하며 여생을 보내다가 선산(善山)에서 별세하였다. 저서로 《경암집》이 있다.

강원도 관찰사 시절 의병 제군자에게 보내는 격문
정묘호란 때

關東方伯時檄義兵諸君子 丁卯胡亂時

오호라, 나라가 바람 앞의 등불과 같고 대군의 적들이 아주 가까이 다가왔습니다. 묘당의 계책이 전도되어 마련해 둔 계획이 없고, 방악(方岳)[84]과 수령들은 분주하게 작전에 대응하기에 여념이 없어야 할 것인데, 활을 당기고 칼을 휘둘러 임금을 잊지 않고 싸워서 죽는 사람이 한 사람도 없으니, 수백 년간 배양해 온 원기(元氣)가 무너지는 것이 세찬 바람 앞의 마른 풀과 같습니다. 생각이 여기에 미치니 통곡을 견딜 수가 있겠습니까.

의리는 고정된 것이 없고 오직 충성을 다함이 있는 바가 의리이며, 용기는 특별한 것이 없고 오직 담력을 크게 가지고 기운을 힘쓰는 것이 용기입니다. 한 마리의 물고기가 물결에 뛰면 뭇 물고기들이 꼬리를 흔들며 따라오니, 필부가 선창을 하면 백부(百夫)들이 앞다투어 분발합니다. 원충갑(元沖甲)이 결사대 수십 명으로 기이한 공로를 세울 수 있었고[85] 곽재우(郭再祐)는 동지 50명으로

84 방악(方岳) : 순임금 때 사악(四嶽)에 해당하는 것으로 방백(方伯), 즉 관찰사를 말한다.

85 원충갑(元沖甲)이……있었고 : 원충갑(1250~1321)의 본관은 원주(原州)이다. 향공진사(鄕貢進士)로 원주의 별초(別抄)에 들어가 있다가 1291년(충렬왕17) 합단적(哈丹賊)이 침입하여 원주성을 포위하자 전후 10차에 걸쳐 적을 크게 무찔러 예봉을 꺾음으로써 성을 지켰을 뿐 아니라 후세에까지 무명(武名)을 남겼다. 추성분용정

굳센 적을 여러 번 꺾었습니다.[86] 장부의 기절(氣節)로 전후로 밝게 빛나니 이 사람들이 어찌 반드시 백부(百夫)의 용기가 있었겠습니까. 한 말 크기의 충성스러운 담력이 있었을 따름입니다.

제군자들은 예의의 나라에서 태어나고 자라 군사의 일을 익히지 않았으니, 이런 위급한 때를 만나서 한 목숨 구하기도 힘에 벅찰 것입니다. 그런데도 오히려 임금이 욕을 당하면 신하가 목숨을 바치는[87] 의리를 생각하고 나라와 같이 짝이 되겠다는 뜻을 함께 일으켜 의병(義兵)을 창도하고 의량(義糧)을 모으니, 진실로 옛 열사의 풍도가 있고 국가에 빛이 되었습니다. 맹자(孟子)가 말하기를 "능히 양주(楊朱)와 묵적(墨翟)을 물리치는 말을 하는 자는 성인의 무리이다."[88]라고 하였으니, 오늘날 적을 토벌하자고 능히 말하는 자는 의사(義士)의 부류가 아니겠습니까.

란광국 공신(推誠奮勇定亂匡國功臣)이 되었으며, 시호는 충숙(忠肅)이다.

86 곽재우(郭再祐)는……꺾었습니다 : 곽재우(1552~1617)의 본관은 현풍(玄風), 자는 계수(季綏), 호는 망우당(忘憂堂)으로 의령 출신이다. 1592년 4월 14일에 임진왜란이 일어나자 4월 22일에 의병을 일으켜 관군을 대신해 싸웠다. 처음에 그의 부대는 자기 집에 거느리던 노비 10여 명으로 출발했지만, 이웃 양반들을 설득해 이틀 만에 50여 명으로 불어났다. 그 뒤 그의 의병은 2천 명 정도로 유지되었다. 의병 활동 초기에는 의령의 정암진(鼎巖津)과 세간리(世干里)에 지휘 본부를 설치하고 의령을 고수하는 한편, 이웃 고을인 현풍·창녕·영산·진주까지를 작전 지역으로 삼고 유사시에 대처했다.

87 임금이……바치는 : 춘추 시대 범려(范蠡)가 "임금이 근심하면 신하는 노고를 아끼지 않아야 하고, 임금이 욕을 당하면 신하는 죽어야 한다.〔君憂臣勞, 君辱臣死.〕"라고 말하였다. 《國語 越語下》

88 능히……무리이다 : 《맹자(孟子)》 〈등문공 하(滕文公下)〉에 나온다.

그런데 얼핏 듣기로 여러 고을에서 혹 의사를 비웃으면서 그의 명령을 따르지 않는 자가 더러 있으며, 심지어 음으로 양으로 배척하여 반드시 저지하고야 말려는 자도 있다고 하였습니다. 그 말을 듣고서 저도 모르게 화가 치솟아 머리털이 쭈뼛하게 서서 칼을 뽑아 책상을 내리쳤습니다. 제가 백발의 늙은이이며 세상 물정을 모르는 유자로 관찰사 직임을 맡아 이 지역을 다스림에, 마음이 피로하고 재주가 졸렬하여 볼 만한 공적이 없다 하더라도, 의를 중시하고 악을 미워하는 일은 저의 천성에서 나온 것입니다. 참으로 나라를 위하여 충성을 다하는 사람이 있다면 길을 쓸고 달려가 맞이하고자 하거니와, 만약 누구라도 의를 해치고 일을 그르친다면 반드시 조사하여 처벌할 것이며, 배척하고 저지하려는 자들을 마땅히 여러 고을의 수령들로 하여금 남김없이 적발해 내게 하여 결단코 용서하는 일이 없도록 할 것입니다. 국가의 기맥이 아직 남아 있고 공법(公法)이 지극히 엄중하니 그들이 어찌 감히 마음을 멋대로 펼쳐 오랑캐가 되려는 마음을 먼저 품어서야 되겠습니까.

당(唐)나라의 사나운 병졸도 오히려 홍원(興元)의 조서(詔書)에 눈물을 흘렸는데,[89] 무릇 혈기가 있는 자라면 어찌 애통한 교서(敎書)[90]를 생각하지 않을 수 있겠습니까. 모든 군자들은 나라

89 당나라의……흘렸는데 : 홍원(興元)은 당나라 덕종(德宗)의 연호이다. 덕종 때 요영언(姚令言)과 주자(朱泚)가 반란을 일으켜 수도 장안(長安)을 점령하니, 덕종이 봉천(奉天)에 피난해 있으면서 홍원 1년(784)에 자신의 실정(失政)을 자책하는 조서를 반포하여 군사들을 격려하였다. 그러자 장수와 병졸들이 이 조서를 보고는 감격하고 용기를 내어 적병을 쳐부수고 장안을 수복하였다. 《舊唐書 卷133 李晟列傳》

를 위한 충성심을 더욱 북돋아 소인들에게 동요되지 말고, 혹 군량을 모아 멀리 군대에 수송해 주고 혹 의사(義士)를 모집하여 관군을 도와 싸워 마땅히 할 바를 헤아리고 힘써서 충성을 다 바칠 것을 기약하십시오. 또 선적(善籍)과 악적(惡籍)을 만들어, 재력을 아끼지 않고 내놓은 자와 기꺼이 의병에 달려간 자는 선적에 올리고, 대의를 듣기 싫어하여 비방하고 배척하는 자는 악적에 올리어, 마땅히 조정에 보고하여 상벌을 확실히 시행할 것입니다. 혹시 처음에 미혹된 짓을 하다가 뒤에 도리를 깨달아 허물을 고치고 선을 따르는 자가 있다면 이전의 죄를 용서할 것이니, 함께 큰 국란을 극복하기를 간절히 바랍니다.

90 애통한 교서(敎書) : 원문 '십행(十行)'은 조칙을 의미한다. 《후한서(後漢書)》 〈순리전서(循吏傳序)〉에 "수적(手迹)으로 방국(方國)에 내릴 때는 모두 1찰(札)에 10행(行)으로 세서(細書)하여 문장을 작성한다."라고 하였다. 정묘호란 때 인조가 강화도로 피란하여 반포한 교서로, 인조가 자신의 부덕함을 탓하고 백성이 겪는 괴로움을 애통해하면서, 나라의 위급한 상황을 설명하고 승전을 위한 백성들의 분발을 촉구하였다. 《국역 인조실록 5년 2월 4일》

곽 의사록
郭義士錄

내가 10년 전에 남쪽 고을에 훌륭한 선비 한 사람이 있다는 것을 들었으니, 성명은 곽준(郭䞭)이고 자는 양정(養靜)이다. 내가 그와 교유하기를 원하였지만 되지 않았다. 임진왜란 초기에 모든 고을들이 파괴되고 임금의 수레는 서쪽 의주로 몽진하였다. 감사(監司)와 수령(守令) 그리고 진장(鎭將)과 무인(武人)들이 모두 바람에 쓸리듯 멀리 달아나 감히 적의 칼날과 대적하지 않았으니, 한 사람도 활을 당기고 흰 칼날을 무릅쓰며 전진하는 자가 있다는 것을 듣지 못했다. 그런데 갑자기 들어 보니, 곽재우(郭再祐), 곽준(郭䞭), 조종도(趙宗道)[91] 등 여러 사람들이 제일 먼저 앞장서서 창의하여 결사대 약간 명을 모집하였다 한다. 이에 의병장 김면(金沔),[92] 정인홍(鄭仁弘)[93]과 함께 마음을 합쳐서 적을 토벌

91 조종도(趙宗道) : 1537~1597. 본관은 함안(咸安), 자는 백유(伯由), 호는 대소헌(大笑軒)으로 조식(曺植)의 문인이다. 1558년(명종13) 생원시에 합격하였다. 1592년 임진왜란이 일어나자 초유사(招諭使) 김성일과 함께 창의하여 의병 모집에 진력하였고, 그해 가을 단성 현감을 지냈다. 1596년에는 함양 군수가 되었는데, 이듬해 정유재란이 일어나자 명을 받고 안음 현감 곽준과 함께 의병을 규합, 황석산성(黃石山城)을 수축하고 가족까지 이끌고 들어가 성을 지키면서 가등청정(加藤淸正)이 인솔하는 적군과 싸우다가 전사하였다. 함안의 덕암서원(德巖書院), 안의의 황암서원(黃巖書院)에 제향되었다. 저서로는 《대소헌집(大笑軒集)》이 있다. 시호는 충의(忠毅)이다.

92 김면(金沔) : 1541~1593. 본관은 고령(高靈), 자는 지해(志海), 호는 송암(松

하여 그들의 칼날을 수차례 꺾음에 왜적들이 감히 전력(戰力)을 다하여 서쪽으로 향하지 못하였다. 군사를 나누어 진을 치며 스스로 지키면서 경상 우도의 수십 고을이 보존된 것과 호남 전체가 온전했던 것은 이 때문이었다. 내가 이때 그 사람이 일개 백면서생이 아님을 더욱 훌륭하게 여겼다.

갑오년(1594, 선조27) 봄에 순찰사(巡察使) 한공(韓公)[94]이 탕패(蕩敗)한 여러 고을에 둔전(屯田) 설치를 청하는 계장을 올려 군흥(軍興)을 돕고 유민을 살리려 하였다. 관계되는 일이 매우 중

庵)으로 조식(曺植)과 이황(李滉)의 문인이다. 1592년 임진왜란이 일어나자 5월에 조종도(趙宗道)·곽준·문위(文緯) 등과 함께 거창과 고령에서 의병을 일으켰다. 김산과 개령 사이에 주둔한 적병 10만과 우지(牛旨)에서 대치하다가 진주 목사 김시민(金時敏)과 함께 지례(知禮)에서 적의 선봉을 역습하여 크게 승리를 거두었다. 1593년 1월 경상우도 병마절도사가 되어 충청도·전라도 의병과 함께 김산에 주둔하며 선산(善山)의 적을 격퇴시킬 준비를 갖추던 도중, 갑자기 병에 걸리자 자신의 죽음을 알리지 말라는 유언을 남기고 죽었다. 저서로 《송암실기(松庵實紀)》가 있다. 고령의 도암사(道巖祠)에 제향되었다.

93 정인홍(鄭仁弘) : 1536~1623. 본관은 서산(瑞山), 자는 덕원(德遠), 호는 내암(來庵)으로 조식의 문인이다. 1592년 임진왜란이 일어나자 합천에서 성주에 침입한 왜군을 격퇴하고, 10월 영남의병장의 호를 받아 많은 전공을 세웠다. 이듬해 의병 3,000명을 모아 성주·합천·고령·함안 등지를 방어했다. 광해군을 도와 왕위에 오르게 한 뒤 대북파의 영수가 되어 영의정에 올랐으나 인조반정으로 참형되었다. 저서로 《내암집》이 있다.

94 순찰사(巡察使) 한공(韓公) : 한효순(韓孝純, 1543~1621)이다. 본관은 청주(淸州), 자는 면숙(勉叔), 호는 월탄(月灘)이다. 1568년(선조1) 생원이 되고, 1576년 문과에 급제하였다. 1592년 임진왜란이 일어나자 8월 영해에서 왜군을 격파하고 경상좌도관찰사에 승진, 순찰사를 겸임해 동해안 지역을 방비하며 군량 조달에 공을 세웠다. 벼슬이 좌의정에 이르렀다.

요하였기에 사람을 구제하는 것에 마음을 둔 사람이 아니면 이 일을 맡을 수가 없었다. 이에 널리 사론(士論)을 채집하여 공을 자여도 찰방(自如道察訪)으로 둔전차사원(屯田差使員)을 겸직하게 하였다. 내가 유사(有司)로서 공의 통제를 받으며 같이 일을 하면서 공과 접촉할 수 있는 것을 최고로 다행하게 여겼다.

공은 외모는 공손하였으나 의지는 강건하였으며 말은 어눌하였으나 행실은 방정하였다. 겸손하여 부족한 듯하나 일을 처리함에 성실하였고 외물과 거슬림이 없었으나 취사가 분명하였으니, 대개 인후(仁厚)하면서도 독실(篤實)한 사람이었다. 9월에 조정에서 공을 선발하여 안음 현감(安陰縣監)이 되게 하였으니, 공의 재주와 현명함으로 쇠잔하고 피폐한 고을을 소생시킬 수 있다고 생각한 것이다. 그가 부임할 때 나는 상산(商山 상주)으로 갔기에 송서(送序)를 지어 전별하였다. 이로부터 헤어진 것이 3, 4년이 되었다. 비록 공의 관직을 수행하는 상황을 보지는 못했지만, 이런 사람으로 이런 마음을 적용하였다면 그 정치는 보지 않아도 알 수 있겠다.

정유년(1597, 선조30)에 왜적들이 재차 호남 지역을 유린하였다. 소서행장(小西行長)의 부대가 순천(順天)으로부터 이미 남원(南原)을 침범하였고 가등청정(加藤清正)의 부대는 울산(蔚山)의 군대를 거두어 남쪽으로 돌아왔다. 성난 기세를 고동쳐 곧바로 황석산성(黃石山城)을 침범하니, 황석산성은 안음의 땅으로 바로 호남과 영남이 교차하는 곳이다. 체찰사(體察使) 이공(李公)[95]이 조

95 체찰사(體察使) 이공(李公) : 이원익(李元翼, 1547~1634)을 말한다. 본관은

정의 명을 받들어 이 성을 쌓았는데, 영남과 호남의 목구멍을 막아 차단하는 역할을 하였다. 공은 본래 민심을 얻은 것으로 황석산성을 지키는 장군이 되었고, 김해 부사(金海府使) 백사림(白士霖)[96]은 무재(武才)가 있다고 하여 출전대장(出戰大將)이 되었다. 조종도(趙宗道) 역시 함양 군수(咸陽郡守)로 있다가 새로 부임한 사또에게 군수 자리를 물려주고 안음에 우거하고 있었는데, 황석산성을 지키라는 나라의 명령을 교묘한 방법으로 피하지 않고 가족을 거느리고 황석산성에 들어가 몇 사람들과 맹약하여 죽음으로 지킬 계획을 하였다.

나는 그때 마침 진보(眞寶) 관아에 있었는데, 황석산성이 함락되었다는 소식을 듣고는 진보 현감 이진(李軫)[97]에게 "아, 곽양정

전주(全州), 자는 공려(公勵), 호는 오리(梧里)이다. 1564년(명종19) 사마시에 합격하고, 1569년(선조2) 문과에 급제하였다. 1595년 우의정 겸 4도체찰사로 임명되었으나, 주로 영남체찰사영에서 일하였다. 1600년 좌의정을 거쳐 도체찰사에 임명되어 영남 지방과 서북 지방을 순무하였다. 저서로 《오리집》·《속오리집(續梧里集)》·《오리일기(梧里日記)》 등이 있다. 인조의 묘정(廟庭)에 배향되었고, 충현서원(忠賢書院)에 제향되었다. 시호는 문충(文忠)이다.

96 백사림(白士霖) : ?~?. 본관은 해미(海美)이다. 1592년(선조25) 임진왜란이 일어났을 때 군대에 들어가 있다가 장수로 발탁되었다. 그 뒤 김해 부사에 임명되었고 1594년에는 수륙의 여러 장수들이 거제도의 일본군을 협공하는 데 참여하여 조방장(助防將) 곽재우(郭再祐), 도원수 권율(權慄), 통제사 이순신(李舜臣) 등과 함께 싸웠다. 1597년 함양의 황석산성(黃石山城)을 수비하던 중 도망한 죄로 투옥되었다. 이후 선조의 사면령으로 충군되어 다소의 공을 세워 죽음을 면하였다.

97 이진(李軫) : 1536~1610. 본관은 연안(延安), 자는 군임(君任), 호는 송오(松塢)이다. 군위(軍威) 출신으로 이황(李滉)의 문인이며 유성룡(柳成龍)과 교유하였다. 1593년 임진왜란 당시 좌랑(佐郎)으로 문여경(閔汝慶)과 함께 의주에서 경성으

(郭養靜)이 반드시 전사하였을 것이다."라고 말하니, 이공이 "어찌 해서 그렇게 말하는가."라고 하였다. 내가 "나는 곽공의 사람됨을 알고 있으니, 반드시 욕되게 살기를 탐내지 않을 것이다."라고 말하였다. 조금 있다가 이공이 치보(馳報)[98]를 보고 "그대의 말이 맞았다. 곽준과 조종도 식구가 모두 극도로 참혹한 재앙을 당하였고 백사림 대장만이 죽지 않았을 뿐이다."라고 말하였다. 내가 송연하여 머리카락이 쭈뼛하게 서며 나도 모르게 길게 대성통곡하였다. 그리고 그들의 죽음을 비통하게 여겼고 그들의 절개를 장하게 여기고 "백사림이 대장으로 홀로 죽음을 면하였으니, 반드시 두 사람에게 화를 전가시키고 먼저 스스로 달아났을 뿐이다."라고 말하였다.

혹자가 "강세(强勢)에 약세(弱勢)가 대적할 수 없으니, 어찌 죽음으로 지키면서 도(道)를 잘 행할 줄 아는 것[99]을 무인(武人) 백사림에게 요구할 수 있겠는가. 백사림이 죽지 않은 것은 아마도 장차 훌륭한 일을 하고자 하는 것일 것이다."라고 말하였다. 내가 말하기를 "사람 마음 자세가 이와 같다면 나라가 함락되는 것을 괴이하게 여길 것이 없다. 이미 대장으로 이름이 붙여졌다면 그

로 양곡 수송 임무를 맡았으며, 1597년 정유재란이 일어나자 진보 현감(眞寶縣監)으로서 순찰사 진하(陣下)에 들어가 왜적에 맞섰다.

98 치보(馳報) : 각 지방에서 역마(驛馬)를 띄워 조정에 급한 사정을 보고하던 일을 말한다.

99 죽음으로……것 : 군자가 독실하게 학문하고 수행하는 것을 말한다. 《논어》 〈태백(泰伯)〉에 "독실하게 믿으면서 학문을 좋아할 줄 알아야 하고, 죽음으로 지키면서 도를 잘 행할 줄 알아야 한다.〔篤信好學 守死善道〕"라는 공자의 말이 나온다.

성곽에서 죽는 것이 분수이다. 또 두 사람과 함께 일을 하고 생사를 같이하는 의리를 약속하였다. 만약 그가 반드시 패할 것을 미리 알아 장차 적의 칼날을 피하려고 하였다면 두 사람과 의논하여 함께 도망가는 것이 마땅하다. 지금 겉으로는 견고하게 지킨다는 형세를 취하였으나 몰래 스스로 탈출할 계획을 도모하여 두 사람에게 참혹한 화를 끼쳤으니, 반드시 백사림을 참형하여 사람들에게 순시한 연후에 당시의 공론(公論)을 통쾌하게 할 수 있을 것이다. 아, 형벌과 상이 올바로 시행되지 않은 것이 오래되었으니, 나는 백사림이 반드시 사형을 받지 않을 것임을 알겠다. 그러나 오히려 없어지지 않는 것은 공론이니 마땅히 죄의 실상을 얻게 될 것이다."라고 말하였다.

그해 겨울에 내가 남쪽 지방에 이르니 남쪽 지방의 여러 선비들이 그에 대한 상세한 내용을 말해 주었다. 성이 함락되기 하루 전날에 백사림이 군량미를 몰래 방출하여 항복한 왜군과 수하(手下) 교통군(交通軍) 300여 명에게 나누어 주어 그들의 마음을 결속시켜 놓고, 야밤을 틈타 북문에서 한 가족과 함께 성벽의 밧줄을 타고 내려왔다. 북문의 군인들이 이것으로 인하여 북쪽으로 성벽을 넘어 달아나니, 백사림이 어지러운 군인들 속에 끼여 달아났다. 어떤 사졸이 달려가 이 사실을 곽공에게 고하니, 공이 손으로 흰 칼을 뽑아 허공을 휘두르며 크게 소리치며 "백사림이 도망갔는가."라고 말하였다. 또 말하기를 "대장이 비록 달아났지만 나는 마땅히 죽음으로 지킬 것이니, 감히 동요하는 자는 이 칼에 죽을 것이다."라고 하였다.

조공이 군막에서 아픈 채 누워 있다가 대장이 이미 달아났다는 소식을 듣고 처음에는 믿을 수 없다고 여겼다. 사람을 시켜 백사림을 찾아도 발견할 수 없었고 성이 이미 한 번 텅 비자 적들이 동문으로 들어왔다. 오직 남문의 군민(軍民)만이 주장(主將)이 그대로 있었기 때문에 감히 달아나지 않았다. 조공이 곽공에게 말하기를 "장군이 달아나고 군인이 흩어져서 성이 장차 함락될 것이나, 죽음을 각오하고 떠나지 않은 자는 오직 우리 두 사람이다. 남아는 오직 한 번 죽음이 있을 뿐이니 불의하게 살아남는 것은 불가하다. 마땅히 그대와 북쪽으로 임금을 향해 재배하고 결사하자. 다만 처자식이 죽는 것은 무익하니 밖으로 나갈 수 있도록 하자."라고 하였다. 곽공이 말하기를 "이것은 나의 본래의 뜻이다."라고 하였다. 곽공의 아들 이상(履常)과 이후(履厚) 그리고 사위 강준(姜遵)과 안음(安陰)의 하리(下吏) 등이 교대로 나아와 울면서 권하기를 "사태가 이미 어찌해 볼 수 없는 지경이니, 마땅히 속히 성을 나갑시다."라고 하였다. 곽공이 꾸짖으며 말하기를 "죽음이 있을 뿐이다. 누가 감히 나에게 성에서 나가자고 권하겠는가. 너희들이 죽는 것은 관직의 직분이 아니니, 떠나거라 떠나거라."라고 하였다. 곽공의 두 아들이 손을 잡고 영결하며 말하기를 "아버지께서 이미 죽을 것을 기필하시는데, 우리들이 누가 살 수 있겠는가."하고는 드디어 떠나지 않았다.

곽공과 조공이 편안한 마음을 가진 채 요동하지 않고 허리에 활과 화살을 꽂고서 적에게 쏠 계획을 세웠다. 조금 있다가 흰 칼날이 번개처럼 부딪히니, 곽공과 조공이 모두 흉도의 칼날에 죽었다. 곽이상과 곽이후가 아버지의 시신을 끌어안고 적을 보고 꾸짖다가 모두 죽음을 당하였다. 강준은 이미 곽공의 아내〔강준의 장모]와 자기 아내를 데리고 성을 탈출하여 죽지 않았다. 곽공의 장녀는 유문호(柳文虎)의 아내이니, 곽이상의 아내 신씨(愼氏)와 모두 성을 탈출하여 숲속에 엎드려 있었다. 유문호가 적에게 포로가 되자 아내 곽씨가 통곡하면서 "아버지께서 돌아가셨으나 제가 살고 있는 것은 남편이 살아 있기 때문입니다. 남편마저도 이미 모두 돌아가셨으니 다시 더 이상 무엇을 기다리겠습니까." 하고는 드디어 숲속에서 스스로 목매어 죽었다. 신씨는 남편 곽이상이 죽었다는 것을 듣고 또한 스스로 목매어 죽었다. 이 이야기를 들은 사람들이 오열하며 눈물을 흘리지 않음이 없으면서 "처참하도다, 재앙이 이런 극한 지경에 이르렀구나."라고 말하였다.

훌륭하구나. 충(忠), 효(孝), 정렬(貞烈) 세 가지가 이 한 집에 모여 있음이여. 변씨(卞氏) 집안이 충과 효의 두 가지 절의(節義)를 이루었는데,[100] 곽씨는 정렬까지 겸하고 있다. 이것은 고금에 듣기 드문 일로 전란 후에 절의에 죽은 이들로 우뚝하게 더욱 드러내어야 할 자들이다. 그럼에도 불구하고 사람들이 혹 백사림은 지혜로써 죽음을 면하여 살아남았고 곽공과 조공은 쓸데없는 용기에 죽었다 하니, 오호라 이렇게 말하는 저들은 유독 무슨 마음인가. 하란(賀蘭)이 참수되지 않음에 뇌남(雷南)이 지하에서 눈을 감을 수 없고,[101] 백사림이 아직 살아 있음에 장차 어떻게 두 공

100 변씨(卞氏)……이루었는데 : 변씨는 진(晉)나라 성양(成陽) 사람으로 소준(蘇峻)의 반란 때 맞서 싸우다 전사한 변호(卞壺)를 말한다. 진나라의 육군(六軍)이 패한 상태에서 수백 인을 이끌고 고전(苦戰)하다 마침내 죽었는데, 두 아들 진(眕)과 우(盱)가 아비의 죽음을 목격하고 서로 적진 속으로 뛰어 들어가 함께 해를 당하고 말았다. 변문 충효(卞門忠孝)의 고사로 전해져 온다. 《晉書 卷70 卞壺列傳》

의 충혼(忠魂)을 위로할 수 있을까. 군자가 죽음은 또한 스스로 그 도를 극진히 할 따름이다. 타인〔백사림〕이 죽고 죽지 않은 것으로 영향을 미치는 것이 아니나 마땅히 두 공과의 약속대로 함께 죽음으로 지켜야 하거늘 그는 홀로 성을 버리고 달아났으니, 두 공의 분노는 응당 남팔(南八)이 화살을 뽑아 탑에 쏘는 것[102]에 못지 않았을 것이다.

내가 어린 시절에 조공을 보았는데, 탁월하여 얽매임이 없었으며 의리를 행하는 데 용감하고 세속에 구차하게 동조하지 않는 사람이었다. 임진왜란 초기에 초유사(招諭使) 김공(金公)[103]과 함

101 하란(賀蘭)이……없고 : 하란은 하남 절도사(河南節度使) 하란진명(賀蘭進明)을 가리킨다. 뇌남(雷南)은 뇌만춘(雷萬春)과 남제운(南霽雲)을 가리킨다. 당나라 안녹산의 난이 일어나 윤자기(尹子奇)가 수양(睢陽)을 포위했을 적에, 수양 태수 장순(張巡)과 허원(許遠)이 뇌만춘과 남제운을 하란진명에게 보내어 구원을 요청하였으나, 하란진명은 장순의 성위(聲威)가 자기보다 월등함을 시기하여 구원해 주지 않았다. 이에 장순(張巡)과 허원(許遠)은 수양성(睢陽城)을 결사적으로 끝까지 지키다가 부하인 남제운, 뇌만춘 등과 함께 장렬하게 죽고 말았다.

102 남팔(南八)이……것 : 남팔은 남씨의 8번째 형제란 말로 남제운을 가리킨다. 장순(張巡)이 남제운(南霽雲)을 부르며 이르기를, "남팔(南八)은 남아(男兒)이니 죽을 뿐이다. 불의(不義)에 굽혀서는 안 된다."라고 하였다. 그가 하란진명에게 찾아가 구원을 청하였으나 하란진명이 응하지 않고 도리어 그를 회유하여 부하로 삼으려 하였다. 그리하여 음식상을 크게 차려 내왔으나 남제운은 먹지 않고 손가락을 깨물어 혈서를 쓰고 돌아오다가 화살로 절의 탑을 쏘아 맞히고 말하기를 "내가 적을 무찌르고 돌아오면 반드시 하란을 죽이리라. 이 화살이 그 증거이다." 하였다. 《新唐書 卷192 南霽雲列傳》

103 초유사(招諭使) 김공(金公) : 김성일(金誠一, 1538~1593)이다. 본관은 의성(義城), 자는 사순(士純), 호는 학봉(鶴峯)이다. 1590년 통신사의 부사로 일본에 다녀왔는데, 정사 황윤길은 반드시 왜군의 침입이 있을 것이라고 보고하였고 그는 그

께 성의를 다하고 의리를 떨쳤다. 진주성(晉州城)에 있으면서 시를 지어 말하기를 "공동산 밖에 사는 것이 비록 즐거우나, 장순과 허원처럼 성에서 죽는 것도 영광이네.〔崆峒山外生雖樂, 巡遠城中死亦榮.〕"[104]라고 하였으니, 이미 그가 본래 결정한 마음을 볼 수 있다. 임진왜란에 창의하여 절개로 스스로 인생을 마쳤으니, 부끄럽지 않은 삶이라 말할 수 있다. 순찰사가 그 대강의 내용을 진술하여 임금에게 아뢰니, 임금께서 곽준에게는 병조 참의에 추증하고 조종도에게는 사복시 정(司僕寺正)에 추증하도록 하였다. 백사림은 백의종군으로 울산(蔚山) 전투에 달려갔으나 죄가 있어서 붙잡혀 서울에서 국문을 받다가 얼마 후 석방되었다.

렇지 않다고 하였다. 이후 임진왜란이 일어나자 경상도 초유사(招諭使)에 임명되었다. 1593년 진주성 전투에서 사망하였다.

104 공동산……영광이네 : 공동산(崆峒山)은 중국 황제(黃帝) 때의 은자 광성자(廣成子)가 있던 곳으로, 은자의 대명사로 쓰인다. 《莊子 在宥》 은자(隱者)의 생활도 좋지만 나라를 위하여 성을 지키다 죽는 것도 영광스럽다는 뜻이다.

용졸당설 용졸당은 관찰사 민성징[105]의 당호이다.

用拙堂說 閔觀察聖徵堂

용졸당 주인이 나에게 편지를 보내서 말하기를 "용졸당이 임천군(林川郡) 남당강(南塘江) 서쪽 언덕에 있으니,[106] 곧 내가 터를 잡았으며 당호도 내가 지은 것입니다. 옛날 우리 선친(先親) 민유부(閔有孚)께서는 양졸(養拙)로 당호를 삼으셨으므로 우리 형제 세 사람이 모두 '졸(拙)' 자를 계승하여 서재를 짓고 당호로 삼았습니다. 그리하여 형 민성도(閔聖徒)는 수졸(守拙)이라 하였고 아우 민성복(閔聖復)은 지졸(趾拙)이라 하였으며, 지금 이 민성징(閔聖徵)은 용졸(用拙)로 당호를 삼았으니, 졸(拙)은 진실로 집안에 전해져 함께 숭상하는 것입니다."라 하였다. 그리고 마침내 그

105 민성징(閔聖徵) : 1582~1647. 초명은 성징(聖徵)이었으나 뒤에 성휘(聖徽)로 바꾸었다. 본관은 여흥(驪興), 자는 사상(士尙), 호는 용졸당(用拙堂)이다. 1606년(선조39) 생원이 되고, 1609년(광해군1) 문과에 급제하였다. 1625년 전라도 관찰사가 되었다. 1640년 척화파로 심양(瀋陽)에 잡혀갔다. 사후 영의정에 추증, 평양과 정주에 생사당(生祠堂)이 건립되었다. 저서로는 《송경방고록(松京訪古錄)》이 있다. 시호는 숙민(肅敏)이다.

106 용졸당이……있으니 : 장유(張維)의 《계곡집(谿谷集)》 권8 〈용졸당기(用拙堂記)〉에 "백마강이 서남쪽으로 흐르다가 가림군 남쪽 지점에 이르러 남당강이 되는데, 이 강 연안에 당우 한 채가 있다.……이 집이 바로 관찰사 민사상씨의 별장이다.〔白馬之江, 西南流, 至加林郡之南 爲南塘江, 有瀕江而堂,……閔觀察士尙甫之別業也.〕"라는 말이 보인다. 임천(林川)은 지금 충남 부여군 임천면 일대의 옛 행정 구역이며, 고호(古號)는 가림(加林)이다.

형세의 빼어남과 경치의 풍부함을 모두 기록하여 보여 준 다음 인하여 한마디 글을 지어 주기를 청하여 기억에서 잊지 않는 자료로 삼으려 하였다.

내가 생각하건대 졸(拙)이라는 것은 덕(德)의 바탕이니, 졸함으로써 마음을 다잡으면 마음에 망녕된 생각이 없고 졸함으로써 몸을 견지하면 몸에 망녕된 행동이 없으며, 졸함으로써 일에 응하면 일이 순하지 않음이 없고 졸함으로써 남을 대하면 남이 믿지 않음이 없게 된다. 그렇다면 졸이라는 것은 만복(萬福)의 기틀이 아니겠는가. 이 졸함을 길러 대대로 전하여 한 집안이 적덕(積德)하는 바탕으로 삼아, 이에 이것으로 지키며〔守拙〕 이에 이것으로 따르니〔趾拙〕 선친의 뜻을 계승하고 선친의 일을 따르는 효도가 아님이 없으며, 주인은 이것을 사용하였으니〔用拙〕 그 뜻을 둔 것이 더더욱 깊다 하겠다.

졸하면 재주가 없고 재주가 있으면 졸하지 않으니, 졸함으로 졸함을 따르는 자는 언제나 훌륭한 일을 하는 데 부족하고, 재주로 재주를 부리는 자는 항상 작위(作爲)하는 병통이 있게 된다. 그러므로 오직 재주가 있으면 졸함을 쓴 뒤에야 재주로써 졸함을 구제하고 졸함으로써 재주를 억제하면 활용함에 맞고 행함에 마땅한 도가 될 수 있는 것이다.

주인은 또한 재주에 뛰어나다고 말할 만한데 이에 졸을 쓰는 것을 뜻으로 삼아 당호를 삼고 가슴속에 새겨 두니, 그렇다면 주인이 이 졸에 힘을 얻은 것이 필경 어떠하겠는가. 나는 주인을 위하여 거듭 축하하는 바이다. 강산의 빼어난 형세와 보기 좋은 경치로 말하면 이 당에 오르는 자 중에 반드시 문장(文章)으로써 그림을 대신할 수 있는 솜씨를 가진 자가 있을 것이다. 나는 실로 졸함으로 졸을 따르는 자인데, 주인이 글을 지어 주기를 요구하므로 감히 졸한 말로 고하는 바이다.

인재집

제10권

雜著잡저 序서 記기

잡저 雜著

산성의 형세와 군현의 합병에 대하여 논함 병신년(1596, 선조29) 2월 예천에 있을 때
論山城形勢郡縣合幷 丙申二月在醴泉

산성의 설치가 자못 오랑캐를 방어하는 상책은 아니다. 그러나 양식을 도적에게 보태 주어서는 안 되며 병졸을 적에게 주어서는 안 되니, 아군이 먼저 험지(險地)를 차지하면 아군이 지키기는 쉽고 적군이 공격하기는 어렵다. 주인이 되어서 객을 대하면 이쪽은 항상 안정되고 저쪽은 항상 요동한다. 들판에서 칼날을 교접하여 누운 해골이 언덕을 이루는 참담함과 같음에 어찌하랴. 아, 병기와 식량 등의 군수품을 어찌 하루아침에 갑자기 갖출 수 있겠는가. 적을 마주할 때 버리고 달아나면 적이 그 이익을 획득하게 되니, 어찌 탄식하지 않을 수 있으랴.

지금 사람이 담장을 뚫는 것과 맹수의 해로움을 알았다면 반드시 그 담장을 높이 쌓고 빗장을 견고하게 걸어서 방어할 것이다. 이것을 알면서도 저것을 유추할 줄 모른다면 계책을 잃었다고 말할 수 있다. 진실로 형세가 좋은 지역을 차지하여 잘 지키면 앉아서 적을 부릴 수 있고 또한 그들을 죽게 만들 수 있다. 한안국(韓

安國)이 효왕(孝王)을 위하여 양(梁)을 지키자 오(吳)나라와 초(楚)나라가 성고(成皐)를 넘어오지 못하니 한(漢)나라가 이 덕분에 안전하게 되었다.[1] 위효관(韋孝寬)이 북주(北周)의 문제(文帝)를 위하여 옥벽(玉壁)에 진을 치니 북제(北齊) 신무제(神武帝)가 고전하면서 항복시키지 못하고 분통이 터져서 죽었다.[2] 지금 진실로 형세가 양(梁)과 옥벽(玉壁)과 같은 한두 곳을 확보하고 한안국과 위효관 같은 이를 얻어 지킨다면 왜적들이 비록 창궐하더라도 어찌 감히 소백산을 넘겠는가.

문경(聞慶) 고을은 서북쪽으로 소백산이 막고 있고 동쪽으로 작성산(鵲城山)이 있으며 남쪽으로 토잔(兎棧)이 있으니, 하늘이 만든 험지이다. 또 함창(咸昌), 용궁(龍宮), 산양(山陽) 등의 현(縣)들이 멀어도 50, 60리를 넘지 않으며 토지는 비옥하고 관개시설은 최고로 광범위하다. 지금 만약 유랑민들을 널리 모으고 혹 별도로 휴군(休軍)을 동원하여 둔전(屯田)을 대대적으로 만든다면 안으로 많은 곡식을 쌓아 두게 될 것이니, 그렇게 한 뒤에 한

1 한안국(韓安國)이……되었다 : 한안국은 한(漢)나라 때 양 효왕(梁孝王)의 중대부(中大夫)였다. 한나라 경제(景帝)가 동모제(同母弟)인 양 효왕을 미워하자, 한안국이 사신으로 들어가서 경제의 마음을 풀어 주고 우애의 정을 돈독하게 했다. 또 오(吳)나라와 초(楚)나라 등 7개국이 군사를 일으켰을 때 장수가 되어 오나라와 초나라 군사를 막았다. 《史記 卷108 韓安國列傳》

2 위효관(韋孝寬)이……죽었다 : 위효관은 북주(北周) 두릉(杜陵) 사람으로 이름은 숙유(叔裕)이고 자가 효관(孝寬)인데, 용병(用兵)에 능하기로 유명하였다. 북제(北齊)의 신무제(神武帝 : 高歡)가 옥벽(玉壁)을 쳐들어올 때 굴을 뚫고 성을 공략하자, 위효관이 화공(火攻)으로 물리쳤다. 이에 신무제는 분노를 삭이지 못하고 스스로 목매어 죽었다. 《周書 卷31 韋孝寬列傳》

명의 대장군으로 주관하게 한다. 조령의 험난함을 등지고 토잔의 입구를 막으며 왼쪽으로 상을곡성(上乙谷城)과 통하여 보거(輔車)[3]의 지원이 있고, 오른쪽으로 희양산성(曦陽山城)과 연결하여 양식을 저축하는 땅을 둔다. 문경은 여러 고을의 비옥한 들판을 수합하고 낙동강의 상류(上流)에 웅거하면서 뒤로 충주(忠州)를 등지고 앞으로 상주(尙州)에 임하고 있다. 문경은 머리와 꼬리가 서로 구원하여 긴 뱀이 땅을 마는 형상이 있고, 요충지를 막아 지켜 목을 조르고 등을 치는 형세가 있다. 국가의 입장에서 말하면 문경은 이른바 겹겹의 문으로 거듭 봉쇄한 요충지이다. 가령 불행한 일이 있어 관방(關防 관문을 만들어 외적을 방어하는 곳)이 한 번 무너지면 서로 함께 여기에서 견고하게 지킬 것이다. 가령 적들이 다른 길로 지나오고 많은 병력이 뒤에서 버티고 있더라도 호랑이와 표범이 산에 숨어 있는 이와 같은 형세에는 반드시 승승장구하며 깊은 곳까지 쳐들어올 수 없을 것이다.

또 문경과 함창 등의 고을은 영남의 후설(喉舌)에 해당하니, 평상시 피폐하게 된 것은 항상 사행(使行)이 왕래하는 것으로 말미암아 백성들이 고통을 견딜 수가 없었기 때문이니, 이에 따라 촌락에 사람들이 드물게 되었다. 게다가 전란의 뒤에는 쑥대와 갈대가 높이 자라 하늘에 닿고 가정에 밥을 짓는 연기는 피어오르

3 보거(輔車) : 보(輔)는 협보(頰輔)인데 뺨에 붙은 뼈, 거(車)는 아거(牙車)인데 어금니 아래의 뼈로 서로 돕는다는 뜻이다. 《춘추좌씨전(春秋左氏傳)》 희공(僖公) 5년 조에, "속담에 이른바, '보거(輔車)가 서로 의지하고 입술이 없어지면 이가 시리다는 것'은 우(虞)와 괵(虢)을 두고 이른 것이다."라고 하였다.

지 않으니, 이런 피폐한 것으로는 동남을 제어할 수 있는 계책이 아니다. 반드시 먼저 여러 읍을 합병하여 하나의 큰 고을을 만들어 현명하고 재주 있는 자를 선발하여 유민(遺民)들을 안집(安集)시키고, 농상(農桑)을 힘써 권장하고 소와 종자를 넉넉하게 주어 그들이 파종하고 심는 것을 즐거워하도록 만들어야 한다. 또 크고 작은 사행을 소백산을 통과하지 않게 하면 문경 이하 여러 고을이 요새지를 차지하여 백성들이 귀부(歸附)할 것이다. 이렇게 하면 몇 년 걸리지 않아 점점 완취(完聚)[4]되어서 영남의 근본 뿌리가 절로 견고하게 될 것이다. 또 곡식을 쌓아 배에 싣고 하류로 내려가면 군수 물자에 도움을 줄 수 있을 것이다.

금오산(金烏山)은 동쪽에는 팔계원(八溪原)이 있고 남쪽에는 약목현(若木縣)에 임하며 북쪽으로는 선산부(善山府)에 통하고 서쪽으로는 개령현(開寧縣)과 마주 대하고 있으니, 산이 둘러 있고 산악이 벌려 있어 모두 요충지이다. 그리고 비옥한 들판이 시야에 가득 펼쳐지고 낙동강이 옷깃과 허리띠처럼 둘렀다. 성에 올라 눈을 들어 사방을 돌아보면 백 리 거리의 산천과 도로를 모두 볼 수 있다. 위로는 조령과 추풍령의 좁은 나들목이 있고 아래로는 천생산성(天生山城)과 팔공산성(八公山城)이 뚜렷하게 서로 바라보고 있다. 위급한 일이 생기면 봉화를 들어서 대응하니, 성세(聲勢)에 서로 의지하여 낙동강을 제어하는 요충지로 이곳보다 나은 곳이 없다.

그러나 여러 고을 안에 백성들이 단절되어 있고 곡식을 저장할

4 완취(完聚) : 성곽(城郭) 같은 곳의 헌 데를 고치고 백성을 모으는 것을 말한다.

형편이 어려우니, 이 성을 지키고자 하면 반드시 먼저 둔전을 광범위하게 설치해야 한다. 둔전의 설치에는 또한 그 요체가 있으니, 일진(一陣)의 군대로 각각 하나의 성을 지키게 하고, 또 팔방(八防)의 군대로 번(番)을 나누어 힘써 경작하게 한다면 백성들이 동요하지 않고 군대도 원망하지 않을 것이다.

또 선산(善山)과 해평(海平)의 율현(栗峴) 동쪽을 가지고 인동(仁同)에 합쳐서 천생산성을 지키고, 인동의 약목(若木)을 가지고 선산에 합쳐서 금오산을 지키면 최고로 편의(便宜)한 조치가 된다. 개령 고을은 금오산 아래에 끼여 있어서 땅은 좁으나 토지는 비옥하다. 또한 마땅히 선산에 합쳐서 둔전을 광범위하게 설치해야 한다. 그러한 뒤에 산성이 완취(完聚)의 형세가 있게 된다. 각 고을의 합병에 대한 이야기에 대하여 시론(時論)이 옛날 제도를 변경하는 것으로 생각하여 비판하고 있으니, 이것은 바로 고루한 논의이다. 그러나 합병하지 않으면 분탕(焚蕩)한 땅에 관원이 비록 많으나 스스로 먹고 살 길이 없으니 형세상 백성들에게 수탈하지 않을 수 없다. 이것은 정히 열 마리 양을 아홉 사람이 기르는 것[5]과 같아 다만 폐잔한 백성들에게 해를 끼친다.

혹자는 땅이 넓으면 다스리기 어렵다고 말하는데, 이것은 매우 그렇지 않다. 중국의 일주(一州)는 혹 수천 리에 이르는데, 우리

5 열……것 : 백성은 적고 관리는 많은 것을 비유하는 말이다. 《수서(隋書)》 권46 〈양상희열전(楊尙希列傳)〉에, 군현의 숫자는 늘고 땅은 줄어들어 1000호(戶)도 못 되는 곳에 두 개의 군(郡)을 나누어 다스릴 정도라고 전제한 뒤에, "이것이 이른바 백성은 적고 관리는 많아서, 열 마리의 양을 아홉 사람이 기르는 격이라고 하는 것이다.〔民少官多, 十羊九牧.〕"라고 말한 내용이 나온다.

나라 땅은 전체가 수천 리를 넘지 못한다. 동서의 길이는 천 리도 되지 않는데, 나라 전체에 군현이 300여 개가 있다. 하나의 도(道) 안에는 또한 원수(元帥), 감사(監司), 병사(兵使), 수사(水使), 봉명사행(奉命使行), 도사(都事), 찰방(察訪), 각 포구의 여러 장군 등이 있다. 하나의 주(州) 안에는 또한 목사(牧使), 판관(判官), 훈도(訓導)가 있다. 이것으로 논한다면 열 마리 양을 아홉 사람이 기르는 것도 자못 이와 같지는 않을 것이니, 백성들이 어디에 손발을 놓을 것인가. 진실로 적절한 인재를 얻었다면 천 리도 오히려 앉아서 다스릴 수 있으니 하물며 수백 리 땅이야 말할 것이 있겠는가. 진실로 적절한 인재를 얻지 못하면 하나의 가정도 오히려 가지런히 다스릴 수 없는데, 하물며 백성이야 말할 것이 있겠는가. 나는 큰 고을에서는 부세가 가볍고 백성은 풍성하며 작은 고을에서는 부역은 무겁고 백성들은 피폐한 것이 이 때문이라는 것을 보았다. 생산하는 자는 적고 소비하는 자는 많으니, 백성들이 궁핍하여 어찌 도적질하지 않겠는가. 하물며 지역의 연혁(沿革)이 시대마다 각각 다르고 땅의 늘어나고 작아짐이 시대에 따라 각각 다름에 있어서랴. 만약 땅을 나눔에 마땅함을 얻어 대소가 모두 적절하며 도로의 원근, 방어와 수비의 편리함, 백성의 마음이 원하는 것 등을 잘 선택하여 실행한다면 무슨 불가함이 있겠는가.

김도원[6]에게 편지를 주어 산성장을 택정하여 목책을 설치하고 백성들을 편하게 하는 계책에 대하여 논함

정유년(1597, 선조30) ○ 이때 김공 용이 체찰부 종사관이 되었음

與書金道源論擇定山城將設柵便民之策丁酉○時金公涌爲體府從事官

지금까지도 왜적의 공갈이 여전히 심하고 재차 침략하는 흉악한 도모가 이미 드러났습니다. 그러나 우리나라의 병사 방어가 엉성하기가 전과 같고 양식과 무기가 탕진한 것이 옛날보다 배가 됩니다. 걱정할 만한 기미로 털끝만 한 작은 것은 감히 열거할 것이 없고 최고로 급한 계책 네 가지를 기술하겠습니다.

첫 번째, 장군으로 올바른 사람을 선택하지 않으면 국가를 적에게 넘겨주게 됩니다. 장군에는 절제장(節制將)이 있고 절충장(折衝將)이 있으니, 절제장은 용맹하고 사나운 자가 능할 수 있는 것이 아니고, 절충장은 심오한 기량과 큰 책략을 가진 자가 할 수 있는 바가 아닙니다. 지장(智將)은 용장(勇將)을 만나 일을 성공하고,

6 김도원(金道源) : 김용(金涌, 1557~1620)이다. 본관은 의성(義城), 자는 도원(道源), 호는 운천(雲川)으로 김수일(金守一)의 아들이다. 인재의 처사촌이다. 1590년(선조23) 문과에 급제하였다. 1592년(선조25) 임진왜란이 일어나자 향리인 안동에서 의병을 일으켜 안동수성장(安東守城將)에 추대되었고, 1597년 정유재란이 일어나자 제도도체찰사(諸道都體察使) 이원익(李元翼)의 종사관으로 수행해 많은 활약을 했다. 임호서원(臨湖書院)과 묵계서원(默溪書院)에 제향되었다. 저서로는 《운천집》과 《운천호종일기(雲川扈從日記)》가 있다.

용장은 지장의 덕분으로 용맹이 쓰이게 됩니다. 만약 용장을 통수(統帥)로 삼고 지장을 편장(偏將)으로 삼으면 창을 거꾸로 잡고 외적을 방어하는 것과 다르지 않습니다.

지금 장군의 망기(望記)는 모두 곽재우(郭再祐)에게 매여 있으니 어찌 이성(李晟)처럼 사직을 위하여 태어난 사람이 아니겠습니까.[7] 곽재우는 오랫동안 산골짜기에 은거하여 천리마가 능력을 펴지 못하다가 다행히 재차 의병을 일으켰으니, 자기 일신을 위한 도모가 아닙니다. 그러니 혹 산성의 장군으로 임명하거나 혹 방어의 임무를 맡기면 아마도 합당하지 않은 듯합니다. 지금 그대에게 있는 여러 장군으로 김응서(金應瑞),[8] 홍계남(洪季男),[9] 한명년

7 이성(李晟)처럼……아니겠습니까 : 이성은 당(唐)나라 때 충용을 겸비한 장군으로 시호는 충무(忠武)이다. 덕종(德宗) 때 주자(朱泚)의 난을 평정하여 그 공으로 사도(司徒)가 되고 이어 서평왕(西平王)에 봉해졌다. 이때 덕종이 "하늘이 이성을 낳음은 사직을 위함이고 나를 위함이 아니다.〔天生李晟, 以爲社稷, 非爲朕也.〕"라고 말하였다. 《新唐書 卷154 李晟列傳》

8 김응서(金應瑞) : ?~1624. 본관은 김해(金海), 자는 성보(聖甫), 다른 이름은 경서(景瑞)이다. 1583년(선조16) 무과에 급제하였다. 1592년(선조25) 임진왜란 때 조방장(助防將)과 전라도 병마절도사가 되었다. 1597년(선조30) 울산의 1, 2차 도산성 전투에서 많은 공을 세웠다. 1599년에 경상좌도 병마절도사로 부임하였고, 5월 울산도호부사를 겸임하였다. 시호는 양의(襄毅)이며 우의정에 추증되었다.

9 홍계남(洪季男) : ?~?. 본관은 남양(南陽)으로 수원 출생이다. 1590년(선조23) 일본에 파견되는 통신사의 군관으로 선발되어 일본에 갔다 왔다. 1592년(선조25) 임진왜란이 일어나자 아버지를 따라 안성(安城)에서 의병을 일으켜 싸우다가 아버지가 전사하자 대신 의병을 지휘, 여러 곳에서 승리를 거두었다. 그 공으로 경기도 조방장(助防將)이 되고 수원 판관(水原判官)을 거쳐, 이듬해 충청도 조방장으로 영천군수(永川郡守)를 겸임, 진주(晋州)·구례(求禮)·경주(慶州) 등지의 싸움에 참전

(韓命年),[10] 정기룡(鄭起龍)[11] 등은 용장이라 말할 수 있습니다. 이들보다 한 등급 높은 사람인 연후에 이런 사람들을 제어할 수 있으니, 곽재우를 버려두고는 다른 사람이 있다는 것을 들어보지 못하였습니다. 곽재우를 편장의 반열에 두어서 도리어 그들 아래에서 절제를 받도록 한다면 곽재우의 도모가 시행될 데가 없을 뿐만 아니라 여러 장군의 재주도 쓰일 데가 없게 될 것입니다.

지금 송골매〔용장〕는 천하의 훌륭한 재능을 가진 새이지만 반드시 사냥꾼〔지장〕을 기다린 연후에 순하게 길들여져 금수를 때려잡는 것을 잘 할 수 있습니다. 만약 송골매의 뛰어난 재주가 있다고 하여 자기 마음대로 하도록 내버려 둔다면 금수를 때려잡는 것에 한갓 수고만 하고 끝내 그 쓰임을 극진히 하지 못할 것입니다. 지금 곽재우에게 통제의 임무를 맡기어 모든 군기(軍機)를 다

했다. 1595년 경상도 조방장으로 전임했고, 이듬해 의병을 이끌고 이몽학(李夢鶴)의 난을 토평(討平)하는 데 공을 세웠다.

10 한명년(韓命年) : 한명련(韓明璉, ?~1624)의 잘못인 듯하다. 무신으로 문화현 출생이다. 1592년(선조25) 임진왜란 당시에 영남 지방에서 공을 세웠다. 1597년 정유재란 때에는 도원수 권율(權慄)의 휘하에서 충청도방어사와 합세해 회덕에서 공을 세웠다. 이듬해 권율의 휘하에서 의병장 정기룡(鄭起龍)과 합세, 경상우도에 주둔한 적군을 격파하였다.

11 정기룡(鄭起龍) : 1562~1622. 본관은 진양(晉陽), 자는 경운(景雲), 호는 매헌(梅軒), 시호는 충의(忠毅)이다. 1586년 무과에 급제하였다. 1592년 임진왜란 때 별장(別將)으로 거창(居昌)에서 왜군을 격파하고, 상주 판관(尙州判官)으로 상주성을 탈환하였다. 1597년 정유재란(丁酉再亂) 때 토왜대장(討倭大將)이 되어 고령(高靈), 성주(星州), 합천(陜川), 초계(草溪), 의령(宜寧) 등을 탈환하고 경상우도 병마절도사에 승진, 이어 경주(慶州)·울산(蔚山)을 수복하였다. 벼슬이 삼도 통제사 겸 경상우도 수군절도사에 이르렀다.

위임하고, 김응서와 홍계남 등으로 하여금 모두 그의 명령을 듣게 한다면 지혜와 용맹이 서로 도와서 반드시 효과를 볼 수 있을 것입니다.

두 번째, 지금의 폐단은 윗사람은 조령(朝令)을 믿지 않고 아랫사람은 명령을 따르지 않는 데 있습니다. 윗사람이 조령을 믿지 않기 때문에 아랫사람이 명령을 따르지 않으며 아랫사람이 명령을 따르지 않기 때문에 윗사람이 조령을 믿을 수가 없으니, 이것은 상하가 서로 해치는 것입니다. 산성을 쌓는 계책은 부득이한 것이거늘 사람들이 모두 고통을 싫어하며 원망의 논의가 벌 떼처럼 일어납니다. 각자가 스스로 편리한 것을 도모하고 단체로 모여서 부역하는 것을 꺼리는 것은 다만 무지한 필부의 마음입니다. 식자층인 선비의 경우에도 불편하다고 말하는 자가 "성안에서 손을 놓은 채 적들이 하는 대로 맡겨둔다. 농사를 경작하는 것을 그만두어서 끝내는 굶어 죽는다. 만약 적들이 오래 주둔하면 우리가 먼저 죽는다. 이 세 가지는 필연적으로 오는 형세이다."라고 말하는 데 불과합니다. 의견을 낸 자들의 염려가 또한 오활한 것은 아닙니다. 그러나 이 세 가지 걱정 때문에 들판에 흩어져 살게 되면 임진년에 도륙당한 참혹함을 어찌 면할 수 있겠습니까. 조금의 병기와 양식이라도 어찌 보전할 수 있겠습니까. 이처럼 두 가지 논의가 모순되어 사람들이 의심하는 마음을 가지고 있습니다.

근일의 조령을 그윽이 들어 보니 "양식은 먼저 성에 수송해 옮기고 백성들은 짐짓 날이 따뜻해지기를 기다리며 농부는 각기 자기 거처에서 경작하다가 변란이 일어나는 것을 기다린 후에 성에 들어간다."라고 하였습니다. 이것은 또한 백성의 마음을 깊이 살펴서 참작하여 처리한 마땅한 조치입니다. 그러나 조령을 태만히 여기는 습성이 고질병이 됨이 전란에 임하여 더욱 심합니다. 지금 가령 백성들이 촌락에 흩어져 있으면서 각기 자기 토지를 경작하면 이미 윗사람에게 통솔됨이 없고 또 성에 들어가는 계획도 없습니다. 그때 변방에서 적이 쳐들어온다는 급한 보고에 각자 분주히 달아나는데, 서로 대응하는 계책이 다양하여 호령이 먹혀들지 않으니, 어느 여가에 가가호호마다 말해 주겠습니까. 백성들을 몰아 독려할 즈음에 도리어 더욱 소란해져서 군대가 진을 치지도 못한 상태에서 적군이 이미 성에 다가올 것이니 장차 누구와 성벽을 견고하게 지킬 것입니까. 오직 한 가지 계책으로 세 가지 근심거리를 구제할 수 있는 것입니다.

지금 정월 안에 중도산성(中道山城)에 근관(近官)과 남녀노소를 빠짐없이 성에 들어가게 하고 자기 집에서 연연해하며 머물러 있음이 없게 해야 합니다. 그런 뒤에 2월 초순 안에 그 고을의 수령으로 하여금 그 백성들을 점검하여 농부를 가려 뽑아 양식을 싸서 산성에서 내려가게 하되, 30, 40리 밖으로 벗어나지 않게 합니다. 경작할 만한 곳을 가려서 주둔하고 모여서 농사를 짓습니다. 면(面)마다 진을 치는데, 십인(十人)이 통(統)이 되고, 십통(十統)이 초(哨)가 되게 하는 것이 마치 군대의 대오법과 같게 하여 흩어지거나 조령을 어려워하는 걱정거리가 없게 한 연후에 수령과 군관(軍官)이 각각 소속한 사람을 인솔하여 장막을 설치하고 농사를 짓도록 권장합니다. 만약 적이 지경에 가까이 오면 곡식을 베어 들판에 양식을 남기지 않고 그들을 몰아서 성으로 들어옵니다. 만약 적이 오지 않으면 가을을 기다려 수확하여 십분의 일은 군량미로 하고 나머지는 모두 백성들이 스스로 자신들이 먹도록 허락하니, 이것은 농사를 권장하는 가운데 은연히 하나의 군법이 있게 되어 모든 이가 굶주림의 걱정이 없게 됩니다. 만약 산성에서 수백 리 거리가 떨어져 있으면 산에 의거하여 목책을 설치하여 각자 스스로 경작하며 전쟁하게 할 것이고, 구태여 독려해 성에 들어가게 하여 도리어 소란한 해를 증가시킬 것은 없을 것입니다. 또 정예부대를 선발하여 나누어 용장(勇將)에게 소속시켜 후미의 공격에 파수(把守)하고 험한 요새지를 막아버려 적들이 꺼리게 하는 점을 두게 하면, 식량이 고갈된 적들은 어찌 오래 주둔할 마음이 있겠습니까. 만약 그렇게 하면 적들도 곤궁하고 피폐하게 되고 우리들은 손을 놓은 채 굶어 죽는 걱정이 없을 것입니다.

지금 경상좌도에 기계(杞溪)에서 청송(青松)으로 향하는 길과 영덕(盈德)에서 진보(眞寶)로 향하는 길은 험준한 산판이며 긴 골짜기로 적들이 두려워하고 꺼리는 곳입니다. 파수(把守)하고 복병을 설치하는 데 많은 군인이 필요가 없습니다. 2, 3명의 편장(偏將)으로 하여금 영덕(盈德), 영해(寧海), 청송(青松), 진보(眞寶)의 병사를 거느려 좁은 길목을 지키게 하고 또 강원도(江原道) 병사로 돕게 합니다. 영천(永川)에서 의성(義城)으로 향하는 길은 등한하게 방어할 수 있는 곳이 아니니 별도로 용장을 선발하여 안동(安東)과 의성 위로의 4, 5군(郡)의 병사를 거느려 지키게 해야 합니다.

경상우도의 형세는 또한 좌도와 같고 적을 막는 계책이 실제로 다르지 않으며, 또 호남의 도병(道兵)이 도울 수 있습니다. 낙동강 연안 일대의 요충지의 경우는 경상도 자체 힘으로 적의 칼날을 당해 낼 수 있는 것이 아닙니다. 오직 산성을 견고하게 지켜 적으로 하여금 두려워하며 피하게 할 따름입니다. 유병(游兵)[12]으로 서로 구제하는 계책은 기미에 임하고 변고에 대응하는 데 달려 있으니 미리 헤아릴 수가 없습니다. 지금 산성이 많고 유병이 적으며 좌도와 우도가 막히고 단절되어 또한 힘을 쓸 수가 없으니, 아마도 좋은 계책이 아닌 듯합니다. 산성이 많으면 산성이 완벽하지 않고 유병이 적으면 세력을 떨치지 못하니, 요충지로 막아 지킴에 힘을 쓰지 못하면 적의 세력이 마구 몰려옵니다. 경상좌도의 팔공산성, 천생산성과 경상우도의 금오산성 외는 일체 그 성을 살펴서 그 전력을 완비해야 합니다. 비록 분부가 이미 결정되고 호령을 고치기 어렵다고 하더라도 저기에서 철수하여 여기에 보충하는 것은 무슨 방해가 있겠습니까.

세 번째, 산성의 밖에 있는 청야(淸野)의 지대는 모두 산에 의지한 일대의 고을입니다. 모조리 몰아서 멀리 산성에 던져 넣으면 죄 없는 백성을 몰아 죽이는 것으로 좋은 계책이 아니며, 흩어지게 하여 그들 마음대로 하도록 놓아두면 백성을 버리는 것으로 또한 좋은 계책이 아닙니다. 저의 생각으로는 또한 산성에 의지하는 관례에 따라 백성들을 철수시켜 산에 들어가 목책을 설치하고 단체로 모여 있게 해야 합니다. 그러한 뒤에 면(面)마다 진을 쳐

12 유병(游兵) : 돌아다니며 적군을 유인하는 군사이다.

서 열 사람을 통(統)으로 만들어 산골짜기 안에서 곡식을 경작하게 합니다. 또 각 읍에 재략(才略)이 있는 두 사람을 선발하여 한 사람은 모병장(募兵將)으로 삼고 한 사람은 운량장(運糧將)으로 삼아 각각 전령(傳令)을 주어서 권위를 가지게 합니다. 모병장은 경내의 명단에 누락한 민정(民丁)을 공·사천인(公私賤人)을 막론하고 빠짐없이 찾아내어 또한 열 사람을 통으로 만들고 각각 병기를 가지게 합니다. 흩어지면 농부가 되고 모이면 병사가 됩니다. 열흘에 한 번 소회(小會)를 가지고 한 달에 한 번 대열(大閱 군대를 사열하는 것)을 가집니다. 만약 적은 수의 외적을 만나면 문득 막아서 끊을 수 있습니다.

운량장은 사역하지 않는 부로(父老)와 사민(士民)에게 재산의 빈부에 따라 군량미를 내는 데 차이를 두어 혹자는 한 말을 내고 혹자는 한 섬을 내게 하되 거두어서 산골짜기에 쌓아 두었다가 적의 약탈을 만났을 때 군인에게 군량미를 나누어 줍니다. 병기와 식량을 내기를 싫어하여 피하며 십오(什伍)[13]의 조령을 따르지 않는 완악한 백성은 태죄(笞罪) 이하의 벌을 주되, 장군이 스스로 결단할 수 있게 하고 심한 자는 상부에 보고하여 형벌을 주게 합니다. 이렇게 하면 산골짜기에 별도로 하나의 대오를 갖추게 됩니다. 면마다 서로 모여 열 사람을 통으로 삼으면 통솔되지 않거나

13 십오(什伍) : 《주례》 〈천관(天官) 궁정(宮正)〉에 "십오(什伍)를 모이게 하여 도예(道藝)를 가르쳤다." 하였는데, 주(注)에 "5인을 오(伍)라 하고 오(伍)가 둘인 것을 십(什)이라 한다." 하였다. 그리고 《사기》 〈상군열전(商君列傳)〉에 "백성을 십오(什伍)의 조직으로 묶어 서로 고발하게 하고 불응할 때에는 연좌(連坐)시켰다." 하였다.

흩어지는 걱정이 없게 됩니다. 각기 경내에 있으면서 혹자는 농사를 짓고 혹자는 수비하면 길 떠나는 사람은 식량을 싸 가지고 가고 집에 있는 사람은 식량을 보내 주는 원망이 없게 되어, 중도산성에 들어간 백성들과 수고스러움이 같고 호령이 편리하게 됩니다. 근래 들어 보니 안동(安東) 수성장(守城將) 이정회(李庭檜)[14]가 각 면에 병기와 군량미를 맡은 유사(有司)를 분정(分定)하여 산에 들어가는 것을 파수(把守)할 계획을 세웠으니 또한 이 뜻입니다. 다른 읍이 이것을 따라 행하고 이정회로 도대장(都大將)을 삼아 거느리게 하면 어찌 군량미를 보충하지 못함이 있겠습니까.

네 번째, 어부(漁夫), 염한(鹽干),[15] 역졸(驛卒)은 그 숫자가 많지 않고 유무에 그다지 중요한 존재가 아니니, 산성이 들어가거나 청야(淸野)하는 관례에 있지 않게 하고 각기 자기 직업에 안주하게 한다면, 역졸들이 소생하여 역마의 왕래가 단절되는 걱정이 없고, 생선과 소금이 유통되어 유무에 따라 서로 구제해 주는 이익이 있게 됩니다.

14 이정회(李庭檜) : 1542~1612. 본관은 진보(眞寶), 자는 경직(景直), 호는 송간(松澗)으로 안동 출신이며 이황(李滉)의 문인이다. 1592년 임진왜란이 일어나자 의병을 모집하고 군량미를 모아 여러 곳에서 많은 전공을 세웠다. 1597년 체찰사 유성룡(柳成龍)의 추천으로 의흥 현감이 되어 난리 수습에 공이 많았다. 저서로 《송간집》이 있다.

15 염한(鹽干) : 소금을 굽는 사람이다.

감사 권중명[16] 반 이 영남의 병폐 12조목을 묻는 것에 대하여 답함

答監司權仲明 昐 問嶺南弊瘼十二條

지금 군민(軍民)의 피폐와 군정(軍政)의 소홀함은 내외가 한결같으며, 영남은 왜적들이 쳐들어오는 초두에 위치하기에 마땅히 힘을 다해야 하지만 최고로 형편없습니다. 명공(明公)께서 감사에 부임한 초기에 그 병폐를 쇄신하여 영남 지역을 살리려고 생각함에 그 문제를 해결하는 방법을 명공께서 본래 가지고 있거늘 저에게 묻는 것을 부끄러워하지 않으시고 편지를 보내어 간절하게 요구하시니, 나라를 위하여 스스로 책임지는 성의가 지극하다고 말할 수 있겠습니다.

경상도 내에 개혁할 만한 병폐와 시행할 만한 정령(政令)에 대하여 언급하는 일은 제가 거기에 해당하는 적합한 사람이 아니며 사료가 미숙하기에 또한 털끝같이 자질구레한 것은 감히 열거하

16 권중명(權仲明) : 권반(權昐, 1564~1631)이다. 본관은 안동(安東), 자는 중명(仲明), 호는 폐호(閉戶)이다. 1595년(선조28) 문과에 급제하였다. 1613년(광해군5) 경상도 관찰사가 되어 지방행정을 잘 다스려 길천군(吉川君)에 봉해졌다. 1626년(인조4) 충청도 관찰사가 되어 이원익(李元翼)이 경기도에 시행한 대동선혜(大同宣惠)의 정책을 본받아 한 도(道)의 전세(田稅)와 부역을 공평히 하려 하였으나 성사시키지는 못하였다. 그러나 김육(金堉)이 이를 참고하여 대동법을 실시하였다고 한다. 그 뒤 내직으로 옮겨 형조 판서를 지냈는데, 직무에 있어 공평무사하고 합리적이어서 칭송이 자자하였다.

지 않겠습니다. 산천의 평탄하고 험함, 도로의 굽고 곧음, 지형이 편리한지의 여부, 군민(軍民)의 질고에 대하여는 눈으로 보고 마음으로 생각하여 그 대강을 알고 있기에, 혹 그림으로 그리고 혹 글로 써서 이미 묘당(廟堂)에 품의한 적이 있었습니다. 그러나 나머지 적폐들은 평상하게 보고 지나치는 데 습관이 되어 또한 명확하게 살피지 못했습니다. 지금 갑자기 변화시키고자 한다면 일을 벌이기를 좋아한다는 것으로 지목받아 개혁하기가 어려울 것이고 만약 과거의 것을 그대로 따르면 이미 깨어진 그릇이 되어서 문제점을 고칠 방법이 없습니다. 돌이켜 생각해 보니, 다른 사람의 계책도 저와 같지 않음이 없거늘 20여 년 동안 과거와 같이 대충 세월만 보내며 아직까지도 한 가지 이익을 생기게 하거나 한 가지 폐단을 고치는 것을 하지 못한 것은 이유가 있습니다.

편지에 공허한 말을 하여 필경 헛된 것으로 귀결되게 하는 것보다는 그 일을 놓아두었다가 지혜로운 자가 스스로 하는 것을 기다리는 것만 같지 못합니다. 간혹 저는 마음을 다해 기획하지만 품의할 즈음에 논의가 모순됩니다. 편지를 수차례 주고받았지만 감사의 임기의 만료가 임박해 옴에 목전에 응대해야 할 일로 또 이어서 괴로워하니, 어느 여가에 대단히 힘을 써서 기획하고 추진하여 성취하겠습니까. 비록 혹 한 번 기획하여 마련하더라도 규모〔윤곽〕가 정해지지 않은 상태에서 헐뜯는 자들이 뒤따라 이릅니다. 한 번 마련하고 한 번 허무는 사이에 백성들이 그 피해를 받고 여러 의논들이 사방에서 일어나니 또한 무슨 유익함이 있겠습니까. 이와 같음에도 불구하고 옛것을 따르며 고치지 않고 안일하게 세월만 보내면 군정(軍政)이 날로 피폐해지고 파탄됨이 점점 확대되어 이미 어찌 해볼 수 없는 지경에 이르게 됩니다.

감사께서 힘들여 노력하는 바가 없는 상태에서 문서(文書)를 받들고 다니는데, 시종하고 따르는 자들을 간소하게 데리고 다니며 한 번 순시하고 돌아오면 곧 칭찬하여 '현명한 감사다.'라고 합니다. 아, 감사를 둔 목적이 어찌 이런 것에 그치겠습니까. 진실로 하루아침에 어떤 감사가 개연히 마음을 먹고 개혁하려고 함에 조정에서 또한 그가 말하는 것을 따라 준다면 백 년 동안 폐해졌던 정치가 혹 시행될 수 있는 이치가 있습니다. 일을 벌이는 사람이 다만 마땅히 시작을 잘 할 따름이지, 뒷날의 성취 여부를 하필 미리 염려하여 스스로 그만두겠습니까. 또한 혹 시작한 일에 대하여 장래를 이어줄 사람이 있어서 뜻이 서로 부합하고 미진했던 일을 이루어 준다면 두 사람〔시작한 사람과 장래에 이을 사람〕의 손을 거치면서 규모〔윤곽〕가 정해질 것입니다.

첫 번째, 남쪽 변방의 중요한 곳으로 경상도만 한 지역이 없고 경상도의 요새지는 부산·동래와 죽령·조령만 한 곳이 없습니다. 이런 몇 곳은 적들이 반드시 침입해 오는 지역이며 우리들이 반드시 지켜야 할 지역입니다. 그러므로 마땅히 먼저 경영하고 다스려 관문을 견고하게 잠가야 할 것임에도 불구하고, 말〔馬〕을 잃은 이후에도 오히려 마구간을 수리하지 않고 쓸데없는 곳에 물력을 낭비합니다. 이것을 버려두고 수리하지 않는 것은 참으로 팔을 걷어붙이고 탄식할 만한 일입니다. 부산에는 비록 전함 10여 척이 있으나, 만약 급한 상황을 만나면 진실로 바다를 뒤덮고 있는 수많은 왜적의 전함을 홀로 당해낼 수 없습니다. 부산에서 통영(統

營)까지는 백여 리이니, 수일 안에는 구원해 줄 수가 없습니다. 공문을 보내 구원을 요청하는 사이에 왜적들은 이미 여러 날 전에 배에서 육지에 내립니다. 부산은 바로 왜적의 사신들이 아침저녁으로 출입하는 곳임에도 불구하고 성첩(城堞)과 포루(炮樓)가 이미 극도로 퇴락하여 수비하는 데 형편없을 뿐만 아니라 눈에 보이는 정황이 매우 놀랄 만합니다.

첨사(僉使)에 소속된 입방군(入防軍)은 다만 90명뿐이니, 첨사의 힘으로는 참으로 성을 수리하기 어렵습니다. 작년에 제가 어사(御史)로 김해(金海)에 내려와 부산으로 돌아오는데 수사(水使)에게 공문을 보내 제 행차가 도착하기 전에 재촉하여 성을 수리 보수하도록 하였습니다. 또 순영(巡營)에 공문을 보내 병기와 양식이 얼마나 있는지를 적어서 보내도록 하였지만, 순찰사가 즐겨 허락하지 않았고 수사도 전력을 다하지 않은 채 초차(草次 노숙 근무지)에서 색책하는 말만 하고 그만두었습니다. 비록 지난번처럼 놀랄 만한 상황과 같지는 않았지만, 수리 보수가 완전하다고 말할 수가 없었습니다. 지금 마땅히 수사에게 공문을 보내 재촉하여 순시하기 전에 예전 그대로 수리 보수하게 함으로써, 그의 노력함이 부지런한지의 여부를 살펴서 책임을 다하지 못한 것에 대한 벌을 시행하는 것이 어떻겠습니까.

두 번째, 좌수영(左水營)은 부산 동쪽 10리에 있는데, 항구에 물이 얕아서 전함이 다닐 수가 없습니다. 임진왜란 때 수사(水使) 박홍(朴泓)[17]이 전함이 출항할 수가 없어서 육지로 올라와 달아났습니다. 조정에서는 그런 불편한 점을 알아서 바야흐로 수영을 옮기려고 하였으나 마땅한 장소를 구하지 못하였습니다. 작년에 저로 하여금 수영을 설치할 마땅한 곳을 자세히 살펴보도록 하였기에, 울산(蔚山)에서 출발하여 해안을 따라 부산에까지 다달았습니다. 지형을 자세히 살펴보아도 적당한 곳을 발견하지 못했습니다. 여러 장군과 사졸들에게 물어보니 혹자는 마땅히 서생포(西生浦)로 옮겨야 한다고 하였고 혹자는 마땅히 다대포(多大浦)로 옮겨야 한다고 하였으며, 혹자는 마땅히 부산으로 옮겨야 한다고 하였습니다. 저의 견해로 헤아려 보건대, 세 곳이 모두 편리하지 않습니다. 서생포는 부산에서 백여 리 떨어져 있고 통영에서 수백 리 떨어져 있습니다. 그리하여 몇 척의 전함으로 구석진 곳에 외롭게 위치하면서 중간에 연락을 취하는 형세가 없습니다. 다대포는 부산 서쪽 30리에 위치하는데, 왜관(倭館)이 바야흐로 부산에 있을 때 좌수영과 우수영을 모두 서변(西邊)에 설치하여 좌변(左邊)을 텅 비게 만들어 버린다면 이것은 마치 사람의 왼쪽 팔을 잘라 버린 것과 같으니 좋은 계책이 아닙니다. 부산은 성곽과 해자 그리고 병기를 구비하지 않음이 없어서 수영을 옮기기에 용이한 듯하지만, 대장이 티격태격하는 군인의 모습을 하고서 아침저녁으로 왜적의 사신과 마주하게 한다는 것은 또한 매우 마음이 편치 않습니다. 반복하여 생각해 보아도 좋은 계책을 찾지 못하여 조정에

17 박홍(朴泓) : 1534~1593. 본관은 울산(蔚山), 자는 청원(淸源)으로 충청도 대흥현(大興縣)에서 출생하였다. 1556년(명종11) 무과에 급제하였다. 임진왜란이 일어나자, 경상좌도 수군절도사로서 왜적의 선봉을 맞아 싸웠으나, 중과부적으로 본진을 소각하고 죽령(竹嶺)으로 후퇴하여 서울을 거쳐 평양 등지로 다니며 일본군과 항전하다가 병사하였다. 사후 병조 참판에 추증되었다.

서 아직까지 조치를 취하지 못하고 있습니다. 만약에 변고가 일어나면 장차 수사(水使)를 박홍처럼 만들 것입니다. 만약 부득이하여 왜관을 초량항(草梁項)으로 옮기면 수사가 부산 병영에 나아가 지키면 됩니다. 지난해에 새로 충당한 군인으로 또 부산에 방어 능력을 증가시켰고, 소속된 여러 포구에 수 척의 전함을 보태어 주었습니다. 그렇게 되자 군용(軍容)이 다소 떨치게 되고 왜관이 다소 멀어지게 되어 멀리서 바라보게 되었고 또한 큰 해가 없었습니다. 또 왜적과 마주 보고 있어 엄중한 방비를 게을리하지 않게 되니, 수사를 적당한 사람을 얻게 하는 데 힘쓴다면 마침 방어하고 수비하는 유익함이 될 것입니다.

세 번째, 동래(東萊)의 지형은 본성(本城)이 낮게 꺼져 있고 외봉(外峯)이 누르고 있기에 결단코 수비할 만한 곳이 아닙니다. 또 소속된 군병이 없으며 사소한 노약자들이 왜적들의 아가리에 아주 가까이 다가가 있고 밖의 원조가 동떨어져 두절되어 있으니, 이것은 백성을 그냥 적에게 주는 꼴입니다. 지금 양산(梁山)은 전과 같이 마땅히 동래와 합하여 그 물력(物力)을 넉넉하게 해야 할 것입니다. 그리고 양산 뒤 10리에 산성의 옛 터전이 있으니 마땅히 이 산성을 수리하고 쌓아서 백성들을 모집하여 들어가야 합니다. 동래 부사(府使)가 항시 본읍에 있으면서 책응(策應)[18]하여 위급함이 있으면 양산산성으로 물러나 보존하면서 황산(黃

18 책응(策應) : 서로 호응하여 작전을 수행하는 것이다. 곧 대군을 출전시킨 뒤 군수 물자를 공급하는 지원병을 파견하는 일을 말한다.

山)[19]의 험로(險路)를 누르면 거의 옳게 될 것입니다. 양산의 산성은 제가 직접 보지 못했기 때문에 반드시 지형이 산성의 둘레가 얼마쯤이며 병사가 몇 명이 방어하고 수비할 수 있는가를 살핀 연후에 이 계획을 시행할 수 있습니다.

네 번째, 양산(梁山)의 구법곡성(仇法谷城)과 김해(金海)의 죽도성(竹島城)은 낙동강을 끼고 바다를 연해 있으며 동서로 나란히 우뚝 솟아 있습니다. 좌우로 수로와 육로가 반드시 이곳을 경유해야만 내륙 안으로 통행할 수 있습니다. 왜적들이 여기에 진을 설치하여 견고한 벽을 쌓아 서로 마주 보다가[20] 바다를 건너 본국으로 간 연후에야 철수한 것은 지형의 이득을 가장 많이 가지고 있

19 황산(黃山) : 양산시 물금읍 화산4길 18에 있었던 황산역(黃山驛)을 말한다. 동래에서 밀양으로 가기 위해서는 낙동강을 따라 난 좁은 벼랑길로 가야 하는데 황산역은 이곳에 위치하여 교통의 요새지가 되었다.

20 왜적들이……보다가 : 일본인들이 쌓은 구포왜성과 양산왜성이 그것이다. 구포왜성은 김해와 양산 간의 연락을 취하기 위하여 김해 죽도성(竹島城)의 지성으로 쌓은 일본식 성인데, 구법곡(仇法谷)의 표고 약 60m의 동산에 축조되어 있다. 서쪽과 남쪽으로는 낙동강을 끼고 그 밑에 선박이 정박할 수 있으며 멀리 서쪽으로 김해 죽도성과 북쪽으로 물금 증산성(甑山城)을 서로 마주 보며 삼각형을 이루는 전략상의 요지에 해당되었던 곳이다. 죽도성과는 물길로 약 3리의 거리를 두고 있다. 임진왜란 당시에는 죽도성과 이곳에 왜군이 주둔하여 배로 서로 긴밀히 연락을 꾀하며 북방으로부터 낙동강 하구를 방비하였다고 한다. 양산왜성은 물금 증산리 왜성(勿禁甑山里 倭城)이라고도 한다. 낙동강 하구로부터 20km 떨어져 낙동강의 본류와 양산천이 만나는 물금역의 남동쪽 증산(해발 133m) 정상에 축조되었다. 산의 정상을 깎고 석축을 쌓아 본환을 축조하였으며 지형에 따라 동·서 2개소에 성을 쌓고 양쪽으로 통할 수 있도록 하였다.

기 때문입니다. 만약 우리나라가 먼저 웅거하였다면 왜적들이 편리함을 잃었을 것이니 이해관계가 가장 긴요한 곳입니다. 지금도 왜적의 성루(城壘)가 뚜렷하게 남아 있으니, 이것을 수리 보수하여 방어진을 설치하는 것은 일은 반만 하고도 공로는 배로 얻을 수 있는 것입니다. 또 양쪽 진영은 거리가 7, 8리쯤으로 집에서 피어오르는 연기가 서로 보이고 고각(鼓角)의 소리가 서로 들려서 좌우로 기각(掎角)의 형세[21]가 있습니다. 두 섬 사이에 양전옥토(良田沃土)는 넓어서 아무리 보아도 끝이 보이지 않으니, 삼차칠점(三叉七點)[22]이라 부릅니다. 이 지역은 예로부터 유명하였으나 지금은 모두 경작하지 않은 빈 땅이 되었습니다. 만약 빈 땅을 주인의 유무를 따지지 말고 모두 둔전에 소속시켜 군인과 백성들을 많이 모집하여 그 땅을 경작하여 먹으며 세금과 부역을 면제해 준다면, 수년 안에 수만 섬의 양식을 비축할 수 있고 또한 수천 명의 군사를 모집할 수 있습니다. 또 강과 바다가 서로 연결되어 생선과 소금이 뒤섞여 널려 있는데, 이것들을 배에 싣고 상주

21 기각(掎角)의 형세 : 기각은 의각(犄角)으로도 쓰는 바, 사슴을 잡을 때에 뒤에서는 다리를 잡고 앞에서는 뿔을 잡는 것으로, 인신(引伸)하여 군사를 양편으로 나누어 적을 협공(挾攻)하거나 앞뒤에서 견제하는 형세를 이른다. 《춘추좌씨전》 양공(襄公) 14년 조에 "비유하면 사슴을 잡을 적에 진나라 사람들은 뿔을 잡고 융족(戎族)들은 다리를 잡는 것과 같이 한다.〔譬如捕鹿, 晉人角之, 諸戎掎之.〕"라고 한 데서 유래하였다.

22 삼차칠점(三叉七點) : 삼차수(三叉水)와 칠점산(七點山)이다. 낙동강 하류에서 바다로 들어가는 부분이 세 가닥으로 갈라졌으므로 삼차수라 부르고, 낙동강 하구에 있던 일곱 봉우리로 된 산이 있으므로 칠점산이라 부른다. 칠점산을 깎아 내어 김해 비행장을 건설하였다.

(尙州)와 선산(善山) 등지에 유통시킵니다. 만약 정책을 알맞게 펴면 군량미를 쉽게 갖출 수 있고 공사간(公私間)에 모두 재정이 넉넉할 수 있습니다.

제가 2년 동안 남쪽으로 내려와 돌아다니며 지형을 살펴보니, 물과 뭍을 아우르는 지역으로 여기보다 좋은 데가 없었습니다. 그러므로 제가 연유를 갖추어서 아뢰고 지형을 그림으로 그려서 올렸는데, 창원 소모군(昌原召募軍)을 죽도성으로 옮겨 설치하게 하고 동래 소모군(東萊召募軍)을 구법곡성으로 옮겨 설치하게 하고자 하였습니다. 두 곳에 현존하는 소모군이 각각 6, 7백 명이 되니 나누어 두 곳의 진영을 지키게 할 수 있습니다. 또 각각 전함 1, 2척을 배치한다면 나아가서는 수군(水軍)을 응원하고 물러나서는 본성(本城)에 웅거하여 지킵니다. 지금 요충 지대인 부산과 동래는 하나도 믿을 수가 없이 모두 텅 빈 땅이 되어 버렸으니, 무엇이 이 두 진영〔구법곡과 죽도〕을 설치하여 수년 안에 완취(完聚)[23]하여 우뚝하게 동남 지역의 보장(保障)이 되게 하는 것과 같겠습니까.

두 진영의 소모군의 마음도 또한 거기에 이주하여 살기를 원하여 혹 농막을 설치해서 터를 잡고 가을의 수확을 기다렸으나 결국에는 감사(監司)에게 저지당하고 말았습니다. 감사가 그 소모장에게 곤장을 치고 장황하게 떠벌려 계장을 올리는 것을 방해하는 지경에 이르러 일이 결국 성사되지 않았으니, 이 점이 제가 매우 개탄하는 것입니다. 올해 여름에 제가 장차 재차 남변(南邊)으로

23 완취(完聚) : 성곽(城郭) 같은 곳의 헌 데를 고치고 백성을 모으는 것을 말한다.

가고자 먼저 이 뜻을 영상(領相)에게 진술하려 했는데, 영상께서 바야흐로 과거의 일 그대로 다시 시행하고자 하여 제가 가지 못했습니다. 지금 명공께서 만약 저의 의견이 옳다고 여기시면 7월 전에 구법곡을 순시하시고 배를 타고 죽도에 가서, 지형의 편리함을 살펴보고 언덕과 들판의 상태를 헤아려 보십시오. 읍민들의 저지하는 말은 듣지 마시고, 동래 소모장과 창원 소모장을 초치하여 그 곡절을 물어보고 이 일을 맡기십시오. 또 전(前) 소모장 영천(永川) 출신 전삼익(全三益)[24]을 불러 앞에서 자세하게 진술하게 하면 명공은 그 이해와 경중을 알게 될 것이니, 이 일의 성공을 또한 혹 명공에게 기대할 수 있을 것입니다.

혹자가 소모군을 철거해 옮기는 것이 불편하다고 하면서 별도로 다른 군인을 모집하고자 하는데, 이 점에 대해서도 저는 이미 충분히 생각해 보았습니다. 소모군은 모두 흩어져 평지에 거처하기 때문에 만약에 위급한 일이 있더라도 성을 수비할 수 있는 형편이 못 됩니다. 구법곡성과 죽도성 근처에는 현재 거주하는 창원과 동래의 소모군이 많으니, 별도로 철거하여 이주시키는 고생이 없어도 됩니다. 뿌리를 내리고 살면서 이주하고자 하지 않는 자는 짐짓 그 자리에 두고 억지로 별장(別將)을 옮길 것이 없습니다. 다만 별장이 왜적의 성루를 보수할 때 여기에 진영을 설치하면

24 전삼익(全三益) : 1566~1622. 본관은 용궁(龍宮), 자는 군보(君輔), 호는 조곡(棗谷)으로 영천 출신이다. 임진왜란을 당하여 향교의 다섯 분의 성위판(聖位版)을 자양 성현암(聖賢巖)에 받듦으로써 병화(兵火)를 면하였고, 아우인 전삼성과 의병진에 나아가 적을 무찔렀다. 그 뒤 무과에 합격하였다. 울산과 동래의 소모별장(召募別將)이 되어서 8년간 두 진을 회복하고 군정을 보살피는 데 힘을 다하였다.

군졸들이 당번을 나누어 와서 지켜서 본 진영에 있을 때와 다름이 없게 되고, 군졸들이 점점 옮겨 들어가 절로 거대한 진영이 될 것입니다. 동래 부사(東萊府使)가 소모군을 철거시키면 한 지역이 텅 비게 된다고 극렬하게 막고 있지만, 동래에서 모집한 군대는 이동시킬 필요가 없고 울산(蔚山), 언양(彦陽), 밀양(密陽) 등의 고을에 흩어져 있는 자로 먼저 이동하여 들어가도록 하는 것이 또한 옳지 않음이 없습니다. 지금 만약 별군으로 모집하여 들어가면 풀로 가득 차 있는 넓은 들판을 새로 이주하는 소수의 백성들이 개간할 수 없으니, 몇 년 내에 성과를 보지도 못하고 반드시 중도에서 그만두게 되는 걱정이 있을 것입니다.

다섯 번째 조령(鳥嶺)은 나라의 남문(南門)이며 하늘이 만든 백이험(百二險)[25]이 있는 곳입니다. 만약 일부의 군마라도 배치하였다면 왜적들이 어찌 감히 임진왜란처럼 승승장구하여 조령을 넘어 서울로 들어올 수 있었겠습니까. 신립(申砬)이 계책을 잘못 세워 험지를 막아 지킬 계획을 하지 아니하고 탄금대(彈琴臺)로 물러나 진을 쳐서 한 번 여지없이 패하여 재기할 수 없게 되었습니다.[26] 왜놈들이 조령을 넘을 때 또한 매복의 군사가 있을까 두려

25 백이험(百二險) : 방어(防禦)가 튼튼하여 적(敵)의 백 배나 되는 유리한 지세를 이른 것이다. 진(秦)나라는 산하(山河)의 험조(險阻)를 낀 형승지국(形勝之國 : 지세가 유리한 나라)으로 다른 나라 군사 백분의 이(二)만 가져도 방어할 수 있다고 하였다. 《通鑑節要》

26 신립(申砬)이……되었습니다 : 신립(1546~1592)의 본관은 평산(平山), 자는 입지(立之)이다. 1592년 임진왜란이 일어나자 삼도순변사로 임명되었다. 상주를 함

위하여 며칠을 머뭇거리며 지체하다가 한 사람의 매복군도 없다는 것을 환히 알고는 과감하게 지났습니다. 명나라 장군 이 제독(李提督)[27]의 행차가 토천(兎遷)[28]에 이르러 멀리서 암석의 산이 겹겹이 둘렀고 돌길이 험하고 좁은 것을 보고서 우리나라 장군과 병사에게 말하기를 "너희 나라에 이런 천연 험지가 있는데, 방어할 수가 없어서 왜적을 함부로 들어오게 한 것을 보면 참으로 훌륭한 인재가 없었다고 말할 수 있다." 하고는 시를 지어 풍자하는데 이르렀습니다.

지난번에 풍원(豐原) 유 상공(柳相公)[29]이 주흘산성(主屹山城)

락한 왜군이 문경으로 올라오자 김여물 등이 아군의 수가 열세임을 들어 지형이 험한 조령에서 잠복, 전투를 벌일 것을 주장하였다. 그러나 신립은 아군의 열세에도 불구하고 기병의 활용을 극구 주장하여 군대를 돌려 충주성 서북 4km 지점에 있는 탄금대(彈琴臺)에 나아가 배수진을 치고 임전 태세에 들어갔다. 왜군이 탄금대에 대대적으로 공격해 오자 중과부적으로 포위되어 참패를 당하자 신립은 남한강 물에 투신, 순절하였다. 뒤에 영의정에 추증되었으며, 시호는 충장(忠壯)이다.

27 이 제독(李提督) : 이여송(李如松, 1549~1598)을 말한다. 자는 자무(子茂), 호(號)는 앙성(仰城)이다. 임진왜란이 일어나자 방해어왜총병관(防海禦倭總兵官)으로 임명되어 조선에 파병되었다. 조선의 승군(僧軍), 관군(官軍)과 연합하여 평양성을 함락시켰고, 평안도와 황해도, 개성 일대를 탈환했지만, 한성(漢城) 부근의 벽제관(碧蹄館)에서 패하여 개성으로 퇴각하였다. 그 뒤에는 전투에 적극적으로 나서지 않고 화의 교섭에만 주력하다가 유정(劉綎, 1558~1619)의 부대만 남기고 명(明)나라로 철군하였다.

28 토천(兎遷) : 관갑천(串岬遷)이라고도 한다. 돌을 파서 사다리 길을 만들었는데, 구불구불 거의 6, 7리나 된다. 세상에서 전하기를, "고려 태조가 남하하여 이곳에 이르렀을 때 길이 없었는데, 토끼가 벼랑을 따라 달아나면서 길을 열어 주어 갈 수가 있었으므로 토천(兎遷)이라 불렀다." 한다. 그 북쪽의 깎아지른 봉우리에 옛날에 지키던 돌 성터가 있다. 《신증동국여지승람 권29 경상도 문경 조》

을 수리하여 문경(聞慶) 등 네 현(縣)을 합하여 하나의 대부(大府)를 두고자 하였으나, 당시 의논이 통일되지 않아 끝내 시행되지 못하였습니다. 지난해에 상주(尙州) 선비 강무선(姜茂先)[30] 등이 올린 상소문으로 인하여 성상께서 특별히 넉넉한 비답을 내려 묘당(廟堂)으로 하여금 속히 의논하여 처리하도록 하였습니다. 이에 노열(駑劣)한 저를 시켜 가서 지형을 살펴보게 함에 제가 암석 벼랑을 오르고 산성 둘레를 측량하여 지형을 그림으로 그려 올렸습니다.[31] 또 민정(民情)을 채방(採訪)하고 주민들의 의견을 즐겨 듣지 않음이 없었습니다.

오직 용궁현(龍宮縣)에 2, 3명의 완악한 백성이 자신을 편안하게 하려는 사사로운 마음을 품고 태수의 위엄을 끼고서 온 고을 사람들을 고동(鼓動)시키며 고소장을 올렸습니다. 그러나 용궁현의 유식(有識)한 선비들은 일찍이 서로 알고 있는 것으로 모두가 이번 거사〔대부를 설치하는 것〕를 잘된 것이라 생각하였습니다.

29 유 상공(柳相公) : 유성룡(柳成龍, 1542~1607)을 말한다. 본관은 풍산(豐山), 자는 이현(而見), 호는 서애(西厓)이다. 1564년(명종19) 생원 · 진사가 되고, 1566년 문과에 급제하였다. 1592년 임진왜란 때 군무(軍務)를 총괄하였고 영의정으로 왕을 호종(扈從)하여 전란을 슬기롭게 극복하였다. 1604년 호성공신(扈聖功臣) 2등에 책록되고 풍원부원군에 봉해졌다. 안동의 병산서원(屛山書院) 등에 제향되었으며 시호는 문충(文忠)이다.

30 강무선(姜茂先) : ?~?. 본관은 진주(晉州), 자는 효언(孝彦)이다. 음직(蔭職)으로 참봉(參奉)을 지냈으며 조령관(鳥嶺關)을 쌓자고 상소하는 소두(疏頭)가 되었다.

31 노열(駑劣)한……올렸습니다 : 인재가 1612년(광해군4) 11월에 조령(鳥嶺)과 주흘산성(主屹山城)의 순심어사(巡審御史)가 되어 문경(聞慶)에 가서 현감 조직(趙稷)과 함께 산성의 형세를 살폈다. 《연보》

그러나 또한 관리에게 죄를 지을까 두려워하여 감히 고소장의 내용과는 다르게 하지 않았으나 그 실정은 그렇지 않았습니다. 제가 조정에 돌아와 장계를 쓴 뒤에 비변사에서 또 경상도 감사의 장계를 기다린 이후에 이 일을 처리하자고 청하였습니다. 그러나 감사가 새로 부임하였기에 이해관계를 환하게 알 수가 없는 상황에서 저 용궁 백성의 상소문을 듣고는 양단(兩端 최현의 장계와 용궁의 상소문)을 의심하고 망설이며 계장을 올리지 않게 되었습니다. 예로부터 큰일을 이루고자 하면 다만 이해와 경중을 보아서 결단하여 행해야 합니다. 만약 길 가는 사람에게 도모하면 끝내 이룰 수 있는 날이 없습니다.

지금 문경, 함창(咸昌), 산양(山陽), 용궁 네 현은 토지가 비옥하고 농사 짓기를 원하는 사람이 많습니다. 네 현의 피폐한 적은 호구로 유독 대로의 부역을 담당하기에 모두 내버려 둔 땅이 되어 버려 영남 사신의 길이 거의 끊어지게 되는 데 이르렀습니다. 명공께서 만약 영남의 길의 형세를 자세히 보면, 충주(忠州)의 장항(獐項 노루목)으로부터 남쪽으로 견탄(犬灘)에 이르고, 가은(加恩)의 협로(峽路)로부터 북쪽으로 월악(月岳)에 이름에 그 평탄하고 험준함이 어떠하며 병사를 사용함이 어떠하며, 뒷날 방어하는 중요함이 어떠합니까. 네 현의 수령들 마음속에 몰래 저지하려고 하는 상황을 통찰하십시오. 여러 고을의 백성들이 현령에게 억압받아 가슴에 표달(表達)할 수 없는 마음을 가지고 있습니다. 국가의 좋은 계책을 먼저하고 완민(頑民)의 사특한 논의를 물리쳐서, 통쾌하게 결정하시어 모든 사실을 갖추어 임금에게 아뢰십시오. 네 현(縣)을 합하여 부(府)를 설치하고 산성을 수축(修築)하는데, 강명(剛明)하고 위망(威望)이 있는 사람을 잘 가려 선발하고 확정하여 부사(府使)로 삼으면, 수령을 억누르고 백성을 어루만져서 민심이 저절로 안정될 것입니다. 네 현이 산천이 웅장하고 토지가 비옥하기 때문에 종전부터 여기에 이주하기를 원하는 사람들이 풍문을 듣고 즐겨 따르게 되면 몇 년이 되지 않아 이미 웅장한 번진(藩鎭)이 될 것입니다. 그렇게 되면 왜적을 영남의 길에서 차단하여 막음과 남쪽 변방을 제어하는 계책에 어찌 도움이 적다고 하겠습니까. 성을 쌓고 백성을 모으며 선후로 조치할 일 같은 경우는 제가 일찍이 강무선(姜茂先) 등과 토론하기를 매우 자세히 하였으니, 바라건대 그를 불러서 내용을 물어보신 뒤 감사의 헤아리심으로 증감하거나 취사선택하는 것이 어떠하겠습니까.

여섯 번째, 해안 지역에 병사를 소모(召募)하는 것은 둔전을 일궈 군량미를 비축하기 위해서가 아니라 바로 수군(水軍)에 충당하고자 제도를 만든 것입니다. 각 읍의 수령과 원주민은 복호(復戶)의 폐단 때문에 불편하다고 말이 많습니다. 임금의 명을 받든 사신이 이르는 곳마다 올린 소장(訴狀)이 관청에 가득하거늘 듣는 자들이 살피지 아니하고 해만 있고 유익함이 없다고 생각하여 전혀 힘을 쏟지 않는데, 명분은 비록 복호를 내세우나 침책(侵責)[32]이 범민보다 배가 되기 때문입니다. 이것 때문에 모아 놓은 백성들이 날로 흩어져서 일이 되지 않습니다.

32 침책(侵責) : 간접으로 관계되는 사람에게 책임을 추궁하는 것이다. 여기서는 원주민들이 소모군의 면제받은 세금을 대신 납부해야 하는 고충을 말한다.

대개 둔전과 복호의 일은 원주민을 가장 힘들게 하니, 만약 내지(內地)에 널리 설치하면 전결(田結)이 날로 축소되고 부역에 응하는 자가 날로 적어지므로 이것이 바로 수령과 읍민이 불편하다고 다투어 말하는 이유입니다.

그러나 우리나라가 믿을 것은 수군입니다. 다만 격군(格軍 뱃사공)이 부족하니 비록 전함이 있더라도 분견(分遣)하여 방수(防守)케 할 수가 없습니다. 또한 내지에서 변경 방비에 나아가는 군인은 수전(水戰)을 익히지 않았으므로 배를 몰아 바다에 떠 있을 때 뱃멀미를 앓아 일어나지 못하여 위급한 상황에 아무런 소용이 없습니다. 조정에서 격군을 충원할 대책이 없으니 해변에 배를 숨겨 놓기에 합당한 장소나 경작할 만한 놀리는 땅을 가려 농군(農軍)과 해부(海夫)를 모집하여 경작하고 고기를 잡게 하여 생업에 도움이 되게 하고, 세금과 부역을 면제해 주어 장수를 정해 거느리게 합니다. 이렇게 모집한 백성이 만약 백 명을 초과하면 전함 한 척을 만들어 공급합니다. 평상시 교대로 서로 경작하고 수비하며 신지(信地)[33]에서 비상 대기하였다가 급히 합번(合番)[34]할 상황이 발생하면 이들을 보내 수군의 성세(聲勢)를 돕습니다.

무릇 한 척의 배의 수군을 만약 내지군(內地軍)으로 분견하여 방수하면 아홉 번 보내는 것에 600여 명으로 해도 오히려 또한

33 신지(信地) : 부신(符信)을 가지고 땅을 지키는 관원이 관할하는 땅을 말한다. 즉 부신을 주어 정한 땅을 지키는 것을 말한다.

34 합번(合番) : 위급한 상황에서 차례가 아닌 사람들이 한꺼번에 번(番)을 드는 일이다.

일이 어긋나지만, 만약 모군(募軍)으로 그 땅을 스스로 지키게 하면 백여 명에 불과해도 사용함에 여유가 있습니다. 그 간략하고 절도가 있으면서도 일에 능숙한 것이 내지군의 10배가 되니, 이른바 '1만 명을 징병하는 것이 수천 명을 모병하는 것만 못하다.'라고 한 것은 이것을 말합니다. 우리나라는 본래 양병(養兵)의 규범이 없었기 때문에 이런 백여 명의 모군에도 이처럼 그 폐단을 다투어 말하는데, 만약 옛날 제도처럼 10만을 양병하면서 백성들에게 의식(衣食)을 의존한다면 또한 장차 어떻게 되겠습니까. 이것은 비록 작은 폐단이 있지만 결단코 그만둘 수 없습니다.

지금 마땅히 해변의 여러 고을에 신칙(申飭)하여 여러 곳에 소모진(召募陣)을 설치하여 별도로 신역(身役)을 면제해 주시고, 그렇게 하지 않는 자는 그 관리들을 추문하여 다스리십시오. 또 소모장으로 하여금 순찰한 것을 직접 보고하게 하여 그가 하는 말을 들어 주시고, 이미 백 명을 모집한 자에게는 전함을 만들어 공급하십시오. 또 그 전해에 새로 충당하고 남은 군인으로 매번 수선군(守船軍 배를 지키는 군인) 5명을 정급(定給)하여 소모군으로 하여금 안정된 업무에 즐겨 달려가게 하면 해안에서 수천 명을 모을 수 있을 것입니다. 수군을 보충하는 일은 자세하게 말씀드리지 않겠습니다.

일곱 번째, 전답을 측량하는 일은 경상 좌도는 너무 헐렁하고 경상 우도는 너무 준엄하여 매우 공평하지 못하다는 말을 들은 듯합니다. 또 우도에 전답을 측량함이 비단 고르지 못할 뿐만 아니라 수많은 전결(田結)을 한 달 안에 조사하여 올리도록 하니, 각관(各官)이 위엄에 두려워하며 혹 밤중에 불을 밝혀서 측량하였기 때문에 작성한 전답의 기록이 모두 잘못된 문서가 되어 버렸습니다. 만약 그대로 두고 고치지 않으면 준엄함과 헐렁함이 현격하게 차이가 나서 백성들의 폐단이 무궁할 것입니다. 명공께서는 앞의 사람이 한 일을 답습하지 말고 고치는 것에 주안점을 두어 다시 전답을 측량하기를 신칙하십시오. 가을 초기부터 시작하여 좌도와 우도의 전답의 제도를 균일하게 하는 데 힘써서 영남의 백성들의 마음을 위로해 주는 것이 어떻겠습니까.

여덟 번째, 나라에 왜란이 일어난 이후 선비들이 먹고사는 일에 급하고, 과중한 요역과 부역에 곤궁하여 강학할 여가가 없어서 현송(絃誦)[35]이 오랫동안 적막합니다. 지금 명공께서 제일 먼저 학교를 일으키고 선비를 기르는 방책을 언급하였으니 매우 성대한 뜻입니다. 여러 고을의 향교와 서원이 근년에 옛날대로 복원하는 것이 많으나 각관(各官)과 수령들이 전적으로 여기에 뜻을 기울이지 않고 혹 복원하는 일을 중도에 그만둡니다. 지금 마땅히 은밀히 조사하여 넉넉한 곳은 덜어 내고 부족한 곳은 도와주어 순강(巡講), 순제(巡製),[36] 서도(書徒),[37] 삭강(朔講) 등의 일을 거

35 현송(絃誦) : 현가(絃歌)와 같은 말이다. 즉 금슬(琴瑟)을 연주하며 노래하는 것으로, 예악(禮樂)의 교화를 뜻한다. 공자의 제자 자유(子游)가 무성(武城)이란 고을의 읍재(邑宰)로 있으면서 현가로 백성을 교화하는 수단을 삼았다. 《論語 陽貨》

36 순강(巡講), 순제(巡製) : 감영의 관찰사 아래에 있는 도사(都事)가 각 고을마다 순시하면서 선비들에게 강(講)하는 시험을 보는 것이 순강이고 글을 짓는 시험을 보는 것이 순제이다.

듭 밝혀 거행하도록 하면 교육을 거의 새롭게 진작하는 방도가 있을 것입니다.

다만 향촌의 유생들이 독실하게 배우고 학문에 뜻을 둔 선비가 아닌 경우가 많아 혹 여러 번 과거시험을 보았지만 낙방하여 지기(志氣)가 꺾였으며 혹 생활이 궁핍하여 경서 공부를 할 여가가 없습니다. 지금 만약 서도와 삭강을 시행한다는 법령을 들으면 하나의 고역스러운 일로 보아 모두 학적에서 이름을 누락시켜서 피할 것입니다. 영남은 다른 도와 같지 않아 유식한 사족들이 모두 교안(校案 향교 유생의 명부)에 들어가 있습니다. 간혹 쓸데없는 잡된 사람이 참여하기에 액내(額內 정원 내)와 액외(額外)로 나누어 구별해야 합니다. 마땅히 각 고을로 하여금 50세 이하 서생으로 호칭되는 사람에게는 학적에 누락되지 말게 하십시오.

생원과 진사를 하나의 명부로 만들고 향시(鄕試)에 합격한 자를 하나의 명부로 만들며 유학(幼學)으로 향시에 합격하지 못한 자를 하나의 명부로 만들어, 등급을 나누어 제술(製述)하고 강(講)하기를 관학(館學)[38]의 법규와 같이 합니다. 생원과 진사는 다만 제술하거나 혹 시대의 폐단을 대책문으로 진술하게 하며, 향시에 합격한 자는 경학(經學)을 통독하고 이미 공부한 것을 가지고 시험을 치르되 회초리로 처벌하지는 않습니다. 초학자는 날마다 서도(書徒)하며 그 수령으로 하여금 매달 초하루에 고강(考講)하여 회초리로 처벌하게 합니다. 나이가 많고 학문이 박식한

37 서도(書徒) : 가르침을 받고 독서한 생도를 기록하여 둔 문서이다.

38 관학(館學) : 성균관(成均館)과 사학(四學)을 말한다.

사람을 읍에서는 학관(學官)으로 정하고 면(面)에서는 훈장(訓長)으로 정하여 가르칩니다. 추잡하고 비루한 교수와 훈도를 모두 파직시켜 내보낸다면 많은 선비들이 배우러 와서 학교가 황폐하게 되지 않을 것입니다. 이 일은 서생들이 매우 싫어하나 뒤에는 반드시 효과가 있을 것이니, 폐할 수가 없습니다.

서원에서는 학문에 뜻을 둔 선비를 별도로 선발하여 유생으로 삼는데, 이들의 이름을 기록하여 서원 명부를 만듭니다. 서원 유생은 혹 향교 학적 안에 있거나 혹 향교 학적 밖에 있는 이가 있어 서로 섞여 있지만 향교의 유생에 비하여는 자질이 자못 정수(精粹)한 사람들입니다. 감사께서 서원에 왕림하실 때 또한 우대해 주시어 강학하는 학문이 무엇이며 부족한 책자가 무엇인지를 물어보아 한두 가지를 보조해 주시면 어떠하겠습니까. 다만 서원 제도는 진실로 아름다운 일이나 또한 폐단이 있으니 혹 한정(閑丁)[39]을 많이 입학시키는 일입니다. 큰 고을의 서원의 경우는 거기에 소속된 점사(店舍)와 사찰이 그 수가 헤아릴 수 없이 많아 이미 큰 폐단이 되고 있으니, 또한 마땅히 재단하여 덜어낼 것이며, 다만 근처 유민(流民)들로 하여금 서원을 지키고 청소하게 할 따름입니다. 병란 후에 학교의 노비들이 이미 모두 사망하였기에 부득불 양사(養士)의 규범을 만들어 유민들을 향교와 서원에 소속시키되 차등을 두어 학궁 가속자(學宮假屬者)로 불러 그 신역(身役)을 면제해 줄 것이니, 폐할 수 없는 규범입니다. 과거에 방백(方伯)께서 대중소(大中小)의 읍으로 나누어 그 명수(名數)를

39 한정(閑丁) : 국역(國役)에 나가지 않는 장정이다.

정하여 경상도 내에 구별 없이 일률적으로 적용하였습니다. 그 뒤에 학궁 가속자로 서원에 소속된 사람이 점점 많고 그 폐단이 더욱 만연해져서 선비들이 거처해야 할 곳이 한정(閑丁)의 소굴[40]이 되었으니, 또한 매우 타당하지 않은 것이 아니겠습니까. 그러나 갑자기 법령도 없이 빼앗아 버리면 의리를 모르며 견문에 습관이 된 선비들이 떠들썩하게 무리를 지어 비판할 것이니, 재단하여 없앨 때는 또한 마땅히 시비를 분명하게 유시하여 조용하게 처리하는 것이 좋겠습니다.

아홉 번째, 강무(講武)의 일을 완전히 끊어 폐기하고 있으니, 자못 문과 무를 병행하여 사용하는 도가 아닙니다. 또한 학교의 제도에 의거하여 가르치고 기르는 방법을 조절하여 사열하는 제도를 거듭 밝히는 것이 어떻겠습니까.

열 번째, 열읍(列邑)의 속오군(束伍軍)[41]은 명부가 만들어진 지 이미 오래되어 늙고 도망간 사람이 반이나 되니, 단지 허부(虛簿)[42]만 가지고 있는 꼴입니다. 만약 반드시 그 숫자대로 요구하

40 소굴 : 원문 '연수(淵藪)'는 못에 물고기가 모여들고 숲에 새와 짐승이 모여드는 것처럼 여러 물건이나 사람이 모이는 소굴을 비유한다. 《서경》 〈무성(武成)〉에 "은나라 주임금이 천하에 달아난 죄인들을 수용하는 주인이 되어, 물고기가 연못에 모이고 짐승이 수풀에 모이듯 한다.〔爲天下逋逃主, 萃淵藪.〕"라고 하였다.

41 속오군(束伍軍) : 임진왜란 무렵 지방에서 역(役)이나 벼슬이 없는 15세 이상의 양민(良民)과 양반(兩班)으로 조직했던 군대이다. 평시에는 군포(軍布)를 바치고 조련(操鍊)할 때와 유사시에는 군역(軍役)을 치렀다.

여 쓸데없는 잡된 사람들로 구차하게 채운다면 위급한 사태에 임하여는 사방으로 흩어져 달아날 것이니, 자못 정확하게 하는 데 애를 쓰는 뜻이 아닙니다. 지금 마땅히 세밀하게 살피고 정밀하게 뽑아야 하며, 그 숫자에 구애되지 않고 늙고 병든 이를 도태시켜 고향으로 돌아가 농사를 짓게 하는 것이 가장 좋은 계책입니다. 다만 선발하여 교체할 즈음에 수령들이 혹 사사로운 정에 끌리고 하리(下吏)들이 혹 뇌물을 받아먹어 정장(丁壯)한 군인은 누락하고 노잔(老殘)한 군인으로 채우니, 이 폐단을 살피지 않을 수 없습니다. 먼저 열읍(列邑)에 명령을 내려 군인의 나이와 용모파기를 고치되 사실에 따라 기록하여 올리도록 하십시오. 그런 이후에 네 계수관(界首官)[43]과 대읍(大邑) 같은 곳에는 순시하여 친히 검열합니다. 수령이 감사의 시행 공문을 받들고 하리(下吏)와 장관(將官)에게 다짐의 각서를 받은 연후에 군인을 가려서 쫓아내거나 보충하여 입역시킵니다. 한결같이 공도(公道)에 맡길 것이고, 사사로운 견해를 따라 발하는 자에게 하나같이 법으로 엄단한다면 거의 전일처럼 뒤섞이지 않을 것입니다.

당초 속오군을 편성할 때 원군(元軍)[44]과 공·사천(公私賤)을 가리지 않고 정장(丁壯)을 다 뽑았으니 더욱 빈틈없이 구휼해 주고, 시기에 맞추어 사열하여 호궤(犒饋)의 상을 넉넉하게 하며,

42 허부(虛簿) : 실제로 없는 사람을 마치 있는 것처럼 허위로 기재한 장부를 말한다.

43 계수관(界首官) : 서울에서 각도(各道)에 이르는 본가도(本街道)의 연변(沿邊)이며 도계(道界)인 곳에 위치한 고을을 통괄하던 벼슬아치를 말한다.

44 원군(元軍) : 원래 군역을 지는 양인(良人)을 말한다.

실제로 양병의 규정을 모방하여 급한 일에 사용하시기 바랍니다. 요즘 각관(各官)이 사환(使喚)처럼 책임을 지우고 관속(官屬)과 다름없이 물건을 공급하게 명령합니다. 나장(羅將)[45]과 사령(使令) 그리고 대소의 전관(傳關)[46]을 모두 이 군인으로 보충하여 입역하니, 원군(元軍)과 공·사천(公私賤)이 두 가지 사역의 고통을 감당하지 못하여 도망가는 이가 줄을 잇고 있으니, 어찌 무사(武事)를 연습하여 뒷날에 쓸 것을 기대하겠습니까. 지금 마땅히 각관에게 엄하게 신칙하여 일절 사환으로 부리지 못하게 할 것이며, 여전히 다른 책임을 지우는 자가 있다면 적발하는 대로 죄를 다스려 그 폐단을 막아 군심(軍心)을 위로하는 것이 어떠하겠습니까.

열한 번째, 백성들의 토지세로 베를 거둘 때 새〔升〕의 숫자와 자〔尺〕의 숫자는 자체적으로 정해 놓은 법식이 있거늘 각관(各官)과 수령들이 전혀 염두에 두지 않습니다. 탐욕스럽고 잔인한 사람은 세포(細布)를 배로 징수하고 느슨한 자는 간사한 아전에게 속임을 당합니다. 혹 일곱, 여덟 새〔七八升〕[47]의 베는 40자를 표준으로 하는데 여덟 새 40자의 베는 시골집에서 쉽게 마련할 수 있

45 나장(羅將) : 관아의 사령(使令)이다.

46 전관(傳關) : 상관이 하관에게 공문을 보낼 때 전달하는 사람이다.

47 일곱, 여덟 새〔七八升〕 : 새〔升〕는 피륙의 날줄〔經線〕을 세는 단위로, 한 새〔一升〕는 날이 80올이다. 그러므로 일곱 새는 한 폭에 모두 560올이고 여덟 새는 한 폭에 모두 640올이 된다. 《경국대전(經國大典)》 예전(禮典)에 규정된 서인(庶人) 옷감의 승수(升數)의 상한은 아홉 새이다.

는 물건이 아니며 또한 시장에서 교역할 수 있는 것도 아닙니다. 가렴주구로 인해 울부짖는 소리가 들리고 아전은 그 이익을 탐하여 백성들은 고통을 견딜 수가 없습니다. 지금 만약 그 금령을 엄하게 하여 다섯 새 35자로 정하고 한편으로 사유를 갖추어 해당 관청에 공문서를 보내어[48] 점퇴(點退)[49]하지 못하게 해야 합니다. 또 별도로 믿을 만한 사람을 보내 각관이 징수한 베를 점검하여 정해진 숫자보다 많이 받아들이는 것으로 갖가지 소문이 난 사람은 그 수령을 파직하고 그 색리(色吏)들을 정배(定配)하도록 계장을 올리면 경상도의 민생이 선정을 펼치는 은혜를 받음이 헤아릴 수가 없이 많을 것입니다.

열두 번째, 암거래상의 금지는 자체적으로 국법이 있으니, 거듭 밝혀 거행하는 것은 오직 한 번 명령을 내리는 데 달려 있습니다. 그 가운데 환미(換米)[50]의 일은 우리나라에 최고로 해가 됩니다. 서울 상인이 연해의 여러 고을에 흩어져 들어가 환미(換米)를 배에 싣고 가서 왜국과 교역해 버립니다. 진주(晉州), 창원(昌原), 울산(蔚山), 경주(慶州) 등지에서 쌀값이 날로 높아지는데도 불구

48 공문서를 보내어 : 원문 '점이(粘移)'는 공문(公文)에 증빙 서류나 원래의 공문을 첨부하여 관계 기관에 이첩(移牒)하는 것을 말한다.

49 점퇴(點退) : 공물 수납 때 품질이 나쁘다고 퇴짜를 놓는 것을 말한다.

50 환미(換米) : 나라에서 변방(邊方)의 군량미(軍糧米)를 공급하기 위하여 장사치들로 하여금 먼저 곡식을 변방에 납부하고 문권(文券)을 받아 오면 서울이나 경기(京畿)에서 전곡(錢穀)을 후(厚)하게 주는 것을 말한다. 그러나 여기서는 우리나라 쌀과 일본 대마도의 수산물을 바꾸는 것을 말한다.

하고 변방의 쌀을 대마도에 다 싣고 갑니다. 그래서 일본은 쌀이 날로 풍부해지고 우리나라는 쌀이 날로 부족해지니, 이것은 작은 걱정거리가 아닙니다. 마땅히 다방면으로 계획을 마련하고 암거래 상인을 잡아들여 효시(梟示)하여 그 폐단을 단절하는 것이 좋겠습니다.

경상도 내의 군대의 실정과 백성의 병폐로 일의 마땅함에 관계되는 모든 것에 대하여 높고도 통달한 식견을 가진 명공(明公)께서는 보는 것마다 모두 통하여 알 것이니, 저의 말을 기다리지 않고도 기획하여 조치함이 절로 마땅한 도리를 얻을 것입니다. 하물며 왜인을 접대하는 것과 암거래상을 금지하고 살피는 등의 일은 다만 손바닥을 뒤집듯이 쉽게 처리할 수 있을 것입니다. 이에 감히 번거롭게 말을 많이 하지 않고 다만 몇 가지 일을 말씀드렸습니다. 부임한 초기에 혹 폐단의 진원지를 자세히 알 여가가 없는 상황에서 그 사이에 잡다한 이야기로 어지럽게 올리면 비록 명철한 지혜의 식견으로도 또한 환하게 비추어 보지 못하는 것이 있을 수 있습니다. 그러므로 앞에서 말한 것처럼 저의 견해를 대략 진술하니, 오직 굽어 살피시어 취사선택하십시오. 제거할 만한 폐단과 행할 만한 일 같은 것에는 앞에서 나열한 것보다 더 큰 것들이 있지만, 지면에서 다 말할 수 있는 것이 아니어서 조만간에 마땅히 찾아뵙고 진술할 것입니다.

비변사에 올려 품의하는 글

呈稟備邊司

낭청(郎廳)[51]인 제가 경상 좌·우 병영(兵營)과 수영(水營)을 돌아다니며 살펴봄에 모든 것이 그 지리(地利)와 형세(形勢)를 잃었으니, 진실로 조정이 나서서 변경하는 것이 중요한 일임을 알았습니다. 그러나 조정은 옛날 규범대로 따라 하며 무사하기를 바라고 있습니다. 낭청의 직분은 돌아다니며 살피는 것이니, 부득불 본 바를 다 진술하노니 상관께서 재단하여 취사선택하기를 기다립니다.

울산(蔚山)은 비록 바다에 가까워 적의 공격을 받을 곳이나 바다 입구에 바짝 다가앉아 있는 꼴로 땅이 가장 낮은 곳이니, 수책(水柵)[52]이 마땅하고 병영(兵營)은 마땅하지 않습니다. 게다가 성곽이 넓고 커서 지금 적은 숫자와 폐잔한 병졸로는 지켜낼 계책이 없습니다. 언양(彦陽) 일로(一路)가 울산 두뇌 뒤에 가로놓여 있습니다. 왜적이 만약 동래(東萊)로 말미암아 곧바로 언양에 다달아 경주(慶州)를 공격하면 울산 병영은 이미 포위 가운데 있게 되어 진퇴양난이고 호흡이 막혀 통하지 않습니다. 때문에 군인들의 마음이 먼저 어지러워져서 하루도 지켜낼 수가 없습니다.

경주는 바다 가까이 있는 가장 큰 번진(藩鎭)입니다. 땅이 양

51 낭청(郎廳) : 각 관아의 당하관(堂下官)의 총칭으로 낭관(郎官)이라고도 한다.

52 수책(水柵) : 목책(木柵)으로 바닷물을 막는 울타리이다.

쪽 길이 교차하는 곳에 자리하고 있기에 왜적이 왼쪽 길〔경상좌도〕로 말미암는 자는 반드시 먼저 경주를 웅거한 뒤에 영천(永川), 신령(新寧), 연일(延日), 흥해(興海), 청하(淸河), 영덕(盈德), 영해(寧海) 등의 고을들을 차지하여 득실댈 것이니, 이것이 이른바 우리에게는 요새지이고 저들에게는 손해되는 곳입니다. 지켜 내면 경상도 동로(東路)가 걱정이 없고 지켜 내지 못하고 잃으면 관문이 이미 격파됩니다. 이곳을 버리고 유독 울산을 지켜낼 수 있는 이치는 만무합니다.

청컨대 앞 시대의 일어났던 것을 거울삼아 이야기해 보겠습니다. 임진왜란 초기에 왜적이 동래를 함락하고는 울산 병영을 포위하지 않고 먼저 경주로 향하였습니다. 울산 병마사가 왜적에게 눌리는 바가 될까 두려워하여 다급하게 경주로 퇴각하여 진을 쳤습니다. 그러나 왜적은 이미 성 아래까지 다가왔기에 병마사가 진을 치기도 전에 군중(軍中)에서 자체적으로 혼란이 일어났습니다. 드디어 성을 버리고 도망가니 경상좌도 일대가 연이어 함락당하였습니다. 박의장(朴毅長)[53] 등 여러 사람들이 경주를 수복하여 지

53 박의장(朴毅長) : 1555~1615. 본관은 무안(務安), 자는 사강(士剛)이다. 1577년(선조10) 무과에 급제하였고 1592년 임진왜란 때에는 경주 판관이 되었다. 이때 소속 군사를 이끌고 병마절도사 이각(李珏)과 함께 동래성을 구하기 위해 달려갔다. 그러나 이각이 퇴각하자 비겁함을 준엄하게 꾸짖었다. 같은 해 7월에 이각이 처형되고 박진(朴晉)이 병마절도사로 파견되자, 장기 군수 이수일(李守一)과 함께 박진을 도와 적에게 빼앗긴 경주성의 탈환 작전에서 화차(火車)와 비격진천뢰(飛擊震天雷)를 사용해 큰 성과를 거두었다. 벼슬이 경상좌도 병마절도사에 이르렀다. 시호는 무의(武毅)이다. 영해의 정충사(貞忠祠)와 구봉정사(九峯精舍)에 제향되었다.

킨 뒤에야 왜적들이 뜻을 방자하게 하고 행동을 난폭하게 할 수가 없게 되어 울산으로 퇴각하여 웅거하였습니다. 경주와 시종 함께하며 영천, 신령, 흥해, 연일, 청하, 영덕(盈德) 등 수십여 고을이 이 덕택으로 보존될 수 있었고 결국에는 명나라 병사와 우리나라 장군과 사졸들이 귀의하고 군량미를 실어 나르는 장소가 되었습니다. 경주가 동쪽 지역 일대의 요새지에 관련되는 것이 이와 같습니다. 이것은 우연히 그렇게 된 것이 아니라 그 지세가 진실로 그러합니다.

경주 고을은 동쪽으로 큰 바다가 있어 풍파가 험난하고 또 황룡산(皇龍山)이 있어 험하고 좁아 적들이 통과할 수 없기 때문에 기장(機張)과 서생(西生)을 경유하는 적들은 반드시 월성(月城)의 아래를 경유한 뒤에야 경주 안으로 통과할 수 있습니다. 경주 서쪽으로 운문산(雲門山)과 취서산(鷲棲山)이 가로로 백 리를 뻗어 길이 험난하고 형세가 험준하여 행군하기를 최고로 꺼리는 곳입니다. 그러므로 양산(梁山)과 언양(彦陽)을 경유하는 적들은 반드시 경주 남산 기슭을 지난 뒤에야 모량(牟梁)의 길을 통과하여 영천(永川) 중도(中道)로 통할 수 있습니다. 지금 만약 월성을 증축하여 병마사로 하여금 견고하게 지키게 하면 울산의 존폐는 매우 중요하지 않거늘, 유독 울산만을 지키면 경주의 존망에 있어서 이해에 관련되는 것이 최고로 많습니다. 하물며 월성으로 들어가는 길은 우뚝 솟아 있어 사면이 모두 험하며 길이 넓고 좁은 것이 적당하여 튼튼한 성을 만들기가 쉬움에 있어서야 말할 것이 있겠습니까.

저의 견해로는 월성에 병영을 옮겨 설치하는 것이 가장 좋습니다. 경주부(慶州府)에서 군사를 훈련하여 병사 천여 명을 주둔시켜 그 성을 스스로 지키게 하며, 울산 부사(蔚山府使)를 무반(武班)으로 차임하여 도산(島山)과 증성(甑城)을 수리하여 병영의 성벽을 견고하게 합니다. 또 전함을 준비하여 성 아래에 정박하게 하면 앞으로 나아가서는 수군을 지원할 수 있고 물러나서는 병영을 도울[54] 수 있으니, 그렇게 하면 양쪽〔경주와 울산〕의 땅을 모두 확보하여 상호 간에 유지하게 됩니다.

진주(晉州) 촉석루(矗石樓)는 형세가 비록 험하나 왜적이 침략하는 길과는 멀리 떨어져 있고 경상도 병마절도사가 여기에 있기에 대응책을 마련하기가 쉽지 않습니다. 왜적이 만약 김해(金海)와 창원(昌原)을 경유하여 곧바로 의령(宜寧), 초계(草溪), 고령(高靈), 합천(陜川) 등의 고을로 향하면 병마절도사는 한쪽 모퉁이에 물러앉아 왜적을 멀리서 바라보고 자신만을 지키며 호남으로 향하는 적을 막을 따름입니다. 그러므로 중간 지역에서 왜적을 제압하는 것은 누가 그 책임을 맡을 것입니까. 창원의 옛 병영은 성이 손상되고 백성들이 피폐하여 진실로 수습하여 정돈하기가 어렵습니다. 그리고 바다 입구에 너무 가까이 위치해 있고 사방의 산이 누르며 높이 임하고 있기에 또한 기필코 지킬 수 있는 땅은 아닙니다. 함안(咸安)은 창원에서 70리 떨어져 있고 진주성에서

54 도울 : 원문 '보거(輔車)'의 뜻이다. 보(輔)는 협보(頰輔)인데 빰에 붙은 뼈, 거(車)는 아거(牙車)인데 어금니 아래의 뼈이니, 서로 돕는다는 뜻이다. 《춘추좌씨전(春秋左氏傳)》 희공(僖公) 5년 조에, "속담에 이른바, '보거(輔車)가 서로 의지하고 입술이 없어지면 이가 시리다는 것'은 우(虞)와 괵(虢)을 두고 이른 것이다." 하였다.

90리 떨어져 있습니다. 의령은 낙동강과 남강이 교차하여 흐르며 만나는 곳에 있으며 창원에서 90리 떨어져 있고 진주성에서 70리 떨어져 있습니다. 따라서 함안과 의령의 지역은 경상 우로(右路)의 요충지를 점거하고 있으며 게다가 사람이 많고 물산이 풍부합니다. 만약 함안과 의령의 중간 지대에 지세(地勢)를 선택하여 곁의 고을과 합하여 부(府)로 승격시켜 진주의 병영을 여기로 옮겨 설치한다면, 나아가서는 김해와 창원에 들어오는 적을 제어할 수 있고 물러나서는 초계, 고령, 진주, 산음〔산청〕 등의 관청에 대응책을 마련할 수 있습니다. 함안과 의령의 지형이 비록 평탄한 곳에 있으나 사방에 성을 짓누르는 높은 산이 없으며 비록 촉석루에는 미치지 못하지만 오히려 창원보다는 낫습니다. 또 경내에서 지형의 유리한 곳을 택한다면 어찌 십분 온전한 땅〔十全之地〕이 없겠습니까.

대개 진영을 설치할 곳은 먼저 형세(形勢)의 요해처(要害處)를 살피고 그 다음은 지리(地利)의 험이(險夷)를 살펴야 합니다. 적이 반드시 침략해 오는 곳은 아군이 반드시 수비해야 할 곳이니, 이것이 형세를 얻는 것이며, 공격이 매우 어려우나 수비는 매우 쉬운 것이니, 이것이 지리(地利)를 얻는 것입니다. 이미 요해처를 차지하고 또 지리(地利)를 가졌다면 진실로 십분 온전한 땅이 됩니다. 만약 형세(形勢)를 잃으면 지리(地利)가 비록 험하다고 하나 또한 무슨 유익함이 있겠습니까.

지난번에 진주성을 지킬 때 김시민(金時敏)[55]이 목사(牧使)로

55 김시민(金時敏) : 1554~1592. 본관은 안동(安東), 자는 면오(勉吾)이다. 1578

성에 있었는데, 함락될 때 최경회(崔慶會)[56]가 병마절도사로 성을 지켰으니, 성의 성패는 진실로 병마절도사의 존망에 달려 있지 않았습니다. 지금 옛일에 의거하여 논의해 보면, 목사로 촉석루를 지키게 하고 병마절도사로 의령과 함안에 나아가 웅거하여 요충지를 제어하게 하는 것이 상책입니다. 그렇지 않으면 초계(草溪)를 승격시켜 부사(府使)를 두고 다른 현을 여기에 부속시켜 경상우도 방어사라는 호칭을 띠기를 밀양 부사(密陽府使)와 같이 함

년(선조11) 무과에 급제하였다. 1591년(선조24) 진주통판(晋州通判)으로 천거되었고 진주성을 지켰다. 이듬해(1592) 임진왜란이 일어나자 방비 태세를 갖추도록 조치했고 5월 진주 목사 이경(李璥)이 달아나자 임시 진주 목사로 임명되었으며, 사천, 고성의 왜군을 공격한 공로로 진주 목사가 되었다. 10월에 경상우도 병마절도사(兵馬節道使)가 되었을 때 왜군이 대대적으로 진주성을 공격해 오자, 당시 진주성을 지키고 있던 그는 3,800여 명의 군대를 이끌고 탁월한 용병술과 전략・전술로 2만의 적군을 맞아 대승을 거두었다. 의병장 곽재우, 최경회 등이 적군의 배후를 위협하는 도움을 받아 전투가 진행되었으나, 장군이 진주성 안에서의 전체적인 지휘를 이끌었다. 10월 5일부터 11일까지 계속된 이 전투에서 마지막 날 적의 대대적인 총공세를 맞아 적의 세력을 진압하였다. 하지만 성 내부를 순찰하던 중 쓰러진 적군이 쏜 탄환이 이마에 맞아 부상을 당해 치료를 하였으나, 10월 18일 39세를 일기로 일생을 마쳤다.

56 최경회(崔慶會) : 1532~1593. 본관은 해주(海州), 자는 선우(善遇), 호는 삼계(三溪)・일휴당(日休堂)이다. 1561년(명종16) 생원시에 합격하였고, 1567년(선조즉위년) 문과에 급제하였다. 1592년 임진왜란 때 의병장이 되어 금산(錦山)・무주(茂州) 등지에서 왜병과 싸워 크게 전공을 세워 이듬해 경상우도 병마절도사(兵馬節度使)에 승진했다. 1593년 6월 가등청정(加藤淸正) 등이 진주성을 다시 공격하여 오자 창의사 김천일(金千鎰), 충청병사 황진(黃進), 복수의병장(復讐義兵將) 고종후(高從厚) 등과 함께 진주성을 사수하였으나 9일 만에 성이 함락되자, 남강에 투신자살하였다. 진주의 창렬사(彰烈祠), 능주의 포충사(褒忠祠)에 제향되었다. 좌찬성에 추증되었으며, 시호는 충의(忠毅)이다.

으로 중도(中道)가 텅 비어 적이 마음대로 횡행하도록 내버려 두지 않게 하는 것이 중책(中策)입니다. 지금처럼 병마절도사가 치우친 한쪽 모퉁이 진주에 있으면서 중간 지역에 절제(節制)하는 장군이 없게 내버려 두는 것이 최하의 계책입니다.

밀양이 경상 좌도에 있어서의 역할도 그러합니다. 동래와 양산으로부터 중로(中路)로 향하고자 하는 왜적이 반드시 여기를 경유해야 하는데, 작원(鵲院)[57]은 천험지(天險地)로 적을 제어할 수 있는 곳입니다. 지금 이미 방어하기 좋다는 명성이 났으나 혹 거기에 적합하지 않은 사람에게 맡겨져서 군민(軍民)이 이산하도록 만들었습니다. 의논하는 사람들이 혹 마땅히 방어지 작원을 떠나야 한다고 생각하니, 이것은 또한 목이 메어 밥을 먹지 못하는 것에 가깝지 않겠습니까. 시사(時事)가 변하여 군정(軍政)이 시행되지 않으니, 비록 백 명의 장군을 얻어 금성(金城)을 맡기더라도 진실로 손을 쓸 곳이 없습니다. 그러나 국가를 도모하고 먼 장래를 염려하는 신하가 어찌 할 수 없는 일로 내버려 두고 마땅히 해야 할 일을 극진히 하지 않는 것은 옳지 않습니다.

낭청인 제가 전후로 조목별로 진술한 계책은 채택되어 시행될지는 알지 못하겠으며, 비록 혹 채택되어 시행되더라도 또한 오래가지 않아 곧바로 혁파되어 끝내 무익한 데로 돌아갈 것을 알고 있습니다. 그러나 말한 것이 반드시 실행된다는 보장은 못 하며,

57 작원(鵲院) : 밀양시 삼랑진읍 검세리에 있는데, 일명 까치원이라 한다. 낙동강과 절벽을 끼고 있는 천험적인 요새지이며 교통과 국방의 관방지(關防地)로 임진왜란 때 격전지이다.

처음을 염려하더라도 그 끝이 잘되기를 꼭 보장은 못 하니, 짐짓 제가 아는 것을 기록하여, 비변사에서 아침 일찍부터 밤늦게까지 찾고 있는 변방을 방어하는 계책을 충비합니다.

관서 암행어사 임무를 마치고[58] 조정으로 돌아온 후 체찰사에게 올려 품의하다

關西御史還朝後呈稟體察使

소생은 오랫동안 남쪽 지방에 살면서 군량 등을 징발하는 일을 보아 왔습니다. 또 일찍이 그 대책을 강구해 보니, 홍정하여 쌀을 사들일 때 그 폐단이 백성에 미치지 않는 경우가 없었으며 또한 시종 재물을 다스리면서 원망과 비방을 불러오지 않는 경우가 없었습니다. 일을 담당한 사람은 국사에 마음을 다하고 민폐를 힘써 살피지 않음이 없고자 하지만, 직무를 수행하기만 급급하고 일을 헤아리는 데 미숙하여 다만 확보해야 할 수량만 알고 잃는 것이 그 배가 됨을 알지 못합니다. 그러므로 방법이 간이(簡易)하면 폐단도 간이하고 방법이 번다하면 폐단도 번다합니다. 체찰부에서 평안도에 군량미가 부족할 것을 염려하여 별도로 종사관을 파견하여 군량미를 확보하는 책임을 맡겼습니다. 둔전을 설치하고 곡식을 사들이는 것은 대개 또한 부득이한 계책입니다. 그러나 제가 그 지역에 들어가 민폐를 물어보니 제일 먼저 둔전과 곡식의 매입 폐단을 말하였습니다. 바닷가에도 이와 같고 강가에도 이와 같으며 산군(山郡)에도 이와 같았습니다. 시골 마을의 완악한 백성들의 원망하고 비방하는 말을 비록 다 믿을 수는 없다고 하더라

58 관서……마치고 : 인재가 1610년(광해군2) 5월부터 8월까지 평안도 암행어사로 다녀왔다.

도 거기에 또한 조치함이 마땅함을 잃어 폐단이 백성에게 미치는 것이 있었습니다. 제가 청하노니, 조금의 혐의도 피하지 않고 그 대강을 진술하겠습니다.

둔전의 일을 말해 보면, 옛날의 둔전은 변방에 군사를 주둔시켜 광야의 묵은 전답을 골라 쉬고 있는 군사가 힘써 경작토록 하여 그 군사들에게 양식을 공급하는 것이었습니다. 그러므로 경작하는 군인들이 거주민 사이에 섞여 있기에 백성들이 안도할 수 있었습니다. 그런데 지금의 둔전은 농민을 부리고 백성의 전답을 경작하니, 형세가 백성을 침범하지 않을 수 없습니다. 만약 사람이 없는 황무지에 둔전을 설치하면 경작하고 수확함에 있어서 백성이 양식을 싸 가지고 가서 일하느라 자신의 농사를 폐하게 되는 해로움이 있고, 만약 촌락에 가까운 전답에 둔전을 설치하면 백성의 전답을 빼앗아 수량을 정하고 납부를 독촉하는 폐단이 있게 됩니다. 또 농부가 한 해가 다하도록 힘을 다하여 때에 맞추어 씨 뿌려 경작하고 김매지만 가을이 되어 얻는 소득은 먹을 양식도 부족한 경우가 많습니다. 하물며 우리나라는 법령이 느슨하여 게으른 관리들로 하여금 종자를 수송하고 백성을 모으게 하므로 경작의 때를 놓치니, 비록 조금의 소득이 있다고 하더라도 어찌 잃은 것을 보충할 수 있겠습니까.

금년 초봄에 태천(泰川) 지역에 대대적으로 둔전을 경작하였는데, 여러 고을에 경작할 인원을 배정하였습니다. 백성을 부려 여러 달에 걸쳐 냇물을 막고 봇도랑을 내고 물길을 끌어 전답에 관개하고자 하였기에 벼가 거의 충실하게 익는 것을 보게 될 형편이었습니다. 그러나 각관(各官)이 농사철에 우부(牛夫)를 소집하여 군량미와 병기를 태천으로 운반하게 한 탓에 농민들이 농업 용수를 끌어오지 못하여 앞의 공로가 소용이 없게 되었습니다. 일이 이미 성공하지 못했으면 속히 그만둘 것이로되, 거둔 바 종자를 태천의 백성들에게 강제 배정하여 가을에 벼가 익기를 기다려 조세를 거두어 관청에 납입하도록 하니, 태천의 백성들이 이미 원망하였습니다. 또 그 나머지 종자를 여러 고을에 나누어 배정하여 편의에 따라 조치하도록 하였는데, 이미 시기를 잃었고 또 빈 땅이 없어서 부득이 민간에 강제로 배정하였습니다. 명분은 둔전이지만 실제는 백성들에게 가렴주구하는 것이니 여러 고을의 백성들이 이미 원망합니다.

또 강가의 진보(鎭堡)[59]로 하여금 각각 둔곡(屯穀)을 준비하게 합니다. 진보의 장군이 명령을 어기기 어렵기 때문에 으레 백성의 전답을 빼앗고 백성의 소를 압수하며 백성의 노동력을 착취하는데, 그 숫자를 헛되게 과장하여 부지런하게 일하고 있다는 명성을 얻고자 하니 변방의 백성들이 또 원망합니다.

태천의 둔전은 이른바 빈 땅에 설치하여 양식을 싸 가지고 가서 일하느라 자신의 농사를 폐하는 해로움이 있는 것이 아닙니까. 각관(各官)과 각보(各堡)가 둔전을 나누어 배정한 것은 이른바 촌락 가까운 땅에 설치하여 백성의 전답을 빼앗아 수량을 정해 납부를 독촉하는 것이 아닙니까. 그러므로 지금 둔전은 옛날의 둔전 제도가 아닙니다.

59 진보(鎭堡) : 함경도(咸鏡道)와 평안도(平安道)의 북방 변경(北方邊境)에 있는 각진(各鎭)이다.

곡식을 사들이는 일을 말해 보면, 옛날의 이른바 이재(理財)라는 것은 소금과 철(鐵)에 불과하였는데도 백성들이 이미 고통스러웠습니다. 지금 이른바 곡식을 사들임에는 무슨 물건이든 판매하지 않음이 없게 되자 생선과 소금의 전매 이익이 또한 그 방도를 잃어버렸습니다. 바닷가의 선부(船夫)들은 중국 사신이 건너다니는 세 개의 강에 부교(浮橋)를 만드는 일 때문에 물고기를 잡을 수가 없습니다. 이미 여러 달이 지나도록 굶주림으로 고통스러워하는데, 지금 어선(漁船)을 수합하고 민정(民丁)을 징발하여 섬에 들어가 나무를 베게 하니, 바람이 부는지를 살펴서 갔다가 돌아오는 데 매번 며칠씩 걸립니다. 각 배에 배정한 나무의 수량도 많은 데다가, 베어 온 나무를 염부(鹽夫)에게 나누어 주고 그것을 소금으로 바꾸어 관청에 납부하도록 합니다. 고기잡이하는 사람들은 풍파가 치는 가운데 바다에 나가 생선과 조개를 어렵게 준비하여 관청에 쓰는 용품과 사신에게 필요한 물품을 제공하고, 남은 것으로 한 해를 살아가는 물자로 삼습니다. 그런데 2년 동안 중국 사신들이 오니 어부들이 자기 일을 할 수 없어 생활이 곤궁한데, 지금 잡아야 할 해산물의 양을 억지로 배정하고 복호첩(復戶帖)을 줍니다. 어부는 한정되어 있는데 관청에 공급해야 할 것은 무궁하니, 명분은 비록 복호했다고 하나 실제로는 두 가지 사역을 하니, 이 때문에 바닷가의 어부와 소금 굽는 사람들이 원망합니다.

징수한 생선과 소금은 점포에서 팔 수가 없고 반드시 각관으로 하여금 산간 벽지의 고을에 운송하게 하는데 수레에 싣고 배로 운반하는 일이 피곤합니다. 또 각관으로 하여금 사들이는 곡식에

값을 매기게 하니 줄어든 소금과 썩은 냄새가 나는 생선을 사람들이 모두 머리를 흔들며 교환하려고 하지 않습니다. 어쩔 수 없이 고을의 백성들을 호령하여 관청에 모아 놓고 관리(官吏)와 유사(有司)로 하여금 민가에 나누어 공급하게 하는데, 태반은 간사한 아전들이 소금과 생선을 훔쳐서 헛수로 적용하고 두곡(斗斛)의 곡식을 내기를 독촉합니다. 이 때문에 내지(內地) 여염집 백성들이 또한 원망합니다.

인삼의 일을 말해 보면, 인삼이 비록 강변과 산군(山郡)에서 생산된다고 하나 값이 지극히 비싸고 납부의 폐단을 헤아릴 수 없어 식자들은 나라를 망칠 우물(尤物)[60]이라고 여깁니다. 근세에 조정에서 변방의 백성들이 이것으로 인하여 마을이 텅 빌까 염려하여 인삼을 포백(布帛)으로 바꾸어 바치도록 하여 변방의 백성들이 조금 살아날 수 있게 되었습니다. 인삼 한 근은 정포(正布)[61] 한 동(同)[62]과 동일하니 규례(規例)가 이미 정해졌습니다. 또한 인삼을 생산하는 고을은 이 숫자로 토지세를 결정합니다.

지금 체찰사 관부에서 인삼을 방납(防納)[63]하게 하는데, 백성들

60 우물(尤物) : 요염한 미녀를 말한다. 《춘추좌씨전》 소공(昭公) 28년 조에 이르기를 "대저 아름다운 우물이 있으면 사람의 마음을 동요시키기에 충분하니, 진실로 덕의를 가진 사람이 아니면 반드시 재앙을 입게 된다.〔夫有尤物, 足以移人, 苟非德義, 則必有禍.〕"라고 하였다.

61 정포(正布) : 공용(公用)의 기준으로 삼는 베를 말하는데 '오승포(五升布)'라고도 한다. 1승(升)은 날실 80가닥이므로, 5승이란 날실 400가닥을 1폭(幅)으로 하여 짠 베이다.

62 한 동(同) : 무명 35자가 한 필이고, 50필이 한 동(同)이다.

의 베를 취하여 군량미를 보충하고자 한다면 인삼을 생산하는 고을에 마땅히 본포(本布)를 봉납하도록 해야 합니다. 혹 본포를 시장 값에 따라 쌀로 교환하여 봉납하게 하면 백성들이 원망하는 말이 없고 군량미를 마련할 수 있을 것입니다. 지금 강변(江邊)과 산군(山郡)은 한 근의 인삼을 베 한 동(同)에 준하고 한 동의 베는 쌀 25섬〔1섬은 15말〕에 준하도록 정해 놓고는 백성들에게 쌀과 베로 납부하지 말고 인삼으로 대신하게 하되 쌀 6말을 기준으로 인삼 한 근을 납부하게 합니다. 이는 인삼을 기준으로 따져 보면 62근 반이나 됩니다. 내지(內地) 산군(山郡)은 비록 혹 인삼 근수를 삭감해 주었으나, 수령들은 여전히 백성들에게 이렇게 징수하고 있습니다. 혹 토병(土兵)[64]을 징발하고 혹 이민(里民)을 징발하여 사람마다 인삼을 캐는 것으로 격정을 삼으니, 촌리(村里)의 사람들이 떠들썩하여 이산하고자 하는 마음이 많습니다. 저는 실로 조정이 백성의 병폐를 없애고자 하여 베를 인삼으로 바꾸었는데, 지금 군량미를 확보할 계책을 세우면서 다시 인삼을 베로 바꾼다면 조삼모사의 술수에 가깝지 않을지 모르겠습니다.

기와를 굽고 칡을 채취하더라도 흥정을 해서 팔지 않음이 없는데, 흙이 섞인 썩은 곡식을 생선과 소금으로 강제로 바꾸게 하고 종이 한 권으로 정조(正租)[65] 한 섬을 독촉해 바꾸게 하니, 공공

63 방납(防納) : 향리나 상인들이 백성을 대신해 공물을 바치고 백성에게서 높은 대가를 받아 내었던 일이다. 이때 쌀이나 베로 환산해 바치기도 하였다.

64 토병(土兵) : 일정한 지역에 정착하여 사는 사람으로 조직된 그 지방의 군사를 이른다.

(公共)의 일을 빙자하여 개인의 이익을 꾀하는 무리들이 관리와 인연을 맺어 농간을 부리는 것입니다. 도내의 민심이 자못 분노와 원망의 뜻을 품어서 물품을 강제로 징발하는 것을 모두 혁파하고 스스로 곡식으로 납부하기를 원합니다. 그러므로 저는 "일에 당면한 사람은 국사에 마음을 다하여 백성의 폐단을 힘써 살피지 않음이 없도록 해야 하니, 일을 하는 데 재빠르나 일을 헤아리는 데 미숙하여 다만 얻는 것만 알고 잃는 것을 알지 못한다."고 말하는 것입니다. 만약 군량미의 일을 그만둘 수 없다면 마땅히 먼저 변방의 노는 땅으로 보(堡)에 가까우면서 비옥한 토지, 예를 들면 산양회(山羊會), 광평(廣坪), 별하(別河) 등을 가려서 혹 모집한 백성을 복호(復戶)해 주거나 방군(防軍)에서 덜어 내어, 한편으로 경작하고 한편으로 지켜서 가을에 곡식이 익기를 기다려 그것을 본진(本鎭)에 갈무리하여 그 군사들에게 먹이고 다소 잉여분을 남겨 두어 다급한 수요에 보충한다면, 본진도 자기 일을 맡아서 하여 백성들을 고통스럽게 하는 데 이르지 않을 것입니다.

지금 산양회에 체찰사 관부의 둔전을 소규모로 설치하여 농군(農軍)을 별도로 정하여 노는 땅을 경작하게 함으로써 백성들이 고통스러워하지 않으니, 이와 같이 시행한 후에야 둔전이라고 말할 수 있습니다. 만약 소금을 구워서 군수 물자를 도우려고 한다면 대동강에서 배가 통행하는 곳에 소금 창고를 나열하여 설치하고 창고 근처에 시장을 설치합니다. 그리고 해변에 진영을 설치한 곳에 별도로 쉬고 있는 군사로 날짜를 계산하여 소금을 구워 관청에서 삼

65 정조(正租) : 정규의 조세로 받은 벼를 이른다.

분의 일을 취하며, 혹 해변의 약간의 민호(民戶)에게 그 요역을 면제해 주고 소금을 공물로 바치도록 정합니다. 또 강변을 따라가며 격군(格軍 뱃사공)을 두고 소금 배를 많이 만들어 소금 창고에 차례대로 실어 나르게 함으로써 시장의 소금 값을 안정시킨 뒤, 백성들로 하여금 다투어 달려가 소금과 바꾸어 가게 하면 해마다 일정한 방식이 있게 되고 또 백성들도 괴롭지 않게 됩니다.

자질구레한 것을 교환하여 판매하는 물건의 경우는 모두 마땅히 혁파해야 합니다. 대개 국가의 이재(理財)는 상인들과 같지 않아 그 간이(簡易)함을 취하고 법식이 있는 것을 행하면 하루로 계산하면 부족한 듯 보이나 한 해로 계산하면 넉넉함이 있을 것입니다. 비록 쌀을 싸게 사들이고 비싸게 팔고자 하나 영쇄한 이익을 거두어서 필경 득(得)이 실(失)을 구하지 못하고 다만 백성들의 원망을 불러들일 것입니다. 그러므로 "조그마한 이익을 보면 큰일을 이룰 수 없다."[66]고 하였습니다. 지금 마땅히 종사관을 속히 보내어 재차 오류를 짓지 말게 하여 민심과 통하기를 힘쓰십시오. 일체 물건을 판매하는 일을 혁파하여 민심을 위로하되, 다만 둔전과 소금 굽는 등의 일을 거행하는 것은 충분히 생각하고 자세히 살펴 처리하여 변함없는 법식을 정하여 백성을 고달프게 하지 않고 군량미에 도움이 되게 한다면, 그 일이 거의 옳게 될 것입니다.

66 조그마한……없다 : 공자가 "빨리 이루려 하지 말고 작은 이익에 연연하지 말라. 빨리 이루려 하면 도달하지 못하고 작은 이익에 연연하면 큰일이 이루어지지 않는다.〔無欲速, 無見小利, 欲速則不達, 見小利則大事不成.〕"라고 하였다. 《論語 子路》

신곡 유생을 대신하여 선산 부사에게 올리는 글
代新谷儒生呈地主書

삼가 생각건대 고인(古人)이 말하기를 "선정(善政)은 백성의 재물을 얻게 되고 선교(善教)는 백성의 마음을 얻게 된다.〔善政得民財, 善教得民心.〕"라고 하였습니다.[67] 대개 백성은 비록 지극히 어리석으나 모두가 하늘로부터 타고난 떳떳한 도리를 잡는 양심(良心)을 가지고 있습니다. 선교는 솔선수범함으로써 백성들이 본래부터 가지고 있던 양심을 감발시키는 것입니다. 그러므로 바람이 움직여 아래로 불면 절로 풀이 눕는 효과가 있습니다.[68] 신곡은 하읍(下邑)의 벽지이지만 선현(先賢)들이 번갈아 배출되어 관덕묘(觀德廟)가 이미 지난날에 건립되었습니다. 다만 농암(籠巖) 김선생(金先生)의 충정대절(忠貞大節)은 천고에 우뚝하여 두 왕조를 섬기지 않았으니 백이(伯夷)의 구인(求仁)[69]에 뒤지지 않습니

67 고인(古人)이……하였습니다 : 《맹자(孟子)》 〈진심 상(盡心上)〉에 "백성의 마음을 얻는 데 있어서는, 법령 위주의 선정(善政)보다는 도덕에 입각한 선교(善教)가 훨씬 낫다. 선정은 백성들이 두려워하게 되고 선교는 백성들이 사랑하게 되나니, 선정은 백성의 재물을 얻게 되고 선교는 백성의 마음을 얻게 된다.〔善政不如善教之得民也, 善政民畏之, 善教民愛之, 善政得民財, 善教得民心.〕"라는 말이 있다.

68 바람이……있습니다 : 계강자(季康子)가 정치에 대해 묻자 공자(孔子)가 "군자의 덕은 바람과 같고 소인의 덕은 풀과 같다. 풀 위에 바람이 불면 반드시 눕는다.〔君子之德風, 小人之德草, 草上之風, 必偃.〕" 하였다. 이는 백성은 위정자(爲政者)의 덕화에 쉽게 감화된다는 뜻이다. 《論語 顔淵》

69 백이(伯夷)의 구인(求仁) : 백이는 은(殷)나라 속국이던 고죽국(孤竹國) 임금

다. 또 선생이 자신의 자취를 민멸시켰으니 태백(泰伯)의 지덕(至德)[70]에 비견되지만, 자취가 민멸된 지 이미 오래되어 후생들이 그 내용을 알지 못합니다. 만약 한두 분의 선정(先正)이 표출해 내어 천양하지 않았다면 아마도 민멸되고 더욱 민멸되어 끝내는 무어라고 일컬을 수 없는 지경에 이르렀을 것입니다. 그러나 천리(天理)와 인심(人心)은 끝내 민멸되지 않아서 경앙(景仰)하고 추모하는 뜻이 있지 않음이 없습니다. 그럼에도 불구하고 혹 말미암을 길이 없는 일의 형편에 얽매여서 상현(象賢)[71]의 사당에 병향(竝享)되어 들어갈 수 없었으니, 어찌 이 고을의 잘못된 전례(典

의 아들이다. 주(周)나라 무왕(武王)이 은나라를 정벌하자 아우 숙제(叔齊)와 함께 수양산(首陽山)에 숨어 주나라 곡식을 먹지 않고 고사리를 캐 먹고 살다가 세상을 마쳤다. 공자가 백이를 두고 인을 구한 사람이라고 하였다. 《논어》 〈술이(述而)〉에 "자공(子貢)이 들어가서 '백이와 숙제는 어떠한 사람입니까?' 하고 묻자, 공자께서는 '옛날의 현인이시다.' 하셨다. '후회하였습니까?' 하고 묻자, '인(仁)을 구하여 인을 얻었으니, 다시 어찌 후회하였겠는가.'라고 대답하셨다.〔子貢入曰 伯夷叔齊何人也? 曰古之賢人也. 曰怨乎? 曰求仁而得仁, 又何怨?〕"라 하였다.

70 태백(泰伯)의 지덕(至德) : 주나라 태왕(太王)의 아들에는 태백(泰伯), 중옹(仲雍), 계력(季歷)이 있었다. 태왕이 막내 아들 계력에게 왕위를 물려줄 뜻이 있자 태백이 그 뜻을 알고 아우 중옹(仲雍)과 함께 왕위를 피하여 형만(荊蠻) 오(吳)로 달아나 자취를 숨겼다. 이에 대하여 공자는 《논어》 〈태백〉에서 "태백은 지극한 덕이 있다고 이를 만하다. 세 번 천하를 사양하였으나 백성들이 그 덕을 칭송할 수 없게 하였구나.〔泰伯, 其可謂至德也已矣. 三以天下讓, 民無得而稱焉.〕"라고 하였다.

71 상현(象賢) : 선조들의 어진 덕을 잘 받드는 것을 말한다. 《서경》 〈미자지명(微子之命)〉에 이르기를 "은왕의 원자야, 옛날을 상고하여 덕이 있는 이를 높이고, 어짊을 닮은 자에게 제사를 받들게 하여 선왕을 계승하게 하라.〔殷王元子, 惟稽古, 崇德, 象賢, 統承先王.〕" 하였다.

禮)이며 선비들이 탄식할 바가 아니겠습니까.

일전에 성주합하(城主閤下 선산 부사)께서 농암 묘소에 친히 제사를 올리고 정성껏 봉향하니, 선생의 밝은 덕이 향기롭게 되었습니다.〔明德惟馨〕[72] 이에 개연히 천 년 뒤에 감동하는 뜻이 선생의 후손된 이들의 살갗과 뼈에 깊이 새겨 잊지 못할 뿐만 아니라 그 자리에서 보고 듣는 모든 이들이 관감(觀感)하여 흥기하지 않음이 없었으니, 이것은 어찌 윗사람의 솔선수범함이 아랫사람들의 양심을 감발하는 것이 아니겠습니까. 이것은 어찌 마음으로 마음을 감발하여 한 고을에 선교를 일으키는 것이 아니겠습니까.

지난번에 선생의 4대손 응교(應敎) 김진종(金振宗)[73]이 월암(月巖)의 남쪽에 집을 지으려고 하였으나, 뜻을 간직한 채 이루지 못하고 불행하게도 을사사화의 재앙에 걸려 순창(淳昌)에 귀양을 가서 죽었으니, 그가 남겨 놓은 터전이 아직도 남아 있습니다. 지난해 기미년(1619, 광해군11) 가을에 감사(監司) 최현(崔晛)이 그곳을 배회하면서 선생의 묘소를 멀리서 바라보고 위연히

72 밝은……되었습니다 : 《서경(書經)》 〈군진(君陳)〉에 "지극한 다스림은 아름다운 향기가 널리 퍼지는 것과 같아서 신명을 감동시키게 마련이다. 그러니 기장과 같은 제물이 향기로운 것이 아니요, 밝은 덕이 바로 향기로운 것이라고 하겠다.〔至治馨香, 感于神明. 黍稷非馨, 明德惟馨.〕"라는 말이 나온다.

73 김진종(金振宗) : 1496~1557. 본관은 일선(一善), 자는 효선(孝先), 호는 신재(新齋)이다. 박영(朴英)의 문인으로 1518년(중종13) 현량과(賢良科)에 천거되었으며, 1528년(중종23)에 문과에 급제하여, 홍문관 응교를 지냈다. 1545년(명종1) 을사사화 때 파직되어 선산으로 돌아왔다가 다시 태인(泰仁)으로 귀양 갔으며, 1547년(명종3) 순창(淳昌)으로 귀양 가서 거기에서 죽었다. 선산의 송산서원(松山書院)에 제향되었다.

탄식하였습니다. 그러고는 주민들을 돌아보며 말하기를 "저 주아리(注兒里)[74]의 어느 집터는 선생이 태어난 곳이고 신곡촌(新谷村)의 어느 언덕은 선생이 거주하시던 곳이며, 소나무와 가래나무가 있는 재궁(齋宮)[75]은 선생의 의관(衣冠)을 갈무리한 묘소입니다. 하물며 이곳 월암은 또한 선생의 자손인 명신(名臣)이 터를 잡아 집을 지으려고 한 곳입니다. 선생을 위하여 여기에 사당을 세우고 묘소를 쳐다보며 더욱 공경하여 제사를 올리기를 끊어지지 않게 하는 것이 매우 옳지 않겠습니까."라고 하였습니다. 이에 의논하고 의견을 합치하여 먼저 몇 칸의 재사(齋舍)를 지어 사당을 짓는 일을 시작하는 터전으로 삼은 것이 대개 여러 해가 되었습니다. 그러나 나약한 후손이 힘이 부족하고 또 농사가 흉년이 들어서 완공할 기약이 없었기에 한스러워함을 그만둘 수가 없었습니다.

지금 다행히 이천합하(二天閤下)[76]께서 친히 선생의 묘소에 제사를 드리고 선생의 절의를 읊조리며 찬탄하시니, 주민들도 윗사

74 주아리(注兒里) : 현재 선산군 옥성면 주아리를 말한다.

75 재궁(齋宮) : 원본에는 '諸宮'으로 되어 있으나, 고쳤다.

76 이천합하(二天閤下) : 선산 부사를 말한다. 후한 순제(順帝) 때 소장(蘇章)이 기주 자사(冀州刺史)가 되어 관할을 순행하다가 청하(淸河)에 이르렀는데, 마침 옛 친구인 청하 태수(淸河太守)가 부정을 많이 저질렀다. 소장은 그 부정에 대한 조사를 다 마치고서 곧 태수를 청하여 술을 마시며 말하기를 "오늘 내가 그대와 함께 술을 마시는 것은 사은(私恩)이고, 내일 기주 자사로서 일을 처리하는 것은 공법(公法)인 것이다." 하자, 그 태수가 매우 기뻐하며 말하기를 "남들은 모두 하늘이 하나〔一天〕뿐이지만 나는 하늘이 둘〔二天〕이다."라고 한 고사에서 나온 말이다. 《後漢書 卷31 蘇章列傳》

람의 고무(鼓舞)시키는 교화에 떨치고 일어나지 않음이 없습니다. 이미 퇴폐했던 뜻이 뭉게뭉게 다시 떨치고 일어났기에 쇠잔한 힘은 따질 겨를이 없었으니, 이것은 또한 선생의 사당이 오늘을 기다려 공적을 나타내어[77] 완공하는 때가 된 것입니다. 이에 이달 보름 사이에 함께 도모하여 월암의 옛 터전에서 기공식을 가집니다. 감사 최현이 또한 병을 무릅쓰고 약속대로 달려와 이해 겨울 안에 사당을 건립하기로 기약하였습니다. 다만 공사를 시작함에 급하게 필요한 것은 목수와 역군(役軍)입니다. 혹시 합하께서 굽어 살피시어 도움을 주신다면 어찌 다만 주민들의 다행뿐이겠습니까. 또한 문(文)을 중시하고 현자를 숭상하는 임금의 성대한 뜻에 계합함이 있을 것입니다.

77 공적을 나타내어 : 원문 '잔공(孱功)'의 뜻이다. 《서경》 〈요전(堯典)〉에 "제요(帝堯)가 말씀하기를 '누가 나의 일을 순히 할 수 있는가?' 하니, 환도(驩兜)가 말하기를 '아! 훌륭합니다. 공공(共工)이 곧 모아서 공적을 나타냅니다.'라고 했다.〔帝曰疇咨若予采? 驩兜曰都, 共工方鳩僝功.〕"라고 했다. '僝'은 '孱'으로 쓰며 '나타내다'는 뜻이다.

유생을 대신하여 순상에게 올리는 글
代儒生呈巡相書

삼가 생각건대 어진 이를 본받음은 훌륭한 법전에 드러났고 경건히 봉향함은 예경(禮經)에 실려 있습니다. 비록 한 가지의 절개와 한 가지의 선행을 가진 선비라 할지라도 오히려 백세토록 사당에서 흠향을 받을 수 있는 자가 중국으로부터 우리나라에 이르기까지 어찌 이루 다 기록할 수 있겠습니까. 우리 농암(籠巖) 김 선생(金先生)은 높은 풍도와 큰 절개가 만고에 우뚝하여 이미 부로(父老)들이 전하는 기록에 전파되어 있고 또 우리나라 역사책의 속찬(續纂)에 실려 있으니, 절로 민멸하려는 선생의 평생 자취를 끝내 덮을 수 없습니다.

선산부에는 사현서원(四賢書院)[78]이 있는데, 일찍이 선생을 병향(竝享)하자는 의논이 있었으나 국학(國學)에 관련되기 때문에 반드시 조정에 품의해야 했습니다. 그러므로 시휘(時諱)에 얽매여 형편상 하기 어려운 점이 있었으니, 이것은 참으로 사림들이 함께 탄식하는 바이며 사문(斯文)에 있어서 하나의 흠사(欠事)입니다.

선생의 출처 사적은 비록 당시에 묻혀 버리고 문헌에 징험할

78 사현서원(四賢書院) : 금오서원(金烏書院)을 말하는 듯하다. 고려말 길재(吉再)의 학문과 충절을 기리기 위하여 1570년(선조3) 금오산 밑에 건립하였으나 자리가 너무 외딴 곳에 있어 관리가 불편하다는 이유로 지금의 남산(藍山) 기슭에 복원하였다. 인재 당시 서원에는 길재, 김종직(金宗直), 정붕(鄭鵬), 박영(朴英) 등 네 분을 제향하였기에 사현서원이라 한 듯하다.

수 없으나, 선생께서는 사신의 일을 받들어 명나라에 갔다가 귀국길에 압록강에 이르러 고려의 국운이 이미 끝나고 새로운 천명이 조선에 돌아갔다는 것을 들었습니다. 이에 충신은 두 왕조를 섬기지 않고 열녀는 두 지아비를 두지 않는다는 것으로 자신이 비록 귀국하더라도 왕에게 복명할 곳이 없다고 생각하였습니다. 이런 뜻을 집에 편지로 써서 부치고, 또 무덤에 자신의 옷과 신을 함께 묻고 묘소에는 비석을 세우지 말라는 명령을 따라간 종에게 정성껏 부탁하였습니다. 그러고는 노를 저어 배를 되돌려 압록강을 건너 명나라로 가서 거기에 죽어서 뼈를 묻었습니다.

선생의 자손들은 대대로 유명(遺命)을 준수하였습니다. 이에 경질(景質)[79]과 문대(文戴)[80] 두 공의 비석에도 모두 선생의 존함이 없으며, 가훈(家訓)으로 묵묵히 전수하며 선생에 대한 제사를 올리는 것을 그만두지 않았습니다. 향현(鄕賢)과 고로(古老)들이 또한 몰래 그 사적을 책에 실어 후일을 기다렸으니, 이 점이 후

79 경질(景質) : 김지경(金之慶, 1419~1485)의 시호로 원본에 경질(敬質)로 되어 있으나, 오류이므로 고쳤다. 그의 본관은 일선(一善), 자는 유후(裕後)이다. 증조부는 농암(籠巖) 김주(金澍)이다. 1439년(세종21) 문과에 급제하였으며, 이후 감찰좌랑(監察佐郎)·대사성·대사간·관찰사·개성유수 등을 역임하였다. 성품이 강직하고 절개가 있어 사람들이 존경하였다.

80 문대(文戴) : 김응기(金應箕, 1455~1519)의 시호이다. 본관은 일선(一善), 자는 백춘(伯春), 호는 병암(屛庵)으로 아버지는 김지경(金之慶)이고 고조부는 김주(金澍)이다. 1477년(성종8) 문과에 급제하였으며, 1499년(연산군5) 동지중추부사로 천추사(千秋使)가 되어 명나라에 다녀왔다. 1513년 우의정을 지냈고, 1516년 좌의정을 역임하였으며, 1518년 영중추부사에 임명되었다. 선산 해평의 송산서원(松山書院)에 제향되었다.

학들이 금일에 감탄하면서 별묘(別廟)를 세우지 않을 수 없는 것입니다.

선산부의 동면(東面)에 낙동강에 임하여 깎아지른 산기슭이 있는데, 월암(月巖)이라 말하며 선생께서 살았던 터전입니다. 의관을 갈무리한 묘소가 모두 안중에 들어오며, 줄지어 나열한 가까운 마을 사람들은 모두 선생의 후손입니다. 마땅히 사당을 세워 영령을 편안히 모시고 제사를 받들어, 한편으로 덕을 숭상하고 사람들이 감흥(感興)하는 지역으로 깃들이고 한편으로 강학하고 장수(藏修)[81]하는 장소로 삼는 것을, 뜻을 가진 채 이루지 못한 것이 오래되었습니다. 마침 우리 성주(城主 선산 부사) 조후(趙侯)[82]께서 부임한 초기에 친히 선생의 묘소에 제사를 올리고 개연히 감흥하였습니다. 그러고는 이 고을의 사문(斯文) 최현(崔晛)과 함께 의논하여 뜻이 합치되었습니다. 이미 선생을 위하여 월암에 사당을 건립하고 또 사당 곁에 서당 몇 칸을 지었습니다. 초창(草創)하여 완공하기 전에 작년 겨울에 영령을 봉안하여 제사 지냄으로 수백 년의 청풍고절(淸風高節)이 이미 어두워졌다가 다시 밝아지게 되

81 장수(藏修) : 학업을 갈고 닦는 것을 말한다. 《예기(禮記)》 〈학기(學記)〉에 "군자는 학문에 대해서 학교에 들어가서는 학업을 닦고, 학교에서 물러나 쉴 때는 기예를 즐긴다.〔君子之於學也, 藏焉修焉, 息焉游焉.〕"라고 하였는데, 장(藏)은 늘 학문에 대한 생각을 품고 있는 것이요, 수(修)는 방치하지 않고 늘 익히는 것이다.

82 조후(趙侯) : 조찬한(趙纘韓, 1572~1631)을 말한다. 본관은 한양(漢陽), 자는 선술(善述), 호는 현주(玄洲)이다. 1601년(선조34) 생원시에 합격하고, 1606년 문과에 급제하였다. 벼슬이 상주 목사, 승문원 제조, 좌승지를 거쳐 선산 부사가 되었다. 장성 추산사(秋山祠)에 제향되었으며, 저서로 《현주집》이 있다.

었습니다. 먼 시골의 말학(末學)이 보고 느끼며 흥기하는 바가 있었으니, 풍교(風敎)에 도움이 되는 바가 있게 되었습니다.

그러나 사당과 서당을 맡아서 지킬 사람이 없어서 수호하는 데 실로 어려운 점이 있으며, 밥을 지을 여종이 없어 음식 공급이 또한 어렵습니다. 전 순상(巡相)이 지급한 8세 아동은 멀리 월성(月城)에 있으니, 비록 혹 받아서 데리고 오더라도 형편상 이 아이에 의지하여 제대로의 모습을 갖추는 것은 불가합니다. 다행히 우리는 상국(相國) 합하께서 경연에서 임금을 가르친 석학으로 영남에 절도사로 오시게 된 것을 만났습니다. 순선(巡宣)[83]하는 여가에 뜻이 문을 중시하는 데 있으니, 유풍을 진작시키는 일을 합하에게 우러러 바라지 않으면 그 누구에게 하겠습니까. 비록 지금 군사의 일이 많아 문교에 미칠 겨를이 없으나, 군마(軍馬)를 쉬게 하고 도를 논하는[84] 마음을 어찌 감히 바쁜 것 때문에 조금이라도 느슨하게 하겠습니까. 삼가 바라건대 미곡, 베, 철물(鐵

83 순선(巡宣) : 순(巡)은 순찰의 뜻이고 선(宣)은 왕정을 편다는 뜻으로, 즉 순찰사가 되어 지방에 왕정을 펴는 것을 의미한다. 《시경》 〈강한(江漢)〉에 "왕이 소호를 명하여, 와서 왕정을 두루 펴게 하였네.〔王命召虎, 來旬來宣.〕"라고 하였다. 순(旬)은 두루 다스린다는 뜻으로 순(巡)과 같다.

84 군마(軍馬)를……논하는 : 군중(軍中)에서도 학문 공부를 그만두지 않는다는 뜻으로 쓰였으나, 뒤에는 전란이 끝난 뒤의 어수선한 시대에 학문을 다시 일으킨다는 뜻으로 전용(轉用)하게 되었다. 《후한서(後漢書)》 권32 〈번준열전(樊準列傳)〉에 "군웅(群雄)이 할거하여 정기(旌旗)가 들판을 뒤덮고 동서로 살육전을 벌여 한 시각도 마음을 놓을 수 없는 상황이었음에도 불구하고, 창을 땅에 내려놓고 문예를 강의하는가 하면 군마(軍馬)를 쉬게 하고 도를 논하였다.〔投戈講藝, 息馬論道.〕"라는 말이 나온다.

物)로 도와 주시고 약간의 역군(役軍)을 지급하여 못다 한 역사를 마치게 해 주십시오. 그리고 경상도에 소속된 공노비(公奴婢) 수삼(數三) 명을 지급하는 데 유의하시어, 사당을 지키는 것과 밥을 짓는 일에 끝내 도움을 받도록 해 주신다면 어찌 다만 한 고을 사림의 다행에 그치겠습니까. 또한 현자를 본받고 교화를 일으키는 임금의 성대한 마음에도 계합할 것입니다.

이괄(李适)의 난[85] 정벌에 나선 장사들의 근면과 태만, 공로와 죄과에 대한 실적[86]

西征將士勤慢功罪實蹟

경기도 좌·우 방어사(防禦使) 이중로(李重老)[87]와 이성부(李聖

85 이괄(李适)의 난 : 평안병사(平安兵使) 겸 부원수(副元帥)인 이괄(李适, 1587~1624)이 1624년에 일으킨 난이다. 그는 1623년 인조반정에서 인조(仁祖)를 왕으로 즉위시키는 데 큰 공을 세웠다. 그러나 논공행상(論功行賞) 과정에서 이괄은 김류(金瑬)와 김자점(金自點) 등보다 한 등급 아래인 정사공신(靖社功臣) 2등에 봉해지는 데 그쳤다. 이에 그는 불만을 품고 임지인 관서(關西) 지방으로 갔다. 1월 24일 구성 부사(龜城府使)인 한명련(韓明璉) 등과 함께 임진왜란 당시 투항한 왜병(倭兵) 100여 명을 앞세워 개천(价川)을 점령하고 평안도의 순천(順川)·자산(慈山)·중화(中和), 황해도의 수안(遂安)·황주(黃州) 등을 차례로 점령하고 개성(開城)으로 진격하였다. 2월 8일 이괄의 군대가 예성강을 건너 남하하고 있다는 소식이 들려오자 인조는 명나라에 파병을 요청하고 한양을 떠나 공주로 피난하였다. 2월 11일 한양에 입성한 이괄은 선조의 아들인 흥안군(興安君) 이제(李瑅)를 왕으로 추대했다. 하지만 그날 안현(鞍峴) 전투에서 도원수(都元帥) 장만(張晩)이 이끄는 토벌군에 크게 패하여 한밤중에 남은 병사들을 이끌고 광희문(光熙門)을 통해 경기도 이천(利川) 방면으로 퇴각하였다. 그리고 2월 14일에 경안역(慶安驛) 부근에서 한명련과 함께 부하 장수인 이수백(李守白)·기익헌(奇益獻)에게 살해되었다.

86 이괄(李适)의……실적 : 이괄의 난이 일어나자 인조는 최현을 독전어사(督戰御史)에 임명하고 칼을 주고서 "부원수(副元帥) 이하 힘써 싸우지 않는 자는 이 칼로 모두 베어라."라고 하였다.

87 이중로(李重老) : 1577~1624. 본관은 청해(青海), 자는 진지(鎭之), 호는 송계거사(松溪居士)이다. 1605년(선조38) 무과에 급제하였다. 1624년 이괄(李适)이 반란을 일으키자 부도체찰사 이시발(李時發)과 함께 황해방어사로서 반란군을 저지하는 책임을 맡았다. 예성강 상류인 마탄(馬灘)에서 여울물을 지켜 적을 막으려는 싸

符)[88] 등이 정월 26일에 조정에서 임금에게 인사를 드리고 격전지로 떠났습니다. 이때 도체찰사(都體察使) 이원익(李元翼)[89]이 얼굴을 맞대고 신계(新溪)와 토산(兎山) 사이에 나아가 방어할 것을 정성껏 당부하였는데, 이중로 등이 대답하는 말이 매우 부품하고 허탄하였습니다. 임금에게 인사를 하고 떠난 뒤에 격전지에서 주춤거리며 앞으로 나아가지 못하였습니다. 신(臣)이 평산(平山)에 이르게 되자 황해도(黃海道) 군병(軍兵)이 고단(孤單)하고 약하였으니 두 지역의 방어군(防禦軍)이 아니면 적군을 차단하여 끊을 수가 없었습니다. 신이 군관(軍官) 김원(金愿)[90]으로 하여금

움을 준비하던 중, 적의 급습으로 관군이 패할 때 우방어사 이성부(李聖符) 등과 함께 전사하였다. 금천의 민충사(愍忠祠)에 배향되었으며 시호는 충장(忠壯)이다.

88 이성부(李聖符) : 1583~1624. 본관은 전주(全州), 자는 존중(存中)이다. 1608년(광해군 즉위년) 무과에 급제하였다. 이괄의 난이 일어나자 우방어사로 좌방어사 이중로(李重老)와 함께 진을 치고 반군과 대전하였으나 패전하자 물에 투신, 자결하였다. 난이 평정된 뒤 병조 판서에 추증되었으며, 충신정문(忠臣旌門)이 세워졌다. 금천의 민충사(愍忠祠)에 제향되었으며 시호는 충장(忠壯)이다.

89 이원익(李元翼) : 1547~1634. 본관은 전주(全州), 자는 공려(公勵), 호는 오리(梧里)이다. 1564년(명종19) 사마시에 합격하고, 1569년(선조2) 문과에 급제하였다. 1595년 우의정 겸 4도체찰사로 임명되었으나, 주로 영남체찰사영에서 일하였다. 1600년 좌의정을 거쳐 도체찰사에 임명되어 영남 지방과 서북 지방을 순무하였다. 1624년 이괄(李适)의 난 때에는 80세에 가까운 노구로 공주까지 왕을 호종하였다. 저서로 《오리집》·《속오리집(續梧里集)》·《오리일기(梧里日記)》 등이 있다. 인조의 묘정(廟庭)에 배향되었고, 충현서원(忠賢書院)에 제향되었다. 시호는 문충(文忠)이다.

90 김원(金愿) : 1569~1624. 본관은 안동(安東), 자는 사공(士恭)이다. 1609년(광해군1)에 진사에 합격하였다.

전령(傳令)을 가지고 가서 재촉하게 하니, 이중로 등이 감감무소식이었습니다. 그때 적은 곡산(谷山)과 수안(遂安)의 지경을 핍박해 왔는데, 서너 곳으로 나누어 방어함에 형세가 매우 위급하였습니다. 그럼에도 불구하고 이중로 등이 부원수 분부로 가탁하고 삭녕(朔寧)에서 머뭇거렸습니다. 체찰부사(體察副使)가 재차 사람을 보내 진격하도록 재촉하고 또 이서(李曙)에게 전령을 보내 그들에게 병사를 진격하게 하도록 하였습니다. 이렇게 사람을 왕복하는 사이에 일의 기미가 이미 늦어 버리게 되었습니다. 지금 적이 황주(黃州)로 퇴각한 것을 들은 연후에 이중로 등이 비로소 신계와 토산에 이르렀습니다. 또 적장(賊將)이 봉산(鳳山)으로 향한다는 것을 듣고 급히 전령을 보내 자비령(慈悲嶺)과 동선령(董仙嶺) 등지에 나아가 방어하게 하였는데, 이중로 등이 오히려 신계를 떠나지 않았습니다. 적이 또 기린(麒麟)으로 향한 후에 한쪽에서는 장계를 올려 죄를 주자고 청하고 한쪽에서는 재촉하여 불러 마탄(馬灘)에 나아가 방어하게 하자고 하였습니다. 이중로 등이 장계의 기이함을 듣고 비로소 마탄에 와서 방어하였으나, 먼저 유리한 지형을 점거하지 못하고 적이 이미 핍박하여 왔습니다. 이에 황급하게 진을 쳤으나 끝내는 패하여 죽고 말았습니다. 두 방어사의 죄가 매우 크지만 끝내는 진중(陣中)에서 죽었으니 오히려 속죄해 줄 만합니다.

이천 부사(伊川府使) 신경진(申景禛)[91]은 무재(武才)로 이름이 났

91 신경진(申景禛) : 1575~1643. 본관은 평산(平山), 자는 군수(君受)로 아버지

지만 적을 두려워하면서 진격하지 않았습니다. 적이 곡산(谷山)에 핍박해 올 때 진격하여 방어하라고 전령을 보냈지만, 부원수(副元帥) 이서(李曙)의 분부로 가탁하며 삭녕(朔寧)에서 머뭇거렸습니다. 적이 장차 봉산(鳳山)을 넘으려고 할 때 극성(棘城)에 나아가 주둔하라고 전령을 보냈지만 신계와 토산 사이에서 주둔하였습니다. 적이 기린(麒麟)으로 향함에 비로소 서흥(瑞興)에 도착하여 마탄(馬灘)의 전투에 참여하지 못하였습니다. 이시발(李時發)[92]이 신경진을 임진강 상류로 물러나 지키게 함으로 인하여 처음부터 끝까지 적의 칼날과 대적해 보지도 못했습니다.

장단 부사(長湍府使) 겸 경성 방어사(京城防禦使) 이원(李沅)은 체찰부사(體察副使) 이시발(李時發)의 중군(中軍)으로 최후에서 병사를 거느리고 전진하였습니다. 평산(平山)에 이르자 반나절 머물며 출발하지 않았기에 신이 병방 군관(兵房軍官)을 잡아 와서 머뭇거리는 것을 꾸짖으니, 비로소 군사를 움직였습니다. 이시발이 재촉하여 새장(塞墻)에 진출하여 방어하게 했지만, 느릿느릿 전진하였기에 새장에 도착하기 전에 적이 이미 퇴각하여 황주(黃州)로 향하였습니다. 적이 기린(麒麟)으로 향함에 미쳐서는 이원

는 신립(申砬)이다. 무과에 급제하였다. 1624년 이괄(李适)의 난 때는 훈련대장으로 어가(御駕)를 호위하였다. 벼슬이 영의정에 올랐다. 시호는 충익(忠翼)이다.

92 이시발(李時發) : 1569~1626. 본관은 경주(慶州), 자는 양구(養久), 호는 벽오(碧梧) 또는 후영어은(後潁漁隱)이다. 1589년(선조22) 문과에 급제하였다. 이괄(李适)의 난 때 체찰부사(體察副使)로 난의 수습에 공을 세웠다. 영의정에 추증되었고, 시호는 충익(忠翼)이다.

(李沅)이 멀리 수안(遂安)에 있었기에 형편상 마탄을 방어하는 데 미치지 못했으므로 이시발이 임진강 상류로 물러나 지키게 하였습니다. 이원이 우봉(牛峯)의 사잇길을 따라 옛 장단(長湍)에 병사를 주둔시켰으며 또 임진강에 이르지도 못한 채, 처음부터 끝까지 한 번도 적과 대적하지 않았습니다.

평산 부사(平山府使) 이확(李廓)[93]은 겉모습은 장사(壯士)와 비슷하나 겁쟁이로 나약하며 무모(無謀)합니다. 마탄의 전투에서 지형을 알지 못하여 바위 벼랑 곁에 진을 쳤기에 마탄의 가장자리를 견고하게 지킬 수 없어서 적에게 강을 건널 수 있게 만들었습니다. 또 적의 숨은 군사가 후진(後陣)을 습격하는 것을 알지 못했기에 완전히 패배하고 말았으니, 사람들이 모두 애통해합니다. 그가 또한 적의 칼날에 거의 죽은 상태로 쌓여 있는 시신 더미에 엎드려 있었습니다. 사람들은 모두 그가 죽었다고 생각하였으나 이튿날 살아 돌아와서는 선두에 서서 적을 토벌하기를 자원하였으니, 비록 실효를 거두지는 못했지만 교묘하게 적의 칼날을 피하는 다른 장군과 비교해 보면 차이가 있습니다.

파주 목사(坡州牧使) 박효립(朴孝立)[94]은 포수(砲手)와 일반군

93 이확(李廓) : 1590~1665. 본관은 전주(全州), 자는 여량(汝量)이다. 이항복(李恒福)의 추천으로 무과에 급제하였다. 이괄(李适)이 난을 일으키자, 도원수 장만(張晩)의 군에 들어가 선봉이 되어 적을 격파하는 데 공을 세우고, 자산 부사를 거쳐 부총관이 되었다. 벼슬이 삼도 수군통제사에 이르렀으며 병조 판서에 추증되고, 시호는 충강(忠剛)이다.

수백 명을 거느리고 임진강을 방어하였습니다. 임진강은 수심이 깊고 폭이 넓기에 방어할 방법을 조금만 알면 적이 강을 건널 수가 없습니다. 그러나 그는 적의 기마병 몇 명을 보고 적의 대포 소리가 한 번 울리는 것을 듣고는 간담이 서늘하여 달아났기에 적에게 강을 건너게 하기를 평지와 같이 쉽게 해 주었습니다. 전투에 패한 뒤라 할지라도 오히려 산성(山城)에 들어가 지키는 것이 옳거늘 멀리 산중으로 달아나서 적들이 성에 들어가 군량미와 병기를 취하게 만들었습니다. 체찰사와 도원수(都元帥)는 파주에 많은 병사를 주둔시키고 있었는데, 박효립은 끝내 모습을 드러내지 않아 자신이 사형을 받는 것을 자초하였으니 불행이 아니고 마땅합니다.

연안 부사(延安府使) 이인경(李寅卿)[95]은 본래 씩씩하고 용맹한 것으로 일컬어졌으나 지금 이괄의 난을 만나 조금의 공로도 세우지 못하고 늙어서 쓸 데가 없었으니, 사람들이 모두 비웃었습니다.

94 박효립(朴孝立) : 1565~?. 본관은 순천(順天)이다. 1624년(인조2) 이괄(李适)의 난 때, 파주 목사(坡州牧使)로 재임하고 있었던 그는 적군의 남하를 차단하기 위해서 수백 명의 병력을 이끌고 한강 여울목을 봉쇄하였으나 철저하게 방어하지 못하였다. 이에 사간원(司諫院)에서 여러 번 그를 탄핵하여 수원(水原)에서 참형되었다.

95 이인경(李寅卿) : ?~?. 호는 만송당(萬松堂)이다. 임진왜란 때 의병 5천여 명을 거느리고 왜군과 싸우고, 난이 끝난 후 무과(武科)에 급제하였다. 1623년(인조1) 연안 부사(延安府使)가 되고 이듬해 이괄(李适)의 난 때 반란군의 남진을 막기 위해 방어사 이중로(李重老)·이성부(李聖符)·이곽(李廓) 등과 마탄(馬灘)에 집결했다가 반란군의 기습으로 대패, 장형(杖刑)을 받았다.

경기 부원수(京畿副元帥) 이서(李曙)[96]는 사람들이 모두 적 이괄을 격파해 주기를 바랐으나 이미 강탄(江灘)을 견고하게 지킬 수 없었고 갑자기 영성한 적군을 만나서는 외진 고을로 피난하였습니다. 적이 달아날 때 또 추격하여 동교(東郊)에 군사를 주둔시켜 적의 퇴로를 차단하지 못했으니, 위엄과 명성이 갑자기 꺾였습니다.

병조 판서(兵曹判書) 김류(金瑬),[97] 군관(軍官) 이숭원(李崇元)·이덕순(李德淳)·조광필(趙光弼)·여영원(呂榮元) 등은 모두 무재(武才)가 있는 것으로 일컬어졌습니다. 안현(鞍峴)의 전투에서 처음에는 후진(後陣)에 있었으나, 적들이 패배할 즈음에 전투를 도와 적군을 참획한 것이 많게는 수십 급(級)에 이르렀으니, 공로가 있다고 할 수가 있습니다. 그러나 스스로 선봉에 서서 힘써 싸운 것으로 장황하게 떠벌리며 공로를 요구하여 공론(公論)을 현혹되게 하였으니 사람들이 모두 비난하였습니다.

96 이서(李曙) : 1580~1637. 본관은 전주(全州), 자는 임숙(任叔), 호는 월봉(月峰)이다. 1603년(선조36) 무과에 급제하였다. 1624년(인조2) 이괄(李适)의 반란이 일어나자 경기도 관찰사의 부원수(副元帥)로 적을 추격, 송도(松都)에 이르렀으나, 여러 가지 어려운 사정으로 요해처에 웅거한 채 출전하지 못해 탄핵을 받고 파직되었다. 뒤에 벼슬이 병조 판서에 이르렀으며 시호는 충정(忠定)이다.

97 김류(金瑬) : 1571~1648. 본관은 순천(順天), 자는 관옥(冠玉), 호는 북저(北渚)이다. 1596년(선조29) 문과에 급제하였다. 이괄의 난이 일어나자 병조 판서로서 남행(南幸)하는 인조를 호가하였다. 난이 평정된 뒤 우찬성을 거쳐 1624년 이조 판서를 역임하였다. 시호는 문충(文忠)이다.

삭주 부사(朔州府使) 민인길(閔仁佶)과 곽산 군수(郭山郡守) 민여검(閔汝儉)[98]은 모두 도원수(都元帥) 장만(張晩)의 관하에 있으면서 부원수 이수일(李守一)[99]에게 분배되었습니다. 안현(鞍峴)의 전투에서 이수일의 군대가 후진에 있었는데 두세 차례 재촉을 받은 후에 서로 함께 합세하여 진격하였으나, 동참하는 데 불과하였습니다. 서울을 수복한 뒤에 장만이 서변 수령(西邊守令)이 오랫동안 공석으로 있었던 것으로 재촉하여 부임하게 하였는데, 민여검과 민인길이 주장(主將)의 명령을 듣지 않았습니다. 적을 멸한 뒤에 또 먼 곳의 수령으로 있었기에 근왕(勤王)할 때가 아니었으나 지름길로 행재소에 나아가 자기 공로를 장황하게 자랑하였습니다. 올린 장계에 스스로 60여 명의 병사로 선봉에 서서 적을 퇴각시켰다고 하면서 임금을 속였으니, 그 죄가 큽니다.

수원 방어사(水原防禦使) 이경립(李景立)[100]은 그의 이름이 역적

98 민여검(閔汝儉) : 1564~1627. 본관은 여흥(驪興), 자는 종례(宗禮), 호는 운촌(雲村) 또는 운곡(雲谷)이다. 1613년(광해군5) 문과에 급제하였다. 이괄(李适)의 난이 일어나자 선두에 서서 선봉장 박영서(朴永緖), 평안 감사 이상길(李尙吉), 삭주 부사 민인길(閔仁佶) 등과 함께 활발히 활약하여 황주·삭주 등지에서 공을 세웠으나 난이 평정된 뒤에 도리어 모함을 받아 파직되었다.

99 이수일(李守一) : 1554~1632. 본관은 경주(慶州), 자는 계순(季純), 호는 은암(隱庵)이다. 1583년(선조16) 무과에 급제하였다. 1624년(인조2) 이괄(李适)이 반란을 일으키자 평안도 병마절도사로 부원수를 겸해 안현(鞍峴)에서 반란군을 무찔러 서울을 수복한 공으로 진무공신(振武功臣) 2등에 책록되고, 계림부원군(鷄林府院君)에 봉해졌다. 시호는 충무(忠武)이다.

100 이경립(李景立) : 1576~1634. 본관은 벽진(碧珍), 자는 탁이(卓爾)로 덕산

의 입에서 나왔기에 사람들이 이미 의심하였습니다. 역적 이괄이 서울에 들어올 때 이경립이 무리를 거느리고 이괄에게 글을 올려 항복하여 편입되기를 청하였습니다. 마침 날이 저물자 이괄이 변동이 있을까 두려워하여 그다음 날에 군대를 거느리고 들어오라고 말하자, 이경립이 진퇴에 근거지를 잃음에 병사를 흩어버리고 깃발을 버리며 달아났습니다. 그다음 날 새벽에 역적 이괄이 사람을 시켜 불렀으나 이미 달아나고 없었습니다. 도성의 백성들이 기롱하여 말하지 않음이 없었고 이경립의 수하의 군대도 또한 모두 노하여 꾸짖었으니, 물어볼 것도 없이 참형시킬 만합니다. 그럼에도 불구하고 그는 계책을 행했다고 거짓 밀고함으로 변명하여 아직도 목숨을 부지하고 있으니, 사람들이 의아하게 생각하지 않음이 없습니다.

이윤서(李胤緖)[101]는 경상도 초계(草溪) 사람으로 식견이 있는 무인입니다. 처음에 부원수 중군(中軍)으로 있을 때 역적 이괄이 중시하였는데, 이괄이 반란을 일으키자 이윤서는 처자식을 내지(內

(德山)에 거주하였다. 1612년에 생원에 합격하였다.

101 이윤서(李胤緖) : 1574~1624. 본관은 합천(陜川), 자는 선승(善承)이다. 1594년 무과에 급제하였다. 1623년 위장(衛將)이 되어 조정에 돌아왔다가 부원수 이괄(李适)이 영변에 병영을 설치하자 중군으로 휘하에 있었으나 이괄의 교만하고 방자함을 꺼려 하였다. 이괄이 난을 일으키자 별장 이순무(李舜懋)와 함께 도원수 장만(張晩)에게로 탈출했다가 난이 점점 확대되자, 반역자를 처단하지 못한 일을 자책하고 자결하였다. 옥계(玉溪)의 충현사(忠賢祠)에 제향되었다. 시호는 장의(壯毅)이다.

地)로 몰래 이주시켰습니다. 적군이 개천(价川)에 왔을 때 박진영(朴震英)[102]과 남이흥(南以興)[103] 등이 편지를 써서 의리(義理)와 화복으로 이윤서를 깨우쳤는데, 종사관(從事官) 김기종(金起宗)[104]이 대신 기술하여 말이 매우 간절하였습니다. 이윤서의 종으로 하여금 몰래 이윤서에게 주게 하니, 이윤서가 "내가 어찌 적을 따를 리가 있겠는가. 탈출할 기회를 잡지 못함을 한스럽게 여기며 장차 훌륭한 일을 하고자 한다."라고 대답하였다. 얼마 있지 않아 이윤서가 적군에 빠진 동관(同官) 네 영장(營將)을 유인하여 영하(營下)의 천여 명의 병사와 함께 일시(一時)에 도망하여 탈출하니,

102 박진영(朴震英) : 1569~1641. 본관은 밀양(密陽), 자는 실재(實哉), 호는 광서(匡西), 시호는 무숙(武肅)이다. 이괄의 난 때 해서도방어사(海西道防禦使)로 도원수 장만(張晩)의 휘하에서 종군, 신경원(申景瑗)과 함께 동교(東郊)에서 대승하였다. 뒤에 평산도호부사(平山都護府使)가 되어 해서방어사를 겸임하다가 퇴임하였다.

103 남이흥(南以興) : 1576~1627. 본관은 의령(宜寧), 자는 사호(士豪), 호는 성은(城隱)이다. 1602년 무과에 급제했다. 이괄이 난을 일으키자 도원수 장만(張晩)의 중군(中軍)이 되어 많은 무공을 세웠다. 특히 이괄의 부하 유순무(柳舜懋)·이신(李愼)·이윤서(李胤緖)를 회유해 많은 반군을 귀순하게 했다. 서울 근교의 작전 회의에서 장만은 도성을 포위하여 이괄의 군대를 곤경에 빠뜨린 뒤 공격하자고 주장했다. 그러나 남이흥은 지리적으로 유리한 안현(鞍峴)에 진을 치고 위에서 적을 내려다보며 공격하자는 정충신(鄭忠臣)의 주장에 동조해 대승했다. 안주의 충민사(忠愍祠)에 제향되었으며, 시호는 충장(忠壯)이다.

104 김기종(金起宗) : 1585~1635. 본관은 강릉(江陵), 자는 중윤(仲胤), 호는 청하(聽荷)이다. 1618년(광해군10) 문과에 장원급제하였다. 1624년(인조2) 관서원수(關西元帥) 장만(張晩)이 이괄(李适)의 난을 평정할 때 종사관으로 종군하여 공을 세워 진무공신(振武功臣) 2등에 책록, 영해군(瀛海君)에 봉해졌다. 편서로 《서정록(西征錄)》이 있다. 시호는 충정(忠定)이다.

역적 이괄이 또한 스스로 간담이 서늘하였습니다. 이윤서가 이미 탈출하니 여러 장군들이 말하기를 "조정에는 이미 사목(事目)[105]이 있으니 도망하여 돌아온 자는 죄를 면하고 상을 줄 것이다. 도원수께서 또한 곧 중군(中軍)의 임무를 맡길 것이다."라고 하였습니다. 이윤서가 성을 내어 말하기를 "내가 이 몸을 적진에서 차마 죽게 할 수 없었다. 그러므로 처자식을 먼저 이주시키고 내가 도망하고 탈출하여 여기에 이르렀다. 그러나 내가 전 날 적진에 빠져서 몸과 이름을 모두 욕되게 하였으니 무슨 면목으로 하늘의 해〔임금〕를 보겠는가." 하고는 드디어 스스로 칼로 목을 찔러 죽었습니다.

이윤서의 종 효생(孝生)은 이윤서의 가족을 내지(內地)로 이주시키고 양식을 구입하는 일로 마침 평양에 도착하였습니다. 박진영(朴震英) 등이 의리(義理)로 깨우쳐 말하기를 "너의 주인이 적진에 있는 것은 본래의 마음이 아니다. 네가 만약 나의 편지를 가지고 돌아가서 전해 주고 너의 주인을 모시고 오면 마땅히 상으로은 천 냥(兩)을 주겠다. 우선 무명 50필을 너에게 먼저 지급한다."라고 하였습니다. 효생이 울면서 사양하여 말하기를 "저의 주인이 적진에 빠져 있으니, 저는 본래 가서 주인을 뵙고 받들어 모셔 오고 싶었습니다. 어찌 이익을 보고 가겠습니까."라고 하였다. 박진영이 재삼 권하여 무명을 주었지만, 효생은 고사하고 받지 않았습니다. 드디어 효생이 스스로 자기의 바지를 잘라서 편지를 넣

105 사목(事目) : 공사(公事)에 관하여 정한 관청의 규정이나 규칙이다.

어서 봉하여 마침내 적진에 가서 주인을 모시고 돌아왔습니다. 아! 관리로 있는 지식인도 자신의 몸을 염두에 두지 않는 일을 할 줄 모르는데, 배우지 아니한 천한 노예가 오히려 주인을 위하여 능히 하였으니, 관리로 이런 일을 하지 못하는 사람은 또한 이 종의 죄인이 됩니다.

박영서(朴永緖)[106]는 경상도 성주(星州) 사람입니다. 천성이 강개하고 용맹과 힘이 매우 남달라 싸우는 소를 두 손으로 각각 잡으니 소들이 꼼짝하지 못하였습니다. 전 창성 부사(昌城府使)로 도원수 장만(張晩)의 군관(軍官)이 되었습니다. 황주(黃州) 전투에서 장군과 사졸들이 궤멸하여 달아나니, 역적 이괄이 높은 언덕에 웅거하여 아군 진영의 깃발을 세우고 패주하는 사람들을 불렀습니다. 군인들이 모두 아군 진영인 줄 알고 다투어 달려가매, 박영서 또한 말을 몰아 그 진영으로 들어갔습니다. 적들이 포위하여 죽이려고 하였는데, 박영서가 탄 말이 좋지 못한 말이어서 돌격하다가 포위에서 탈출하지 못하고 잡히고 말았습니다. 적장(賊將)이 "죽고 싶은가. 항복하겠는가."라고 말하였습니다. 박영서가 크게 꾸짖으니 적장이 무릎을 꿇어 땅에 엎드리게 하였습니다. 박영서

106 박영서(朴永緖) : 1579~1624. 본관은 순천(順天), 자는 효원(孝源)이다. 1602년 무과에 급제하였다. 이괄(李适)의 난 때 남이흥(南以興)·정충신(鄭忠信) 등과 함께 반란군의 뒤를 따라 황해도 황주의 신교(新橋)에 이르러 이들과 싸웠으나 전세가 불리하였다. 이에 관군의 선봉장이었던 박영서는 단신으로 말을 몰아 적중에 돌입하여 이괄을 잡으려 하였으나 오히려 말이 넘어져 포로가 되었다. 이괄이 박영서의 용기를 아껴 백방으로 회유하였으나 굴하지 않다가 살해되었다. 시호는 충장(忠壯)이다.

가 “내 무릎이 아직도 튼튼하니 어찌 굽혀서 절하겠는가.”라고 하였습니다. 적의 칼날이 번갈아 가며 내리치는데도 입에서 꾸짖는 소리가 끊어지지 않자, 드디어 사지를 찢어 죽였습니다.

선천 군수(宣川郡守) 김경운(金慶雲)[107]은 본래 용무(勇武)하다고 일컬어졌고 또 염근(廉謹)하다고 일컬어졌습니다. 안현(鞍峴) 전투에서 선두에 서서 힘써 싸우니 화살을 쏘기만 하면 적중하여 많은 적이 맞아 쓰러졌습니다. 그러나 적의 철환(鐵丸)에 맞아 죽으니 사람들이 애통해하지 않음이 없었습니다.

박영신(朴榮臣)[108]은 무부(武夫)이지만 행의(行誼)가 있었습니다. 관직에 있을 때 청렴하고 삼갔으며 의리가 아닌 짓을 행하는 것을 부끄러워하였습니다. 광해군 때 직언하다가 죄를 받은 것이

107 김경운(金慶雲) : ?~1624. 본관은 안동(安東)이다. 광해군 때에 무과에 급제하였다. 1624년 이괄(李适)의 난 때 선천 부사로 휘하 병사를 이끌고 정충신(鄭忠信) 등과 함께 안현(鞍峴) 전투에 참여하였는데, 몸을 돌보지 않고 앞장서 싸우다가 전사하였다. 이 공으로 진무공신(振武功臣) 2등에 훈록되고, 화산군(花山君)에 봉해졌다.

108 박영신(朴榮臣) : 1578~1624. 본관은 밀양(密陽), 자는 인보(仁輔)이다. 1605년(선조38) 무과에 급제했다. 1623년 풍천 부사(豐川府使)가 되었고, 이듬해 이괄(李适)의 난이 일어나자 고군(孤軍)으로 평산의 기탄(歧灘)을 방어해 반란군의 서울 직행을 저지하려 하였다. 그는 반란군을 맞이해 많은 반군을 살상했으나 화살이 다하고 활이 꺾어져 사로잡혔다. 이괄은 평소 그의 용맹을 알고 있어 반란에 협력할 것을 백방으로 설득했으나 실패하였다. 반군의 장수 이수백(李守白)이 살려 두면 후환이 두렵다 하여 칼로 내리쳤는데 목숨이 끊어지는 순간까지 반군의 장수들을 꾸짖었다. 금천의 민충사(愍忠祠)에 제향되었으며, 시호는 충장(忠壯)이다.

십여 년이었습니다. 인조반정 후에 다시 서용되어 풍천 부사(豐川府使)가 되었는데, 관병을 이끌고 마탄(馬灘) 전투에 가서 도왔습니다. 적이 가까이 다가오자 사람들이 모두 간담이 서늘하며 어찌할 줄 몰랐으나, 박영신은 주먹을 휘두르며 크게 고함지르며 "죽는 것은 마찬가지이니, 어찌 아무런 대책도 없이 가만있으면서 한갓 죽을 수 있겠는가."라고 말하고는 드디어 힘써 싸우다가 죽었습니다.

이사주(李師朱)[109]는 본래 훌륭한 무사로 일컬어졌으며 관직에 있을 때 청렴하고 삼가는 것으로 이름이 났습니다. 전 이천 부사(伊川府使)로 부체찰사(副體察使) 이시발(李時發)의 군관(軍官)이 되어 마탄(馬灘)의 전투에 가서 도왔습니다. 적군들의 칼날이 이사주에게 가까이 다가오자 사람들이 모두 아무런 대책도 없이 가만있으면서 죽어 갔지만, 유독 이사주는 박영신과 함께 힘껏 싸우다가 죽었습니다.

나라의 대군(大軍)이 해서(海西)지역에 들어온 뒤로부터 각 도(道)의 군병은 거의 2만 명에 이르렀습니다. 장사(將士)와 사명(使命)을 받든 자가 도로에 가득하였는데, 모든 준비를 황해도에

109 이사주(李師朱) : ?~1624. 무과에 급제하고 이천 부사를 지냈다. 1624년(인조2) 체부(體府)의 비장(裨將)이 되어 병사 40인과 함께 이괄의 난에 출전하였다. 황해도 금천(金川)의 마탄 전투에서 반란군에 맞서 싸우다 순절하였다. 시신을 찾지 못해 이사주의 의관으로 장사 지냈다. 금천의 민충사(愍忠祠)에 제향되었다.

서 마련하도록 책임을 지웠습니다. 이미 서울에 입성한 뒤에도 서량(西糧)[110]을 계속 사용하였는데, 감사(監司) 임서(林惰), 관향사(管餉使) 남이웅(南以雄), 도사(都事) 전이성(全以性) 등이 극진히 힘을 다하여 조달하고 운반하여 시종 부족하지 않게 하였습니다. 그리고 수령 가운데 백천 군수(白川郡守) 이경엄(李景嚴)과 봉산 군수(鳳山郡守) 홍서(洪恕)는 전쟁으로 어수선할 때 백성들을 끌어모아 군량미를 운송하는 것을 제일 우선시하였기에 군대에 식량이 부족하지 않았습니다. 또 이경엄은 그 고을의 선비들을 권장하고 유시하여 의병 삼백여 명을 창도하여 일으켰습니다.

황주 판관(黃州判官) 정양필(鄭良弼)과 우봉 현령(牛峯縣令) 이경인(李敬仁)은 모두 백성을 잘 다스렸습니다. 또 역적의 변란으로 어수선할 즈음에 장군과 병사들이 구름같이 주둔하였고 군인과 말이 엄청나게 많았으며 대소 사신들이 수없이 왕래하였지만 물품을 공급하여 적절하게 조절하는 일을 시종 맡아 주관하였으니, 참으로 만나기 어려운 인재들입니다.

110 서량(西糧) : 관서(關西)와 해서(海西)의 곡식을 말한다.

비망기[111]를 차례로 기록한 뒤에 글을 써서 남기다

무진년(1628, 인조6)에 사면을 받고 집으로 돌아온 후[112] 이것을 써서 자손에게 보여 면려한다. 비망기는 모두 연보에 보인다.

列錄備忘記後遺書 戊辰蒙宥後 書此勉示子孫 備忘記幷見年譜

성은이 하늘과 같아 감격의 눈물이 주르륵 흐른다. 다만 염려가 되는 것은 이 사람이 쇠병하고 잔렬(孱劣)하여 성은에 보답하지 못할까 하는 점이니 어찌할 바를 모르겠다. 너희들은 마땅히 이것을 책 상자에 잘 갈무리하여 자자손손 분골쇄신하여 국은에 보답하는 터전으로 삼으라.

111 비망기(備忘記) : 임금이 명령을 적어서 승지(承旨)에게 전하여 신하에게 주었던 문서를 말한다.

112 무진년(1628, 인조6)에……후 : 1627년 9월에 이인거(李仁居)가 횡성(橫城)에서 정사 공신(靖社功臣)이 나라를 그르친다는 명문으로 도당을 규합하여 난을 일으켰다. 스스로 창의중흥대장(倡義中興大將)으로 칭하고 서울로 침입하려다가 원주 목사 홍보에게 잡혀 서울에서 처형되었다. 홍보가 이인거를 체포하여 조정에 바치고서 비로소 이 사실을 강원도 관찰사 최현에게 보고하니, 최현은 듣고 즉시 조정에 보고하였으나, 간관들이 최현의 기찰(譏察)과 체포가 늦었다는 이유로 처벌하게 하였다. 1628년 1월 8일에 왕이 간관이 올린 계장의 내용을 윤허하지 않았지만 양사(兩司)에서 계속하여 간쟁하였다. 이에 왕이 어쩔 수 없이 특명으로 회령(會寧)에 유배 보냈다. 그러나 9월에 특명으로 풀려났다.

임종유서 경진년(1640, 인조18) 5월 25일에 선생은 병이 위독하여 붓을 잡을 수 없었다.[113] 문하생 조준남[114]을 불러 쓰게 하였다.

臨終遺書 庚辰五月二十五日 先生寢疾 不能操筆 呼門生曺俊南書

만력(萬曆) 기축년(1589, 선조22) 6월 25일은 나의 선친〔崔深〕께서 돌아가신 날이다. 선친께서는 불초자인 나를 가르칠 만하지 못하다는 것을 알지 못하시고, 임종 때 정성껏 가르치고 경계하여 영세토록 남는 유서(遺書)를 남겨 주셨다. 지금 나는 선친께서 나에게 바라던 것으로 재차 너희들에게 고하노니, 이와 같이 한 이후에 거의 구천(九泉)에 계시는 선친의 뜻을 저버림이 없게 된다. 매양 생각이 여기에 미치니 비통함이 끝이 없다. 너희들이 자식의 정을 조금이라도 안다면 여기가 마음을 감동시킬 곳이 아닌가. 선군께서 임종할 때 나를 불러 경계하기를 "'집에 거처하기를 공손히 하고, 일을 행하기를 조심스럽게 하며, 남을 대할 때 성의를 다해야 한다. 이 세 가지는 비록 오랑캐의 땅에 가더라도 버려서는 안 된다.'[115]라 하니 이것은 내가 한 말이 아니고 공성(孔聖)의 말씀이니, 너는 마땅히 종신토록 복응하여라."라고 말씀하셨다.

113 경진년(1640, 인조18)……없었다 : 창석은 1640년 6월 4일 금산(金山) 봉계(鳳溪) 별서(別墅)에서 졸하였다.

114 조준남(曺俊南) : 1583~1663. 본관은 창녕(昌寧), 자는 이정(李挺), 호는 둔암(遁岩)이다. 봉훈랑 천문학교수(奉訓郎天文學敎授)를 지냈으며 사복시 정(司僕寺正)에 증직되었다.

115 집에……된다 : 《논어》 〈자로(子路)〉에 나오는 말이다.

서 序

이군임[116] 진 과 경임[117] 보 가 진성 군수와 당진 군수로 부임해 가는 것을 전송하는 서문

送李君任 軫 景任 輔 宰眞城唐津序

대저 정(情) 가운데 쉽게 움직이는 것으로 슬픔과 즐거움만한 것이 없고 슬픔과 즐거움으로 그만둘 수 없는 것이 또 이별과 만남만한 것이 없다. 인간 세상에는 이별과 만남이 무궁하니 따라서 인정에 슬픔과 즐거움도 무궁하다. 초(楚)나라 사람의 사(辭)에 "새로 사람을 알아서 사귀는 것보다 더 큰 즐거움은 없고, 살아서

116 이군임(李君任) : 이진(李軫, 1536~1610)이다. 본관은 연안(延安), 자는 군임, 호는 송오(松塢)이다. 군위(軍威) 출신으로 이황(李滉)의 문인이며 유성룡(柳成龍)과 교유하였다. 1593년 임진왜란 당시 좌랑(佐郎)으로 문여경(聞汝慶)과 함께 의주에서 경성으로 양곡 수송 임무를 맡았으며, 1597년 정유재란이 일어나자 진성현감(眞城縣監)으로서 순찰사 진하(陣下)에 들어가 왜적을 맞섰다.

117 이경임(李景任) : 이보(李輔, 1545~1608)로 이진의 동생이다. 본관은 연안(延安), 자는 경임, 호는 남계(南溪)이다. 유성룡(柳成龍)의 문인으로 1590년 생원시에 합격하였다. 임진왜란 때 의병으로 활약하였으며 인동(仁同)을 임시로 맡아 다스렸다. 당진 현감이 되었다가 다시 인동 현감이 되어 선정하였기에 주민들이 거사비(去思碑)를 세웠다.

이별하는 것보다 더 큰 슬픔은 없다.〔樂莫樂兮新相知, 悲莫悲兮生別離.〕"라 하였는데,[118] 사람으로 하여금 반복하여 읽어 보매 영탄(詠歎)하게 만드니, 또한 다함이 없는 생각을 상상해 볼 수 있다. 그러나 새로 사람을 알아 사귀는 즐거움이 어찌 옛날부터 알아 사귀는 즐거움과 같으랴. 이별의 슬픔은 또한 어찌 한 가지 종류만 있겠는가. 그렇다면 나는 형들에게 그 옴을 즐거워하고 그 감을 슬퍼하니, 응당 옛사람의 이른바 슬픔과 즐거움뿐만 아니며 그만둘 수 없는 정과 다함이 없는 생각을 이루 다 말할 수 없는 것이 있다.

아! 전쟁으로 유린된 재앙이 사방에 가득하지만 일선(一善)과 옥산(玉山)보다 심한 곳이 없다. 백 리에 밥을 짓는 연기가 피어오르지 않고 쑥과 갈대가 높이 자라 하늘에 닿았다. 비옥한 들판에는 농사를 지을 계획이 없고 유민(遺民)들은 고향으로 돌아와 모이는 길이 끊어졌다. 조정에서 이와 같은 점을 가엽게 여겨 특별히 두 공(公)을 두 고을에 둔전관으로 차임하였으니, 공론을 따른 것이다. 둔전관은 그 고을에 대하여 마땅히 무슨 일이든 물어서 모르는 바가 없어야 한다. 하물며 저 옥산의 임시 군수를 겸임해 백성을 길러 다스리는 것을 전적으로 맡았음에야[119] 말할 것이 있겠는가. 두 공이 부임하지 않았을 때 백성들이 부임하기를 바라

118 초(楚)나라……하였는데 : 굴원(屈原)의 〈소사명(少司命)〉에 나오는 구절이다. 《文選 卷33 九歌二首》

119 옥산의……있었음에야 : 이보가 그 전에 옥산(玉山 : 인동)의 임시 군수를 지낸 적이 있다.

는 것[120]이 오래되었고, 이미 부임함에 백성들이 늦게 온 것을 한스러워하지 않음이 없었지만 그들이 백성을 살려줌을 즐거워하였다. 이로 말미암아 두 고을의 백성들은 서로 보기를 형제와 같이 하니, 두 공도 두 고을을 보살핌을 한 집안의 일과 같이 하였다. 소를 주어 밭을 갈게 하고 종자를 주어 파종하게 하며 음식을 주어 김매게 하였다. 백성들을 번거롭게 불러 모으지 않아도 일에 나아감에 뒤처질까 걱정하였기에 다른 곳에서 곡식을 운반해 오지 않아도 가을에는 수확이 이미 10배가 되었다. 지난번에 굶주린 자는 배부르고 근심한 자는 즐거워하였다. 타 지역에서 생업을 잃은 자들은 모두 두 고을로 돌아갈 것을 생각하니, 원근에서 이 이야기를 들은 자가 조정에서 훌륭한 사람을 발탁한 것이 다행한 일이 된다고 생각하지 않음이 없었다.

두 공은 모두 나에게 외증조(外曾祖)를 같이하는 친척이니, 명분으로 비록 성(姓)이 다르나 의리상 동일한 천속(天屬)이다. 평소에도 오히려 그러한데 하물며 지금 골육지친이 영락(零落)한 나머지에 한 분은 일선(一善)의 군수가 되고 한 분은 이웃 고을 인동(仁同)의 군수가 됨에, 내가 낙동강과 천생산성(天生山城) 사이를 줄곧 왕래하며 악수하고 가슴속을 풀어헤쳐서 근심과 즐거움을 함께하는 자임에야 말할 것이 있겠는가. 나 혼자 즐거운 것

120 바라는 것 : 원문 '가액(加額)'은 백성들이 이마에 손을 얹고 멀리서 바라보는 것으로, 사람들이 훌륭한 인망(人望)을 가진 분을 공경하는 것을 뜻한다. 송(宋)나라 사마광(司馬光)이 낙양(洛陽)에 사는 15년 동안 예궐(詣闕)할 때마다 위사(衛士)들이 모두 손을 이마에 얹고 공경스럽게 바라보면서 "이분이 사마 상공(司馬相公)이시다."라고 한 데서 유래하였다. 《宋史 卷336 司馬光列傳》

이 아니라 나와 즐거움을 같이하는 자는 두 고을의 백성들이다. 두 고을의 백성들이 모두 공에게 몇 년을 연장해 주어 군수의 업적을 이루기를 바랐는데, 조정에서 갑자기 우리 두 공을 빼앗아 한 분은 진성 군수에 임명하고 한 분은 당진 군수에 임명하여 이런 큰 은택을 거두어 저 두 고을에 베풀게 하였다. 두 공이 정치하는 방법은 그대로 예전과 같을 것이나 이 두 고을〔일선과 인동〕의 어린아이가 자애로운 어머니에게 젖을 먹지 못함을 어찌하리오. 그리고 형제도 없는 외로운 나와 같은 이는 어디에 마음을 의탁하고 일을 함께 할까. 나 홀로 슬픈 것이 아니라 나와 슬픔을 같이하는 자는 두 고을의 백성들이다. 지난번 만남에서 이미 나의 즐거움을 두 고을의 백성들과 같이하였고 지금 떠남에 또한 나의 슬픔을 두 고을의 백성들과 같이하니, 두 형의 행차에 내가 어찌 한마디 말을 하여 나와 두 고을의 백성들이 그만둘 수 없는 정과 다함이 없는 생각을 서술하지 않을 수 있겠는가. 서문으로 앞부분에 쓰고 또 시로써 잇는다.

왜구들이 자기 분수를 모르고 침략하여[121]	海寇匪茹
우리나라 여러 성곽을 공격하였네	擣我列堡
저 인동도 지키지 못하는데	彼仁不守

121 자기……침략하여 : 원문 '비여(匪茹)'는 '분수를 헤아리지 않는다.'라는 것으로 침략을 뜻한다. 《시경》 〈유월(六月)〉에 "험윤이 스스로 헤아리지 않고서 초(焦)와 호(穫)에 정연하게 거처하고, 호(鎬)와 방(方)을 침략하여 경양에 이르거늘.〔玁狁匪茹, 整居焦穫. 侵鎬及方, 至于涇陽.〕"이라고 하였다.

이 일선을 어떻게 보존할까　此善奚保
시신의 뼈가 거리를 메우고　骨塡于巷
간과 뇌가 수풀에 떨어졌네　肝塗于草
임금께서 우리 두 공에게 명령하여　命我二公
가서 이 지역을 경작하라 하셨네　往耕玆土
옛날 공이 부임하지 않았을 때는　昔公未來
황무지 들판이 거칠고 거칠었더니　荒原膴膴
공이 와서 부임함에　公之來思
아이들이 먹을 것을 얻은 듯하였네　如兒得哺
속히 너의 칼을 풀고　速解爾劍
빨리 너의 소를 사라　遄買爾牛
너의 일을 느리게 하여　毋緩爾事
우리 공에게 근심을 끼치지 마라　貽我公憂
공은 자리에 편안할 수가 없어　公不安席
파종하기도 하고 씨를 덮기도 하였네　以種以耰
백리의 황무지 폐허가　百里荒墟
벼와 콩으로 풍년 든 들판이 되었네　稻菽登園
유민들이 쌀밥을 먹음은　遺民乃粒
공의 은혜 덕택이라는 것을 아네　知荷公恩
우리들을 끝까지 보살펴 주고　庶幾卒我
공이 돌아가지 말기를 바랐네　毋以公歸
공이 모는 말이 빨리 달리니　公疾其驅
우리들의 마음을 슬프게 하였네　使我心悲
여기의 선정을 미루어 저기에 미치리니　推此及彼

공이 정사를 행함은 동일할 것이네	公一其施
임금이 공들을 전직하게 하니	俾公以遷
우리 백성들을 애달프게 만드네	哀我民斯
공은 비록 떠났다고 말하나	公雖言邁
공의 은혜 여기에 남아 있네	公惠在茲
이를 위하여 노래 지어	爲此作歌
길이 공을 생각하네	永爲公思

박 대구[122] 홍장 이 일본에 봉사 가는 것을 전송하는 서문
送朴大丘 弘長 奉使日本序

만력(萬曆) 병신년(1596, 선조29) 칠석에 내가 병으로 영해(寧海)에 누워 있었다. 어떤 벗이 와서 박사임(朴士任) 군에 대하여 다음과 같이 말하였다. "그는 타고난 운수가 기구한 자이다. 약관에 과거시험에 합격하니, 장차 어버이를 영광스럽게 할 것이라 생각하였다. 그러나 서북 변방에 수자리로 간 것이 10여 년이고 제주도 판관이 된 것이 6년이었다. 임진왜란을 만나서는 아버지 상을 당하자 궁궐 섬돌 아래에서 애통한 마음을 전달하고 상에 달려가는 청을 이루었다. 겨우 몇 달 뒤 다시 기용되어 대구 부사가 되었는데, 가시나무를 베어 내고 둔전을 개척하였다. 유민들을 불러 모아 자기의 생업에 복귀하게 함으로 그 부지런함과 수고스러움을 극진히 하니, 사람들이 자물쇠[123]의 재주로 백 리의 땅에 부사 벼슬하는 데 그쳤다고 일컬었다. 지금 또 부사로 조칙을 받들

122 박 대구(朴大丘) : 박홍장(朴弘長, 1558~1598)이다. 본관은 무안(務安), 자는 사임(士任)으로 의장(毅長)의 아우이다. 1580년(선조13) 무과에 급제하였다. 1596년(선조29) 대구 부사(大丘府使)로 있을 때 유성룡(柳成龍)의 추천으로 통신사의 부사가 되어 정사 황신(黃愼)과 더불어 강화의 중책을 띠고 일본에 갔다. 풍신수길(豊臣秀吉)이 조선 사절을 멸시, 국서에 답하지 않았으나 조금도 굴함이 없이 국가의 체면을 욕되게 하지 않고 돌아왔다. 그해 순천 부사를 거쳐 상주 목사 재임 중에 죽었다. 사후에 형 의장과 함께 영해(寧海)의 구봉정사(九峰精舍)에 제향되었다.

123 자물쇠 : 원문의 '쇄약(鎖鑰)'은 본래 문을 잠그는 자물쇠란 뜻인데, 인신(引伸)하여 변방을 지키는 견고한 요새란 뜻으로 쓰인다.

고 일본에 사신을 가니, 아침에 왕명을 듣고 저녁에 출발하였다. 지금 사세(事勢)가 걱정되고 위태로움이 전일에 비할 바가 아니다. 원수 일본과 우호 관계를 맺음에도 그들의 정성과 믿음을 기필할 수가 없다. 학발(鶴髮)의 홀어머니에게 인사를 드리고 만 리 풍파의 바다를 건너가니, 몸을 승냥이와 호랑이 굴에 던지는 격이고 상어와 악어의 주둥아리에 드나드는 격이다. 왕래하는 바닷길을 수월하게 건널 수도 있으나 무탈하기를 보장하기 어렵다. 친구들이 이 이별을 두고 마땅히 어떠한 생각을 가지겠는가."

나는 그 이야기를 듣고 손으로 땅을 치며 큰 소리를 내고 일어나며 다음과 같이 말하였다. 나는 박군을 잘 알고 있으니, 그의 충성스럽고 용감함을 안다. 그가 평소에 세운 바 마음이 어떠한지를 나는 마땅히 이번 행차에 볼 수 있을 것이다. 대저 일은 부르지 않아도 저절로 이르는 것을 군자는 편안하게 여긴다. 평탄하고 험준한 것을 동일하게 여기고 죽고 사는 것을 같게 여겨 유연(悠然)히 거룻배를 띄워서 강물의 파도를 거슬러 올라가는데 배가 그치는 대로 맡겨 놓은 듯이 한다. 이렇게 하는 것은 소견이 밝은 자는 이해관계에 의혹되지 않고 지킴이 견고한 자는 험난하고 어려운 일에 넘어지지 않기 때문이다.

일본에 사신으로 간 자가 우리나라의 포은(圃隱)[124] 어른 외 전

124 포은(圃隱) : 정몽주(鄭夢周, 1337~1392)의 호이다. 본관은 영일(迎日), 자는 달가(達可)이다. 1357년에 감시(監試)에 입격하고 1360년에 문과에 장원급제하였다. 1375년 보빙사(報聘使)로 일본에 사신을 가서 원만히 교섭하고 고려인 포로 수백 명을 구해 돌아왔다.

후로 들어본 사람이 없다. 근일에 오직 김학봉(金鶴峯)[125] 한 사람을 보았으니, 그것을 이을 사람은 반드시 박군이다. 자질구레하게 편안함을 생각하는 정과 구구하게 이별을 애석히 하는 태도를 어찌 이 사람이 할 일인가. 참으로 중요한 것이 무엇인가를 알았으니 학문을 한 공로가 여기에 있는 것이다. 시 삼백 편을 외우는 자가 모두 전대(專對)의 재주가 있는 것[126]이 아닌데, 어찌하여 박군은 무인이면서도 쉽게 할 수 있었던가. 충신(忠信)을 갑옷과 투구로 삼고 예의(禮義)를 방패로 삼아 적인(敵人)의 정위(情僞)를 살펴 국가의 위엄을 구정(九鼎)[127]보다 무겁게 하여, 두 현자〔정몽주와 김성일〕의 뒤를 따라 밟아 길이 큰 이름을 드리우는 것이 이번 행차에 있을 것이다.

박군이여, 박군이여! 운명이 궁한 것이 아니라 몸이 다행함이 아님이 없다. 박군은 모친이 살아 계시니 이것은 인정상 스스로

125 김학봉(金鶴峯) : 김성일(金誠一, 1538~1593)이다. 본관은 의성(義城), 자는 사순(士純), 호는 학봉(鶴峯)이다. 1590년 통신사의 부사로 일본에 다녀왔는데, 정사 황윤길은 반드시 왜군의 침입이 있을 것이라고 보고하였고 그는 그렇지 않다고 하였다. 이후 임진왜란이 일어나자 경상도 초유사(招諭使)에 임명되었다. 1593년 진주성 전투에서 사망하였다.

126 시……것 :《논어》〈자로(子路)〉에 "《시경》 삼백 편의 시를 외우면서도 제대로 전대를 하지 못하면, 비록 많이 외우고 있다 한들 무슨 소용이 있겠는가.〔誦詩三百, 不能專對, 雖多, 亦奚以爲?〕"라고 하여, 사신을 가는 자는 풍부한 학식으로 업무를 전담해야 한다고 하였다.

127 구정(九鼎) : 하우씨(夏禹氏)가 구주(九州)의 쇠붙이를 모아 주조했다는 솥을 말하는데, 하(夏)·은(殷)·주(周) 시대를 전해 내려오면서 천하를 차지한 제왕 혹은 왕조의 정통성을 상징하는 보배로 여겼다.《史記 卷12 武帝紀》

억누를 수 없는 것이나 몸이 이미 나라에 허락하였다. 옛사람으로 사정을 돌아보지 않는 자가 있었으니, 홍호(洪皓)는 냉산(冷山)에서 19년을 지냈지만[128] 또한 노모가 계셨다. 박군이여, 박군이여! 어떻게 할 것인가, 어떻게 할 것인가. 풍파를 건너고 염장(炎瘴)을 무릅쓰며 음식을 조절하고 언어를 삼가, 서둘러 고국으로 돌아옴〔式遄其歸〕[129]에 완벽(完璧)[130]하게 일을 마치고 돌아오되 적이 감히 요동하지 못하게 하는 것은 그대의 책임이다. 내가 몸이 아팠기에 따라가서 해운대(海雲臺)에서 전송하여 그의 손을 잡고 그의 행차를 전별하지 못하는 것을 한스러워한다. 애오라지 이 글을 지어 주고 또 시로 잇는다.

128 홍호(洪皓)는……지냈지만 : 남송(南宋) 고종(高宗) 때의 충신인 홍호(洪皓)가 금(金)나라에 사신으로 갔다가 억류되어 15년 동안 냉산(冷山)에 갇혀 있다가 돌아왔는데 온갖 위협과 회유에도 굴하지 않으니, 당시 사람들이 송나라의 소무(蘇武)라고 칭송하였다고 한다. 《宋史 卷373 洪皓列傳》 여기서 19년이라고 한 것은 오류이니, 아마도 소무가 19년 만에 돌아온 사실을 두고 착각한 것 같다.

129 서둘러 고국으로 돌아옴 : 《시경》 〈증민(蒸民)〉에 "중산보가 제나라에 가나니 그 돌아옴을 빨리 하리로다. 길보가 송사를 지으니 의미심장함이 청풍과 같도다.〔仲山甫徂齊, 式遄其歸. 吉甫作誦, 穆如淸風.〕"라고 하였다.

130 완벽(完璧) : 사신의 임무를 무사히 수행함을 뜻한다. 전국 시대 조(趙)나라 혜문왕(惠文王)이 화씨벽(和氏璧)을 얻었다는 소문을 듣고 진나라 소왕(昭王)이 그 구슬을 열다섯 성과 바꾸자고 제의하여 빼앗으려 하자, 인상여(藺相如)가 사신으로 가서 기지를 부려 구슬을 무사히 가지고 본국으로 돌아온 고사에서 유래하였다. 《史記 卷81 藺相如列傳》

경주 부윤 권수지[131] 태일 이 부모를 위한 수연을 베풀러 가는 것에 대한 서문

權慶州守之 泰一 壽席序

공손히 생각건대 우리 주상 전하께서 즉위하신 뒤 3년(1611, 광해군3)에 효성스러운 마음을 미루어 민심을 미덥게 하니 민심이 기뻐하며 나라 안이 편안하게 되었다. 조정의 벼슬아치로 임금에 가까이 있는 자는 고례(古例)에 따라 외직에 보임되는 것을 허락하지 않는다. 그러나 진실로 어버이가 연로하시어 봉양해야 한다고 요청하는 소장을 올린 사람은 측연히 여기며 우대하여 허락해 주지 않음이 없었다. 이로 말미암아 외직으로 부임하는 사람은 임금의 큰 은혜에 깊이 감사하지 않음이 없어서 더욱 스스로를 힘쓰고 면려한다.

나의 벗 권수지(權守之) 영공(令公)은 바야흐로 은대(銀臺 승정원)에 있다가 또한 어버이께서 연로하신 것으로 소장을 올려 지방직을 빌어서, 이것을 계기로 고향에 내려와 귀성(歸省)하려 하였다. 이때 계림 부윤(鷄林府尹)의 자리가 비어서 관찰사가 임금에

131 권수지(權守之) : 권태일(權泰一, 1569~1631)이다. 본관은 안동(安東), 자는 수지(守之), 호는 장곡(藏谷)으로 김성일(金誠一)의 사위이다. 1591년(선조24)에 사마시에 합격하고, 1599년에는 문과에 급제하였다. 풍기 군수를 거쳐 동부승지・우승지를 역임하였다. 또 부모를 봉양하기 위하여 고향의 지방관을 희망하여 경주 부윤으로 나가 백성을 교화하는 데 힘썼다. 벼슬이 대사간과 형조 참판에 이르렀다. 저서로 《장곡집》이 있다.

게 보고하였다. 임금이 말하기를 "경주는 큰 고을이다. 고도(古都)로 백성이 많고 물산이 풍부하며, 부산과 동래를 경계로 접하고 있어서 성곽과 담장 그리고 병풍과 정간(楨幹)[132]의 역할을 하고 있으니, 반드시 문무의 재주를 온전히 갖추어 백성을 편안하게 하고 대중에게 위엄이 먹혀들어 가는 자에게 그 직책을 주어서 내가 동쪽으로 돌아보는 근심[133]을 덜어 주는 것에 부합하게 해야 한다."라고 하였다. 전조(銓曹)에서 공을 수의(首擬)[134]에 천거하니 임금께서 윤허하셨다.

이에 도성의 사대부들로부터 아래로 아전과 서리에 이르기까지 모두 놀라며 말하기를 "동경(東京 경주)은 큰 고을이고 부윤(府尹)은 2품직이다. 재상의 반열(宰列 종2품)로부터 여기에 뽑히는 것은 사람들이 어려운 일이라 여긴다. 공이 바야흐로 외직에 있을 때 한마디 말도 청탁함이 없었거늘, 하물며 임금께서 돌보시는 바이며 승정원에서 중시하는 자리에 있음에랴. 바야흐로 그가 잠시 떠나는 것을 애석하게 여기지만 전조의 의망이 수석이었고 성군의 비답이 특별히 더했으니, 참으로 우리 성상께서 간성(干城)의 장군이 되어 달라는 부탁을 중시하고 효자의 마음을 위로한 것이

132 담장……정간(楨幹) : 중요한 요새지라는 말이다. 《시경》 〈판(板)〉에 "큰 덕을 지닌 사람은 울타리가 되며 많은 무리는 담장이 되며 큰 제후국은 병풍이 되며 큰 종족(宗族)은 정간(楨幹)이 된다.〔价人維藩, 大師維垣, 大邦維屛, 大宗維翰.〕" 하였다.

133 동쪽으로 돌아보는 근심 : 일본의 침략에 대한 근심인데, 경주가 일본의 침략에 요새지가 되므로 잘 막아야 한다는 말이다.

134 수의(首擬) : 의망(擬望)의 삼망(三望) 중 맨 첫 번째 망에 쓴 것을 말한다.

다."라고 하였다.

공이 부임한 이듬해에 내가 왕명을 받들고 영남 지역에 수군(水軍)을 순찰하다가 월성(月城)에서 공을 만날 수 있었다. 그 지경에 도달하기 전에 벌써 중모(中牟) 꿩,[135] 무성(武城)의 현가(絃歌)의 소리,[136] 다섯 벌의 바지 칭송[137] 등이 자자하여 도로에서 서로 이어졌으니, 그 나머지는 족히 공의 능사(能事)에 해당될 것도 없다.

135 중모(中牟) 꿩 : 후한 장제(章帝) 때 중모(中牟)의 수령 노공(魯恭)의 덕정(德政)을 말한다. 당시 각 지방의 벼가 멸구의 피해를 입었으나 선정을 행한 노공이 수령으로 있는 중모 지방은 아무렇지도 않다는 소문이 나자, 하남 윤(河南尹) 원안(袁安)이 감찰관 비친(肥親)을 보내 그 사실을 알아보게 하였다. 노공은 그를 맞아 함께 들길을 가다가 뽕나무 밑에 앉아 쉬고 있을 때 꿩이 날아와 그들의 곁에 앉았는데 때마침 아이가 함께 있었다. 비친이 아이에게 묻기를 "아이야, 왜 잡지를 않느냐?" 하니, 아이가 "꿩은 지금 새끼를 데리고 있습니다." 하였다. 비친은 깜짝 놀라 일어나서 노공과 작별하며 말하기를 "내가 온 것은 당신의 정사 현황을 살펴보려 한 것인데, 이제 보니 해충이 고을을 범하지 않은 것이 하나의 이적(異迹)이고, 교화가 날짐승에게까지 미친 것이 두 가지 이적이고, 어린아이가 어진 마음이 있으니 세 가지 이적입니다. 오래 머무르면 당신에게 폐만 끼칠 뿐입니다." 하고, 돌아갔다 한다. 《後漢書 卷25 魯恭傳》

136 무성(武城)의 현가(絃歌)의 소리 : 무성 땅에서 금슬(琴瑟)을 연주하며 노래하는 것으로, 예악으로 교화함을 뜻한다. 공자의 제자 자유(子游)가 무성(武城)이란 고을의 읍재(邑宰)로 있으면서 현가로 백성을 교화하는 수단을 삼았다. 《論語 陽貨》

137 다섯……칭송 : 염범(廉范)이 선정을 베풀어 백성들에게 받은 칭송의 말이다. 염범은 자(字)가 숙도(叔度)로 동한(東漢) 때 촉군 태수(蜀郡太守)로 부임하여 금법(禁法)을 해제하고 백성의 생활을 안정시키자, 백성들이 노래를 지어 부르기를, "우리 염숙도가 어찌 이리 늦게 왔나……평생 속옷도 없더니 지금은 바지가 다섯이네.〔廉叔度來何暮……平生無襦今五袴〕"라고 하였다는 고사가 있다. 《後漢書 卷31 廉范列傳》

또 공이 공식적인 휴가를 받아 고향 영가(永嘉 안동)에 가서 영달한 모습으로 부모를 찾아뵈었는데, 자기를 낳고 길러준 네 어른[138]을 위하여 수연(壽宴)을 베풀었다. 내가 공에게 말하여 "아! 공이 하늘에서 받은 복이 많다. 부모가 자식을 낳음에 자식이 입신양명(立身揚名)하기를 원하고, 자식은 낳아 길러준 부모에게 영화롭게 봉양하기를 원하는 것은 누군들 이 마음이 없겠는가. 그러나 이것은 스스로 노력해서 되는 일이 아니고 때때로 혹 사람의 인위적인 힘을 허용하지 않는 것이 있다. 그러므로 부모께서 모두 살아 계시고 형제가 아무 탈이 없는 것은 인간 세상에 지극한 즐거움이나 얻기 어려운 것이다. 부모께서 모두 살아 계시고 형제가 아무 탈이 없어서 능히 스스로 입신양명하여 부모의 뜻을 기쁘게 해 드리는 자는 천백에 하나도 되지 않는다. 입신양명하여 금옥관자(金玉貫子)를 다는 고관에 이르고 부모께서 다 살아 계셔서 장수하는 데 이르는 자는 천만에 하나도 되지 않는다. 지금 사간 선생(司諫先生)[139]과 처사공(處士公)[140]은 곧 공을 낳고 길러준 어버이로 연세가 모두 칠순이다. 일찌감치 명예의 고삐〔벼슬〕를 버리고 전원에서 여유롭게 지내며, 도덕(道德)과 효우(孝友)로 고향에서 소문이 나고 나라에 이름이 알려졌다. 공의 동생도 학문에 뜻

138 네 어른 : 낳아준 부모와 양자로 들어간 집의 부모를 말한다.

139 사간 선생(司諫先生) : 권태일의 양부(養父) 권춘란(權春蘭, 1539~1617)을 말한다. 본관은 안동, 자는 언회(彦晦), 호는 회곡(晦谷)이다. 1561년 진사에 합격하였고 1573년 문과에 합격하여 사간원 정언(司諫院正言)을 지냈다.

140 처사공(處士公) : 권태일의 생부 권춘계(權春桂, 1544~1620)를 말한다. 본관은 안동, 자는 언수(彦秀), 호는 가연(佳淵)이다. 내시교관(內侍敎官)을 지냈다.

을 두고 의리를 좋아하여 부모의 마음에 순종하며 맞추니, 이것은 한 집안의 즐거움으로 고인에게서 만나기 어려운 일인데, 공이 온전히 소유하고 있으니, 어찌 다만 인간의 경사에만 그치겠는가. 바로 천상의 온전한 복이다.

하물며 공은 고운 얼굴이 쇠락하지 않았으니 하필 노래자(老萊子)처럼 색동옷을 입을 것이며,[141] 경주와 부모가 계시는 고향과의 거리가 이처럼 가까우니 적공(狄公)처럼 구름을 바라보는[142] 수고스러움이 필요가 없다. 상상컨대 관현악을 벌여 놓고 수륙(水陸)의 진미를 갖추었으며, 옥패(玉佩)를 찰랑거리고 초관(貂冠)[143]을 쓰며, 술잔에 유하주(流霞酒)[144]를 따라 남산(南山)의 장수[145]

141 노래자(老萊子)처럼……것이며 : 춘추 시대에 초(楚)나라에 노래자(老萊子)라는 은사(隱士)가 있었는데, 어버이를 모시는 효성이 지극하여 나이 일흔에 색동옷을 입고 재롱을 피워 어버이를 즐겁게 해 드렸다고 한다. 《小學 稽古》

142 적공(狄公)처럼 구름을 바라보는 : 적공은 당나라 적인걸(狄仁傑)이다. 그가 병주(幷州)의 법조참군(法曹參軍)으로 부임할 적에 태항산(太行山)에 올라가서 멀리 남쪽으로 흰 구름 하나가 떠가는 것을 보고는, 저 구름 아래에 부모님이 계실 것이라면서 한참 동안 바라보며 사념에 젖다가 구름이 보이지 않게 된 뒤에야 떠나갔다는 고사가 전한다. 《新唐書 卷115 狄仁傑列傳》

143 초관(貂冠) : 담비 꼬리로 장식한 관으로, 한(漢)나라 때 왕을 가까이 모시는 시중(侍中)과 중상시(中常侍)가 이 관을 썼는데, 전하여 고관(高官)을 가리킨다.

144 유하주(流霞酒) : 신선이 마시는 좋은 술이다. 두보(杜甫)의 시 〈종무생일(宗武生日)〉에 "유하를 조각조각 나누어서, 방울방울 천천히 기울이노라.〔流霞分片片, 涓滴就徐傾.〕" 하였다.

145 남산(南山)의 장수 : 장수(長壽)를 축원하는 말이다. 《시경》 〈천보(天保)〉에 이르기를 "변함없는 달과 같고, 떠오르는 해와 같으며, 언제나 버티고 있는 남산과 같아, 무너지지 않고 이지러지지 않는다.〔如月之恒, 如日之升, 如南山之壽, 不騫不崩.〕" 하였다.

를 위해 올릴 것이네. 네 분이 기뻐하며 학 같은 흰 머리카락이 서로 비치네. 아버지의 얼굴에는 기쁜 빛이 돌고 어머니의 훤당에는 날이 길고 화창하다. 한 집안 내에 상서로운 기운이 무르익으니, 상주(相州)의 주금당(晝錦堂)의 영광과 비교해도 한 위공(韓魏公)[146]이 또한 응당 한 걸음 양보해야 할 것이다. 《시경》〈한록(旱麓)〉에 "화락한 군자여 복을 구함이 삿되지 않네."라고 하였으니, 공이 하늘에게 받은 복이 도리어 많지 않은가.

공이 이에 흔연히 기뻐하며 일어나 말하기를 "그대의 말이 맞네. 나의 소원이 다 이루어졌네. 다만 복과 경사가 온전함은 성인도 어려운 것인데, 나와 같은 불초자가 가졌으니 나는 이 때문에 두려워한다. 하물며 하늘이 비록 나에게 준 복이 많으나 저의 부모로 하여금 오늘날의 부모로 만든 것은 임금이다. 그러나 나는 어떻게 이것에 보답해야 하는가. 생각이 여기에 미치니 두려운 마음으로 땀이 흐른다. 나의 뜻을 아는 자는 그대이니, 어찌 나를 위하여 글을 짓지 않으리오."라고 하였다. 아! 나는 부모와 형제가 없는 외로운 사람으로 천지간의 죄인이 되는 것을 면하지 못하고 있으니, 어찌 차마 글을 짓겠는가. 그럼에도 불구하고 짐짓 전말을 적어서 드디어 공의 행차를 축하하고 나의 뜻을 슬퍼한다. 인하여 시를 지어 후미에 붙인다.

146 상주(相州)의……한 위공(韓魏公) : 송나라 위국공(魏國公) 한기(韓琦)가 정승으로 치사(致仕)하니 임금이 무강군 절도사(武康軍節度使) 겸 상주 지사(相州知事)로 임명하여 고향에서 영화를 누리도록 해 주었다. 이에 한기는 상주 관청 후원에 주금당(晝錦堂)을 짓고 겸손한 자세로 선정을 베풀었는데, 이에 대하여 구양수(歐陽脩)가 〈상주주금당기(相州晝錦堂記)〉를 지어 찬미하였다. 《古文眞寶 後集》

우자수[147]가 고향으로 돌아가는 것을 전송하는 서문
送禹子受還鄕序

옛날에 내가 순흥(順興)의 죽계촌(竹溪村)에서 자수(子受)를 보았는데, 그의 모습이 맑으며 마음이 예스럽고 아울러 겸공(謙恭)하며 단아(端雅)한 기상이 있는 것을 사랑하였다. 그가 스스로 우리 집안의 최 진보(崔眞寶)[148]를 알고 우리 집안의 중길(重吉)[149]과 벗으로 지낸다고 말하였다. 이런 마음을 미루어 나에게 은근한 정을 다하는 것은 또한 범부와는 같지 않는 점이 있는 것이다. 대개 최 진보는 사람을 대할 때 당세에 명망 있는 사람을 취하지 않고 오직 순실(淳實)하고 박직(朴直)한 사람을 취한다. 중길은 교제하는 사람이 자기보다 못한 사람을 기뻐하지 않았다. 이것으로 보면 자수 그대가 옹졸하고 비굴한 무리가 아님을 알 수 있다. 한 번 만난 이후에 이별의 뜻이 총총 바쁘고 풍진 속에 인간만사를 겪다 보니 훌쩍 내가 8, 9년의 세월을 보냈다. 분주하고 허둥지둥 보낸 세월이었기에 정신적으로 잊지 않을 수 없었고, 자수도 정처 없이 떠도는 신세가 되고 오랫동안 아내도 없이 지내면서

147 우자수(禹子受) : 우익(禹益)으로, 본관은 단양(丹陽)이다.

148 최 진보(崔眞寶) : 진보 현감(眞寶縣監)을 지낸 최산립(崔山立, 1550~1604)을 말한다. 본관은 전주(全州), 자는 입지(立之), 호는 우암(愚庵)으로 최현의 종질이다. 1590년에 생원에 합격하였고 1591년에 문과에 급제하였다.

149 중길(重吉) : 최철(崔喆)의 자이다. 본관은 전주(全州)로 해평에 거주하였다.

난세에 살아갔으니 이와 같이 나를 잊고 있었을 것이다.

금년 늦여름에 자수가 산 넘고 물 건너 먼 길을 와서 여막에 있는 중길을 조문하고 수십 일 머물렀으니, 정의 지극함이 아니면 어찌 이와 같은 데 이를 수 있겠는가. 나는 이에 구면이었기에 옛날 만났던 것을 거슬러 올라가 기억해 보았지만, 망연하기가 꿈속의 일과 같았다.

아! 교제의 도가 사람에게 중요하니, 세상에 교유하는 자는 또한 그 종류가 많다. 소매를 만지며 아부하는 얼굴로 수많은 공후(公侯)를 찾아다니는 것은 귀인(貴人)의 교제이고, 기이한 것을 이야기하며 논쟁을 벌여 생사를 허락하는 것은 협객(俠客)의 교제이며, 빛과 불꽃을 토해 내어 과거시험장에 치달리는 것은 문사(文士)의 교제이다. 금란(金蘭)[150]으로 한 번 맺어 명성이 많은 사람에게 알려져 이것으로 청자(青紫)[151]를 취하고 이것으로 명예를 넓히니, 당시 사람들이 숭상하는 것이고 교제의 도에서 귀하게 여기는 것이다. 그러나 그대는 여기에서 취하는 것이 하나도 없다. 도리어 험난한 천 리 먼 길에서 와서 유독 슬픔에 젖어 참담한 상중에 있는 옛 친구를 찾아서, 기뻐하는 듯하며 슬퍼하는 듯하여 사모하고 그리워하면서 한 달을 넘기고도 차마 놓아두고 떠나지 못했으니, 또한 무슨 취할 것이 있어서 그렇게 했겠는가.

150 금란(金蘭) : 깊은 우정을 말한다. 《주역(周易)》 〈계사전 상(繫辭傳上)〉의 "두 사람이 마음을 같이하면 쇠도 자를 수 있고 그들의 말은 난초 향기와 같다.〔二人同心, 其利斷金, 同心之言, 其臭如蘭.〕"라는 말에서 나온 것이다.

151 청자(青紫) : 한(漢)나라 제도에, 공후(公侯)는 자주색 인끈을 쓰고 구경(九卿)은 푸른 인끈을 사용하였기 때문에 공경(公卿)의 지위를 일컫는 말이다.

또 중길은 나의 재종손(再從孫)인데, 내가 아끼고 소중히 여기는 자이니 비단 친척 때문만이 아니다. 또한 그대가 취한 것도 나의 뜻과 같으리라. 만약 그렇다면 중길의 벗인 그대는 곧 나의 벗이다. 오호라. 고인의 교제는 얼굴을 가까이 오랫동안 보는 데에 달려 있지 않고 마음의 뜻이 서로 믿는 데 달려 있었다. 솜옷을 함께 입으면서[152] 초(楚)나라, 월(越)나라처럼 먼 사람도 있고 천 리나 떨어져 있지만 정신적 교제를 하는 사람도 있다. 자수가 고향으로 돌아가 자식들에게 봉양을 받을 초기이기에 또한 이것으로 고한다.

152 솜옷을 함께 입으면서 : 원문 '동포(同袍)'는 뜻을 같이하여 의리를 지키면서 형제처럼 지낸 벗이라는 뜻으로, 《시경》 〈무의(無衣)〉에 "어찌 입을 옷이 없어서 그대와 솜옷을 함께 입으랴.〔豈曰無衣, 與子同袍.〕"라는 말이 있다.

기 記

기로재기
棄老齋記

남주(南洲) 조공(曺公)[153]이 벼슬을 버리고 경기(京畿)의 농장에 나아가 선조 묘소 옆에 집을 짓고 역정(櫟亭) 원사순(元士順),[154] 송암(松庵) 김복선(金復善),[155] 수촌(水村) 이위(李韡)[156]와 함께 이웃에 살면서 교유하였다. 공의 맏아들 양호(養浩) 씨는 어버이 뜻에 잘 맞추어서 장차 안식처를 지으려고 하였는데, 거주지로부터 북쪽으로 수십 보를 가서 특이한 곳을 발견하였다. 띠풀을 베어 내니 그윽한 동천(洞天)이 확 트였고 돌을 캐내니 맑은 냇물이 청렬(淸冽)하였다. 냇물이 모여 못을 이루었고 못을 둘러싸서

153 남주(南洲) 조공(曺公) : 조윤지(曺胤祉)이다. 본관은 창녕(昌寧), 호는 남주로 양구 현감을 지냈다.

154 원사순(元士順) : 1540~?. 본관은 원주(原州), 자는 효승(孝承), 호는 역정(櫟亭)이다. 1561년에 진사에 합격하였다.

155 김복선(金復善) : 본관은 광산(光山)으로 김민선(金敏善)의 아우이다. 벼슬이 병조 좌랑에 이르렀다.

156 이위(李韡) : 본관은 전의(全義)로 현감과 첨지중추부사를 지냈다.

제방을 이루었다. 제방의 곁에 섬돌을 쌓고 섬돌 위에 재실을 지었다. 못에 연꽃을 심었고 제방에 버드나무를 심었으며 섬돌에는 꽃을 심고서, 그 사이에서 아침저녁으로 지팡이를 짚고 걸으니 흐뭇하게 흥에 겨워 세월이 가는 줄을 몰랐다.

지난겨울에 나에게 편지를 보내서 부탁하기를 "그대가 남쪽 고향으로 돌아갈 때 여기에 와서 몇 달간 지냈는데, 또한 저의 아버지와 같이 생활하면서 저의 동천을 유람하고 저의 못에 이르러 구경하였습니다. 그대가 여기를 떠난 지 얼마 되지 않은 지금 못에 수백 송이의 연꽃이 이미 성대하게 피었습니다. 제방에 2, 3줄의 버드나무가 가지를 드리워 지금 이미 연못의 물에 스치고 있습니다. 저의 재실이 마침 완공되고 저의 뜻이 이미 이루어졌습니다. 저의 아버지께서는 매일 두세 분의 어른과 거기에 소요하는데, 그대가 함께하지 못하는 것을 한스러워합니다. 그대가 저의 재실에 기문을 지어 저의 아버지의 생각을 위로해 주기를 원합니다."라고 하였다.

내가 말하기를 "그렇지 않다. 산수의 기려(奇麗)함은 한양(漢陽)보다 뛰어난 곳이 없고, 풍류호귀(風流豪貴)의 선비는 서울보다 성대한 데가 없다. 저 한양에는 높은 언덕에 위치하고 맑은 냇물에 임하며, 조각한 용마루와 수놓은 문설주로 지은 재실이 상하 어디에도 물고기 비늘처럼 즐비하여 그 숫자가 얼마인지 알 수가 없다. 시인과 묵객들이 지어진 재실에 대하여 읊조리고 노래하여, 이내와 구름을 글로 짓고 달과 이슬을 말로 토해 낸다. 초목을 읊조려 노래하고 강산을 그림으로 그리며, 높다란 재실을 사치하게 꾸며서 보고 듣는 이를 놀라게 하는 자들은 모두 일시의 명류들이다. 대저 이와 같은 연후에 사람의 이목을 유쾌하게 하고 즐거움을 극도로 하여 좋은 일로 일컬어지고 찬미할 만한 것이 된다.

그런데 지금 공이 정자를 지음은 한양의 명승지에 하지 않고 저 시골의 외진 곳에 하였으며, 공이 기문을 구함에 당세의 박아군자(博雅君子)에게 하지 않고 피폐하고 졸렬한 솜씨인 나에게 하였다. 공의 취사선택은 이치에 어긋났다고 말할 수 있으니, 장차 뭇 사람들의 비웃음거리를 제공할 것이다. 내가 어찌 감히 그 요구에 부응할 수 있겠는가."라고 하였다.

그렇게 해도 공이 여전히 요구함을 그만두지 않았다. 남주(南洲)도 편지를 보내어 꾸짖어 말하기를 "옛날에 나의 형제 세 사람이 함께 한양에 거처하며 한집에서 기쁨이 흡족하였다. 심일송(沈一松) 상공(相公)[157]이 삼호(三皓)의 시[158]를 짓는 데 이르렀으니 그대도 기문을 짓는 것은 멋진 일로 생각한다. 나의 형이 이미 돌아가시고 나 홀로 세상에 남아 선영에 의탁하여 오두막집을 지었

157 심일송(沈一松) 상공(相公) : 심희수(沈喜壽, 1548~1622)를 말한다. 본관은 청송(靑松), 자는 백구(伯懼), 호는 일송이다. 인순왕후(仁順王后)의 종제이자 노수신(盧守愼)의 문인이다. 1570년(선조3) 진사에 합격하고 1572년 문과에 급제하였다. 좌의정을 지냈으나 광해군 때 폐모론(廢母論)이 일자 은거하였다. 저서로 《일송집》이 있다. 시호는 문정(文貞)이다.

158 삼호(三皓)의 시 : 백발의 세 늙은이에 대한 시라는 말인데, 남주의 삼 형제를 두고 읊은 시를 말한다. 《일송집》 권3 〈고성 대인의 수신에 절하며 축하하다〔拜賀高城大人壽辰〕〉라는 7언 율시의 수련에 "형제 모두가 장수하는 것은 고금에 어려운 일이니, 세 늙은 어르신의 백발이 같은 모습임을 보겠네.〔弟兄俱壽古今難, 三皓鬚眉一樣看.〕"라고 하였는데, 아마도 이 시를 말하는 듯하다. 고성 대인은 삼 형제 중 누구인지 알 수가 없다.

다. 척박한 전답 수 무(數畝)를 농사 지어 선조의 제수로 바치고 그 나머지를 먹으며 자급자족하여 이 정자에서 넉넉하게 노닐 수 있게 되었다. 초가 삼 칸의 여막과 반 무(半畝)의 연못이지만, 내가 강에 임한 누대와 버드나무가 심어진 언덕의 꾀꼬리와 그리고 연꽃이 심어진 못의 물고기가 있는 것에 양보하겠는가. 또 내가 등왕각(滕王閣)의 노을과 오리[159]에 양보하겠는가. 하물며 여기서는 화봉(華峯)[160]이 멀리서 눈에 들어오니 남산(南山)에 대한 나의 연모를 풀 수 있고, 관악산(冠嶽山)이 왼쪽에 있으니 이내와 노을에 대한 나의 아취를 만끽할 수 있다. 때때로 이웃 늙은이를 맞이하여 각건(角巾)을 젖혀 쓰고[161] 학창의(鶴氅衣)[162]를 입고 바

159 등왕각(滕王閣)의 노을과 오리 : 당나라 왕발(王勃)이 지은 〈등왕각서(滕王閣序)〉에 나오는 등왕각 주위의 경치를 읊은 것 중 노을과 오리를 말한다. 당나라 고조(高祖)의 아들 이원영(李元嬰)은 등왕(滕王)에 봉해졌는데, 홍주자사(洪州刺史)가 되어 그곳에 지은 누각을 등왕각이라 한다. 왕발은 이 글에서 "지는 노을은 외로운 오리와 나란히 날고, 가을의 파란 물은 넓은 하늘과 같은 색깔이네.〔落霞與孤鶩齊飛, 秋水共長天一色.〕"라 하여 등왕각 주위의 경치를 찬미하였다.

160 화봉(華峯) : 삼각산(三角山)을 말하니, 서울의 진산(鎭山)이다. 화산(華山)이라고도 한다.

161 각건(角巾)을 젖혀 쓰고 : 각건(角巾)은 옛날 은사(隱士)나 관직에서 은퇴한 이들이 쓰던 방건(方巾)이다. 젖혀 쓴다〔岸〕는 것은 두건을 뒤로 젖혀 써서 이마를 드러낸다는 뜻인데, 곧 태도가 소탈하거나 예모에 구애받지 아니함을 일컫는다. 안(岸)은 이마를 드러낸다는 뜻이다.

162 학창의(鶴氅衣) : 학의 털로 만든 옷으로 신선이 입는다고 한다. 진(晉)나라 왕공(王恭)이 학창의를 입고 눈 속을 거닐자, 맹창(孟昶)이 그것을 보고 감탄하여 말하기를 "이 사람은 참으로 신선 세계 속의 사람이다.〔此眞神仙中人也〕"라고 한 데서 온 말이다. 《晉書 卷84 王恭列傳》

람 부는 버드나무 아래에 배회하다가 다리가 피곤하고 정신이 지치면 부들을 깔고 솥발처럼 앉아 유하주(流霞酒)를 따라 서로 권한다. 술에 취하여 창안백발(蒼顔白髮)로 재실 안의 구름 그림자 곁에 쓰러져 있으니, 이것은 또한 나의 인생을 즐기며 나의 천수를 다하기에 만족하는 것이다. 내가 어찌 기타의 것을 사모하겠는가. 아! 옛날 삼호(三皓 삼 형제)의 즐거움을 내가 지금 재현할 수는 없으나, 지금 우리 네 늙은이가 모두 세상에 버림을 받고 여기에서 즐기고 있으니, 그러므로 재실에 '기로(棄老)'로 편액하여 나의 일을 기록할 것이다. 그대는 어찌 삼호를 기억하는 뜻으로 다시 나의 재실에 기문을 짓지 않으리오. 그렇게 되면 그대의 몸은 비록 먼 영남 지역에 있지만, 그대의 마음은 나의 정자에서 함께 노닐 것이니, 이것은 실로 우리 늙은이들의 다행이다."라고 하였다.

내가 사양할 수가 없어서 이에 위연히 감탄하며 말하기를 "사람 중에는 진실로 맛있는 고기를 싫어하고 문채가 나는 수놓은 비단을 물리치며 냉이를 먹고 베옷 입기를 즐기는 자가 있으니 좋아하고 싫어하는 기호가 다르기 때문이다. 나는 남주의 뜻이 번화하고 화려한 즐거움을 가지고 담박한 취미와 바꾸지 않을 것임을 안다. 양호 씨도 즐겨 아버지의 뜻을 이어받아 재실을 지어[163] 그

163 아버지의……지어 : 원문 '긍구(肯構)'의 뜻이다. 《서경》 〈대고(大誥)〉에, "만약 아버지가 집을 지으려 작정하여 이미 그 규모를 정했는데도 그 아들이 기꺼이 당기(堂基)를 마련하지 않는데 하물며 기꺼이 집을 지으랴.〔若考作室, 旣底法, 厥子乃弗肯堂, 矧肯構?〕"라고 한 데서 온 말로, 자손이 선대의 유업을 잘 계승하는 것을 뜻한다.

뜻을 이루었으니 또한 숭상할 만한 사람이다."라 하였다.

남주는 일찍이 양구 현령(楊口縣令)을 지냈는데, 지금 나이가 79세이고 그 외 세 사람은 모두 팔십여 세로 전 대부(大夫)로 벼슬을 그만두고 여기에 거주하고 있다. 오호라. 이것은 세상의 이른바 사호(四皓)[164]로 이 정자의 성대한 일이 아니겠는가. 산수의 승경과 사계절의 흥취는 서울의 사대부 중에 반드시 그것에 대하여 잘 표현한 자가 있을 것이니, 지금 언급하지 않는다. 만력(萬曆) 경신년(1620, 광해군12) 정월 상순에 오락만일(烏洛晩逸)[165] 인재(訒齋)는 짓는다.

164 사호(四皓) : 상산사호(商山四皓)로 진(秦)나라와 한(漢)나라의 교체기에 상산에 은거한 동원공(東園公), 하황공(夏黃公), 녹리선생(甪里先生), 기리계(綺里季) 등 백발의 네 늙은이이다.

165 오락만일(烏洛晩逸) : 금오산(金烏山)과 낙동강(洛東江) 사이에서 만년에 편안하게 지내는 사람이라는 뜻이다.

금릉관을 중건하는 기문
金陵館重建記

무오년(1618, 광해군10) 여름에 내가 금릉(金陵)의 봉계동(鳳溪洞)에 우거하고 있었다. 같은 마을 사람 정유한(鄭維翰)[166]군이 문서 한 장을 소매에 넣어 와서 나에게 주면서 말하기를 "군청의 동관(東館)을 중수한 지 여러 해가 되었지만, 아직도 그것에 대하여 기문을 지은 자가 없으니 그대가 어찌 글을 지어 홍폐 전말을 기술하여 매계(梅溪)의 봉루(鳳樓)의 글[167]을 잇는 일을 하지 않겠습니까."라고 하였다.

내가 사양하며 "매계는 옛날 현달(賢達)한 분이고, 나는 세상에

166 정유한(鄭維翰) : 1568~1640. 본관은 영일(迎日), 초명은 서룡(瑞龍), 자는 인보(仁輔)이다. 임진왜란이 일어나자 의병 활동을 하면서 많은 전적을 쌓았다. 1599년(선조32)에 황간(黃澗)에 곡식을 보내 굶주린 백성을 도왔으며, 용산대창(龍山大倉)에 군량미를 우송하였다. 1624년(인조2) 이괄(李适)의 난이 일어났을 때도 의병을 모집하여 난을 평정하는 데 나섰다. 1636년(인조14) 병자호란 때도 군량미 보급에 큰 공헌을 하였다. 사후에 이조 참의에 증직되었다.

167 매계(梅溪)의 봉루(鳳樓)의 글 : 매계는 조위(曺偉, 1454~1503)의 호이다. 본관은 창녕(昌寧), 자는 태허(太虛)이다. 1472년(성종3) 생원・진사시에 합격하고, 1474년 문과에 급제하였다. 도승지, 충청도관찰사, 동지중추부사를 역임하였으나 1498년 무오사화 때 의주에 유배되었고 그 뒤 순천으로 옮겨져서, 그곳에서 죽었다. 김천의 경렴서원(景濂書院), 황간의 송계서원(松溪書院)에 제향되었다. 시호는 문장(文莊)이다. 《매계집》 권3에 〈금산동헌중수기(金山東軒重修記)〉가 있으니, 봉루의 글은 이것을 가리킨다. 이 글 뒷부분에서 매계의 말을 인용한 것이 〈금산동헌중수기(金山東軒重修記)〉에 들어 있기 때문이다.

서 버려진 재목이니 어찌 감히 서자(西子)가 가슴을 움켜잡고 찡그리는 모습을 하는 것을 본받아[168] 객관의 현판에 나의 이름을 걸어 사람들에게 냉소를 받는 일을 하겠습니까."라고 말하였다. 정군이 말하기를 "범인으로 객관을 지나며 한두 번 숙박하는 자도 오히려 눈길을 붙여 흥을 일으키고 글로 표현하는데, 그대께서 우리 고을에 왕래하는 것은 객관에 우연히 지나가고 마는 것에 비할 바가 아닙니다. 지금 그대께서 우리 고을에 오심은 마침 우리 고을의 객관이 중수된 후이니, 어찌 옛것에 비교하여 느끼는 회포가 없겠습니까. 또 우리 고을이 비록 작다 하지만 지역이 낙동강 상류(上流)에 자리하여 산하의 형승(形勝)과 인물의 배출이 상주와 선산에 비견되며, 토지가 기름지고 백성과 물산이 풍부하여 칭술하기에 충분한 점이 있습니다.

왜국 전란의 참혹함을 한 번 겪어서 황폐하고 쓸쓸하여 다시는 옛날의 모습이 아니며, 옛 유허지는 무너지고 매몰되어 다시는 찾을 수 없습니다. 삼호(三戶)의 남은 백성[169]으로 쑥과 갈대로 우

168 서자(西子)가……본받아 : 춘추 시대 월(越)나라의 미인 서시(西施)가 심장병을 앓으면서 이맛살을 찌푸리자 찌푸린 그 모습도 매우 아름답게 보였으므로, 그 이웃의 추녀(醜女)가 그 찌푸린 모습을 흉내 내었더니, 마을 사람들이 모두 그녀를 피해버리고 보지 않았다는 고사에서 온 말로, 전하여 자기의 재주는 헤아리지 않고 억지로 남을 흉내 내려고 하는 것을 비유한다.

169 삼호(三戶)의 남은 백성 : 전쟁으로 다 망하고 남은 백성이 세 가구에 지나지 않는다는 말이다. 전국 시대 말기에 초 회왕(楚懷王)이 진(秦)나라에 들어갔다가 끝내 돌아오지 못하자 초나라 사람들이 진나라를 원망하였는데, 초 남공(楚南公)이 "초나라에 비록 세 집만 남아 있어도, 진나라를 멸망시키는 것은 분명히 초나라 사람들일 것이다.〔楚雖三戶, 亡秦必楚也.〕"라고 말했다. 《史記 卷7 項羽本紀》

거진 황량한 평원을 개척하였습니다. 호남과 영남이 교류하는 곳과 대로의 요충지에 위치하여, 장군과 재상 그리고 사신과 빈객이 도로에 서로 줄을 잇고 조세를 징수하는 시일이 촉박해지면 물자를 수송하는 수레가 폭주하니, 이 지역을 다스리는 자는 매우 어렵지 않겠습니까. 관리들이 관복을 벗을 여가가 없고 백성들이 쟁기를 잡은 여가가 없습니다. 아침에 아전들이 백성에게 호통치고 저녁에 백성들을 모으니 백성들이 명령에 분주히 달려가서 계책을 세워 대응하는 데도 또한 겨를이 없는데, 어느 여가에 여력을 나누어 토목공사를 하겠습니까.

만력(萬曆) 갑진년(1604, 선조37) 8월에 이에 우리 군수 정호인(鄭好仁)이 부임한 지 3년 만에 궁핍했던 백성은 이미 생업이 있게 되었고 폐지되었던 정치는 모두 시행되었습니다. 농사는 풍년이 들고 백성들은 화목하여 공사 간의 물품이 모두 넉넉히 공급되어 예전대로 전날의 태평성대한 분위기가 조성되었습니다. 군수가 이에 대중들에게 도모하여 말하기를 '군의 객관이 오랫동안 폐지되어 짓지 못했다. 객관은 사신을 접대하는 곳이니, 만약 사신을 여항의 집을 빌려 묵게 한다면 왕의 사신을 공경하는 것이 아니다. 비직(卑職 자신을 낮추어서 이르는 말)이 부임한 초기에 여기에 뜻을 두지 않은 것은 아니나 거듭 백성들을 수고스럽게 하여 사치스러운 일을 추진하는 것[170]은 실로 어려운 일이었다. 지금

170 사치스러운……것 : 원문 '거영(擧贏)'은 '시굴거영(時詘擧贏)'의 준말로 시대가 어려운데 도리어 사치스러운 일을 추진하는 것을 말한다. 《사기(史記)》 권45 〈한세가(韓世家)〉에 "지난해에 진(秦)나라에게 의양(宜陽)을 빼앗기고 금년에는 가뭄

형편이 다소 좋아졌으니 공사를 시작해도 되겠다. 좌우의 두 회랑을 갑자기 동시에 착공할 수가 없으니 먼저 동헌(東軒)을 짓고 차례대로 중수하는 것이 또한 가하지 않겠는가. 오직 베와 곡식을 수년 동안 절감하여 남는 자금이 있기를 바란 것은 정히 이것 때문이다. 감히 한 척의 베와 한 말의 곡식 때문에 백성을 괴롭히지 않을 것이다.'라고 하였다. 대중들이 '좋습니다.'라고 하였습니다.

우리 군수께서 명령을 내리자 이에 목수와 목재를 모아 공정을 헤아리고 능력자에게 일을 주었습니다. 번거롭게 명령하지 않았지만 일을 함이 질서정연하고 권장함에 차례가 있어 공적을 이룸이 빨랐습니다. 백성들을 재차 소환하지 않았으며 사역은 때를 넘기지 않았는데, 우뚝 높이 지은 집이 잠깐 사이[171]에 새의 날개가 높이 날 듯이 이루어지니, 대중들이 모두 신이한 군수께서 지휘한 능력이라고 생각하였습니다. 층층의 대들보와 첩첩의 두공(頭拱), 기둥, 서까래, 난간을 보니 크고 치밀하지만 사치스럽지 않았습니다. 방형의 연못과 곡선의 섬돌, 소나무, 대나무, 연꽃, 매화나무를 정돈하여 심고 주위를 둘러 배열하니, 인위적으로 만드는 것을 일삼지 않았지만 모든 것이 갖추어지게 되었습니다.

이 들었는데, 소후(昭侯)가 이러한 시기에 백성을 구휼하는 것을 급하게 여기지 않고 도리어 더욱 사치하니, 이것이 시굴거영이다."라고 하였다.

171 잠깐 사이 : 원문의 '개연지경(介然之頃)'은, 맹자(孟子)가 고자(高子)에게 이르기를 "산중의 오솔길이 잠깐 사람이 이용하면 길이 되고, 한참 동안 이용하지 않으면 띠풀이 나서 막아 버리나니, 지금 띠풀이 그대의 마음을 막아 버렸도다.〔山徑之蹊間, 介然用之而成路, 爲間不用則茅塞之矣, 今茅塞子之心矣.〕"라고 한 데서 온 말이다. 《孟子 盡心下》

공무에서 퇴근한 여가에 대중들이 모두 군수가 마음을 쓰는 것이 오묘하다고 탄복하였습니다. 헌함에 올라 사방을 바라보니, 지세는 한층 더 트였고 산천은 한층 더 수려하였으며, 민물(民物)은 한층 더 화락(和樂)하였고 초목은 한층 더 번성하였습니다. 사신의 수레가 동서로 이 고을을 지나는 경우는 또한 모두 옛 모습을 복구한 것을 기뻐하여 그 마음과 정신이 펴지게 될 것입니다. 드디어 모두가 '금릉관(金陵館)'이라 이름하였습니다. 내가 외람되게도 고을의 좌수(座首)가 되어 그 공사의 감독을 맡았기 때문에 그 전말을 상세하게 아는 것이 이와 같습니다.

오호라. 매계의 말에 '관우(館宇)의 흥폐로 한 고을의 성쇠를 알 수 있으며, 한 고을의 성쇠로 세도(世道)의 흥망을 알 수 있다.'라고 하였으니, 이 객관이 몇 번이나 흥폐를 겪었다가 매계 시대에 이르렀으며, 또 몇 번이나 흥폐를 겪었다가 오늘에 이르렀습니까. 옛날에 수십 년간 가시덤불에 덮여 있었던 것은 이미 세도를 위한 탄식이 되며, 지금 하루아침에 낙성을 축하하는[172] 것은 어찌 세도를 위하여 축하하는 것이 되지 않겠습니까. 비록 그러하나 지금 세상에 공관(公館)이 폐해져도 중수하지 않는 자가 그 얼마나 되는지 알 수 없고, 중수하되 적절한 시기를 맞추지 못

172 낙성을 축하하는 : 원문 '윤환(輪奐)'은 건물이 높고 많다는 뜻으로 건물이 낙성된 것을 축하할 때 쓰는 상투적인 표현이다. 진(晉)나라 헌문자(獻文子)가 집을 완공하자 진나라 대부들이 가서 축하하였는데, 장로(張老)라는 사람이 "아름다워라 높도다. 아름다워라 많도다. 제사 때에도 여기에서 음악을 연주하고, 상사 때에도 여기에서 곡읍을 하고, 연회 때에도 여기에서 국빈과 종족을 모아 즐기리로다.〔美哉輪焉, 美哉奐焉, 歌於斯, 哭於斯, 聚國族於斯.〕"라고 한 데서 온 말이다. 《禮記 檀弓下》

하여 백성들을 괴롭히는 자가 또 그 얼마나 되는지 알 수 없습니다. 지금 우리 정 군수는 이미 때를 어겨 백성들을 괴롭히지 않았고 또 때를 놓쳐 직분을 폐하지 않았습니다. 경비를 줄이고 힘을 모았으며 때를 헤아려 공사를 하여, 아래로 사신과 빈객에 예로 대하여 객관에서 융성하게 대접하며 위로는 왕명을 받듦을 아름답게 장식하여 성군의 정치를 도우니, 군수의 공로가 이에서 더욱 위대하게 되었습니다.

정 군수를 이어 올 후임자는 진실로 군수의 마음을 자기 마음으로 삼고 군수의 발자취를 계승한다면, 건립하지 않은 관우(館宇)를 점차 건립하게 되어 세도가 풍성하고 형통해질 조짐을 점칠 수 있을 것입니다. 그렇지 않고 그 때를 헤아리지 않으며 그 역량을 헤아리지 않고, 공사 간에 저축한 재물을 바닥내고 중수하는 노역을 일으켜 다만 지나가는 객에게 자랑하기만 한다면, 객관의 기둥에 그림을 그리고 난간에 조각하는 것이 다만 백성에게 원망을 쌓고 정치를 해치는 빌미가 되기에 족하니, 또한 어떤 장점을 보겠습니까."라고 하였다.

내가 말하기를 "그렇습니다. 그대의 말이여. 세도에 관련이 있으니, 이 점을 기록할 만한 것입니다. 내가 다시 다른 말을 한다면 군더더기가 될 것입니다."라고 하였다. 천계(天啓) 원년(1621, 광해군13) 모춘에 오락만일(烏洛晩逸) 완산(完山) 최현(崔晛)은 짓는다.

김산향사당기
金山鄕射堂記

모든 고을에 향사(鄕射)[173]가 있는 것은 곧 옛날 당(黨)에는 상(庠)이 있고 주(州)에는 서(序)가 있다[174]는 제도로 지금의 학교와 서로 표리가 된다. 학문을 강론하고 선비를 기르는 것은 반드시 학교에서 하고 높은 이를 존숭하고 늙은이를 대접하는 것은 반드시 향당에서 하니, 모두 인륜을 밝히는 것이다. 어찌 가벼이 볼 수 있겠는가. 그러나 향사당이 반드시 여염집 사이나 관부(官府) 곁에 있기에 다만 일을 맡은 자가 관청 뜰에서 바쁘게 달려야 하고, 문서를 봉행(奉行)하는 장소로 사무가 번잡하고 임무가 고달프며 지대는 낮고 장소는 시끄럽다. 게다가 아전들의 발길이 끊이지 않고 닭과 개의 소리가 시끄러우니, 어찌 문제점이 아니겠는가.

금릉(金陵) 고을은 호남과 영남이 교차하며 대로가 통하는 요

173 향사(鄕射) : 고을 사람들을 모아 놓고 활쏘기를 익히는 것을 말하니, 이것을 향사례(鄕射禮)라 한다. 그러나 향사례는 여기에 그치지 않고 마을의 노소가 함께 모여 나이에 따라 차례로 앉고 젊은이가 늙은이에게 술을 올리는 향음주례(鄕飮酒禮)가 있으니 이것을 통하여 존비의 의식과 경로사상을 고취하였다.

174 당(黨)에는……있다 : 《예기》 〈학기(學記)〉에 "옛날의 가르침은 가(家)에는 숙(塾)이 있고 당(黨)에는 상(庠)이 있고 주(州)에는 서(序)가 있고 국중(國中 : 서울)에는 태학이 있다."라고 하였다. 그 주에서 "가는 25가이고 당은 500가이고 주는 2,500가이다."라고 하였다.

충지에 있으면서 산천은 수려하고 인물은 많이 배출되니, 곧바로 상주·선산과 어깨를 나란히 한다. 향사당이 옛날에는 군재(郡齋)의 서쪽에 있었으나, 왜적의 침략을 겪으면서 쑥대밭에 매몰된 것이 수십 년이 되었다. 고을 사람들이 중수하고자 하였으나 겨를이 없었다.

만력(萬曆) 정사년(1617, 광해군9)에 고을의 부로들이 향사당의 흥폐를 회의한 결과 현재의 자리가 치우치고 좁은 것을 싫어하여 성(城)의 남쪽 무학당(武學堂)의 옛터에 이주하기로 하였다. 새로운 곳에 터전을 잡으니 모습이 새로워졌으나, 제도는 옛것을 답습하면서 가감하였다. 향사당의 서쪽에는 황악산(黃嶽山)이 있는데, 천 개의 봉우리가 공수하여 서 있고 많은 냇물이 다투어 흐르며, 아침의 구름과 저녁의 아지랑이가 그 난간 위에서 자태를 드러낸다. 향사당의 남쪽에는 연화지(鳶華池)가 있는데, 백 고랑의 맑은 물결과 만 송이의 부용꽃, 달빛 파도와 바람에 불어오는 향기들이 안석에서 떠서 일렁거리니, 참으로 빼어난 경치이다. 계단을 밟고 향사당에 올라 옷깃을 정돈하고 앉으면 홀연히 상쾌한 기운이 가슴에서 생기고 맑은 아취가 눈에 가득함을 느껴서 성시(城市)의 시끄럽고 번잡한 곳에 위치하고 있음을 느끼지 못한다. 이에 이 고을의 부로들과 원근에서 구경 온 사람들이 서성거리며 탄상(歎賞)만으로는 부족하게 여기지 않음이 없다. 모두 말하기를 "아름답도다, 향사당이여! 비단 금릉 고을의 뛰어난 경관일 뿐만 아니라 우리 영남 지역의 향사당으로 이것과 갑을을 다툴 것이 있지 않으니, 그 터전을 잘 잡았다고 말할 수 있겠다."라고 하였다. 지난해에 건물을 지었으나 병화에 잿더미가 되었더니 오늘 중수를 한 것은 거기에 어떤 운수가 있지 않음이 없는 것이다. 이 논의를 주장하여 공사를 감독한 사람은 좌수(座首) 정유한(鄭維翰)이며 이 공사를 도와 완수한 사람은 군수 유중룡(柳仲龍)[175]이다. 먼저 정당(正堂) 9칸을 짓고 그 다음에 서서(西序) 9칸을 지었는데, 미비한 것은 후일을 기다린다.

아! 나는 객이지만 또한 일찍이 향사당에 올라 술을 마신 적이 있고 또한 이것으로 인하여 느끼는 바가 있게 되었다. 향사당은 이미 옛 제도를 새롭게 고쳤지만, 향사법(鄉射法)은 유독 옛날의 도로 복귀하지 않을 수 있겠는가. 예가 폐해져도 양을 바치는 것을 그대로 두어 공자(孔子)도 오히려 아깝게 여긴 것이 있었다.[176] 하물며 향사당의 이름과 제도가 나란히 보존되고 고을 사람들이 계속 이어 배출될 것이 무궁하리니, 어찌 뒷날에 향사당에 모이는 사람이 이름을 돌아보고 뜻을 생각하며 음사(飮射)[177]와 독법(讀

175 유중룡(柳仲龍) : 1558~1635. 본관은 문화(文化), 자는 여현(汝見), 호는 어적산인(漁適散人)이다. 1582년(선조15) 진사시에 합격하였다. 임진왜란과 정유재란 때 의병 활동을 하였다. 1600년 문과에 급제하였고 1613년에 김산 군수가 되었다. 인조반정 뒤 문과 중시에 장원급제하여 홍문관 사성으로 치사하였다. 저서로 《어적집》 3권이 있다

176 예가……있었다 : 공자의 제자 자공(子貢)이 곡삭(告朔)에 쓰는 제물의 양(羊)을 없애려고 하자, 공자가 말하기를 "너는 양이 아깝느냐? 나는 예를 아낀다."라고 하였다. 곡삭의 예는, 옛날 천자가 12월에 이듬해에 쓸 역서를 제후들에게 반포하면 제후들은 이를 받아 조묘(祖廟)에 간직해 두었다가 매달 초하룻날 양을 제물로 올리고 꺼내 쓰겠다고 고하는 예이다. 그런데 노 문공(魯文公)이 곡삭의 예에 참여하지 않자, 자공이 실상이 없이 양만 소비되는 것을 아까워하여 없애자고 청한 것이다. 그러나 공자는 예는 폐지되었더라도 양이 남아 있으면 이로 인해 곡삭의 예가 있다는 것을 알아 회복할 수 있다고 여겼기 때문에 이렇게 말한 것이다. 《論語 八佾》

法)[178]의 고례(古禮)를 일으키지 않겠는가. 이미 이것으로 고을 사람들에게 말하고 물러나 기문을 써서 이 당에 오르는 자에게 힘쓰게 한다. 천계(天啓) 원년(1621, 광해군13) 늦봄에 오락만일(烏洛晩逸) 완산(完山) 최현(崔晛)은 짓는다.

177 음사(飮射) : 향음주례(鄕飮酒禮)와 향사례(鄕射禮)를 말한다.

178 독법(讀法) : 백성들을 모아 놓고 법령을 읽어 공시하는 일을 말한다. 사시(四時)의 맹월(孟月) 초하루에 백성을 모아 놓고 독법하는 것으로, 원래는 《주례(周禮)》 〈지관사도(地官司徒)〉에 보이는데 송(宋)나라 때 사마광(司馬光)이 시행했다고 한다. 《東坡集 卷89 司馬溫公行狀》

낙산사에서 지은 산수병기

洛山山水屛記

곤륜산(崑崙山)이 뻗어 백두산(白頭山)이 되고 백두산이 뻗어 금강산(金剛山)이 되었으니, 이 산들은 서역(西域)에서 시작하여 동해(東海)의 끝자락까지 뭇 산의 등성마루가 되었다. 그중 금강산은 기이한 장관이 천하에 으뜸으로, 선령(仙靈)이 사는 곳이며 석씨(釋氏)가 칭송하였다.[179] 중국 사람들도 고려에서 태어나 금강산을 보고 싶다고 축원을 하는 데 이르렀다. 그러나 조선에서 태어나 발자취가 여기에 미치지 못하고 늙어 죽는 사람이 도도하게 흘러가는 물처럼 많으니, 참으로 술독에 갇혀 있는 초파리[180] 격이다. 내가 이와 같은 것을 한스러워한 것이 대개 60여 년이 되었다. 노년에 흰 귀밑털에 바람 스치니, 금강산의 모습을 꿈속에서 상상하고 마음으로 달려갔으니, 어찌 굶주림에 먹을 것을 기다리고 목마름에 샘물을 생각할 뿐이었겠는가.

179 석씨(釋氏)가 칭송하였다 : 금강산은 부처가 살고 있는 인간 정토(人間淨土)로 일컬어진다. 또 《화엄경(華嚴經)》에 "동북쪽 바다 가운데에 금강산이 있는데, 그곳에서 담무갈보살(曇無竭菩薩)이 1만 2천 보살과 함께 항상 반야(般若)를 설법하고 있다."고 하였다.

180 초파리 : 원문 '혜계(醯雞)'는 술에서 생겨서 술독 속에서 날아다니는 날벌레인 초파리로, 인간의 소견이 매우 좁음에 비유된다. 공자가 노자(老子)를 만나서 도에 대한 이야기를 듣고 나와서 안연(顔淵)에게 "나는 도에 있어서 혜계와 같도다. 선생님께서 나의 마음을 덮고 있는 어리석음을 깨우쳐 주지 않았다면, 나는 천지의 큰 전체를 알지 못했을 것이다." 하였다. 《莊子 田子方》

병인년(1626, 인조4) 늦가을에 부절을 받들고 동쪽으로 와서 강원도 관찰사가 되었다. 숙원의 뜻을 다소나마 펴서 사양할 수 없는 청복(淸福)을 누리는 것을 기뻐하며 행장을 바삐 꾸려 동쪽으로 갔다. 산중으로 발길을 돌리니 비단같은 단풍이 다 떨어지고 흰 눈이 한 자나 쌓였다. 산은 적막하고 기상은 차가웠기에 내가 여기에 온 시절이 늦었음을 탄식하였다. 이듬해 정묘년(1627, 인조5)에 고성(高城) 군수 허옥여(許沃余)[181]·은계도 찰방(銀溪道察訪) 김치등(金稚登)[182]과 함께 모여서 같이 유람하기를 약속했다. 산을 오를 때는 앞서거니 뒤서거니 하다가 앉고 누울 때는 자리를 나란히 하였다. 때는 맹추인지라 묵은 장마가 산뜻하게 개고 수많은 폭포가 우레처럼 울렸다. 무너진 벼랑을 뛰어넘고 끊어진 돌 비탈길을 밟고 가니 경치를 찾고 더듬는 즐거움이 지극하였다.

내가 제군들에게 말하기를 "산에 꽃이 피고 나뭇잎 붉을 때가 정히 산을 찾을 시절이거늘 작년에는 어찌 너무 늦었으며 올해는 어찌 너무 이른가. 좋은 경치는 참으로 온전히 만나기 어렵네."라

181 허옥여(許沃余) : 허계(許啓, 1594~1653)를 말한다. 본관은 양천(陽川), 자는 옥여(沃余), 호는 성암(醒菴)이다. 1612년(광해군4) 진사가 되고, 1624년(인조2) 문과에 급제하였다. 1627년에 고성 군수가 되었으며, 벼슬이 도승지와 참판에 이르렀다. 저서로는 《성암집》이 있다.

182 김치등(金稚登) : 김상적(金尙績, 1577~?)이다. 본관은 강릉(江陵),자는 치등, 호는 위촌(渭村)이다. 김시습(金時習)의 후손으로 1603년(선조36) 생원(生員)에 합격하였으며 1609년(광해군1) 증광시(增廣試)에서 급제하였다. 사헌부 감찰(監察)로 있을 때 시폐를 시정하라는 상소와 폐모론에 반대하는 상소를 올렸다가 이이첨(李爾瞻)의 미움을 사서 사직했다. 인조 때 다시 풍기 군수와 은계도 찰방에 제수되었다.

고 하였다. 늙은 스님이 빙그레 웃으며 말하기를 "제가 이 산에 들어온 것이 여러 해 되었는데, 산의 전체 모습은 변하지 않으나 사계절의 경치가 각각 아취를 달리합니다. 고금에 산을 찾는 사람이 어찌 한량이 있겠습니까마는 다만 봄의 꽃과 가을의 비단 단풍의 화엽(花葉)이 붉고 푸른 것만을 한번 완상할 따름입니다. 설경의 기이함과 세차게 떨어지는 폭포의 장관에 이르러서는 온전히 겨울과 여름에만 있는 경치인데, 볼 수 있는 사람이 거의 없습니다. 지금 공께서는 산중의 아취를 극진히 누려 사람들이 보지 않는 것을 보고 있는데, 어찌 스스로 보잘것없게 여깁니까."라고 하였다.

내가 제군들을 돌아보며 "훌륭하도다."라고 말하고 드디어 계병(契屛)[183]을 만들어 두어 뒷날 와유(臥遊)의 자료로 삼기로 약속하였다. 허군(許君)이 그 일을 주관하여 장첩하여 만들고 나에게 글로 기록하기를 부탁하였다. 마침 내가 이인거(李仁居)를 체포하는 일을 느슨히 했다는 죄에 연좌되어 4개월 동안 감옥에서 심리를 받았으나 임금께서 저의 본 마음을 밝게 비추어 보시어 사형에서 감형하여 회령(會寧)으로 귀양을 갔다가 이해 9월에 임금의 특명으로 석방되어 돌아왔다.[184] 길이 금강산 동쪽을 경유하였기

183 계병(契屛) : 원래는 나라에 경사가 있을 때 일을 맡은 도감(都監)이 경사를 기념하기 위해서 당시의 광경을 그려서 만든 병풍을 말한다. 그러나 여기서는 뜻이 맞는 사람들이 금강산의 경치를 그려 만든 병풍이라는 뜻인 듯하다.

184 내가……돌아왔다 : 1627년 9월에 이인거(李仁居)가 횡성(橫城)에서 정사 공신(靖社功臣)이 나라를 그르친다는 명분으로 도당을 규합하여 난을 일으켰다. 스스로 창의중흥대장(倡義中興大將)으로 칭하고 서울로 침입하려다가 원주 목사 홍보에

에 역관(驛館)에서 허균을 만나니, 전일에 쓰기로 약속한 글을 재차 부탁하였다.

아! 세월이 겨우 일 년이 지났는데, 세변(世變)의 추이(推移)와 인사(人事)의 영쇠(榮衰)가 이와 같이 한결같지 않으니, 더욱 나로 하여금 감흥을 일으키기에 충분한데 글을 짓는 것을 어찌 사양할 수 있겠는가. 금강산의 웅준(雄峻)한 모습을 묘사한 것은 《추강집(秋江集)》[185]과 《치재유록(恥齋遺錄)》[186]에 있으니, 지금 이에 대하여 다시 말한다면 군더더기가 될 것이다. 숭정(崇禎) 원년(1628, 인조6) 무진년 12월 상순에 최현(崔晛)은 낙산사(洛山寺)에서 글을 짓는다.

게 잡혀 서울에서 처형되었다. 홍보가 이인거를 체포하여 조정에 바치고서 비로소 이 사실을 강원도 관찰사 최현에게 보고하니, 최현은 듣고 즉시 조정에 보고하였으나, 간관들이 최현의 기찰(譏察)과 체포가 늦었다는 이유로 처벌하게 하니 왕이 어쩔 수 없이 회령(會寧)으로 유배를 보냈다. 그러나 얼마 후 풀려났다.

185 추강집(秋江集) : 남효온(南孝溫, 1454~1492)의 문집 이름이다. 남효온의 본관은 의령(宜寧), 자는 백공(伯恭), 호는 추강으로 생육신 중 한 사람이다. 그의 문집 권5에 〈유금강산기(遊金剛山記)〉가 있다.

186 치재유록(恥齋遺錄) : 홍인우(洪仁祐, 1515~1554)의 《치재유고(恥齋遺稿)》를 말하니, 권3에 〈관동록(關東錄)〉이 실려 있다. 홍인우의 본관은 남양(南陽), 자는 응길(應吉), 호는 치재이다.

문소현 오동나무에 대한 기문

聞韶縣桐木記

문소(聞韶)는 의성(義城)의 별호이다. 의성 향교 대성전(大成殿)은 임진왜란으로 불타 버렸다. 임진년(1592)으로부터 계사년(1593)까지 일 년 동안 유허지가 황폐한 잡초 가운데 매몰되었다. 가을 7월에 향교의 종 막동(莫同)이 옛 터전을 찾으며 정무(庭廡) 곁을 서성거리다가 유연(油然)히 서리(黍離)의 느낌[187]이 있었으니 떳떳한 윤리를 잡은 뜻을 같이하는 사람들은 모두 그러하였다. 문묘(文廟) 대성전 자리에 오동나무들이 나란히 자라고 있었는데 키가 한 자 남짓 되었다. 그 숫자는 36그루로, 정위(正位) 일면(一面)에 자라는 것이 약간 그루이고 배위(配位) 양쪽에 자라는 것이 약간 그루이다. 질서정연하게 마치 공수를 하고 서 있으며 나열하여 앉은 것 같았다. 아, 대성전 가까이에 옛날에 이런 나무가 없었는데, 지금 뿌리도 없는 데서 나는 것이 마치 사람이 심어 놓은 것 같으니, 어찌 그리도 기이한가.

187 서리(黍離)의 느낌 : 전쟁으로 폐허가 된 곳에 기장이 자란 것을 보고 탄식하는 마음이다. 《시경》 〈서리(黍離)〉에 "저 기장은 축 늘어졌거늘, 저 피는 싹이 돋았도다. 힘없이 가는 길 더디기도 해라, 이 마음을 둘 곳이 없도다.〔彼黍離離, 彼稷之苗. 行邁靡靡, 中心搖搖.〕"라고 하였는데, 이 시는 주(周)나라가 동쪽으로 도읍을 옮긴 뒤에 어떤 대부(大夫)가 행역(行役)을 나가는 길에 옛 왕도(王都)에 이르러 보니 종묘(宗廟)와 궁실(宮室)의 옛터가 모두 기장밭이 되었으므로, 주나라가 쇠퇴한 것을 탄식하며 그 슬픔을 노래한 것이다.

이에 본 현과 이웃 고을의 대부(大夫)와 사(士)들이 듣고는 확인하려고 와서 보고는 과연 거짓이 아님을 알았다. 대개 오동나무는 양에 속하는 나무이니, 음산한 것이 지극하면 양덕(陽德)이 싹틀 것이다. 나무는 동쪽에 속하는 물건이다. 우리 동방이 장차 옛날 모습을 복구함에 먹히지 않는 석과(碩果)[188]와 같으며, 다시 싹트는 그루터기와 같다. 동(桐)이라는 것은 동(同)이며 교(校)라는 것은 교(敎)이니, 천하가 같은 글자를 사용하여 문교(文敎)가 다시 행해질 것이다. 다른 땅에서 나지 않고 대성전에 났으니 성도(聖道)를 높이는 것을 표현한 것이다. 36그루는 또한 《주역》의 36궁(宮)[189]에 호응한다. 오동나무는 그것이 자랄 때는 봉황이 깃들고 그 목재는 금슬(琴瑟)을 만들어 울리니 식물 중에 가장 좋은 것이다.

아, 우리나라는 시서예악(詩書禮樂)의 나라이며 의관문물(衣冠

188 먹히지 않는 석과(碩果) : 《주역(周易)》 〈박괘(剝卦) 상구(上九)〉의 "큰 과일은 먹히지 않는다.〔碩果不食〕"라는 말에서 나온 것인데, 이는 박괘의 다섯 효(爻)가 모두 음(陰)인 상태에서 맨 위의 효만이 양(陽)인 것을 석과(碩果)로 비유한 것으로, 하나 남은 양의 기운이 외로운 것처럼 보이지만 결코 끊어지지 않고 계속 이어진다는 뜻을 보인 것이다.

189 주역의 36궁(宮) : 이익(李瀷, 1681~1763)의 《성호사설(星湖僿說)》 제20권 〈경사문(經史門) 삼십육궁(三十六宮)〉에서 "64괘(卦) 중에 변역(變易)하는 괘가 8개이니 건(乾)·곤(坤)·감(坎)·리(離)·이(頤)·대과(大過)·중부(中孚)·소과(小過)이고, 교역(交易)하는 괘가 56개이니 둔(屯)·몽(蒙) 이하가 그것이다. 변역하는 괘는 8괘가 각각 한 궁이 되고, 교역하는 괘는 2괘가 합하여 한 궁이 되므로 합하여 36궁이 된다."라 하였으니, 곧 36궁은 주역 64괘를 달리 칭하는 말인데, 64괘가 1년 사철, 천지 만물을 상징하므로 36궁 역시 이를 뜻하는 말이 된다.

文物)의 지역이다. 임진왜란으로 더럽고 비린내 나는 욕됨을 당한 것이 비록 기수(氣數)의 성쇠에 관련된 것이나 박복비태(剝復否泰)의 이치는 한순간도 민멸하지 않으니,[190] 문명의 상서로움과 성세의 음악이 어찌 근심이 많고 어려운 일이 많은 날에 나타나지 않으랴. 지금 이 오동나무는 십 년이면 재목감이 될 수 있다. 장차 무성하게 자라 조양(朝陽)에서 봉황이 우는 것[191]을 기다리는 것과 남훈전(南薰殿)에서 구성(九成)의 음악을 들음[192]을 볼 것이니, 그렇게 되면 아름다운 징조가 이미 증명되는 것이다. 읍에는 문소(聞韶)라는 아름다운 호칭이 있으니, 이미 오동나무를 잘 가꾸고 베지 말 것을 읍인들에게 정성껏 알린다. 인하여 내가 본 바를 기록하여 후일을 기다린다.

190 박복비태(剝復否泰)의……않으니 : 박복비태는 《주역》의 64괘 중 4괘이다. 박괘와 복괘, 비괘와 태괘는 6효의 음양이 정반대의 모양이다. 박괘의 어려운 시절이 지나면 양의 기운이 회복하는 복괘가 되고, 비괘의 막히던 시절이 끝나면 태괘의 편안한 시절이 온다. 즉 일본의 침략으로 폐허가 되었지만, 다시 흥기하여 태평시대가 올 것이라는 말이다.

191 조양(朝陽)에서……것 : 《시경》 〈권아(卷阿)〉에 "봉황새가 우니, 저 높은 뫼에서 울도다. 오동나무가 자라니, 저 아침 해가 뜨는 동산에서 자라도다.〔鳳凰鳴矣, 于彼高岡. 梧桐生矣, 于彼朝陽.〕" 하였다.

192 남훈전(南薰殿)에서……들음 : 남훈전은 순(舜)임금의 궁전 이름이다. 순임금이 오현금(五絃琴)을 만들어 〈남풍가(南風歌)〉를 지어 부르면서 "훈훈한 남쪽 바람이여, 우리 백성의 수심을 풀어 주기를. 제때에 부는 남풍이여, 우리 백성의 재산을 늘려 주기를.〔南風之薰兮, 可以解吾民之慍兮. 南風之時兮, 可以阜吾民之財兮.〕"라고 했다는 고사에서 나온 것이다. 《禮記 樂記》 또 《서경》 〈익직(益稷)〉에 "순임금이 창작한 음악인 소소를 아홉 번 연주하자, 봉황이 듣고 찾아와서 춤을 추었다.〔簫韶九成, 鳳凰來儀.〕" 하였다. 소소(簫韶)는 우(虞)나라 순임금의 음악 이름이다.

적상산의 보경사와 향로봉에 대한 기문
赤裳山寶鏡寺香爐峯記

만력(萬曆) 경술년(1610, 광해군2) 겨울에 비변사(備邊司)에서 계장을 올려 말하기를 "무주(茂朱) 남쪽 20리쯤 옛 산성이 있으니, 적상산성(赤裳山城)이라 합니다. 사방의 성벽이 가팔라 사람들이 오를 수 없고 다만 한 가닥의 좁다란 길이 있어 벼랑을 잡고 올라갈 수 있으니, 창을 가진 한 사람이 여기를 지키면 만 명의 병사를 막을 수 있습니다. 성 안에는 흐르는 냇물과 깊은 못이 있으니 여기에 성을 쌓아서 뒷날 보장(保障)으로 만들 수 있습니다. 마땅히 먼저 승도(僧徒)를 모집하여 기틀을 닦고 사찰을 세우며, 둔군(屯軍)을 널리 모아 성을 쌓는 기초를 세우십시오."라고 하였다. 임금께서 그 논의를 옳게 여겨 드디어 성균관 대사성(成均館大司成) 신경진(辛慶晉)[193]에게 명하여 지형을 살펴보도록 하였다. 또 의승장 상호군(義僧將上護軍) 선종 덕웅(禪宗德雄)을 도총섭 대선사(都摠攝大禪師) 겸 승대장(僧大將)으로 삼아 성을 쌓고 사찰을 짓는 등의 일을 주관하게 하였다. 덕웅 선사는 남해(南海)로 몸을 피해 유람하면서 사양하였으나 받아들여지지 않았다.

193 신경진(辛慶晉) : 1554~1619. 본관은 영월(寧越), 자는 용석(用錫), 호는 아호(丫湖)이다. 1573년(선조6) 진사가 되고, 1584년 문과에 급제하였다. 1610년(광해군2) 대사헌을 거쳐 성균관 대사성이 되었다. 청백리에 선정되었다. 신응시・신경진 부자의 시문집인 《백록유고(白麓遺稿)》가 전한다.

신해년(1611) 봄 2월 9일에 덕웅 선사가 지리산(智異山) 청학동(青鶴洞) 불일암(佛日菴)에서 출발하여 적상산성에 와서 띠풀을 엮어 장막을 만들었다. 승도 50명을 인솔하여 옛 궁궐 터를 파서 장차 사찰을 지으려고 하다가 오래된 동경(銅鏡) 두 개, 사준(沙尊 사기로 만든 술통) 한 쌍, 오래된 동향로(銅香爐), 은비녀 등을 발굴했다. 향로의 몸체와 덮개는 모두 완전하였지만 손잡이 하나가 부러졌는데 중량이 2근 10냥(兩)이다. 사준은 한 개는 부서졌고 한 개는 온전한데, 금으로 장식한 흔적은 있지만 땅에 묻힌 세월이 오래되었기에 마멸되어 자취가 없으며, 도끼날에 닿아 조그마한 구멍이 났다. 중량은 3근보다 조금 더 나가고 용량은 한 말 4되이다. 거울은 큰 것과 작은 것 한 개씩이다. 큰 것은 둘레가 9촌이고 중량은 2근 11냥이며, 작은 것은 둘레가 5촌이고 중량이 1근 13냥이다. 비녀는 두 개인데 순은(純銀)으로 만든 것이다.

내가 양남 순무어사(兩南巡撫御史)로 무주현에 도착하여 이른바 적상산성(赤裳山城)이라는 곳을 오르니, 덕웅 선사가 거울, 비녀, 술통, 향로 등의 물건을 나에게 보여 주었다. 내가 말하기를 "기이하구나. 이 땅은 삼한(三韓)의 한 구역으로 천백 년 동안 전쟁의 장소가 되었으며, 실로 신라와 백제가 서로 다투던 경계에 위치하여 최고로 지리(地利)의 험준함을 갖추고 있는 곳이다. 여기에 성을 쌓은 것이 얼마나 되었는지 알 수가 없다. 다만 이른바 옛 궁궐 유지(遺址)라는 것은 역사책에 근거해도 징험할 수 없으니 꼭 믿을 수는 없으나 또한 이럴 이치가 없다고도 말할 수가 없다. 지금 선사가 터를 닦는 초기에 오래된 기물을 발굴하였으니, 병화로 불타는 것을 몇 번 겪었는지 알 수가 없다. 또 지금 발굴된 것도 아마도 운수가 있는 것이다. 옛사람이 오래된 기물을 얻으면 혹 연호로 표시하고 혹 그 땅의 이름으로 붙이기도 한다. 지금 산봉우리의 이름을 향로봉이라 하고 사찰 이름을 보경사(寶鏡寺)라 하였으니, 장차 이런 기물들을 잘 갈무리하여 후세에 전하여 고적(古跡)으로 삼는 것이 매우 옳지 않겠는가." 라고 하였다.

덕웅 선사가 말하기를 "그렇습니다. 황폐한 산의 폐사(廢寺)에서 세속 사람들이 누가 향로봉과 보경사가 있는 줄 알았겠습니까. 하물며 동과 은은 사람들이 이롭게 여기는 물건인데, 훔쳐 가지 않음에 있어서랴."라고 하였다. 내가 말하기를 "풍성(豐城)의 칼이 숨고 나타남에는 때가 있었고[194] 도공(陶公)의 북〔梭〕이 얻고 잃음에는 날이 있었다.[195] 이 땅이 옛날에 폐해졌다가 지금 수리하는 것은 어찌 경시하거나 중시할 수 있는 사람이 있었기 때문이겠는가. 이 기물들이 땅에 묻혀 있었던 것은 어찌 갈무리하거나 발굴할 수 있는 사람이 있었기 때문이겠는가. 이후 천백 년 동안

194 풍성(豐城)의……있었고 : 오(吳)나라가 멸망하고 진(晉)나라가 일어날 때 북두성(北斗星)과 견우성(牽牛星) 사이에 자색(紫色) 기운이 있으므로 장화(張華)가 점성가(占星家) 뇌환(雷煥)에게 물으니 이는 보검(寶劍)의 정기라고 하였다. 뒤에 뇌환이 풍성(豐城)의 오래된 감옥의 땅속에서 용천(龍泉)·태아(太阿) 두 검을 발견하여 장화와 하나씩 나눠 가졌는데 이후로는 북두성 사이에 자색 기운이 보이지 않았다고 한다. 《晉書 卷36 張華列傳》

195 도공(陶公)의……있었다 : 도공은 도간(陶侃)을 말하고 북은 용(龍)이라는 뜻이다. "도간이 젊었을 때 뇌택(雷澤)에서 고기잡이를 하다가 북〔梭〕 하나가 그물에 걸려 나왔으므로 벽에 걸어 놓았더니, 잠시 후에 천둥이 치고 비가 내리면서 그 북이 저절로 용이 되어 날아가 버렸다."고 한다. 《晉書 卷66 陶侃列傳》

에 이 성의 흥폐가 몇 번이나 있을지와 이 기물을 얻고 잃음이 몇 번 있을지 알 수가 없다. 다만 마땅히 이 산성에 대하여 기록하고 이 기물들을 보존하여 자연의 원리에 맡길 따름이다. 어찌 우리 덕웅 선사가 능히 관여할 수 있는 것이겠으며 또한 어찌 타인이 능히 취할 수 있는 것이겠는가."라고 하였다. 덕웅 대사가 웃으면서 "공께서는 사물의 이치에 밝은 사람이라 말할 수 있습니다. 장차 이 사실을 벽에 써서 후대에 여기에 오는 자들이 볼 수 있게 해주십시오."라고 하였다. 임자년(1612, 광해군4) 맹동(孟冬) 6일에 양남 순무어사(兩南巡撫御史) 홍문관 수찬(弘文館修撰) 최현(崔晛)은 기록한다.

만취당기
晩翠堂記

권준보(權峻甫)[196] 군은 안동 학가산(鶴駕山) 기슭에 살았다. 어릴 때부터 학봉(鶴峯) 선생에게 배운 나와 동문 붕우이다. 옛날 병신년(1596, 선조29)과 정유년(1597) 사이에 내가 진성(眞城)에 집을 짓고 살 때 준보도 화산(花山 안동)을 떠나 진성에 거주하였으니, 우리 모두는 병란을 피하기 위한 계책이었다. 몇 년 동안 상종함에 정의(情義)가 매우 친밀해졌다. 그 후에 나는 천 리 서울에 가서 벼슬하였기에 소식을 아득히 알 수 없는 것이 15, 16년이 되었다. 올해 겨울에 내가 《학봉문집(鶴峯文集)》을 편찬하는 일 때문에 금계(金溪)에 이르렀는데, 준보도 진성을 떠나 집으로 돌아온 것이 여러 해가 되었다. 반가운 모습[197]으로 술잔을 들자마자 옛정이 끊임없이 솟아났다. 우리는 함께 문집을 교정하는 여

196 권준보(權峻甫) : 권산립(權山立, 1568~1653)을 말한다. 본관은 안동(安東), 자는 준보, 호는 만취당(晩翠堂)으로 김성일(金誠一)의 문인이다. 호군(護軍)을 지냈으며 저서로 《만취당유고》가 있다.

197 반가운 모습 : 원문 '청안(靑眼)'은 마음으로 반가워하며 기뻐하는 모습이다. 진(晉)나라 때의 명사인 완적(阮籍)은 세속의 법도에 구애받지 않고 지내면서 속사(俗士)를 대할 적에는 백안(白眼)으로 대하고, 고사(高士)를 대할 적에는 청안(靑眼)으로 대하였다. 완적의 어머니가 죽어 장사를 지낼 적에 혜희(嵇喜)가 가서 조문하면서 슬피 울었는데, 완적은 그를 속사라고 여겨 백안으로 보자, 혜희가 화를 내면서 되돌아갔다. 혜희의 동생인 혜강(嵇康)이 그 말을 듣고는 술과 거문고를 가지고 가서 조문하자, 완적이 몹시 기뻐하면서 청안으로 대하였다. 《晉書 卷49 阮籍列傳》

가에 오랫동안 헤어졌던 회포를 간곡하게 나누었는데, 혹 금계에서 하기도 하고 혹 봉정사(鳳停寺)에서 하기도 하고 혹 능동(陵洞)[198]에서 하기도 하였다. 다른 벗은 필요로 하지 않고 오직 준보와 함께 일하였다.

어느 날 준보가 나에게 말하기를 "내가 나의 집 뒤에 흙을 쌓아 대(臺)를 만들고 소나무와 측백나무 몇 그루를 심고서 만취당이라 이름하고 인하여 나의 자호로 삼았네. 그대가 나를 위하여 기문을 지어 나의 만취당을 빛내 주기를 청하네."라고 하였다. 내가 말하기를 "그대는 곧 임천에서 유유자적하는 선비이고, 나는 풍진 세상에 골몰하는 사람이니, 어찌 감히 그대의 당에 기문을 지어 그대의 소나무와 측백나무를 욕되게 하겠는가."라고 하였다. 준보가 강하게 요구함에 내가 고사해도 되지 않았다.

이에 만취당이라 이름을 지은 뜻을 물어보니, 그가 대답하여 "봄의 화창한 기운이 따뜻하여 붉은빛 자줏빛의 꽃이 찬란하며, 날이 길어 훈훈한 바람이 불면 버드나무가 장막처럼 그늘을 만든다. 이때는 나의 당이 진실로 다른 당들과 다를 것이 없다. 그러다가 맑은 서리가 내려 잎이 떨어짐에 이르러서는 소나무와 측백나무의 가지와 잎은 변함이 없으며 흰 눈이 땅에 가득 내려도 푸른빛을 여전히 간직하니, 나의 당이 이에 더욱 기이한 장관이 된다. 대개 날씨가 추운 뒤에 시든다[199]는 뜻과 그리고 물가에 늦게

198 능동(陵洞) : 유성룡의 선친 풍산부원군(豊山府院君) 입암(立巖) 유중영(柳仲郢)의 묘소가 있는 곳으로 안동시 서후면(西後面) 성곡리(城谷里) 능동(陵洞)이다. 묘소와 재사(齋舍)인 숭실재(崇室齋)가 있는데, 학봉 종택에서 10리 안에 있다.

까지 푸르다[200]는 홍취를 취한 것이다."라고 하였다.

내가 "당의 모습은 어떤 것인가."라고 물었다. 준보가 웃으면서 "나의 당의 모습은 서까래도 없고 기와도 없으며, 담장도 없고 벽도 없다. 나는 집이 가난하고 어버이가 연로한 상황에서 콩죽을 끓여 먹고 물을 마시는[201] 것도 넉넉하게 하지 못하는데, 또 어찌 당을 짓는 일을 하겠는가."라고 대답하였다. 내가 "그렇다면 어떻게 만취당이라 이름하였는가."라고 물었다. 준보가 말하기를 "구불텅한 가지이며 일산을 누인 듯한 소나무와 구불구불 서리며 더벅머리 같은 측백나무는 내 당의 용마루와 서까래이다. 옥 같은 모래가 정갈하게 펼쳐 있고 단(壇)에 섬돌이 질서정연한 모습은 내 당의 보드라운 담요이다. 맑은 바람이 때때로 불어와 자연의 소리[202]가 울리는 것은 내 당의 거문고 노래이다. 밝은 달이 비추고

199 날씨가……시든다 : 의지를 굳게 가져 어려움에도 변하지 않는다는 뜻이다. 《논어》 〈자한(子罕)〉에 "날씨가 추워진 뒤에야 소나무와 측백나무가 늦게 시듦을 안다.〔歲寒然後, 知松柏之後彫也.〕" 하였다.

200 물가에 늦게까지 푸르다 : 북송(北宋)의 재상이었던 범질(范質)이 조카 범고(范杲)가 자신을 천거해 주기를 바라자, 경계하는 시(詩)를 지어 "곱고 고운 동산의 꽃은 일찍 피었다가 다시 먼저 시들고, 더디고 더딘 시냇가의 소나무는 늦도록 푸른 빛을 머금고 있네.〔灼灼園中花, 早發還先萎. 遲遲澗畔松, 鬱鬱含晩翠.〕"라고 하였다. 《小學 嘉言》

201 콩죽을……마시는 : 원문 숙수(菽水)는 가난한 생활 속에서도 어버이를 극진히 봉양하는 자식의 기쁨을 말한다. 공자의 제자 자로(子路)가 집안이 가난해서 효도를 제대로 못한다고 탄식하자, 공자가 "콩죽을 끓여 먹고 물을 마시더라도 기쁘게 해 드리는 일을 극진히 행한다면, 그것이 바로 효이다.〔啜菽飮水盡其歡, 斯之謂孝.〕"라고 위로했던 고사가 전한다. 《禮記 檀弓下》

202 자연의 소리 : 원문 '상치(商徵)'는 오음의 궁상각치우(宮商角徵羽)의 준말이다.

학의 그림자가 너울너울 춤추는 것은 내 당의 채색 그림이다. 천길의 학가산이 북쪽에서 높이 솟고 갈라산(葛蘿山)[203]의 세 봉우리가 남쪽에 우뚝 솟은 것은 내 당의 늘어선 병풍이다. 집에 들어가면 부모님에게 혼정신성(昏定晨省)하고 집에서 나오면 소나무 사이에서 시를 읊조린다. 2, 3명의 관자·동자와 함께 《시경》을 외우고 《서경》을 강론하여, 학봉(鶴峯)을 바라보며 나약한 마음을 분발시키고 멀리 송암(松巖)[204]을 바라보며 스스로 경계하니,[205] 이것은 내 당에서 하는 일이다. 이와 같이 하면서 나의 아취를 부쳐서 나의 생애를 즐길 수 있으니, 내가 하필 당을 짓는 것을 하리오."라고 하였다.

내가 이에 놀라며 무릎을 치고 감탄하여 말하기를 "높고도 높도다! 그대의 당이여. 비록 천만 칸의 넓고 큰 집이라 할지라도 그대의 당에 비견할 수 없다. 옛날에 도연명(陶淵明)이 거문고만 있고 줄이 없었는데, 말하기를 '다만 거문고의 아취를 얻을 뿐이지 어찌 수고스럽게 줄 위에서 소리를 내겠는가.'[206]라고 하였더니,

203 갈라산(葛蘿山) : 안동시 남선면과 의성군 단촌면의 경계를 이루고 있는 산이다. 신라 때 김생(金生)이 이곳에서 글씨를 썼다 하여 일명 문필산(文筆山)이라 한다.

204 송암(松巖) : 권호문(權好文, 1532~1587)의 호이다. 본관은 안동(安東), 자는 장중(章仲)으로 이황(李滉)의 문인이며 유성룡(柳成龍)·김성일(金誠一) 등과 교유하였다. 1561년 진사에 합격하였으나 연이어 부모상을 당하자 관계로의 진출을 단념하고 청성산 기슭에 연어대를 짓고 유유자적하였다. 청성서원(青城書院)에 제향되었고, 저서로는 《송암집》이 있다.

205 학봉(鶴峯)을……경계하니 : 권산립이 만취정에서 보면 가까이 학봉의 집이 보이고 멀리 송암의 집이 보이기 때문에 그렇게 말한 것이다. 학봉 종택은 안동시 서후면 금계리 856-1번지에 있고, 송암 구택은 안동시 서후면 교리 207번지에 있다.

지금 그대가 당만 있고 집이 없으니, 또한 도연명의 뜻일 것이다. 저 몇 자나 되는 큰 서까래와 몇 길이나 되는 높은 당(堂)[207]으로 이루어진 집들은 비루하니 또 어찌 족히 거처하리오. 나는 그대의 말에 다시 군더더기의 말을 붙일 수가 없다."라고 하였다. 만력(萬曆) 계축년(1613, 광해군5) 12월 하순에 오락만생(烏洛晩生)은 기문을 짓는다.

206 도연명(陶淵明)이……내겠는가 : 도연명이 소금(素琴) 한 대를 마련하고 기러기발과 줄은 갖추지 않고 매양 거문고를 어루만지며 화답하며 이와 같은 말을 하였다고 한다. 《古文眞寶 前集》

207 몇……당(堂) : 《맹자》 〈진심 하(盡心下)〉에 "몇 길이나 되는 높은 당(堂)과 몇 자나 되는 큰 서까래가 있는 집을 나는 뜻을 얻더라도 하지 않겠다.〔堂高數仞, 榱題數尺, 我得志弗爲也.〕"라고 한 데서 인용한 말이다.

지은이 **최현(崔晛)**

1563년(명종18)~1640년(인조18). 경북 선산 해평 출신으로, 본관은 전주(全州), 자는 계승(季昇), 호는 인재(訒齋)이다. 어릴 적에는 두곡(杜谷) 고응척(高應陟)에게 수학하였고, 그 뒤에 학봉(鶴峯) 김성일(金誠一)과 한강(寒岡) 정구(鄭逑)에게 수학하였다. 1588년(선조21)에 생원시에 합격하고, 1592년 봄에 금오랑에 추천되었다. 그해 여름에 임진왜란이 일어나자 의병을 일으켜 노경임을 의병장으로 삼고 자신은 장령으로 활동했다. 1606년 문과에 급제하여 예문관 검열에 제수된 뒤, 여러 관직을 역임하였다. 남긴 글과 저서로는 1598년 고향에 물러나 있으면서 당시의 폐단을 비판하고 나라를 구하는 방책을 논해 올린 〈진시무구조소(陳時務九條疏)〉가 있다. 임진왜란으로 고향 선산이 폐허가 되자 역사적 유물들이 소실됨을 걱정하여, 1618년(광해군10)에 지리·역사·인물·정치·경제·문화 등을 소상하게 기술한 《일선지(一善誌)》를 완성하였다. 또한 평안도 암행어사로 나갔을 때 압록강변의 군사 상황을 살펴보고 돌아와 《관서록(關西錄)》을 지었다.

옮긴이 **김승호(金崇浩)**: 권8 번역

한문학 전공으로 박사학위를 받았다. 현재 한국고전번역원 권역별거점연구소 경북대학교 영남문화연구원 선임연구원으로 재직하고 있다. 한문 공부 모임인 주덕회(周德會) 회원이다. 역서로 《전쟁은 속임수다》가 있고, 《주자대전》, 《목재집》, 《구사당집》, 《입재집》 등의 번역에 참여하였다. 편서로 《초결가·초천자》가 있다.

옮긴이 **송희준(宋熹準)**: 권9~권10 번역

경북대학교 사학과를 졸업하고 고려대학교 국어국문학과에서 한문학 전공으로 박사학위를 받았다. 계명대학교 한학촌 교수를 역임하였고, 한국고전번역원 권역별거점연구소 경북대학교 영남문화연구원 책임연구원으로 재직하였다. 역서로는 《사미헌집》 권1~권3과 《대동운부군옥》 권11~권20(공역)이 있고, 편저서로는 《심경주해총편》 10권과 《근사록주해총편》 10권 등이 있으며, 저서로는 《조선의 마지막 문장》이 있다.

한국고전번역원 권역별거점연구소협동번역사업
경북대학교 영남문화연구원 연구진

연구책임자 정병호(경북대학교 한문학과 교수)
공동연구원 황위주(경북대학교 한문학과 교수)
책임연구원 송희준
선임연구원 김영옥
김숭호
보조연구원 정지아
자문 이갑규(한국국학진흥원 대구강원 주임교수)
이세동(경북대학교 중어중문학과 교수)

인재집 3

최현 지음 | 김숭호 · 송희준 옮김
2023년 12월 31일 초판 1쇄 발행
편집 · 발행 경북대학교출판부 | 등록 1973년 10월 10일 ㉱97호
주소 대구광역시 북구 대학로 80
전화 053-950-3830 | 팩스 053-953-4692 | 이메일 press@knu.ac.kr

값 30,000원

ISBN 978-89-7180-618-0 94810
978-89-7180-588-6 (세트)